PowerPoint 2021

Tipps & Tricks für gelungene Präsentationen

Hermann Plasa

Markt+Technik

ISBN 978-3-95982-504-7

Produktmanagement Christian Braun, Burkhardt Lühr
Herstellung Jutta Brunemann
Korrektorat Alexandra Müller
Covergestaltung David Haberkamp
Coverfoto © Vasily Merkushev, vegefox.com – stock.adobe.com
Satz inpunkt[w]o, Haiger (www.inpunktwo.de)
Druck mediaprint solutions GmbH, Paderborn
Printed in Germany

Inhaltsverzeichnis

Einleitung 7

Buchbegleitendes E-Learning 10

Vom Wesen der Präsentation 11

Teil I Die gelungene PC-Präsentation 13

1. Die zehn Todsünden der PC-Präsentation und was Sie dagegen tun können 15

Sünde 1: Folien als Handout verwenden 16

Sünde 2: Zu viel Information insgesamt 16

Sünde 3: Zu viel Information pro Folie 18

Sünde 4: Zu viel Information als Text 20

Sünde 5: Überflüssige Folien 21

Sünde 6: Mangelnde Führung 23

Sünde 7: Beschreibende statt sprechende Folientitel 23

Sünde 8: Animation als Spielerei 24

Sünde 9: Unlesbare Information 25

Sünde 10: Illustration statt Visualisierung 26

Das elfte Gebot 26

2. Strukturierte Vorbereitung als Schlüssel zum Erfolg 27

Das Ziel: Wohin soll die Reise gehen? 29

Nutzen motiviert zum Handeln 34

Ihr Drehbuch zum Erfolg – der Nutzenkatalog 38

Inhalte auswählen und verdichten 40

Drehen Sie den Spieß um: erst das Handout, dann die Folien 41

Sprechernotizen und Regieanweisungen 44

Trockenübung, Bühnenprobe und Requisiten 45

Zusammenfassung 46

3. Visualisieren von Informationen 47

Heimkino 48
Die 30-Sekunden-Methode 49
Schokolade statt Spinat 54
Agenda 56
Listen 58
Prozesse 62
Zyklen 66
Hierarchie 68
Zeitleisten 70
Tabellen als Schaubilder 71
Premium-Visualisierungen von PresentationLoad 73

4. Das kleine Einmaleins der Diagramme 75

Zahlen und ihre Botschaft 76
Der Zahlenvergleich 77
Das passende Diagramm 78
Mehr Information durch weniger Daten 79
Kreisdiagramm 79
Balkendiagramm 80
Säulendiagramm 81
Liniendiagramm 82
Verteilungsdiagramm 83
Korrelation – das Punktdiagramm 84
Zusammenfassung 86

5. Goldene Regeln der Vortragstechnik 87

Regel 1: Glaubwürdig sein 88
Regel 2: Anschaulich erzählen 88
Regel 3: Sendepause nach Folienwechsel 89
Regel 4: Didaktischem Dreisatz folgen 89

Regel 5: Lucy-Strategie beherzigen 92
Regel 6: Zusatzhinweise geben 95
Regel 7: Verständlich sprechen 95

6. Showtime 99

Der Kontakt zum Publikum 100
Gute und schlechte Animationen 101
Die Referentenansicht 107
Bildschirmpräsentation mit der Tastatur steuern 108
Notebook und Beamer 110

7. Organisatorische Rahmenbedingungen 117

Sitzordnung 118
Akustik 118
Belüftung 119
Licht/Verdunkelung 119
Garderobe, Toiletten, Rauchen 120
Strom 120
Material 120

Teil II Effizient mit PowerPoint arbeiten 123

8. Tipps und Tricks zu PowerPoint 125

Allgemeine Tipps, Tricks und Abkürzungen 126
Tipps zur richtigen Strategie 150
Tipps zu Bildern und Grafiken 158
Tipps zu Tabellen 190
Tipps zur Arbeit mit Diagrammen 195
Tipps zu Animationen 204
Nonlinear präsentieren mit Hyperlinks 221

9.	**Multimedia**	**235**
	Audio	236
	Video	242
10.	**Der Folienmaster**	**255**
	Hierarchischer Aufbau: Der Ober sticht den Unter	257
	Beispiel »Schriftgröße des Folientitels anpassen«	257
	Beispiel »Aufzählungszeichen anpassen«	258
	Beispiel »Logo einfügen«	259
	Standards für Formen, Textfelder und Linien ändern	259
	Benutzerdefinierte Folienlayouts erstellen	260
	Fußzeile	263
11.	**Zerschossene Folien und verbogene Präsentationen reparieren**	**265**
	Typische Fehlerquellen	266
	Verbogene Folie reparieren	267
	Das Multimaster-Problem lösen	269
	Fußzeilen reparieren	270
	Tipps, Tricks und hilfreiche Werkzeuge	271
	Drei goldene Regeln für das Erstellen neuer Folien	276
12.	**Das Wichtigste zu Präsentationsvorlagen**	**277**
	Präsentationsvorlage verwenden	279
	Präsentationsvorlage erstellen	279
	Präsentationsvorlage bearbeiten	281
	Präsentationsvorlage als Design speichern	282
	Präsentationsvorlage als Standardvorlage speichern	283
	Stichwortverzeichnis	**285**

Einleitung

Buchbegleitendes E-Learning 10
Vom Wesen der Präsentation 11

Liebe Leserin, lieber Leser,

Sie haben mit dem Kauf dieses Buches eine gute Entscheidung getroffen und etwas »Hochprozentiges« erworben. Sie erhalten das gesammelte Wissen aus über 25 Jahren Praxiserfahrung als Trainer, Coach und Vortragender. Seit Anfang der 90er-Jahre biete ich PowerPoint- und Präsentationstrainings an. Hauptzielgruppen sind angehende und erfahrene Präsentierende sowie die ständig wachsende Gruppe jener, die Folien im Auftrag des Chefs erstellen oder bearbeiten. Für diese Zielgruppen – Präsentierende und Folienproduzenten – ist dieses Buch maßgeschneidert.

Was Sie hier in den Händen halten, ist keine langweilige Enzyklopädie, sondern ein lebendiger Praxisleitfaden, der Sie ohne Umwege vom Start zum Ziel führt, viele hilfreiche Tipps und Tricks sowohl zur Präsentationstechnik als auch zu PowerPoint liefert, Problemlösungen zu typischen Stolpersteinen bereithält und Sie immer wieder dazu einlädt, etwas Neues auszuprobieren. Das Besondere an diesem Buch ist die Verzahnung von Software und Softskills.

Mithilfe dieses Buches und der buchbegleitenden Videos lernen Sie systematisch, wie Sie mit möglichst wenig Aufwand eine inhaltlich strukturierte, optisch ansprechende und didaktisch durchdachte PC-Präsentation erstellen bzw. bearbeiten und diese überzeugend, verständlich und unterhaltsam vortragen.

Auch wenn ich vom Präsentierenden spreche, meine ich trotz grammatikalischer Männerlastigkeit immer Mann und Frau! Wortgebilde wie »die/der Präsentierende/r« oder »die(der) Präsentierende(r)« möchte ich Ihnen und mir ersparen.

Das Buch ist in zwölf Kapitel eingeteilt:

1. **Sünden und Grundregeln der PC-Präsentation:** Das erste Kapitel steckt den Rahmen des gesamten Buches ab. Es deckt typische Fehler und Schwachstellen von PC-Präsentationen auf und liefert in der Vorausschau bereits die Lösungen in Form von Grundregeln. Sie werden überrascht sein: Kaum wechseln Sie die Perspektive und sehen mit den Augen Ihres Publikums, wird Ihnen klar, warum viel nicht viel hilft, sondern weniger mehr ist.
2. **Strukturierte Vorbereitung als Schlüssel zum Erfolg:** Wohin soll die Reise gehen? Wer nicht weiß, wohin er will, darf sich nicht wundern, wenn er irgendwo ankommt. Die meisten Sünden werden begangen, bevor der Präsentierende sein Publikum begrüßt. Mit etwas Hintergrundwissen und der richtigen Strategie geht die Vorbereitung schnell von der Hand.
3. **Visualisieren von Informationen:** Text ist der natürliche Feind des Publikums. Das dritte Kapitel widmet sich deshalb ausführlich dem Veranschaulichen von Informationen.

4. **Das kleine Einmaleins der Diagramme:** Im vierten Kapitel lernen Sie, wie Sie stumme Zahlen mit der richtigen Botschaft und dem passenden Diagrammtyp zum Sprechen bringen.
5. **Goldene Regeln der Vortragstechnik:** Das fünfte Kapitel zeigt Ihnen, wie Sie Ihren Vortrag glaubwürdig, lebendig, anschaulich und unterhaltsam gestalten. Der Nutzen ist doppelt: Nicht nur Ihr Publikum, auch Sie selbst werden die Show genießen.
6. **Showtime:** In diesem Kapitel erfahren Sie, wie Sie unter Zuhilfenahme der Technik den Kontakt zu Ihrem Publikum herstellen und aufrechterhalten und wie Sie Animationen sinnvoll und dosiert einsetzen. Außerdem lernen Sie mit der Referentenansicht den in PowerPoint eingebauten Souffleur kennen. Als Nachtisch erhalten Sie dann noch eine Portion Hintergrundwissen zu den wichtigsten technischen Aspekten der PC-Präsentation.
7. **Organisatorische Rahmenbedingungen:** Dieses Kapitel widmet sich den kleinen, aber wichtigen organisatorischen Dingen vor und während der Präsentation: Welche Bestuhlung eignet sich für welchen Zweck, welche Rolle spielt die Akustik, worauf sollten Sie im Hinblick auf die Belüftung des Vortragsraums achten, was sollte alles im »Erste-Hilfe-Koffer« des PC-Präsentierenden sein?
8. **Tipps und Tricks zu PowerPoint:** In diesem Kapitel lernen Sie die besten Tipps und Tricks zu PowerPoint kennen, mit deren Hilfe Sie in Zukunft den Turbo einschalten werden. Nach allgemeinen Tipps, Tricks und Abkürzungen erfahren Sie hilfreiche Dinge zur optimalen Strategie und zu Bildern, Tabellen, Diagrammen, Animationen und Hyperlinks.
9. **Multimedia:** Dieses Kapitel erklärt Ihnen, wie Sie mit Audio- und Videodateien Ihre Präsentation in Bewegung bringen.
10. **Der Folienmaster:** In diesem Kapitel werfen Sie einen Blick unter die Motorhaube von PowerPoint und erfahren, wie Sie mithilfe des Folienmasters alle Folien der Präsentation mit wenigen Handgriffen anpassen und umgestalten können.
11. **Zerschossene Folien und verbogene Präsentationen reparieren:** Hier lernen Sie typische Fehlerquellen beim Zusammenführen von Folien aus verschiedenen Präsentationen kennen und erfahren anhand einer Checkliste, wie Sie zerschossene Folien und verbogene Präsentationen systematisch analysieren und reparieren.
12. **Das Wichtigste zu Präsentationsvorlagen:** Im letzten Kapitel lernen Sie, was man unter einer Präsentationsvorlage versteht, wie Sie eine solche Vorlage erstellen, bearbeiten und als Design speichern bzw. zur Standardvorlage aller zukünftigen Präsentationen machen.

Buchbegleitendes E-Learning

Nutzen Sie die buchbegleitenden Lernvideos. Ich habe sie selbst erstellt, und viele Folien und Beispiele des Buches werden Ihnen in den Videos wiederbegegnen. Die Lernvideos sind integraler Bestandteil dieses Buches. Sobald Sie es aufschlagen, starten Sie am besten parallel dazu auch das E-Learning.

Schreiben Sie einfach eine kurze E-Mail an Hermann.Plasa@so-gehts.eu, um Ihre Zugangsdaten zu erhalten. Für die Freischaltung brauche ich lediglich Ihren Vor- und Nachnamen sowie den Titel dieses Buches. Sie erhalten Ihre persönlichen Zugangsdaten dann umgehend per E-Mail.

Über mich

Ich bin seit Mitte der 90er-Jahre als IT- und Präsentationstrainer, Führungskräfte-Coach, Redner sowie Fach- und Reisebuchautor tätig.

Mein Spezialgebiet ist die PC-Präsentation mit dem Schwerpunkt »Vertriebs- und Kundenpräsentation«. Seit 2008 bin ich geschäftsführender Gesellschafter der SoGeht's GmbH, für die ich E-Learning-Lösungen zu Microsoft-Anwendungen entwickle.

Im Nebenberuf unternehme ich als passionierter Langstreckenradler monatelange Radreisen fernab von Deutschland.

Qualifikationen

Diplom-Pädagoge (Univ.) mit dem Studienschwerpunkt »Erwachsenenbildung«; Fortbildung und Supervision in den Bereichen Transaktionsanalyse, Kommunikation, Konfliktmanagement; Fortbildung zum Mediendesigner/-analytiker (CDI); Zertifizierung zum Microsoft Certified Trainer (MCT); Fortbildung zum Werbetexter; Coaching-Ausbildung bei Dr. Gunther Schmidt am Milton-Erickson-Institut in Heidelberg (»Systemische und hypnotherapeutische Konzepte für Organisationsberatung, Coaching und Persönlichkeitsentwicklung«).

Vom Wesen der Präsentation

Kurt Tucholsky hat im Jahre 1930 seine Ratschläge für einen schlechten Redner verfasst. Sie haben bis heute nichts an Aktualität eingebüßt:

»Fang nie mit dem Anfang an, sondern immer drei Meilen vor dem Anfang! Etwa so: ‚Meine Damen und meine Herren! Bevor ich zum Thema des heutigen Abends komme, lassen Sie mich Ihnen kurz ...' Hier hast du schon so ziemlich alles, was einen schönen Anfang ausmacht: eine steife Anrede; der Anfang vor dem Anfang; die Ankündigung, daß und was du zu sprechen beabsichtigst, und das Wörtchen kurz. So gewinnst du im Nu die Herzen und die Ohren der Zuhörer.

Denn das hat der Zuhörer gern: daß er deine Rede wie ein schweres Schulpensum aufbekommt; daß du mit dem drohst, was du sagen wirst, sagst und schon gesagt hast. Immer schön umständlich. Sprich nicht frei – das macht einen so unruhigen Eindruck. Am besten ist es: du liest deine Rede ab. Das ist sicher, zuverlässig, auch freut es jedermann, wenn der lesende Redner nach jedem viertel Satz mißtrauisch hochblickt, ob auch noch alle da sind.

Wenn du gar nicht hören kannst, was man dir so freundlich rät, und du willst durchaus und durchum frei sprechen ... du Laie! Du lächerlicher Cicero! Nimm dir doch ein Beispiel an unsern professionellen Rednern, an den Reichstagsabgeordneten – hast du die schon mal frei sprechen hören? Die schreiben sich sicherlich zu Hause auf, wann sie ‚Hört! hört!' rufen ... ja, also wenn du denn frei sprechen mußt: Sprich, wie du schreibst. Und ich weiß, wie du schreibst.

Sprich mit langen, langen Sätzen – solchen, bei denen du, der du dich zu Hause, wo du ja die Ruhe, deren du so sehr benötigst, deiner Kinder ungeachtet, hast, vorbereitest, genau weißt, wie das Ende ist, die Nebensätze schön ineinandergeschachtelt, so daß der Hörer, ungeduldig auf seinem Sitz hin und her träumend, sich in einem Kolleg wähnend, in dem er früher so gern geschlummert hat, auf das Ende solcher Periode wartet ... nun, ich habe dir eben ein Beispiel gegeben. So mußt du sprechen.

Fang immer bei den alten Römern an und gib stets, wovon du auch sprichst, die geschichtlichen Hintergründe der Sache. Das ist nicht nur deutsch – das tun alle Brillenmenschen. Ich habe einmal in der Sorbonne einen chinesischen Studenten sprechen hören, der sprach glatt und gut französisch, aber er begann zu allgemeiner Freude so: ‚Lassen Sie mich Ihnen in aller Kürze die Entwicklungsgeschichte meiner chinesischen Heimat seit dem Jahre 2000 vor Christi Geburt ...' Er blickte ganz erstaunt auf, weil die Leute so lachten.

So mußt du das auch machen. Du hast ganz recht: man versteht es ja sonst nicht, wer kann denn das alles verstehen, ohne die geschichtlichen Hintergründe ... sehr richtig! Die Leute sind doch nicht in deinen Vortrag gekommen, um lebendiges Leben zu hören, sondern das, was sie auch in den Büchern nachschlagen können ... sehr richtig! Immer gib ihm Historie, immer gib ihm.

Kümmere dich nicht darum, ob die Wellen, die von dir ins Publikum laufen, auch zurückkommen – das sind Kinkerlitzchen. Sprich unbekümmert um die Wirkung, um die Leute, um die Luft im Saale; immer sprich, mein Guter. Gott wird es dir lohnen.

Du mußt alles in die Nebensätze legen. Sag nie: ‚Die Steuern sind zu hoch.' Das ist zu einfach. Sag: ‚Ich möchte zu dem, was ich soeben gesagt habe, noch kurz bemerken, daß mir die Steuern bei weitem ...' So heißt das.

Trink den Leuten ab und zu ein Glas Wasser vor – man sieht das gern. Wenn du einen Witz machst, lach vorher, damit man weiß, wo die Pointe ist. Eine Rede ist, wie könnte es anders sein, ein Monolog. Weil doch nur einer spricht. Du brauchst auch nach vierzehn Jahren öffentlicher Rednerei noch nicht zu wissen, daß eine Rede nicht nur ein Dialog, sondern ein Orchesterstück ist: eine stumme Masse spricht nämlich ununterbrochen mit. Und das mußt du hören. Nein, das brauchst du nicht zu hören. Sprich nur, lies nur, donnere nur, geschichtele nur.

Zu dem, was ich soeben über die Technik der Rede gesagt habe, möchte ich noch kurz bemerken, daß viel Statistik eine Rede immer sehr hebt. Das beruhigt ungemein, und da jeder imstande ist, zehn verschiedene Zahlen mühelos zu behalten, so macht das viel Spaß.

Kündige den Schluß deiner Rede lange vorher an, damit die Hörer vor Freude nicht einen Schlaganfall bekommen. (Paul Lindau hat einmal einen dieser gefürchteten Hochzeitstoaste so angefangen: ‚Ich komme zum Schluß.') Kündige den Schluß an, und dann beginne deine Rede von vorn und rede noch eine halbe Stunde. Dies kann man mehrere Male wiederholen.

Du mußt dir nicht nur eine Disposition machen, du mußt sie den Leuten auch vortragen – das würzt die Rede. Sprich nie unter anderthalb Stunden, sonst lohnt es gar nicht erst anzufangen. Wenn einer spricht, müssen die andern zuhören – das ist deine Gelegenheit! Mißbrauche sie.«[1]

1 Tucholsky, Kurt: Gesammelte Werke. Bd. VIII. Reinbek bei Hamburg 1985. S. 290–292.

Teil I

Die gelungene PC-Präsentation

1. Die zehn Todsünden der PC-Präsentation und was Sie dagegen tun können

Sünde 1: Folien als Handout verwenden 16
Sünde 2: Zu viel Information insgesamt 16
Sünde 3: Zu viel Information pro Folie 18
Sünde 4: Zu viel Information als Text 20
Sünde 5: Überflüssige Folien 21
Sünde 6: Mangelnde Führung 23
Sünde 7: Beschreibende statt sprechende Folientitel 23
Sünde 8: Animation als Spielerei 24
Sünde 9: Unlesbare Information 25
Sünde 10: Illustration statt Visualisierung 26
Das elfte Gebot 26

Dem Fachwissen und der Überzeugungskraft meines guten Freundes und ausgewiesenen PowerPoint-Profis Oliver Weiße aus München ist es geschuldet, dass ich nach 20 Jahren die in Granit gemeißelte Reihenfolge der zehn Todsünden umgestellt habe. Die bislang letzte Sünde ist auf den ersten Platz vorgerückt und auch auf den Rängen gab es einige Positionsveränderungen. Nach 20 Jahren ein wenig Veränderung? Warum nicht. Keiner soll mir nachsagen, ich wäre nicht flexibel.

Sünde 1: Folien als Handout verwenden

Folien sind zum Gucken da, Handouts zum Lesen. Folien leben von Bildern, Handouts von Text. Folien *begleiten* Ihren Vortrag, das Handout übernimmt *Nachsorge*. Und schon bahnt sich ein Dilemma für all jene an, die ihre Folien gleichzeitig als Handout einsetzen. Inhaltlich verdichtete und veranschaulichte (visualisierte) Informationen machen Folien zwar zu guten *Folien*, aber zu einem schlechten *Handout*. Wenn Sie ein Buch lesen möchten, ist der Klappentext zu wenig. Umgekehrt quälen Sie mit überladenen Textfolien Ihr Publikum wie ein Kleinkind, dem Sie mit großer Begeisterung schöpflöffelweise Spinat verabreichen. Obwohl Spinat doch so gesund ist, dreht das Kind ständig den Kopf zur Seite. Was tun?

Nutzen Sie die Notizansicht von PowerPoint bzw. den Export der Folien nach Word.

Folien oder Handout? Verwandeln Sie das Entweder-oder in ein Sowohl-als-auch, und das scheinbare Dilemma löst sich in Wohlgefallen auf. Das Zauberwort heißt **Notizansicht**. Erstellen Sie sowohl visualisierte Folien als auch ein textorientiertes Handout in einer einzigen Präsentation. Alternativ zum »Handout Light« in Form der PowerPoint-Notizansicht bietet sich der **Folienexport nach Word** als Premium-Variante an. Beide Methoden lernen Sie in diesem Buch natürlich noch im Detail kennen.

Regel 1:

Nimm zwei! Erstellen Sie mit vertretbarem Aufwand zwei Varianten Ihrer Präsentation: eine zum Ansehen und eine zum Nachlesen.

Sünde 2: Zu viel Information insgesamt

»Das Geheimnis der Langeweile ist, alles sagen zu wollen.«
(Voltaire)

»Der Schlüssel zu einer guten Rede lautet: Man braucht einen genialen Anfang, einen genialen Schluss und möglichst wenig dazwischen.«
(Sir Peter Ustinov)

Viel hilft viel! Eine einfache Regel, an die sich viele Vortragende halten und dabei gehörig an den Wünschen des Publikums vorbeizielen. Das Wort »kurz« steht ganz oben auf dem Wunschzettel der meisten Präsentationsbesucher. Wenn Sie diesem Wunsch folgen, erhöht das die Wahrscheinlichkeit, dass Ihnen Ihr Publikum wohlgesonnen bleibt. Und das ist zieldienlich. Außerdem können Sie darauf vertrauen, dass Interesse und Konzentration nicht so schnell erlahmen. Auch das ist zieldienlich.

Wie viel ist *zu viel*? Für die Antwort auf diese Frage wechseln wir die Szenerie. Stellen Sie sich einen Gastgeber vor, der Freunde und Bekannte zum Essen eingeladen hat. Hungrig und voller Erwartung sitzen die Gäste am gedeckten Tisch. Weil der Gastgeber ein sehr guter Gastgeber ist, werden nur erlesene Speisen und Getränke gereicht. Die Reise ins Schlaraffenland beginnt um 09:00 Uhr morgens mit einem 5-Sterne-Frühstück, an das sich nahtlos ein Brunch der Extraklasse anschließt, gefolgt von einem 4-gängigen Mittagsmenü, das mindestens einen Michelin-Stern verdient hätte. Während der Nachtisch noch abgeräumt wird, deckt man im Nebenraum bereits die Tafel für Kaffee und Kuchen. Auch die Zubereitung des Abendbrots ist schon in vollem Gange.

Der Gastgeber macht alles richtig, oder? Er kredenzt schließlich Unmengen an erstklassigen Speisen und Getränken! Ich übertreibe natürlich mit diesem Beispiel, das deutlich machen soll, dass auch das Beste schnell zu viel des Guten werden kann. Was würde geschehen, wenn der Gastgeber seine Gäste zwingt, weiter zu essen, obwohl sie längst satt sind? Einmal abgesehen davon, dass das ein seltsamer Gastgeber wäre, der seine Gäste derart quälte, würde den so Gemästeten ziemlich übel werden, und nicht wenige müssten sich übergeben. Michelin-Stern hin oder her. Fazit: Viel hilft nicht viel!

Wenn es um das Wohlbefinden oder gar das Überleben geht, greift unser Körper zu radikalen Mitteln. Wie der Magen wehrt sich auch der Kopf gegen zu viel Input, nur eben mit subtileren Mitteln; womit ich wieder zum Wahrnehmungsapparat komme. Wenn es ihm zu viel wird, schaltet er auf Durchzug, fährt Konzentration und Interesse auf ein Minimum herunter, entdeckt ein höchst interessantes Objekt an der Wand, sucht auf dem Parkplatz vor dem Vortragsraum nach lila Autos oder lässt uns alle drei Sekunden einen zunehmend ungeduldigeren Blick auf die Uhr werfen. Wie wichtig die Informationen auch sein mögen, die Sie gerade servieren – es ist nicht zieldienlich, wenn Ihr Publikum einen Informationshappen nach dem anderen hinunterwürgen muss, obwohl es längst satt ist.

Wie lange darf nun ein Vortrag dauern? Natürlich hängt das auch von den Umständen ab. Wenn der Betriebsrat eines bedrohten Unternehmens eine Mitarbeiterversammlung einberuft, bei der es um den Erhalt der Arbeitsplätze geht, hören die Leute auch einen Tag lang voll konzentriert zu. Wenn Sie also bei Ihrem Publikum mit einem derartigen Interesse rechnen dürfen, müssen Sie sich um die Zeit keine Gedanken machen. Ansonsten gilt die Faustregel: 20 Minuten sind ideal, 40 Minuten zumutbar. So lange reicht ein durchschnittlicher Konzentrations- und Interessenstank. Dann schaltet der Wahrnehmungsapparat auf Reserve um und hat für weitere zehn bis fünfzehn Minuten Sprit. Dann ist der Tank leer.

Diese magische Grenze von 40 Minuten gilt für den klassischen Monolog. Also für Vorträge, bei denen Ihr Publikum völlig passiv ist und dem Vortragenden still und bewegungslos zuhört bzw. zusieht. Sobald Sie Ihr Publikum jedoch aktivieren, z. B. Fragen an das Publikum richten, Rückmeldungen einholen oder um ein Handzeichen bitten, gewinnen Sie ein wenig Zeit. Aber spätestens nach 60 Minuten sollte Ihr Vortrag zu Ende sein. Dauert er länger, bauen Sie besser eine Halbzeitpause von zehn Minuten ein.[1] Niemand wird Ihnen böse sein, wenn er früher als erwartet den Raum verlassen darf. Aber keiner freut sich, wenn er nachsitzen muss, weil *Sie* überziehen.

Regel 2:

Weniger ist mehr! Sie dürfen über alles sprechen, nur nicht mehr als 60 Minuten.

Sünde 3: Zu viel Information pro Folie

Für viele Präsentierende ist eine Folie »gut«, wenn sie voll ist. Leere Flächen sind Platzverschwendung. Wozu hat man schließlich eine schöne, große Folie? Wer kauft sich einen Ferrari und fährt dann nur im Hof damit herum? Drehen Sie auch hier den Spieß um. Fragen Sie nie: »Was könnte ich noch auf der Folie unterbringen?« Fragen Sie lieber: »Was könnte ich streichen oder kürzen?«

Nur Kerninformationen gehören auf die Folie

Es gibt zwei Kategorien von Informationen: Kern- und Zusatzinformationen. Kerninformationen sind das Destillat, das Hochprozentige, das Wesentliche. Sie gehören auf Folie und Leinwand, Zusatzinformationen dagegen in den Vortrag und das Handout.

Nicht nur die Gesamtmenge (Sünde Nr. 2), sondern auch die Größe der einzelnen Informationshappen wirkt sich auf den Appetit aus. Der Zuhörer sollte jede neue Folie in zwei bis fünf Sekunden »scannen« können. Einmal kurz überfliegen – fertig ist der erste Eindruck. Denn genau darum geht es, um diesen *ersten Eindruck*, eine erste Antwort auf die unausgesprochene Frage unseres Wahrnehmungsapparats: »Was ist das?«

1 Eine Bemerkung zu den beliebten Tagungsmarathons, die viele Unternehmen regelmäßig veranstalten. Von 8:30 Uhr morgens bis 18 Uhr abends folgt eine Präsentation auf die andere. Zwischen den Vorträgen plant man nur fünf Minuten Pause ein. Natürlich überzieht dann schon der erste Referent um sechs Minuten. Die folgenden Sprecher bauen diesen Vorsprung konsequent aus. Mit 30 Minuten Verspätung stürmt die Meute schließlich das Mittagsbuffet, um weitere 30 Minuten später dem bedauernswerten Vortragenden im Schnitzelkoma etwas vorzuschlafen. Die sich hartnäckig haltende Bereitschaft vieler Unternehmen, Zeit und Geld in den Versuch zu stecken, Zeit und Geld zu sparen, ist beeindruckend.

Enthält die Folie zu viele Informationen, wird Scannen zu Lesen oder gar Dechiffrieren. Das ist doppelt schädlich, weil unser Wahrnehmungsapparat gleichermaßen ungeduldig wie neugierig ist. Wenn aus den erhofften fünf Sekunden auf einmal 20, 30 oder 50 Sekunden werden, strapaziert das die Geduld des Wahrnehmungsapparats. Weil der Wahrnehmungsapparat aber auch sehr neugierig ist und sich mit dem, was es zu sehen gibt, auch beschäftigen will, werden die Zuhörer das Kleingedruckte mit halbem Auge entziffern, während sie Ihnen mit halbem Ohr zuhören. Beides ist nicht zieldienlich.

Zwei bis fünf Sekunden

Warum zwei bis fünf Sekunden? Konrad Lorenz spricht vom *»Hang zur schnellen Entscheidung«* und erklärt das mit der Entwicklungsgeschichte des Menschen. Es war für das Weiterbestehen der Gattung Mensch notwendig, dass unsere Vorfahren in zwei bis fünf Sekunden die richtige Entscheidung trafen: Freund oder Feind, Angriff oder Flucht. Die Situation erst einmal zu analysieren und von allen Seiten zu beleuchten, um schließlich zu einer fundierten und vom Team mitgetragenen Entscheidung zu gelangen, wäre vor allem im Interesse des Säbelzahntigers gewesen.

Der Homo sapiens mag 120.000 Jahre alt sein, aber die Hard- und Software des heutigen Menschen unterscheidet sich nur unwesentlich von der des Höhlenmenschen. Was sich bewährt hat, gibt die Evolution nur ungern wieder auf. Viele uralte Impulse sind deshalb noch immer tief in uns verankert. Einer davon ist der *Hang zur schnellen Entscheidung,* der Impuls, neue und unbekannte Situationen augenblicklich einzuordnen, sofort einen ersten Eindruck zu bekommen. Das gilt für alles Neue, dem wir begegnen: Menschen, Situationen, Folien. Wann immer Sie diesen Wunsch nach einem schnellen ersten Eindruck durch bekömmliche Informationshappen erfüllen, ist das zieldienlich.

Für Folien, die sich nicht in das »Zwei-bis-fünf-Sekunden-Korsett« zwängen lassen, gibt es einen Plan B: Aufteilen des Folieninhalts in kleine Informationshäppchen, für die dann wiederum die Zwei-bis-fünf-Sekunden-Regel gilt – z. B. ein komplexer Projektplan, bei dem die Projektphasen nicht gleichzeitig, sondern nacheinander eingeblendet werden.

»Mein Chef besteht aber darauf, dass ich alles auf die Folie packe!« Sachzwänge gehören zum Alltag, und der bekannteste unter ihnen heißt »Chef«. Wenn man von Ihnen fordert, dass Sie den Gästen viel zu große Portionen servieren, dann mästen Sie eben das Publikum. Sie vermeiden Ärger, der Chef ist glücklich und dem Publikum wird übel. Ein Tag wie jeder andere.

Regel 3:

Weniger ist mehr! Kerninformationen auf die Folie, Zusatzinformationen in den Vortrag und das Handout.

Sünde 4: Zu viel Information als Text

Gehen Sie ins Kino, um sich einen Film anzusehen, oder wollen Sie jemandem dabei zuhören, wie er das Drehbuch vorliest? Text ist der natürliche Feind des Wahrnehmungsapparats und deshalb der Todfeind des Präsentierenden. Textfolien sind ein unlösbares Dilemma: Was auch immer Sie damit tun, es ist das Falsche:

- Vorlesen ist die beliebteste Unart. Jeder im Publikum, der lesen kann, wird sich fragen: »Warum liest er uns vor, was wir dort vorne sehen? Denkt er, wir können nicht lesen, oder beherrscht er nur seinen Text nicht?« Erschwerend zu diesem psychologischen Faktor kommt hinzu, dass die Mitlesegeschwindigkeit der Zuhörer und die Vorlesegeschwindigkeit des Präsentierenden niemals identisch sein werden. Der Wahrnehmungsapparat der Zuhörer muss das Gelesene ständig mit dem Gehörten synchronisieren, damit es zu einer Einheit verschmilzt. Vorlesen zieht die innere Handbremse um einen weiteren Zahn an.
- »Gut«, sagen Sie im Lichte dieser Erkenntnis, »dann lese ich den Text eben nicht vor, sondern umschreibe ihn mit anderen Worten«. Jetzt werden sich Ihre Zuhörer fragen: »Warum sagt er nicht das, was auf der Folie steht? Und wie bitte soll das Gehörte mit dem zusammenpassen, was ich da lese?« Der Synchronisationsaufwand nimmt zu statt ab. Die Lösung verschlimmert das Problem.
- Was bleibt, ist Schweigen: »Warum sagt er nichts?«, würden sich Ihre Zuhörer in diesem Fall zu Recht fragen. Die Präsentation sähe dann so aus: Textfolie einblenden, 30 Sekunden warten, zum Publikum sagen: »Haben Sie Fragen?« und zur nächsten Textfolie klicken, wenn niemand etwas wissen will.

Vorlesen, Umschreiben oder Schweigen. Wie Sie es auch machen, es ist falsch. Die Aufmerksamkeit des Publikums hüpft ständig zwischen Ihnen und der Leinwand hin und her und wird nirgendwo sesshaft. Der Fokus verschwimmt. Das Publikum ist mit dem Synchronisieren von Gehörtem und Gelesenem beschäftigt und lauscht nur mit halbem Ohr Ihren Worten. Die Konzentration sinkt rapide, verwandelt sich in Unmut, gefolgt von nervösen Blicken auf teure Armbanduhren. Und Sie spüren, dass es nicht nach Plan läuft.

Textfolien sind für *alle* Beteiligten so hilfreich wie eine Bleiweste für den Schwimmer. Ihre Rede ist nicht frei, sondern angekettet an Buchstaben, Worte und Sätze. Je mehr Text, desto schlimmer wird es. Was auch immer Sie versuchen – Blei können Sie nicht in Gold verwandeln. Mithilfe der folgenden Faustregeln werden Textfolien jedoch zumindest erträglicher: **Telegrammstil statt ganzer Sätze, maximal sieben Zeilen pro Folie, maximal sieben Worte pro Satz.**

> **Regel 4:**
> Visualisieren Sie die Information, die Sie projizieren. Wenn Sie Text vorlesen müssen oder möchten, dann ersparen Sie Ihrem Publikum zumindest das Mitlesen und schalten Sie die Projektion für die Dauer des Vorlesens auf »Schwarz«.

Sünde 5: Überflüssige Folien

Wir leben in einer Zeit, in der Besprechungen abgesagt werden, wenn der Beamer nicht funktioniert! Descartes würde heute wohl sagen: »Ich projiziere, also präsentiere ich!«. Viele Referenten projizieren exakt das an die Leinwand, was sie anschließend ihrem Publikum vorlesen. Doppelt genäht hält besser, oder? Man mag es manchmal kaum noch für möglich halten, aber es gab tatsächlich eine Zeit vor Plasma-Bildschirmen, Beamern und Projektoren. In dieser Zeit gab es auch Vorträge, und verrückterweise kam es immer wieder vor, dass das Publikum anschließend wusste, wovon der Redner gesprochen hatte – und das, obwohl nicht eine einzige Folie projiziert wurde.

Wann ist eine Folie nötig oder hilfreich? Wenn sie einen Mehrwert zu dem liefert, was der Präsentierende erzählt: ein Schaubild etwa, das den komplexen Zusammenhang in einem IT-Netzwerk veranschaulicht, ein Liniendiagramm, das die Entwicklung des Aktienkurses zeigt, ein Projektplan, der einen Überblick über die verschiedenen Phasen und Meilensteine eines komplexen Projekts vermittelt.

Wann ist eine Folie überflüssig? Wenn sie dasselbe wie der Präsentierende verkündet und der Vortragende nur nachplappern kann, was die Folie vorsagt. Doppelt genäht hält nicht besser! Im Gegenteil. Unser Wahrnehmungsapparat empfängt und verarbeitet pausenlos *alle* Reize, die auf ihn einströmen. Die Aufmerksamkeit des Publikums kann sich bei Doppelversorgung nicht auf *eine* Informationsquelle konzentrieren, sondern springt ständig zwischen Präsentierendem und Folie hin und her. Das streut die Aufmerksamkeit, anstatt sie zu bündeln. Fokussieren ist der Heilige Gral der Wissens- und Informationsvermittlung! Fazit: Bündeln von Aufmerksamkeit ist zieldienlich, Streuen ist schädlich!

Stellen Sie sich vor, Sie säßen gerade in einer angenehmen und ruhigen Bar. Sie unterhalten sich mit Ihrem Gegenüber und nippen gelegentlich am Kaltgetränk Ihres Vertrauens. Dann schaltet irgendwer den obligatorischen Fernsehapparat über dem Tresen ein, der nun mitten in Ihr Wahrnehmungsfeld hineinflimmert. Weil der fürsorgliche Barkeeper seinen Gästen ordentliche Unterhaltung zur Unterhaltung bieten will, gönnt er Ihnen nicht »Die schönsten Bahnstrecken Deutschlands«, sondern einen jener Sender, den nur ausgebildete Kampfpiloten ohne bleibende Schäden überstehen können. Bündelt oder streut die Flimmerkiste Ihre Aufmerksamkeit? Ruht Ihr Blick weiter auf Ihrem Gesprächspartner oder wird er vom Geflimmere immer wieder magisch angezogen? Was hören Sie von den Worten Ihres Gegenübers, wenn Sie auf den Bildschirm schauen? Was sehen und hören Sie von der Sendung, solange Sie Ihrem Gesprächspartner konzentriert zuhören? Was müssen Sie tun, um sich auf *eine* der beiden Informationsquellen voll zu konzentrieren?

Ich habe das Phänomen der Doppelversorgung in vielen Präsentationstrainings getestet. Zuerst darf der Präsentierende ein paar Folien nachbeten und gleichzeitig projizieren. Dann dasselbe noch mal, nur diesmal ohne Projektion. (Fast) immer kam die gleiche

Rückmeldung aus dem Publikum: »Die zweite Variante war angenehmer und klarer, weil ich mich jetzt auf den Präsentierenden konzentrieren konnte. Im ersten Durchgang habe ich immer versucht, gleichzeitig den Referenten anzusehen, ihm zuzuhören und die Folie zu lesen.«

Neun von zehn Textfolien sind überflüssig. Vorsicht Missverständnis! Ich will damit nicht sagen, die Information sei nicht wichtig. Für die Ohren ist Text sehr wohl von Bedeutung, aber die Augen haben nichts davon! Vielleicht denken Sie jetzt: *»Aber für mich als Präsentierendem ist es wichtig, damit ich mich am Text entlanghangeln kann!«* Ein Präsentierender, der PowerPoint als Teleprompter einsetzt, ist wie ein Schauspieler, der seinen Text vom Blatt abliest. Was wünschen Sie sich im Theater: einen Ableser oder einen Schauspieler, der seinen Text beherrscht? Dasselbe erwartet Ihr Publikum von Ihnen.

Nehmen wir an, es gäbe gute Gründe, warum der Schauspieler seinen Text nicht beherrscht: Vielleicht musste er ja für einen erkrankten Kollegen einspringen oder der Spielplan hat sich kurzfristig geändert. Dann hätten Sie zwar Verständnis für die Situation, aber keine Freude an der Veranstaltung. Und wie würden Sie reagieren, wenn er Ihnen den Text, den er abliest, zum gemeinsamen Mitlesen auch noch an die Wand projiziert? Wenn Sie also aus zwingenden Gründen Ihren Vortrag nicht vortragen, sondern vorlesen, dann ersparen Sie Ihrem Publikum wenigstens das Mitlesen. Schalten Sie den Beamer während des Vorlesens auf »Schwarz[2]« und erst dann wieder ein, wenn eine sehenswerte Folie kommt. So ist jeder halbwegs zufrieden: Sie haben Ihren Souffleur und Ihr Publikum kann Ihnen konzentriert zuhören.

Ein weiterer beliebter Einwand lautet: *»Aber es heißt doch immer, man soll mehrere Kanäle beim Zuhörer ansprechen.«* Um mit der Stimme von »Radio Eriwan« zu antworten: Das ist im Prinzip richtig, aber ... entscheidend ist die *Choreografie*, also das Zusammenspiel von Lesen, Hören und Sehen. Wenn unterschiedliche Reize zu einer harmonischen Einheit für Auge und Ohr verschmelzen, dann verstärkt das die Wirkung. Wenn nicht, passiert das Gegenteil. Unser Wahrnehmungsapparat erlebt dann den Vortrag wie einen Film, bei dem die Tonspur immer ein paar Sekunden hinter dem Bild herhinkt. Während der Bösewicht schon auf den Pianisten geschossen hat, hören Sie diesen noch flüstern: »Ob mich der Bösewicht wohl finden wird?« und kurz darauf ruft der bereits Totgeschossene: »Wagen Sie es nicht, auf mich zu schießen!«.

Regel 5:
Weniger ist mehr! Folien haben nur dann eine Existenzberechtigung, wenn sie einen Mehrwert zu Ihren Worten liefern.

2 Fast jeder Beamer hat diese Funktion und fast jede Fernbedienung eine entsprechende Taste.

Sünde 6: Mangelnde Führung

Stellen Sie sich vor, Sie nehmen im Rahmen einer Kunstausstellung an der Führung »Die Pioniere der französischen Moderne« teil. Der mit der Führung beauftragte Kunstsachverständige begrüßt die versammelte Gruppe mit den Worten »Na, dann mal los!« und marschiert forschen Schrittes in den angrenzenden Raum, in dem viele Bilder an hohen Wänden hängen. Dort zieht er einen Zettel aus der Tasche und beginnt abzulesen, während die Hälfte des Publikums noch im anderen Raum ist: »Die vier unterschiedlichen Schaffensphasen sind auf den ersten Blick zu erkennen: Aufbruch, Beruhigung, Trauer und Neuschöpfung. Besonders hervorzuheben ist ...« Irgendwann hat der Führer alles abgelesen, was es zu den vier Phasen zu sagen gibt, verstaut den Zettel wieder in der Tasche, ruft »Nächster Raum!« – und weg ist er. Während Sie noch überlegen, wie das jetzt mit den vier Phasen genau war, was auf den Bildern überhaupt zu sehen ist und woran man diese Phasen denn nun im Detail erkennen soll, hören Sie von nebenan schon wieder die Stimme des Kunstsachverständigen: »Hier sehen Sie ...«. Sie reißen sich los und eilen der Meute hinterher.

Führen Sie Ihr Publikum durch Ihre Informationsausstellung

Jede Präsentation ist eine Führung durch eine Informationsausstellung. Sie sind der Experte, der seinem Publikum die Exponate an den Wänden – die Folien – erläutert. Vier Techniken helfen Ihnen dabei: der **didaktische Dreisatz**, **Produktinformationen**, die **Lucy-Strategie** und **Zeigehilfen**. Dieses magische Quartett sorgt dafür, dass Ihr Publikum nie die Orientierung verliert, immer am Ball bleibt und zum richtigen Zeitpunkt an die richtige Stelle blickt. Details zu diesen Techniken erfahren Sie in späteren Kapiteln.

> **Regel 6:**
>
> Führen Sie Ihr Publikum: mit Zeigehilfen, Produktinformationen, dem didaktischen Dreisatz und der Lucy-Strategie.

Sünde 7: Beschreibende statt sprechende Folientitel

Sprechende Folientitel verkünden in wenigen Worten eine klare Botschaft und sind damit wie aufrichtige Politiker: ersehnt, aber selten. In Zeitungs- und Zeitschriftenredaktionen sowie in der Werbebranche spielen die Überschriften (neudeutsch: Headlines) die Hauptrolle. Sie sollen den Leser neugierig machen und liefern bereits eine Zusammenfassung des folgenden Textes.

Nehmen wir an, Sie interessierten sich für Sport, etwa für die Fußball-Bundesliga. Es ist Montag, und Sie schlagen den Sportteil Ihrer Tageszeitung auf, um sich über den vergangenen Spieltag zu informieren. Ganz besonders interessiert Sie natürlich das Abschneiden

Ihres Lieblingsvereins, wie die Tabelle jetzt aussieht und wer die Torschützenliste anführt. Sie überfliegen die Überschriften zu den einzelnen Artikeln und stoßen auf Dinge wie: »Fußball«, »Spiel 1« oder »Mannschaft 5 gewinnt gegen Mannschaft 7«.

Den Folientitel zum Botschafter machen

Diese Überschriften verraten absolut nichts über den Inhalt. Ihr Informationsgehalt ist so erkenntniserweiternd wie der Hinweis, dass gegen Abend mit zunehmender Dunkelheit zu rechnen ist. Natürlich wünschen Sie sich Überschriften wie: »VFB dreht Partie«, »Kantersieg für Hamburg«, »Köln auf Abstiegsplatz gefallen« oder »Nürnberg überragend«. Wenige Worte können viel sagen. Formulieren Sie möglichst sprechende statt beschreibender Titel. Sie brauchen dabei das Rad nicht neu zu erfinden! Studieren Sie die nächsten vier bis sechs Wochen einfach nur den Sport- und Wirtschaftsteil der Tageszeitung Ihres Vertrauens mit Blick auf sprechende Überschriften. Tippen Sie alle Überschriften, die Ihnen gefallen, in ein Word-Dokument. Sie werden sehen, dass Sie einen Großteil mit nur marginalen Änderungen als sprechende Folientitel in Ihren Präsentationen verwenden können.

Beschreibender Titel (falsch)	Sprechender Titel (richtig)
Umsätze laufendes Jahr	Umsatzziel um 15 % übertroffen
Gewinnentwicklung	Gewinn auf 3,5 Mio. EUR geschrumpft
Vergleich A und B	A hat B erstmals überholt
Projektstatus	Projekt XY seit dem 15.12. in Phase 4
Lösungsvorschläge	Einfach, günstig, stabil: Lösung A

Eine alte philosophische Grundregel lautet: »Dem Wissen folgen die Worte.« Erst wenn *Sie* wissen, was Sie mit einer Folie sagen wollen, können Sie einen sprechenden Folientitel in den Platzhalter tippen. Wenn Sie nicht wissen, was Sie mit einer Folie sagen wollen, warum wollen Sie sie dann zeigen?

> **Regel 7:**
> Sorgen Sie mit sprechenden Folientiteln für klare Botschaften.

Sünde 8: Animation als Spielerei

Nicht nur Bilder, auch Bewegungen haben eine magnetische Anziehungskraft für unseren Wahrnehmungsapparat. Sinnfreie Animationen lenken vom Wesentlichen ab und locken die Aufmerksamkeit aufs Abstellgleis. Anfang der 90er-Jahre mag das anders gewesen sein, aber damals war Animation in der Präsentationswelt das, was ein Farbfernsehgerät Anfang der 70er-Jahre für das staunende Volk war: eine Revolution. In den 90er-Jahren ergötzte sich das staunende Publikum noch an den lustigen Strichmännchen, die von links, rechts, oben und unten kreuz und quer über die Folien huschten. Die Flammen der Revolution sind erloschen, und wildes Gezappel auf Folien begeistert heute nur noch die Vortragenden.

Auch Animationen sollen Informationen veranschaulichen. Solange sie das tun, sind sie zieldienlich. Sonst nicht. Ein weiteres und didaktisch sinnvolles Einsatzgebiet von Animationen ist die Zeigehilfe, bei der Sie die Augen Ihres Publikums an die Hand nehmen und zum richtigen Zeitpunkt exakt an die Stellen der Folien führen, auf die das Publikum gerade blicken soll.

Regel 8:

Keine Spielereien! Setzen Sie Animationen dosiert und didaktisch sinnvoll ein.

Sünde 9: Unlesbare Information

»Ich weiß, dass Sie das nicht lesen können.« Jedes Mal, wenn ich diese Worte aus dem Mund eines Vortragenden höre, frage ich mich: »Warum zeigt er mir dann diese Folie?« Ein Referent, der so handelt, ruft seinem Publikum hämisch zu: »Ich sehe was, das du nicht siehst!« Und dafür will er Anerkennung?

Stellen Sie sich vor, jemand würde Ihnen einen Zettel mit den Lottozahlen der kommenden Ziehung vor die Nase halten. Leider sind die Ziffern viel zu klein, unleserlich oder in chinesischen Schriftzeichen. Da gehen sie dahin, die Millionen. Unlesbare Informationen sind wertlos und verärgern denjenigen, der sie lesen will, aber nicht kann. Auch in der letzten Reihe muss jeder Zuschauer jede Information auf jeder Folie ohne Schwierigkeiten[3] lesen/erkennen können.

Regel 9:

Jede Information muss für jeden im Publikum lesbar bzw. erkennbar sein.

3 Als Faustregel gilt: Schriftgröße nicht kleiner als 18 pt. Aber ein kurzer Test im Vortragsraum sorgt für Klarheit. Wenn Sie aus der letzten Reihe die kleinste Schrift gut lesen können, sind Sie im grünen Bereich.

Sünde 10: Illustration statt Visualisierung

Zunächst ein paar Worte zum Visualisieren, dem Gegengift zur Textfolie. Visualisieren bedeutet Veranschaulichen von *Informationen*. Unser Wahrnehmungsapparat kann anschauliche Informationen besser aufnehmen, länger speichern und schneller abrufen. Visualisieren ist die zentrale Kompetenz des Präsentierenden und der Schlüssel zu einer zielgruppenorientierten Präsentation.

Was unterscheidet nun die Illustration von der Visualisierung, und was ist das Sündige an ihr? Visualisierungen veranschaulichen (unanschauliche) *Informationen*. Illustrationen sind schmückendes Beiwerk, hübsches Lametta ohne Informationsgehalt – und damit ein verführerisches Ablenkungsmanöver für den Wahrnehmungsapparat, der sich gierig auf die Form stürzt und den Inhalt nur noch am Rande mitbekommt.

Bilder ziehen den Blick magnetisch an. Sie sind für den Wahrnehmungsapparat Schokolade, Text dagegen ist Spinat. Für den Prozess der Informationsvermittlung ist es zieldienlich, wenn das Bild gleichzeitig Informationsträger ist. Sobald die Bilder jedoch ohne inhaltlichen Bezug zum Vortrag sind, werden sie zum Problem. Die unausgesprochene Frage des Wahrnehmungsapparats: »Was ist das und wie hängt es mit dem zusammen, was der Vortragende gerade erzählt?«, bleibt bei Illustrationen unbeantwortet. Wer erklärt schon Lametta? Nach ein paar Sekunden ergebnisloser Kontemplation schaltet sich das Bewusstsein ein und herrscht den Wahrnehmungsapparat an: »Vergiss das Bild, und hör dem Redner zu!« Bis zu diesem Zeitpunkt sind aber schon wertvolle Sekunden verstrichen, in denen der Vortragende vorgetragen hat, während der Wahrnehmungsapparat der Zuhörer mit dem Bild beschäftigt war. Der Redner hat geredet, aber was hat er gesagt? Am Ende einer mit Illustrationen garnierten Präsentation hat das Publikum viele hübsche Bilder ohne Aussage gesehen und viele wichtige Aussagen überhört.

Regel 10:
Seien Sie verschwenderisch bei Visualisierungen, und geizen Sie mit Illustrationen.

Das elfte Gebot

Der Präsentierende ist Mittelpunkt, die Technik Mittel. Punkt.

2. Strukturierte Vorbereitung als Schlüssel zum Erfolg

Das Ziel: Wohin soll die Reise gehen? 29

Nutzen motiviert zum Handeln 34

Ihr Drehbuch zum Erfolg – der Nutzenkatalog 38

Inhalte auswählen und verdichten 40

Drehen Sie den Spieß um: erst das Handout, dann die Folien 41

Sprechernotizen und Regieanweisungen 44

Trockenübung, Bühnenprobe und Requisiten 45

Zusammenfassung 46

Mit Ausnahme von Sünde Nr. 6 (»Mangelnde Führung«) fallen alle übrigen Sünden in die verschiedenen Phasen der Vorbereitung einer Präsentation. Auch wenn es abgedroschen klingt, aber der Erfolg Ihrer Präsentation steht und fällt mit der Vorbereitung.

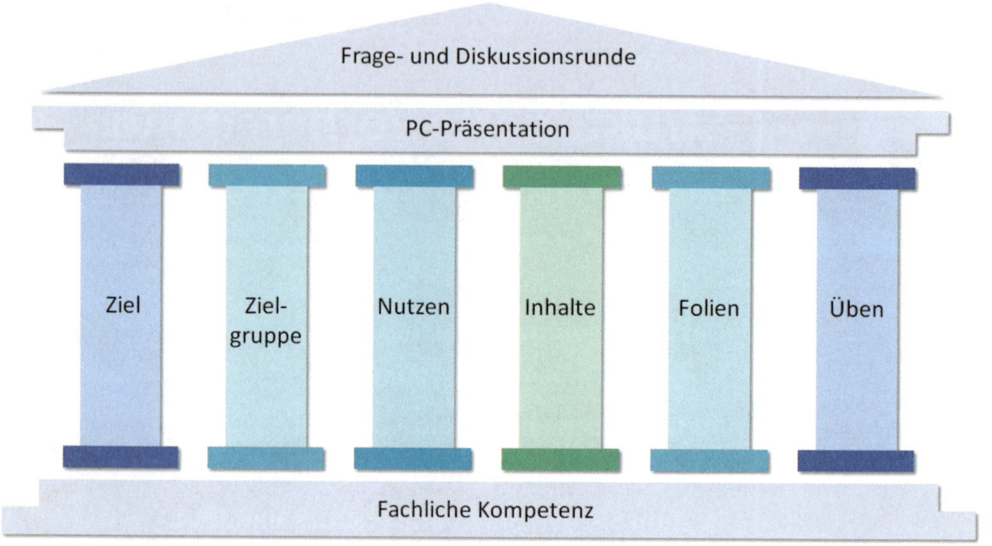

Wenn Sie während der Vorbereitung die Weichen richtig stellen, werden Sie während der Präsentation nicht entgleisen. Ihre fachliche Kompetenz ist das Fundament. Darauf ruhen die sechs Säulen der Vorbereitung.

Je tragfähiger sie sind, desto besser stützen sie Ihre Präsentation ab:

1. **Ziel:** Es bestimmt Inhalt, Richtung und Methodik Ihrer Präsentation. Eine präzise Zielformulierung sorgt für eine klare Präsentation.
2. **Zielgruppe:** Präsentieren ist Kommunizieren. Kommunikationsprozesse haben Risiken und Nebenwirkungen. Minimieren Sie die Risikofaktoren, und stimmen Sie Ihre Präsentation auf das jeweilige Publikum ab.
3. **Nutzen:** Beantworten Sie im Vorfeld die Frage, was Ihr Publikum davon hat, Ihnen zuzuhören, Ihre Meinung zu teilen, Ihre Empfehlung umzusetzen, Ihr Projekt zu unterstützen oder Ihr Produkt zu kaufen.
4. **Inhalte:** Sie wählen, gewichten und verdichten die Inhalte.
5. **Folien:** Erstellen Sie Handout und Folien – und zwar in dieser Reihenfolge.
6. **Üben:** Zum Abschluss üben Sie die Präsentation möglichst unter Originalbedingungen.

Das Ziel: Wohin soll die Reise gehen?

Den Anfang der Vorbereitung macht das Ziel. Wer einfach losmarschiert, darf sich nicht wundern, wenn er irgendwo ankommt. Oder wie Alt-Bundeskanzler Helmut Kohl so wunderbar formulierte: »Wichtig ist, was hinten rauskommt.«

Ausnahmen bestätigen die Regel. Zum Beispiel der Manager, der gehetzt ins Taxi springt. Als ihn der Fahrer fragt: »Wohin möchten Sie?«, antwortet der Manager: »Bringen Sie mich irgendwohin, ich werde überall gebraucht!« Manager mögen die Ausnahme von der Regel sein, der Rest braucht ein Ziel.

Ziele formulieren

In meinen Präsentationstrainings bitte ich die Teilnehmer zu Beginn, alle Präsentationsziele zu notieren, die ihnen spontan einfallen. Die folgenden Ziele werden besonders häufig genannt: die Kollegen/den Kunden *informieren*, die Geschäftsleitung oder den Kunden *überzeugen*, dem Chef einen *Überblick* über den aktuellen Projektstatus geben, den potenziellen Käufer über die Vorteile des Produkts *aufklären,* Einsparmöglichkeiten *deutlich machen*.

Klingt alles einleuchtend, oder? Auf den zweiten Blick erweisen sich aber viele dieser Ziele nur als Zwischenstationen (Teilziele) auf dem Weg zum eigentlichen Hauptziel. Geben Sie sich mit dem Erreichen des Basislagers zufrieden oder wollen Sie den Gipfel erklimmen? Wenn Sie den Gipfel im Visier haben, jedoch nur Ausrüstung und Kondition für die Strecke bis zum Basislager mitbringen, werden Sie Ihr Ziel nicht erreichen. Überlegen Sie sich also genau, wohin die Reise gehen soll, *bevor* Sie einsteigen und losfahren.

Informieren oder Überzeugen ist zu wenig, Handeln ist gefragt!

Dass eine Präsentation informieren soll, versteht sich von selbst. Ich vermute aber, dass Sie nur in den seltensten Fällen damit zufrieden sind, wenn der Kunde nach dem Ende Ihrer Präsentation zu Ihnen sagt:

»Vielen Dank für die Information, jetzt weiß ich Bescheid.«

Ausnahmen mögen auch hier die Regel bestätigen. Zum Beispiel die Expertenrunde im Team, bei der Sie Ihre Kollegen kurz und schmerzlos im Fachjargon über den aktuellen Stand des Projekts informieren. Aber im Normalfall ist der Aufwand einer Folienschlacht zum Zwecke der Informationsvermittlung eindeutig zu hoch. Wer informieren will, der möge reden oder schreiben. Folien sind dazu nicht nötig. Welchen Mehrwert liefern sie denn zu dem, was zu hören bzw. im Handout nachzulesen ist?

Die nächste Stufe nach *Informieren* ist *Überzeugen*. Das ist ein wichtiger Zwischenschritt, aber nicht das Ziel:

»Vielen Dank, ich fühle mich jetzt bestens informiert und bin von den Vorzügen Ihres Produkts absolut überzeugt, aber ...«

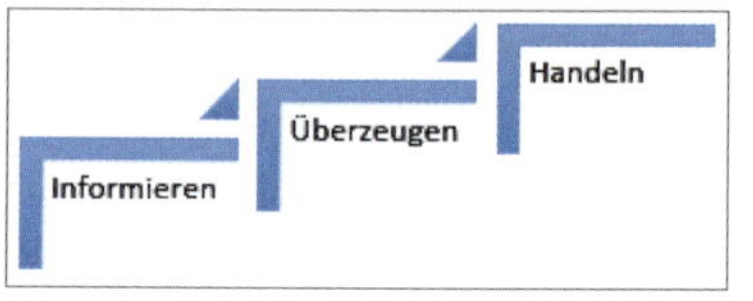

Sie haben die Geschäftsleitung oder den Kunden überzeugt, *aber* Ihr eigentliches Ziel dennoch nicht erreicht. Der Kunde soll *kaufen*, die Geschäftsleitung soll das Projekt *bewilligen*, *Mittel freigeben* etc. In der Präsentation haben Sie Informationen gesät. Die Saat ist aufgegangen, weil Sie Ihr Publikum überzeugt haben. Aber jetzt möchten Sie ernten, und zwar *Verhalten*. Die Geschäftsleitung oder der Kunde soll *handeln* und nicht bestens informiert und absolut überzeugt zum Mitbewerb abwandern.

Ziel(e) formulieren: Was soll der Zuhörer tun?

Das Hauptziel einer Präsentation ist (fast) immer ein bestimmtes Verhalten, das bestimmte Personen (Entscheidungsträger) oder alle Zuhörer an den Tag legen sollen. Verhalten ist konkret und beobachtbar. Beobachtbar bedeutet überprüfbar. Wenn Ihr Publikum so handelt, wie Sie das wollen, haben Sie Ihr Ziel erreicht. Sonst nicht. Die Geschäftsleitung bewilligt das beantragte Budget – oder nicht. Der Kunde unterschreibt den Kaufvertrag – oder nicht. Je präziser Sie Ihr Ziel formulieren, desto genauer können Sie überprüfen, ob Sie es erreicht haben – oder nicht. Formulieren Sie das Hauptziel immer schriftlich, als beobachtbares Verhalten und in einem Satz, z. B.: *»Die Geschäftsleitung beauftragt zehn Trainingstage.«*

Haupt- und Teilziele

Das Hauptziel setzt sich oft aus einzelnen Teilzielen zusammen. So werden Sie vielleicht auf den ersten Folien über allgemeine Zusammenhänge *informieren* und Ihr Publikum *sensibilisieren* oder *aufrütteln*. Im nächsten Schritt wollen Sie Ihre Zuhörer von den Vorzügen Ihres Produkts, Ihrer Dienstleistung, Ihres Projekts *überzeugen*. Letztlich aber wollen Sie, dass das Publikum bzw. der Entscheidungsträger *handelt*.

- **Hauptziel**: Geschäftsleitung beauftragt zehn Trainingstage.
- **Teilziel 1**: Zuhörer *kennen* die Sünden und Grundregeln der PC-Präsentation.
- **Teilziel 2**: Zuhörer *erkennen* die Bedeutung zielgruppenorientierter Folien.
- **Teilziel 3**: Zuhörer *stimmen der Feststellung zu*, dass sich die Fortbildungskosten bald amortisieren.

Das Hauptziel sollten Sie *immer als beobachtbares Verhalten* formulieren, damit es überprüfbar ist. Bei Teilzielen ist die Formulierung als beobachtbares Verhalten zwar auch erstrebenswert, jedoch nicht immer möglich. Ziele wie »kennenlernen«, »erkennen«, »verstehen« oder »analysieren« lassen sich leider nicht immer beobachten bzw. überprüfen. Aber entsprechende Fragen seitens der Teilnehmer, Diskussionsbeiträge oder ein bestimmtes Verhalten wie Nicken oder Kopfschütteln sind wiederum konkrete Hinweise (Indikatoren) für das Erreichen oder Nichterreichen der Ziele. Kurz: Je konkreter Sie Ihre Ziele formulieren, desto besser können Sie später überprüfen, was Sie erreicht haben.

Exakte Ziele schaffen Klarheit für Sie und Ihr Publikum. Sammeln Sie am besten ab sofort alle Präsentationsziele, die Ihnen über den Weg laufen: Ihre eigenen und solche, die Sie als Teilnehmer einer Präsentation hören. Wer gern mit Papier arbeitet, dem rate ich zu Karteikarten. Wer lieber elektronische Medien verwendet, findet in jedem Programm entsprechende Verwaltungsmöglichkeiten für eine »Zielformulierungsdatenbank«. Sie werden staunen, wie schnell Sie zukünftig wissen, was Sie wollen, und wie Sie Präsentationsziele im Handumdrehen formulieren, wenn Sie dabei auf eine umfangreiche Sammlung zurückgreifen können. Hier einige typische Begriffe für Teil- und Hauptziele:

Informieren (Verstand/kognitiv)

- Kennen
- Erkennen, Verstehen
- Beschreiben, Benennen
- Differenzieren, Analysieren
- Folgern, Schließen

Überzeugen (Gefühle/affektiv)

- Sensibilisieren
- Begeistern
- Ermutigen
- Interesse wecken
- (Innerlich) zustimmen

Handeln

- Entscheiden
- Bewilligen, Ablehnen
- Einführen, Abschaffen
- Kaufen, Verkaufen
- Projekt/Budget genehmigen

Die Zielgruppe

Präsentieren ist Kommunizieren. Sie senden Informationen und Ihr Publikum empfängt – tja, und genau hier wird es interessant. Was geht eigentlich in den Köpfen Ihrer Zuhörer vor, während Sie sprechen?

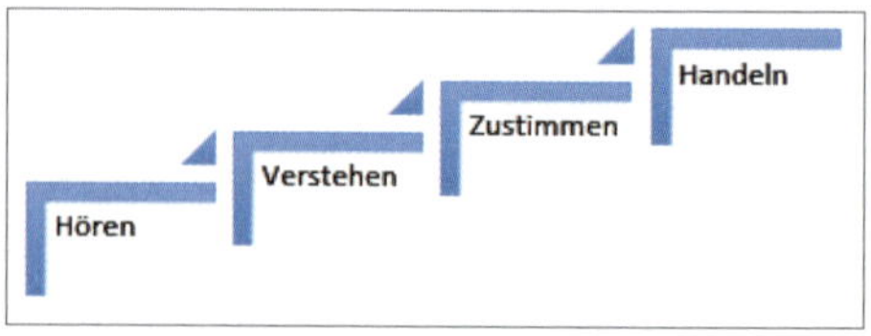

Hören ist noch nicht Verstehen

Führen Sie bei passender Gelegenheit einmal das folgende Experiment durch. Es sollten wenigstens fünf und höchstens zehn Personen mitmachen. Jeder verfügt über Stift und Zettel. Sie erklären den Teilnehmern, dass Sie drei Fragen stellen werden und jeder bitte spontan die erste Zahl aufschreiben möge, die ihm als Antwort einfällt. Dann fragen Sie in die Runde:

- Wie lange dauert ein »langer Urlaub«?
- Wie groß ist eine »große Wohnung«?
- Wie viel ist »viel Geld verdienen«? (brutto, pro Monat, in Euro)

Fragen Sie nun reihum die Zahlen ab, und tragen Sie sie in die folgende Liste ein:

	Langer Urlaub	Große Wohnung	Viel Geld verdienen
Person 1			
Person 2			
Person 3			
Person 4			
Person 5			

Bei mehr als fünf Personen wird vermutlich sofort eine Diskussion darüber entstehen, ob es wohl einigen in der Runde zu gut gehe, dass manche offenbar in Schlössern wohnen möchten und heutzutage scheinbar niemand mehr arbeiten wolle.

Jeder hat dieselben Worte *gehört*, aber Unterschiedliches *herausgehört* bzw. *hineininterpretiert*. (Nicht-)Verstehen beginnt beim Empfang der gesendeten Information, genauer gesagt bei der Interpretation des Gehörten. Wahr ist, was wir *hören*! Die wirkliche Wirklichkeit gibt es nicht. Auch wenn es viele nicht wahrhaben wollen, aber niemand weiß, was *wirklich* wirklich und *echt* echt ist[1].

1 Wer anderer Meinung ist, dem empfehle ich als Gegenmittel das Buch »Wie wirklich ist die Wirklichkeit – Wahn, Täuschung, Verstehen« von Paul Watzlawick.

Wie kurz sind *kurze* Lieferfristen? Wie kulant ist *sehr* kulant? Was genau bedeutet *freundlicher* Service? Wie lange dauert *umgehend, sofort, unverzüglich*? Wie viele Tage sind *wenige* Tage? Wann ist in *allernächster* Zeit? Wie groß sind *kleine* Änderungen? Wie lange dauert eine *minimale* Verzögerung?

> **Tipp**
> Der Empfänger bestimmt den Inhalt der Botschaft.

Sie begeben sich in eine trügerische Sicherheit, wenn Sie sich darauf verlassen, dass Ihre Zuhörer erstens allesamt das Gleiche aus Ihren Worten heraushören und zweitens auch noch exakt das, was Sie sagen wollten. Im schlimmsten Fall versteht jeder etwas anderes und niemand das, was Sie gemeint haben. Was tun?

Die Lösung heißt **Präzision**. Je klarer Sie formulieren, desto höher ist die Wahrscheinlichkeit, dass Ihr Publikum das hört, was Sie sagen. Beantworten Sie die ungestellten Fragen, bevor sie in den Köpfen Ihrer Zuhörer zu Missverständnissen heranwachsen:

- »Unter kurzen Lieferfristen verstehen wir X bis Y Stunden/Tage/Wochen/Monate.«
- »Sehr kulant bedeutet konkret, dass ...«
- »Unser freundlicher Service zeichnet sich beispielsweise dadurch aus, dass ...«

Verstehen hat noch eine weitere Facette: **Begreifen**. Wenn ich mich an meinen Mathematikunterricht erinnere, wird mir immer wieder schmerzlich bewusst, wie weit Hören und Begreifen auseinanderliegen können. Sobald Ihr Publikum etwas begreifen, also *lernen* soll, müssen Sie *lehren*. Und das ist mehr als Informationsvermittlung. Wäre Lernen lediglich das Füllen von Informationslücken, bräuchten wir den Kindern nur das Lesen beizubringen und könnten anschließend die Schulen abreißen.

Fachwissen ist eine notwendige, aber keine hinreichende Voraussetzung für die erfolgreiche Weitergabe von Fachwissen. Über Wissen verfügen und dieses Wissen weitergeben sind zwei Paar Schuhe. Wie bereitet man die Inhalte zielgruppengerecht auf, und wie gestaltet und präsentiert man den Stoff interessant und ansprechend? Sobald es um das Lernen geht, gesellen sich zur Informationsvermittlung noch Methodik und Didaktik dazu. Nicht selten steht sich Wissen selbst im Weg, die besten Fachleute werden am Rednerpult häufig zu traurigen Gestalten. Wer nicht die Sprache seines Publikums spricht, redet an den Leuten vorbei.

Verstehen ist noch nicht Zustimmen

Nehmen wir an, Ihr Publikum hat in jeder Hinsicht verstanden. Gut. Die nächste Stufe ist Zustimmung. Wenn diese ausbleibt, werden Sie Ihr Ziel nicht erreichen: »Ich verstehe jetzt zwar, warum **Sie** der Meinung sind, dass wir das Projekt um einen Monat verlängern sollten. Aber **ich** sehe das ganz anders ...« Bei der Zustimmung gesellt sich zum »Ja, ich habe verstanden« noch ein »Ja, ich sehe das auch so«.

Zustimmen ist noch nicht Handeln

Spinat ist gesund, Spinnen sind ungefährlich, und Zähneputzen ist wichtig. Diese Liste an gleichermaßen zutreffenden wie ohnmächtig vorgetragenen Wahrheiten ließe sich unendlich erweitern. Erliegen Sie nicht dem Irrglauben, es sei nur Kindern vorbehalten, solche Weisheiten zu ignorieren, während sich Erwachsene der Macht des Arguments beugen. Beispiele gefällig? Rauchen schadet der Gesundheit, Alkohol beeinträchtigt das Fahrverhalten, und wer rastet, der rostet. Gene Zelazny bringt den Unterschied zwischen Zustimmen und Handeln selbstironisch auf den Punkt: *»Gegen den Wandel an sich habe ich nichts; ich hasse nur den Prozess der Veränderung.«*[2]

Nutzen motiviert zum Handeln

Die Macht des guten Arguments ist sehr begrenzt. Nicht nur bei Spinat, Spinnen und Zigaretten. Auch in Präsentationen können gute Argumente die Kluft zwischen Zustimmen und Handeln oft nicht überbrücken. Das »Missing Link« ist der nicht erkennbare Nutzen für den Zuhörer. Warum sollte jemand sein Verhalten ändern und plötzlich Geld für ein Produkt, eine Dienstleistung oder ein Projekt ausgeben? Niemand kauft ein Produkt, nur weil es *toll* ist. Niemand gibt Geld für eine erstklassige Dienstleistung aus, nur weil sie *erstklassig* ist. Kein Chef bewilligt ein geniales Projekt, nur weil es *genial* ist. Wer seinen Nutzen nicht erkennt, wird nicht handeln.

Es gibt diesen schönen Spruch: »Den anderen dort abholen, wo er steht«. Das klingt auf eine schlichte Art erhaben und hat dieses gewisse pädagogische Etwas. Aber in der Praxis wird's knifflig. Wissen Sie denn, wo all die anderen gerade stehen? Stehen sie alle an derselben Stelle? Wenn ja, stehen sie sich dann nicht gegenseitig auf den Füßen? Wenn nein, brauchen Sie dann ein Sammeltaxi und viel Zeit, um jeden dort abzuholen, wo er gerade steht? Wie sieht die Denk- und Gefühlswelt Ihres Publikums aus? Was ist den Leuten wichtig, was nicht? Ist allen dasselbe wichtig? Wer ist auf welchem Ohr taub, und wer will überhaupt nichts hören, haben oder wissen von dem, was Sie da vorne gerade erzählen? Selbst *wenn* Sie die Antworten auf all diese Fragen hätten und damit wüssten, was Sie wissen müssen, um den anderen dort abzuholen, wo er steht: Was heute gilt, kann schon morgen wieder ganz anders sein.

Solange das Unternehmen schwarze Zahlen schreibt, steht die Geschäftsleitung einer Budgetbewilligung vermutlich offener gegenüber als bei negativer Bilanz. Sieht der Chef kompetente Mitarbeiter als Bereicherung und Unterstützung, wird er ihren Wunsch nach erweiterten Kompetenzen begrüßen. Empfindet er kompetente Mitarbeiter hingegen als

2 Zelazny, Gene: Das Präsentationsbuch. Frankfurt a. M. 2009. S. 31.

Bedrohung oder unliebsame Konkurrenz, sieht die Sache schon wieder anders aus. Und dann gibt es da noch die Tagesform des Chefs, Kollegen, Kunden oder Entscheiders. Ein kleiner Streit am heimischen Frühstückstisch, und die Gefühlskarten sind neu gemischt.

Schließen Sie niemals von sich auf Ihr Publikum. Was für *Sie* einen Nutzen darstellt, muss für die Zuhörer noch lange nicht erstrebenswert sein. *Ihre* Provision als Vertriebsmitarbeiter ist für den Kunden kein Anreiz, um Geld auszugeben. *Ihre* erstrebte Position als Projektleiter bedeutet Ihrem Chef womöglich gar nichts. *Ihre* Begeisterung über technische Raffinessen eines Geräts beeindruckt den potenziellen Käufer und Laien vielleicht nicht im selben Maß wie Sie.

Tipp

Der Kunde will nicht wissen, was Ihr Produkt oder Ihre Dienstleistung kann. Er will hören, was er davon hat.

Ob Sie es wollen oder nicht, als Präsentierender sind Sie Verkäufer. Auch dann, wenn es sich nicht um eine klassische Verkaufspräsentation handelt! Präsentierende verkaufen Ihrem Publikum Einschätzungen, Empfehlungen, Bewertungen, Prognosen, Projekte, Sicherheit, Gesundheit, Gewinnaussichten, Einfluss, Anerkennung, Informationsvorsprung, Wünsche, Vertrauen oder Träume. Die Zuhörer »kaufen«, wenn sie nach der Präsentation das tun, was Sie als Präsentationsziel (Leitziel) formuliert haben, z. B. den Vertrag unterschreiben oder das geforderte Budget bewilligen.

Kaufmotive sind Haltestellen, an denen Sie die besagten »anderen« oft antreffen. Einzeln oder in Gruppen stehen sie um das Motiv herum und warten darauf, dass jemand sie dort abholt.

Bedürfnisse erkennen

Ein Motiv ist zunächst ganz allgemein ein Beweggrund, irgendetwas zu tun oder zu unterlassen, das man ohne diesen Beweggrund nicht täte oder unterließe. Jegliche Motivation dient einem einzigen universellen Zweck: der *Bedürfnisbefriedigung*. Der Schlüssel zum Handeln ist also das Bedürfnis. Je mächtiger das Bedürfnis, desto stärker das Handlungs- bzw. Kaufmotiv. Die folgenden Bedürfnisse sind absteigend nach Bedeutung sortiert. Sie lassen sich von Individuen auf Unternehmen, Abteilungen oder Teams übertragen:

- **Physiologische Sicherheit** (langes Leben, Überleben): Nicht nur Menschen, auch Unternehmen, Abteilungen oder Teams möchten im Normalfall möglichst lange leben und bedrohliche Situationen *über*leben.
- **Gesundheit:** Menschen, Unternehmen, Abteilungen oder Teams wollen gesund sein, können aber trotzdem anfällig werden, kränkeln oder gar schwer erkranken. Menschen gehen dann zum Arzt oder Psychologen, Unternehmen an die Börse oder zum Unternehmensberater.

- **Materielle Sicherheit:** Der Mensch wünscht sich Geld, eine Wohnung und Arbeit, das Unternehmen strebt Rücklagen, Ressourcen und volle Auftragsbücher an.
- **Anerkennung/Status:** Der Privatmensch sonnt sich im Schatten seines Eigenheims, und das Unternehmen ist stolz, wenn es bei den »Global Players« mitspielen darf. Das Bedürfnis nach Anerkennung und Status ist ein Bedürfnis-Eldorado. Führungskräfte, Kunden und Kollegen – sie alle werden hellhörig, wenn Beförderung, Lob, Neid, steigende Aktienkurse, ein vorzeitiger Projektabschluss, zusätzliche Ressourcen oder ein besseres Image locken.
- **Informationsvorsprung:** Höher, schneller oder weiter ist im Hinblick auf die Mitbewerber sowohl für den Einzelnen als auch das Unternehmen erstrebenswert.

Im Lichte dieser Erkenntnis bauen Sie nun Bedürfnis und Motiv gewinnbringend in Ihren Vortrag ein: Da ist etwa der Chef, dem sehr an einem zügigen Projektverlauf gelegen ist. Er will *Zeit sparen*. Also bauen Sie Ihre Argumentation entsprechend auf und werden ständig darauf hinweisen, wie man an dieser oder jener Stelle Minuten, Stunden, Tage oder Wochen sparen kann, um das Projekt zügiger abzuwickeln.

Wenn die Geschäftsleitung das *Image* des Unternehmens verbessern will, werden Sie die Informationen Ihres Vortrags in eine verkappte Imagekampagne einbauen und den Zuhörern ein ums andere Mal deutlich machen, wie sehr der Ruf des Unternehmens vergoldet wird, wenn dieses oder jenes geschieht. Dem Kunden, der seiner Konkurrenz immer möglichst weit *voraus sein* will, werden Sie Wege zum Informationsvorsprung aufzeigen.

Der Chef, die Geschäftsleitung, der Kunde – alle haben ihre jeweiligen Kaufmotive. Aus den diesen Motiven zugrunde liegenden Bedürfnissen ergibt sich schließlich der Nutzen, den Sie im Vortrag in Nutzen-Formulierungen gießen:

»Sie sichern ..., Sie erreichen ..., Sie gewinnen ..., Sie vermeiden ..., Sie stärken ..., Sie erhöhen ..., Sie verringern ...«

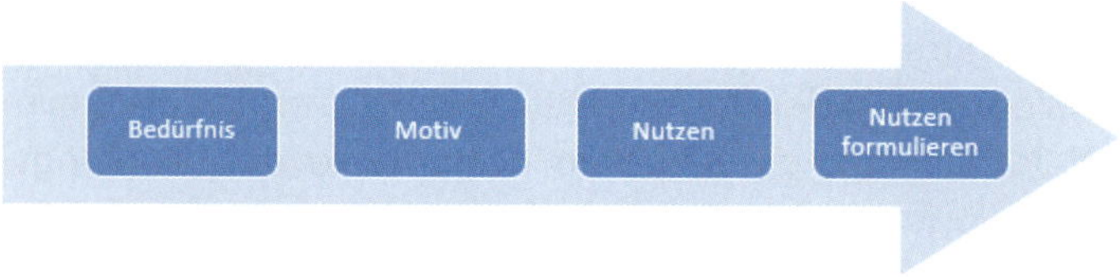

Sie brauchen das Rad nicht neu zu erfinden. Lesen, hören und sehen Sie ab sofort die Werbeinserate, -plakate, -spots oder -slogans unter dem Aspekt, was der Einzelne vom jeweiligen Produkt bzw. der Dienstleistung hat.

> **Tipp**
> Verkünden Sie Nutzen statt Eigenschaften!

Mit dem richtigen Waschmittel wird die Wäsche nicht nur sauber, sondern rein! Welche chemische Formel dieses Wunder bewirkt, interessiert niemanden. Wenn Sie mit rasenden Kopfschmerzen zum Apotheker gehen, wollen Sie dann hören: »Also da muss ich Ihnen zuerst von einer Versuchsreihe zu einem neuen Medikament erzählen. Ganz raffiniert, sage ich Ihnen, absolut revolutionär und ein chemischer Geniestreich ...« Oder lieber das: »Nehmen Sie eine dieser Tabletten mit einem Schluck Wasser ein, und der Schmerz ist innerhalb von 30 Minuten wie weggeblasen.«

Maximaler Nutzen in möglichst wenigen Worten heißt die Zauberformel. Es folgt eine Auswahl an Pröbchen aus der Werbebranche:

- **Automobil:** *Vorsprung durch Technik. Aus Liebe zum Automobil. Aus Freude am Fahren. Wohlfühlauto. Fahrspaß garantiert. Zuverlässig. Jeder Kilometer ein sicheres Vergnügen. Fortschritt durch Technik. Frisst wenig, leistet viel. Die Technik der Verführung. Spürbar mehr Dynamik. Raum trifft Kraft. Nichts ist unmöglich. Begeisterung auf Rädern. Qualität erleben. Lebe deine Freiheit. Kurz und gut. Sportlichkeit in neuer Dimension. Mit Luxus in die Freiheit. Mehr Kraft, weniger Verbrauch. Starke Form, starker Kern. Jeder braucht ein bisschen Freiheit.*
- **Kosmetik:** *Schönheit kennt kein Alter. Ein Deo, das pflegt und schützt. Gut für Ihre Haut, toll für Ihren Teint. Schön gepflegt, leicht gebräunt. Voller Frische, leicht im Duft. Kühlt – Erfrischt – Belebt. Ihr täglicher Kurzurlaub. Jeden Tag in Bestform. Nichts als Weichheit auf Ihrer Haut. Fühlbar mehr Haar. Mit Sicherheit ein gutes Gefühl. Der Ultra-Schutz. Natürlich schön sein. Unkompliziert – Preisgünstig – Erfolgreich. Stärkt und schützt das Zahnfleisch. Vitalisiert die Kopfhaut, pflegt das Haar.*
- **Versicherung:** *Vertrauen und Sicherheit. Rechtsschutzversicherung macht stark. Mehr Komfort. Mit Sicherheit ein guter Partner. Träume brauchen Sicherheit. Wir haben Werte. Ein schönes Leben noch. Freie Fahrt für freie Bürger. Ihr gutes Recht für wenig Geld.*
- **Pharma:** *Mit Sicherheit besser leben. Gesundheit in der Balance. Ohne Verzicht normales Gewicht. Kraftvoll und sanft zugleich. Und der Schmerz hat ein Ende. Beruhigt den Magen. Macht klaren Kopf. Nimmt die Schwellung, lindert den Schmerz. Trotz Erkältung voll im Leben.*
- **Computer**[3]: *More connected. Possible made practical. So fast, it's kind of ridiculous. Go for the game. Ihr Erfolg ist unser Business. Empowering People. Learn it, live it, love it. Dreams made real. Unbegreiflich begreiflich. Rip, mix, burn. Technologie, die Spaß macht. Freiheit zum Anfassen.*

Die Aussicht auf Bedürfnisbefriedigung ist ein Versprechen, eine Verheißung von etwas, das der Angesprochene *will*. Achtung! Die richtige Reihenfolge ist entscheidend! Erst den Mund wässrig machen, dann die Speisekarte aufklappen. Erst den Bauch, dann den Kopf ansprechen. Erst der Wunsch, dann die Fakten. Wenn der Bauch will, hört der Kopf zu. Sobald der Kopf dem Bauch zustimmt und entsprechend handelt, haben Sie Ihr Ziel erreicht.

3 Wer nicht Englisch spricht, versteht kein Deutsch mehr.

Ihr Drehbuch zum Erfolg – der Nutzenkatalog

Stellen Sie sich vor, Sie möchten ein neues Auto kaufen, verstehen aber wenig von Autos. Also fragen Sie einen autoverrückten Freund um Rat. Voller Begeisterung fuchtelt dieser kurz darauf mit einer Fachzeitschrift vor Ihrer Nase herum:

»Sieh dir das an! Stufenlose Multitronic mit DRP. Ein Wahnsinn, sag ich dir. Dann Abgasturboaufladung, maximales Drehmoment von 320/1750, 2.500 Nm min-1. Unfassbar! Außerdem Tire Mobility System, Lamellenkupplung, 250-60-R16-Reifen – ich fass es nicht! Pumpe-Düse-Hochdruck-Direkteinspritzung, Differenzialsperre, EDS, ASR, ABS und ESP sowieso. So viel zur Serienausstattung, ha! Anschnallen, jetzt kommen die Extras!«

Wären Sie ebenfalls Experte, hätten Sie jetzt ebenso feuchte Augen wie Ihr Freund. Als Laie aber haben Sie viel gehört und wenig erfahren. Sie kennen jetzt zwar die *Eigenschaften* (in diesem Fall die technischen Daten) des Fahrzeugs, aber Sie wissen nicht, was all diese kompliziert klingenden Dinge für Sie tun. Sie kennen ihren Nutzen nicht!

> **Tipp**
> Verkaufen Sie Nutzen statt Eigenschaften!

Der Nutzenkatalog ist Ihre Bibel und Ihr Drehbuch zugleich. Hier sammeln und verbinden Sie systematisch Eigenschaften *und* Vorteile (Nutzen). Zu jeder Eigenschaft notieren Sie mindestens einen Vorteil, im Idealfall ergänzt durch ein kleines Beispiel oder eine kurze Geschichte. Je anschaulicher der Nutzen, desto größer die Wahrscheinlichkeit, dass der Interessent zum Käufer wird. Egal, ob es um den Kauf einer Meinung, Überzeugung oder tatsächlich um den Erwerb eines Produkts oder einer Dienstleistung geht.

Der folgende Ausschnitt aus dem Nutzenkatalog meines Traum-Reisefahrrads soll Ihnen einen ersten Eindruck liefern. In wenigen Minuten werden Sie selbst Ihren ersten Nutzenkatalog erstellen.

Beispiel/Situation	Vorteil/Nutzen	Eigenschaft
Rad-Fernreisen: viel Ausrüstung, Berge; bei Steigung zählt jedes Kilo doppelt	Kraft/Energie sparen Gesundheit, weil gelenkschonend	maximal 13 kg Gewicht
Mitradler hatten viele Platten wegen Dornen, Stacheln, Stahlstifte aus abgeriebenem Reifengewebe von Lkws	Sicherheit/Schutz: eingebauter Pannenschutz; Reißnägel, Dornen, Kakteen-Stacheln kein Problem	Schwalbe Marathon Plus
Pause machen, wenn die anderen Reifen flicken	Bequemlichkeit/Komfort	Schwalbe Marathon Plus

Würde ich im Reisevortrag nur die Eigenschaften herunterbeten, wäre die Präsentation zwar sehr kurz, aber leider auch sehr schlecht. Denn die Zuhörer erfahren nicht, was das Rad für den Radler tut:

»Meine Damen und Herren, ein Rad für Fernreisen sollte höchstens dreizehn Kilogramm wiegen und mit dem Reifentyp XY ausgestattet sein.«

In der zweiten Variante verfahre ich nach dem empfohlenen Schema »Beispiel, Nutzen, Eigenschaft«. Damit Sie sehen, wie wenig die bloßen Eigenschaften im Vergleich zum Nutzen zählen, habe ich die Eigenschaften fett formatiert. Der Rest ist Nutzen, verpackt in kurze Geschichten:

»Meine Damen und Herren, beim Kauf eines Tourenrades für Fernreisen sollten Sie auf ein paar Dinge besonders achten, damit Sie gesund, fit und erholt Ihr Ziel erreichen. Mit Fernreise meine ich übrigens Touren von mindestens 1.000 Kilometern.

Wenn Sie nicht gerade den Donauradweg fahren, werden Sie auf einer Strecke von 1.000 Kilometern viele Steigungen bewältigen müssen. Wer jemals mit fünfunddreißig Kilogramm Gepäck die Großglockner-Hochalpenstraße hinaufgekrochen ist, der weiß, dass in den Bergen jedes Kilo zählt. Aber auch wenn es nicht der Großglockner ist: Sie werden über jedes Kilogramm froh sein, das Sie nicht schleppen müssen. Weil sich am Gepäck nur begrenzt sparen lässt, sollten Sie über ein leichtes Fahrrad nachdenken.

Damit sparen Sie aber nicht nur eine Menge an Energie und Kraft, auch Ihre Kniegelenke werden sich freuen. Achten Sie also darauf, dass Ihr Fahrrad höchstens ***dreizehn Kilogramm*** *wiegt. Klassische Tourenräder wiegen achtzehn bis zwanzig Kilogramm. Bei einem 13-Kilo-Fahrrad sparen Sie also das Gewicht eines 6er-Kastens Mineralwasser ein.*

Gewicht ist EIN Faktor, aber nicht der einzige. Nicht immer liegt das Glück auf der Straße. Manchmal sind es auch Dornen, Stacheln, Reißnägel oder kleine spitze Metallstifte aus dem Stahlgeflecht abgeriebener Lkw-Reifen. Ein Reisegefährte hatte in einem südkalifornischen Wüstengebiet einmal sieben Reifenpannen an einem einzigen Nachmittag, was mir eine Reihe außerplanmäßiger Erholungspausen verschafft hat. Mein Fahrrad hatte die ***XY-Reifen*** *mit einem eingebauten Pannenschutz und steckte Dornen, Reißnägel oder Stahlstifte bis zu einem Zentimeter Länge problemlos weg.«*

Erfahrungsgemäß fällt es den meisten Präsentierenden leichter, zunächst aus der eigenen Perspektive heraus zu argumentieren. Während der Vorbereitung ist es auch kein Problem, wenn Sie erst einmal die Eigenschaften auflisten und sich anschließend um den Nutzen für die Zuhörer samt passendem Beispiel kümmern:

Für den Vortrag stellen Sie das Beispiel an den Anfang und die Eigenschaft(en) ans Ende:

Warum umdrehen? Weil das Beispiel/die Geschichte lebendige Bilder anstelle lebloser Begriffe liefert. Anders formuliert: Sie servieren erst einmal Schokolade statt Spinat für den Wahrnehmungsapparat. Im Beispiel hängen Sie im nächsten Schritt den Nutzen auf wie Schmuck an einem Weihnachtsbaum. Ihre Zuhörer hören bzw. haben vor Augen, was Ihr Produkt oder Ihre Dienstleistung für sie tut. Die technischen Daten gibt es erst zum Nachtisch – wenn überhaupt. Denken Sie zurück an das Beispiel mit den Kopfschmerztabletten: Wer will schon wissen, welche Ingredienzien dafür sorgen, dass die Kopfschmerzen verschwinden?

Jetzt sind Sie an der Reihe. Haben Sie ein Traumauto? Ein Traumhaus? Welches Hobby pflegen Sie? Sind Sie Sportler? Spielen Sie ein Musikinstrument? Erstellen Sie einen Nutzenkatalog für Ihr Traumauto, Traumhaus, Hobby. Füllen Sie die Spalten von *rechts nach links* aus, tragen Sie sie aber in der Präsentation von *links nach rechts* vor.

Mein Traum: ....

Beispiel/Geschichte	Nutzen	Eigenschaft
1.	1.	1.
2.	2.	2.
3.	3.	3.

Inhalte auswählen und verdichten

Im Film »Pulp Fiction« sagt Mia an einer Stelle zu Vincent Vega: *»Das war etwas mehr Information, als ich im Augenblick haben wollte.«* Weniger ist mehr! Wir dürsten längst nicht mehr nach *fehlenden* Informationen. Im Zeitalter der Unterhaltungselektronik schwitzt die Welt aus jeder Pore eine wahre Informationsflut, in der wir zu ertrinken drohen. Hoch bezahlte Führungskräfte trainieren das Querlesen, um in möglichst kurzer Zeit das Wesentliche aus einer Masse von Informationen herauszufiltern. Als Präsentierender nehmen Sie Ihrem Publikum diese Arbeit ab. In der Vorbereitung destillieren Sie das Wesentliche an Informationen heraus. In der Präsentation servieren Sie nur Hochprozentiges. Wer eine Schnapsbrennerei besucht, will kein Wasser verkosten.

Wie unterscheiden Sie das Wesentliche vom Unwesentlichen, die Kern- von der Zusatzinformation? Diese Entscheidung müssen Sie von Fall zu Fall neu treffen. Ich rate Ihnen aber im Interesse Ihres Publikums zu Geiz: Liefern Sie im Gegensatz zu Vincent Vega Ihrem

Publikum *nicht* mehr Information, als es im Augenblick haben will. Nachlegen können Sie immer, falls jemand auch das Kleingedruckte hören möchte. Weil man zu unterschiedlichen Folien unterschiedlich viel erzählen kann, gibt es keine Faustregel dafür, wie lange eine Folie projiziert werden sollte. Ich habe einmal eine ausgezeichnete Präsentation erlebt, in der der Vortragende über 45 Minuten hinweg eine einzige Folie in Form eines Projektplans Stück für Stück aufgebaut hat. Das Handout zu dieser Folie umfasste *zwölf* Seiten. Perfekt gelöst: Die Folie enthielt nur die Kerninformation (Projektplan samt Phasen und Meilensteinen), der Vortrag lieferte die entscheidenden Informationen zum Bild, und das Handout enthielt Visualisierung *und* Prosa.

Drehen Sie den Spieß um: erst das Handout, dann die Folien

Viele erstellen erst die Folien, dann das Handout; sofern es überhaupt eine Druckvariante gibt. Meistens müssen die ausgedruckten Folien als Handout herhalten. Diese klassische Vorgehensweise »erst Folien, dann Handout« ist viel zu aufwendig. Aus einer Unmenge an Detailinformationen filtern Sie mühevoll die Kerninformationen heraus, die Sie postwendend visualisieren. Anschließend verwandeln Sie die Visualisierung der Folie für das Handout zurück in Text, ergänzt um das Kleingedruckte. Einfacher ist es, die Reihenfolge umzudrehen. Beginnen Sie mit dem Handout, das Sie in der Notizansicht erstellen. Es bildet die Prosavariante Ihrer Präsentation und enthält Kern- und Zusatzinformationen in Textform. Für die Folien, also die veranschaulichte Form der Prosa, filtern Sie jeweils die Kerninformationen heraus und visualisieren sie. Mit dieser Technik werden Sie:

- Zeit sparen.
- immer ein Handout verteilen, über das sich Ihr Publikum freuen wird.
- kaum noch in Versuchung geraten, überladene (Text-)Folien zu produzieren.
- die Folien schneller erstellen, weil alle relevanten Informationen bereits im Handout enthalten sind.
- aussagekräftigere Folien erstellen, weil die Informationen im Handout bereits strukturiert sind.
- anschaulichere Folien erstellen, weil Informationen im Handout schon formuliert und deswegen leichter zu visualisieren sind.

Handout »light«: Nutzen Sie das Notizenfeld von PowerPoints Notizansicht

Ins Notizenfeld tippen Sie die Textversion Ihrer Präsentation. Es enthält neben Thema, Datum, Veranstaltungsort, dem Namen des Referenten und dem Namen des Unternehmens auch sämtliche Hintergrund- und ergänzenden Informationen, Quellenangaben und eventuell auch Querverweise. Das Notizenfeld mag zwar Text am liebsten, aber was immer Sie in die Zwischenablage kopieren können, lässt sich in das Notizfenster einfügen: Tabellen, Diagramme, Grafiken, Projektpläne.

Ein Klick auf *Notizenseite* auf der Registerkarte *Ansicht* bringt Sie zur Notizansicht, die im Hochformat gehalten ist. Das obere Drittel zeigt die (verkleinerte) Folie. Die unteren beiden Drittel sind für Ihre Notizen vorgesehen.

Kosten:
- Flug von München nach Los Angeles
- Gebühr Adventure Cycling
- Luxusartikel (Süßigkeiten, Bier, zweites Frühstück)

Vorbereitung / Training:
- Ergometer (Start März)
- Wurzelbehandlung vor Abflug

Anreise:
- 1 Woche vor Start (Jetlag)
- Auf erster Trainingsfahrt erkältet
- Fraglicher Start

Tourplan:
- Kalifornien
- Arizona
- New Mexiko
- Texas
- Louisiana
- Mississippi
- Alabama
- Florida

Premium-Handout: Folien nach Word exportieren

Wenn Sie ein hochwertiges Handout erstellen möchten, vielleicht sogar mit Kopf- und Fußzeile, Querverweisen und Fußnoten sowie einem Inhaltsverzeichnis ausstatten möchten, sollten Sie statt der Notizansicht in PowerPoint besser einen Export der Folien nach Word in Betracht ziehen. Dort können Sie dann alle Register des mächtigen Textverarbeitungsprogramms ziehen. So geht's:

1. Wählen Sie *Datei/Exportieren/Handzettel erstellen*.
2. Klicken Sie im rechten Fensterbereich erneut auf *Handzettel erstellen*.

3. Im Dialogfeld *An Microsoft Word senden* wählen Sie die gewünschte Variante aus.
4. Sobald Sie Ihre Wahl getroffen und mit *OK* bestätigt haben, schaufelt PowerPoint die Folien in ein neues Word-Dokument.

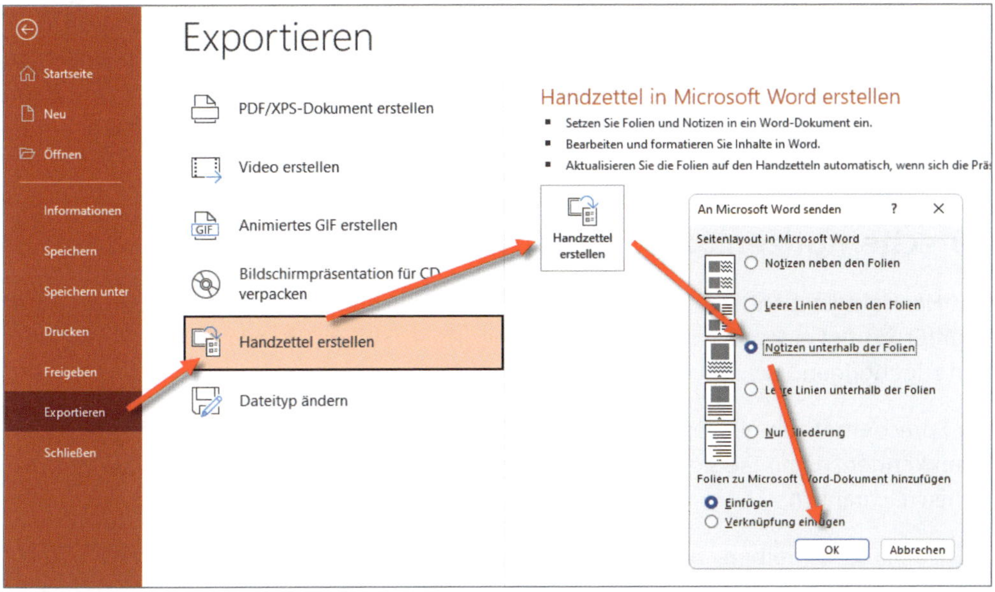

Wann verteilt man das Handout?

Wann erhält das Publikum das Handout? Diese Frage spaltet die präsentierende Zunft in zwei Lager. Die kleinere Gruppe ist dafür, das Handout *vor* der Präsentation zu verteilen bzw. auf den Plätzen auszulegen. Die weitaus größere Gruppe jedoch schwört darauf, das Handout *nach* der Präsentation auszugeben und keine Sekunde früher. Niemand soll vorausblättern und Fragen zu Folie Nr. 7 stellen, während Sie noch die Agenda erläutern. Ich schlage eine salomonische Lösung vor: Legen Sie einen Stapel Handouts in der Nähe des Rednerpults aus. Bevor Sie die Agenda vorstellen, klären Sie erst einmal die Handout-Frage, z. B. mit folgenden Worten: »Im Anschluss an den Vortrag erhält jeder ein Handout. Wenn Sie es bereits jetzt haben möchten, können Sie sich von diesem Stapel hier gerne ein Exemplar holen.«

Nun kann jeder selbst entscheiden, und Sie haben eine Entweder-oder-Situation in eine Sowohl-als-auch-Situation aufgelöst. Das ist wesentlich zieldienlicher, als würden *Sie* entscheiden, wer wie lange auf das Handout warten muss. Denn wer es *jetzt* will, wird es Ihnen übel nehmen, darauf warten zu müssen. Wen es stört, dass andere blättern, richtet seinen Zorn auf die Blätterer und nicht auf Sie. Und auch die Selbstdarsteller kommen auf ihre Kosten, weil Sie ihnen einen roten Teppich ausgelegt haben. Vor aller Augen können sie jetzt ans Rednerpult schreiten, das Handout wie eine Hostie in Empfang nehmen und der Welt einmal mehr vor Augen führen, wie wichtig sie sind.

Vom Vortrag zurück zum Handwerklichen. Nachdem Sie das Handout erstellt haben, kümmern Sie sich im nächsten Schritt um die Gestaltung der Folien. Die Informationen zu jeder Folie stehen im Notizenfeld. Jetzt geht es darum, die Kerninformationen herauszufiltern und für die Projektion der Folie zu visualisieren. Wenn eine Visualisierung Ihrer Meinung nach nicht möglich oder sinnvoll ist, dann ist die Wahrscheinlichkeit groß, dass es sich um eine überflüssige Folie handelt, auf deren Projektion Sie komplett verzichten können. Denken Sie zurück an Sünde Nr. 5 (»Überflüssige Folien«): Eine Folie ist nur dann hilfreich oder gar nötig, wenn sie einen Mehrwert zu dem liefert, was Sie erzählen.

Sprechernotizen und Regieanweisungen

Das Handout ist nicht nur für das Publikum hilfreich, sondern eignet sich auch als Souffleur für *Sie*. Auf einem einzigen Blatt der Notizansicht sehen Sie sowohl die Folie als auch den zugehörigen Text.

Für Sprechernotizen gilt die *1-Meter-Regel*: Sie müssen aus einem Meter Entfernung alles lesen können, damit Sie sich das Blatt nicht vor die Nase halten müssen, wenn Sie Informationen nachtanken.

Zum Schluss schreiben Sie noch die Regieanweisungen von Hand auf das ausgedruckte Papier.

Regieanweisungen betreffen nicht mehr den Inhalt, sondern den Ablauf der Präsentation, z. B. wann Sie wen mit welchen Worten begrüßen möchten, wo ein Hyperlink versteckt ist, wie lange ein Video laufen wird und wie die Excel-Datei heißt, nach der Ihr Chef an dieser Stelle höchstwahrscheinlich fragen wird.

Regieanweisung	Hinweis
Geschäftsleitung begrüßen: Frau Dr. Marie Chevaux und Herrn Dr. Heinz Ürdinger	Wenn Sie einzelne Teilnehmer besonders begrüßen, sollten Sie diese dabei ansehen und Namen, Funktion sowie akademische Titel kennen und korrekt benennen. Und vergessen sollten Sie auch niemanden.
Fünf Sekunden Sendepause	Geben Sie Ihrem Publikum Zeit beim Einblenden neuer Folien oder komplexer Schaubilder. Wenn Sie schon wieder auf Sendung gehen, während das Publikum noch mit dem Erfassen des projizierten Bildes beschäftigt ist, stört das die Konzentration. Damit Sie die Sendepausen nicht vergessen, machen Sie sich Regieanweisungen.
Umsatz.xlsx verteilen	Sie wissen oder vermuten, dass einige Zuhörer bei Diagrammen nach Details fragen werden. Als vorausschauender Mensch haben Sie die Excel-Datei *Umsatz.xlsx* in ausreichender Anzahl ausgedruckt. Damit Sie im Eifer des Gefechts nicht vergessen, *Umsatz.xlsx* zum richtigen Zeitpunkt zu verteilen, machen Sie sich eine entsprechende Regieanweisung.
Pause: Zehn Minuten *Kaffee, Getränke, belegte Brötchen* *Klingel als Signal*	Kündigen Sie Pausen oder sonstige geplante Unterbrechungen immer an. Am besten mit ein paar Zusatzinformationen über die Rahmenbedingungen. Vorsicht! *»Es folgt eine kurze Pause«* lässt Fragen in den Köpfen Ihrer Zuhörer unbeantwortet: *»Wie lange ist kurz?«, »Wie erfahren wir, wann es weitergeht?«, »Gibt es etwas zu essen und zu trinken?«* Klare Formulierungen lassen keine Zweifel offen: *»Meine Damen und Herren. Mit dieser Folie ist der erste Teil der Präsentation abgeschlossen. Nun haben Sie zehn Minuten Pause. Kaffee und Getränke sowie belegte Brötchen stehen gleich neben dem Ausgang für Sie bereit.«*

Trockenübung, Bühnenprobe und Requisiten

Den Anfang macht der Inhalt. Wer die Bühne betritt, sollte seinen Text möglichst gut beherrschen. Allerdings gibt es einen wesentlichen Unterschied zum Theater: Der Schauspieler lernt jedes Wort auswendig. Sie nicht! Damit würden Sie Ihren Vortrag in ein viel zu enges Korsett zwängen. Präsentieren ist freie Rede. Stichworte müssen deshalb ausreichen, damit Sie erzählen und nicht ablesen oder gar auswendig Gelerntes abspulen. Glauben Sie mir: Je mehr Text in den Sprechernotizen steht, desto starrer werden Sie an diesen Worten kleben und den Text ablesen. Je weniger Text, desto freier werden Sie erzählen. Nur den Einstieg (erste Folie) und den Schluss (letzte Folie) müssen Sie im Schlaf beherrschen. Den Hauptteil, also alles *zwischen* erster und letzter Folie, sollten Sie inhaltlich zwar im Griff haben, aber frei vortragen. Den Vortrag können Sie in Gedanken zu jeder Zeit und an jedem Ort durchspielen: zu Hause auf dem Sofa, auf dem Weg ins Büro oder unterwegs im Auto, Zug oder Flugzeug, bei einem ausgedehnten Spaziergang, während des Joggens oder beim Radfahren. Gerade die Ausdauersportarten sind ideal für das Einstudieren einer Präsentation. Auf die Trockenübung folgt die Bühnenprobe. Im Idealfall absolvieren Sie im Original-Präsentationsraum mit dem Original-Equipment mindestens *einen* Probelauf. Nach Möglichkeit sollte Ihnen ein Testpublikum von Kollegen Rückmeldungen über Lautstärke, Erkennbarkeit, Lichtverhältnisse etc. geben können. Als Ersatz empfehle ich eine Videokamera. Sie ersetzt zwar nicht die Rückmeldungen eines Testpublikums, ist dafür aber objektiv und jammert nicht, wenn Sie einen zweiten, dritten oder vierten Probelauf vornehmen. In den Bühnenproben üben Sie:

1. die Klick-Choreografie (Animationen, Hyperlinks, Sound und Video)
2. das Zusammenspiel von Vortrag und Animationen
3. die flüssige Überleitung von Folie zu Folie
4. die Praxistauglichkeit Ihrer Sprechernotizen

Während der Bühnenprobe machen Sie sich auch gleich mit den Requisiten vertraut: Notebook (bzw. Vorführ-PC), Projektionstechnik, Soundanlage, Verkabelung, Beleuchtung/Verdunkelung, Lüftung. Ich lebe wie Sie in der realen Welt und weiß, dass Sie in vielen Fällen weder die Zeit noch die Möglichkeit für derartige Generalproben haben. Was Ihnen aber immer bleibt, sind die zuvor erwähnten Trockenübungen, auf die Sie in keinem Fall verzichten sollten.

Zusammenfassung

- **Ziel**: Das Präsentationsziel bestimmt Inhalt und Methodik Ihrer Präsentation. Wer ohne Ziel losmarschiert, darf sich nicht wundern, wenn er *irgendwo* ankommt. Welche Zielstufe möchten Sie erreichen: Informieren, Überzeugen – oder soll Ihr Publikum handeln?
- **Zielgruppe**: Präsentieren ist Kommunizieren. Hören ist noch nicht Verstehen. Verstehen noch nicht Zustimmen. Zustimmen noch nicht Handeln. In der Zielgruppenanalyse sehen Sie mit den Augen Ihres Publikums.
- **Nutzen**: Ihr Publikum muss erfahren, was es davon hat, Ihnen zuzustimmen, Ihr Projekt zu unterstützen oder Ihr Produkt zu kaufen. Je deutlicher Sie diesen Nutzen für Ihr Publikum herausarbeiten, desto größer ist die Chance auf Erfolg.
- **Inhalte**: Nach diesen Vorüberlegungen wählen Sie die Inhalte aus und gewichten sie in Kern- und Zusatzinformationen. In der Notizansicht erstellen Sie zuerst das Handout, dann in der Normalansicht die Folien.
- **Folien**: Die Folien enthalten visualisierte Kerninformationen.
- **Üben**: Nachdem Sie festgelegt haben, *was* Sie sagen wollen, üben Sie, *wie* Sie es präsentieren. In der Bühnenprobe testen Sie den Ablauf, das Timing und machen sich mit den Requisiten vertraut.

3. Visualisieren von Informationen

Heimkino	48
Die 30-Sekunden-Methode	49
Schokolade statt Spinat	54
Agenda	56
Listen	58
Prozesse	62
Zyklen	66
Hierarchie	68
Zeitleisten	70
Tabellen als Schaubilder	71
Premium-Visualisierungen von PresentationLoad	73

Unser Wahrnehmungsapparat erfasst rund 83 % aller einströmenden Reize über die Augen. Um die restlichen 17 % streiten sich die übrigen vier Sinne: Hören, Schmecken, Fühlen, Riechen. Der Mensch ist ein Augentier!

Die herausragende Rolle des Sehens bei der Informations*aufnahme* setzt sich beim *Speichern* und *Abrufen* (Erinnern) der Informationen fort. Unsere Sinne empfangen jeden Tag unzählige Reize und leiten sie ans Gehirn weiter. Dort wird gnadenlos aussortiert. Nur ein kleiner Teil überlebt Ultrakurz- und Kurzzeitgedächtnis und rettet sich hinüber ins Langzeitgedächtnis.

Tipp

Je anschaulicher die Information, desto größer die Speicherwahrscheinlichkeit.

Speichern und Erinnern sind leider zwei völlig verschiedene Dinge. Im Archiv unseres Langzeitgedächtnisses verstauben Heerscharen von Informationen, ohne jemals wieder das Tageslicht zu erblicken.

Aber auch hier gilt: Je anschaulicher die Information dargeboten wurde, desto leichter erinnert man sich. Umgekehrt versinken unanschaulich dargebotene Informationen schneller im Nebel des Vergessens. Meine hart erarbeiteten Kenntnisse des Altgriechischen reichen heute gerade noch aus, um auf Kreta die Straßenschilder zu entziffern. Ich tröste mich damit, dass mir Griechisch wohl nicht besonders anschaulich präsentiert worden ist.

Heimkino

Manche Menschen können in wenigen Minuten einen Stapel von bis zu 2.000 Spielkarten im Gedächtnis speichern. Sie merken sich dabei aber nicht die endlose Kette von Einzelinformationen (Pik Dame, Herz 7, Kreuz 4 etc.), sondern erfinden eine Geschichte, in die die Karten eingewoben werden. Karten verwandeln sich in Schauspieler, die gesamte Geschichte wird als innerer Film aufgezeichnet und anschließend abgespult. Heimkino sozusagen. Versuchen Sie es selbst, der Einfachheit halber aber nur mit acht statt 2.000 Karten.

Lernen Sie zuerst diese vier Textkarten auswendig (die folgenden Bildkarten bitte noch ignorieren):

Hirsch	Pinguin	Elefant	Löwe

Jetzt lernen Sie diese vier Bildkarten auswendig[1]:

Fertig? Schließen Sie nun das Buch oder blättern Sie ein paar Seiten zurück, und testen Sie Ihr Wissen: Zählen Sie sowohl die Text- als auch die Bildkarten auf. Was taucht dabei vor Ihrem inneren Auge auf? Die Text- oder die Bildkarten?

Vergleichen Sie: Wie sind Sie beim Erlernen der Text- und Bildkarten vorgegangen? Haben Sie sich bei den Textkarten die Wörter von links nach rechts durch Wiederholung so lange ins Gedächtnis gehämmert, bis sie »saßen«? Hätten Sie anstelle der Bildkarten lieber Textkarten gehabt? Oder umgekehrt? Haben Sie sich eine Geschichte ausgedacht? Wie sehen die Tiere der Textkarten aus? Wie groß sind sie? In welcher Umgebung befinden sie sich? Haben sie Konturen, Farben, bestimmte Eigenschaften? Wenn ja, welche? Bewegen sich die Tiere? Wenn ja, was tun sie gerade?

Öffnen Sie wieder die Seite mit den Karten, und erzählen Sie jemandem, der die Karten *nicht* sieht, was es auf den Textkarten zu sehen gibt. Erzählen Sie ihm dann, was es auf den Bildkarten zu sehen gibt.

Was hat das alles mit PC-Präsentation zu tun? Während der Vorbereitung einer Präsentation drehen Sie einen inneren Film. *Sie* kennen Vorspann und Ende, Rollen, Akteure, Kulissen und Requisiten. Ihr Publikum kennt nur den Titel. Während der Präsentation ist es Ihre Aufgabe, durch Ihren Vortrag den Film in den Köpfen Ihres Publikums entstehen zu lassen. Das Drehbuch vorzulesen, ist etwas anderes, als den Film zu zeigen. Sie wissen ja mittlerweile: Der *Empfänger* bestimmt den Inhalt der Botschaft. Der Zuhörer entscheidet darüber, welcher Film in seinem Kopf entsteht. Je anschaulicher Sie aber erzählen, desto größer ist die Wahrscheinlichkeit, dass Ihr Publikum den Film sieht, den Sie vorführen.

Die 30-Sekunden-Methode

Gene Zelazny empfiehlt eine einfache, aber effektive Methode[2], die ich Ihnen hier etwas verkürzt und mit anderen Beispieltexten vorstelle. Sie benötigen dafür lediglich eine Uhr mit Sekundenzeiger und einen Stift. Sie werden jetzt gleich der Reihe nach acht Sätze in

1 Quelle: PowerPoint-Archivbilder

2 Das Präsentationsbuch, S. 72 ff.

Bilder umwandeln. Für jedes Bild haben Sie 30 Sekunden Zeit. Bitte halten Sie sich an dieses Zeitlimit. Weil Sie in 30 Sekunden keine Details zu Papier bringen können, skizzieren Sie in die leeren Kästen unter den Sätzen die erste Idee, die Ihnen in den Sinn kommt. Auf geht's:

Produkt A hat den größten Anteil am Gesamtumsatz:

Der Gewinn ist im laufenden Geschäftsjahr auf ein Drittel geschrumpft:

Laut Umfrage liegt Produkt A derzeit an dritter Stelle der Beliebtheitsskala:

Wir können die acht Projektphasen in zwei Abschnitten realisieren:

Die neun Systemkomponenten sind miteinander verbunden:

Die Rabatte unterscheiden sich deutlich von Bundesland zu Bundesland:

Die Zentralverwaltung versorgt die Niederlassungen mit Marketingmaterial:

Zwischen Aufwand und Ertrag besteht keine Balance mehr:

Fertig? Das Entscheidende bei diesem Experiment war die 30-Sekunden-Grenze. Hätten Sie 30 Minuten, würden Sie die Sätze zerdenken. In 30 Sekunden können Sie sich nur um die Kerninformation kümmern und müssen Feinheiten außer Acht lassen. Genau darin steckt ein dreifacher Vorteil:

1. Sie filtern das Wesentliche heraus.
2. Sie visualisieren die Kerninformation.
3. Sie sparen Zeit. Selbst wenn es schiefgeht, haben Sie nur 30 Sekunden statt 30 Minuten verloren und sind außerdem noch einen Schritt weiter. Denn Sie wissen jetzt, was Sie *nicht* wollen!

Nehmen wir die acht Sätze von eben im Hinblick auf deren Kerninformationen ein wenig genauer unter die Lupe:

Text	Kerninformation
Produkt A hat den größten Anteil am Gesamtumsatz.	(größter) Anteil
Der Gewinn ist im laufenden Geschäftsjahr auf ein Drittel geschrumpft.	(auf ein Drittel) geschrumpft
Laut Umfrage liegt Produkt A derzeit an dritter Stelle der Beliebtheitsskala.	Rang Nr. 3
Wir können die acht Projektphasen in zwei Abschnitten realisieren.	zwei Abschnitte/acht Phasen
Die neun Systemkomponenten sind miteinander verbunden.	miteinander verbunden
Die Rabatte unterscheiden sich deutlich von Bundesland zu Bundesland.	unterschiedliche Rabatte
Die Zentralverwaltung versorgt die Niederlassungen mit Marketingmaterial.	einer versorgt alle
Zwischen Aufwand und Ertrag besteht keine Balance mehr.	keine Balance

Warum das Rad jedes Mal neu erfinden? *Eine* Form eignet sich für viele Inhalte: Anteil bleibt Anteil, ob größter, kleinster oder bestimmter Prozentanteil. Gewinne, Umsätze oder Kosten können auf ein Drittel schrumpfen, sich halbieren, verdoppeln oder vervierfachen. Alles Mögliche kann jeden beliebigen Rang einnehmen. Die Inhalte mögen variieren, das Bild bleibt dasselbe.

Funktioniert auch im Team

Warum als *Einzelkämpfer* arbeiten? Die 30-Sekunden-Methode eignet sich perfekt für Teams. Sie verteilen Blätter mit leeren Kästchen und Stifte an die Teammitglieder. Dann lesen Sie die Sätze vor, zu denen Sie Visualisierungen suchen. Nach ein paar Minuten sammeln Sie die Blätter ein, spendieren jedem einen Kaffee und ziehen mit vielen Visualisierungen und guten Ideen glücklich von dannen. Je öfter Sie das in Ihrem Team praktizieren, desto umfangreicher wird die Visualisierungsbibliothek. Damit die Visualisierungen allen zur Verfügung stehen und keine Idee verloren geht, sollten Sie ab sofort damit beginnen, Kataloge mit Musterfolien anzulegen. Ein Katalog ist nichts anderes als eine PowerPoint-Datei, die Musterfolien mit Prototypen für bestimmte Visualisierungen enthält – eine Art kleinster gemeinsamer Nenner mit Blindtext und Platzhaltern anstelle konkreter Daten. Jeder (im Team, im Unternehmen) hat Zugriff auf die Musterfolien und bedient sich nach Belieben.

Vom Text zur Skizze ist der *erste* Schritt. Jetzt erstellen Sie den Entwurf der Folien. Pro Folie sollten Sie dafür nicht länger als zwei bis zehn Minuten brauchen. Die dafür erforderlichen Werkzeuge lernen Sie in Kapitel 8 kennen. Die folgende Gegenüberstellung zeigt für jeden Satz links die handschriftliche Skizze (maximal 30 Sekunden) und rechts den Folienentwurf:

Produkt A hat den größten Anteil am Gesamtumsatz:

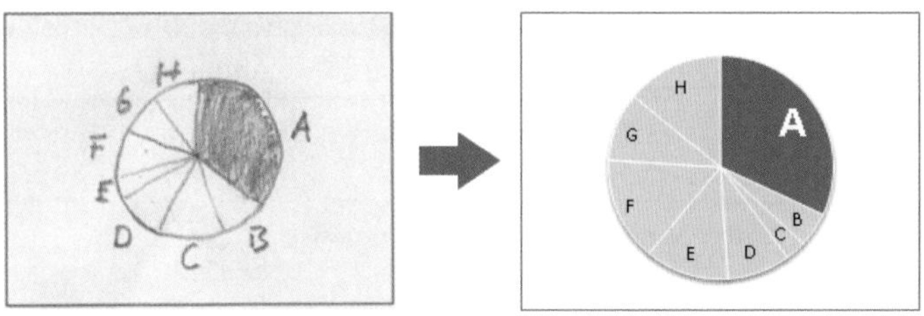

Der Gewinn ist im laufenden Geschäftsjahr auf ein Drittel geschrumpft:

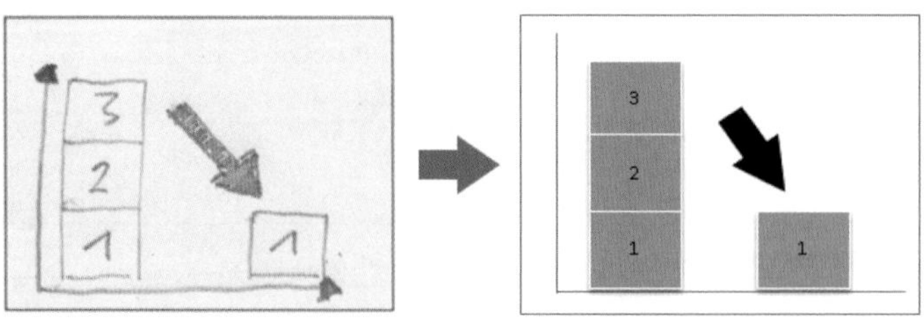

Laut Umfrage liegt Produkt A derzeit an dritter Stelle der Beliebtheitsskala:

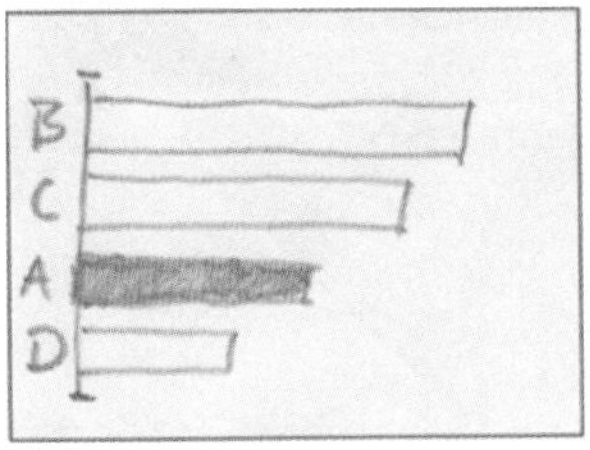

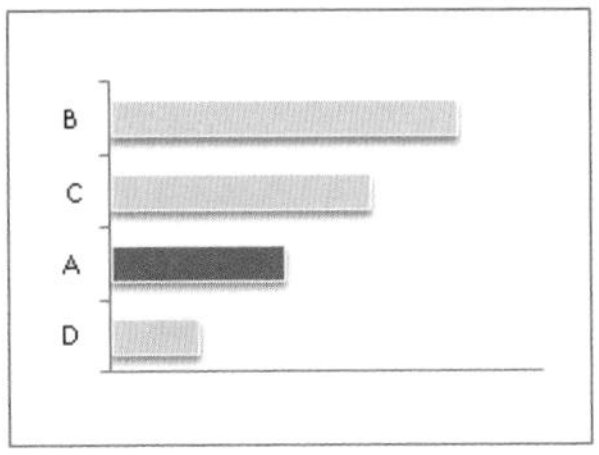

Wir können die acht Projektphasen in zwei Abschnitten realisieren:

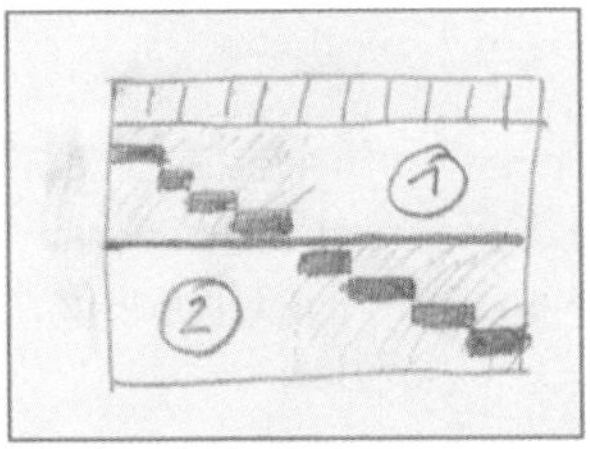

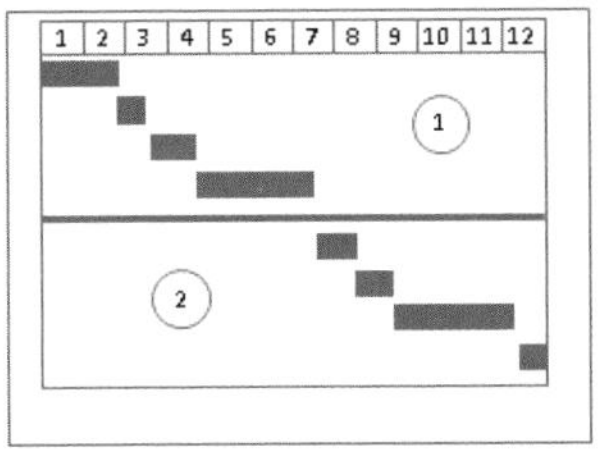

Die neun Systemkomponenten sind miteinander verbunden:

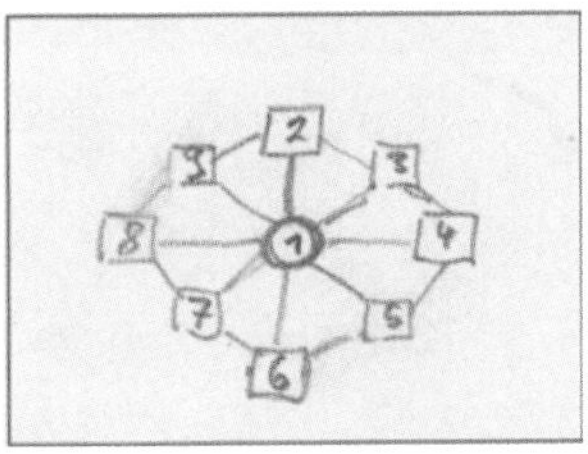

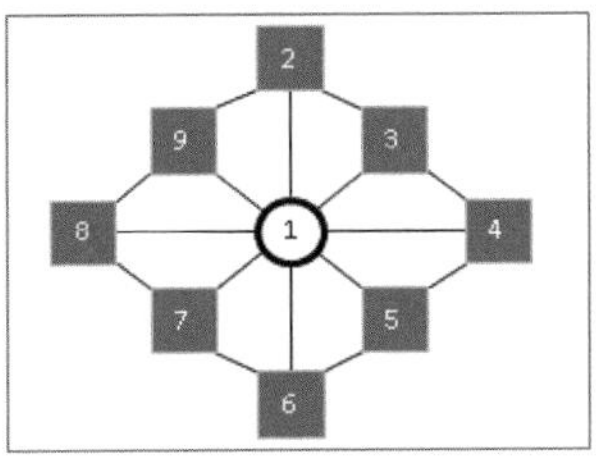

Die Rabatte unterscheiden sich deutlich von Bundesland zu Bundesland:

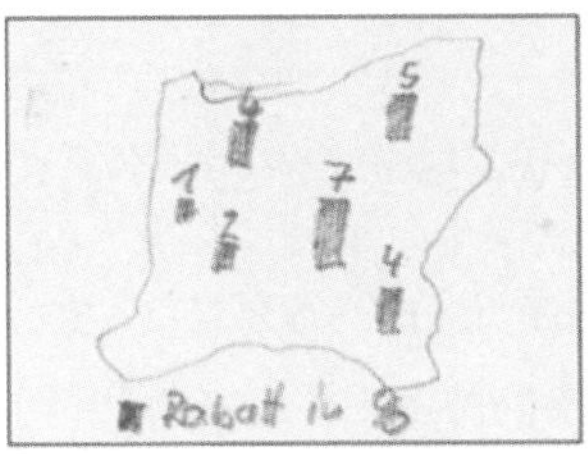

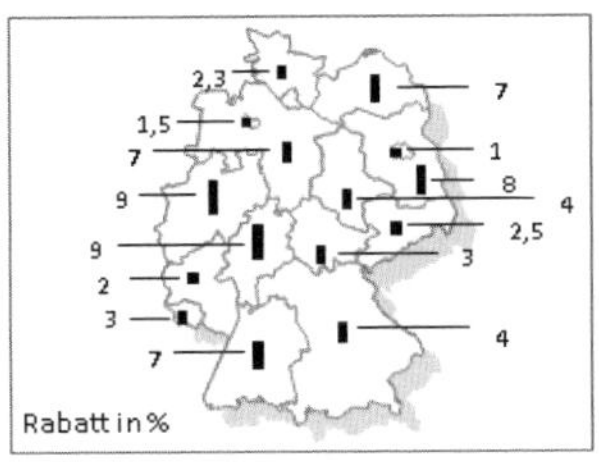

Die Zentralverwaltung versorgt die Niederlassungen mit Marketingmaterial:

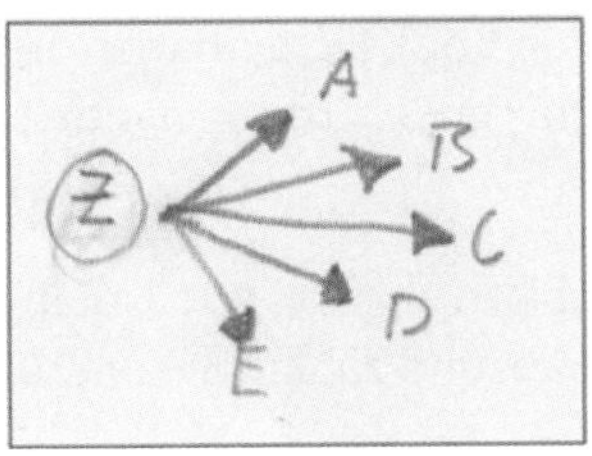

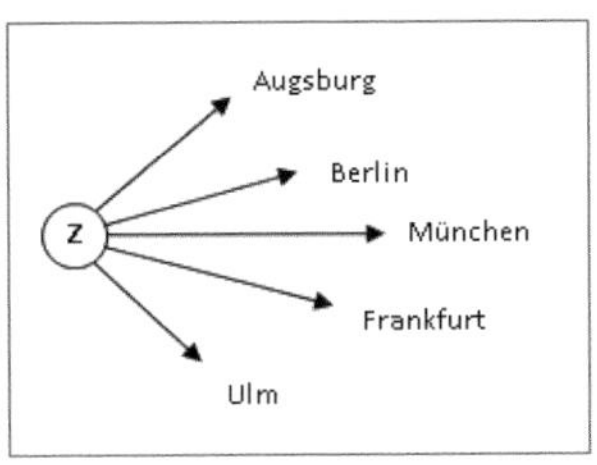

Zwischen Aufwand und Ertrag besteht keine Balance mehr:

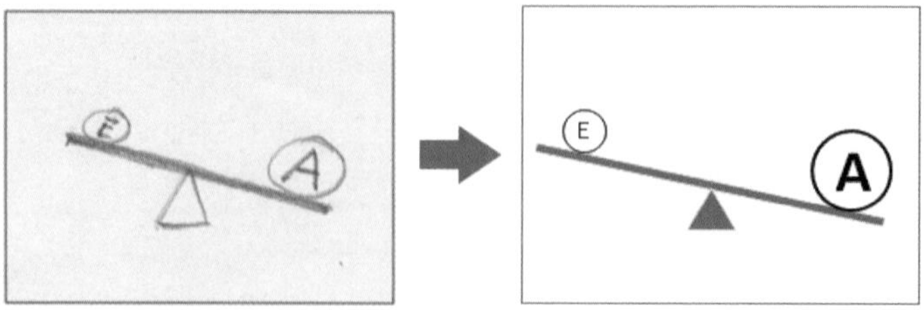

Schokolade statt Spinat

Das Visualisieren von Informationen wird wichtig, wenn die Information für das Publikum abstrakt, kompliziert, schwer vorstellbar oder unverständlich ist. Das Visualisieren vereinfacht komplexe Informationen und macht sie für den Betrachter anschaulich. Ein Beispiel: Das folgende Diagramm zeigt die Entwicklung eines Aktienkurses. Auf den ersten Blick wird deutlich, dass der Kurs geklettert ist. Im Zickzack zwar, aber der Trend geht eindeutig aufwärts.

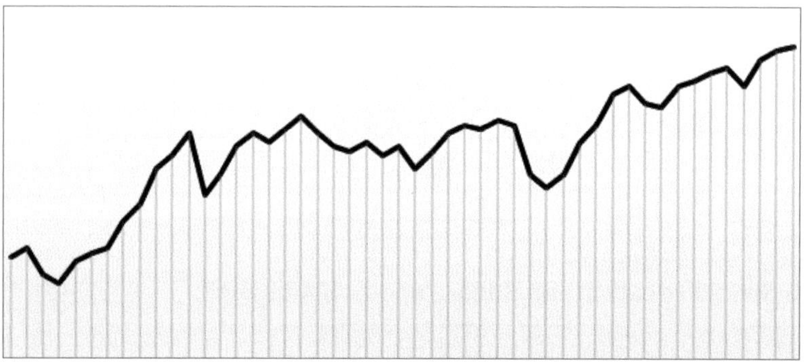

Es folgt ein weiterer Aktienkurs. Diesmal sehen Sie jedoch nur die Werte: 2,3 / 2,5 / 1,9 / 1,7 / 2,2 / 2,4 / 2,5 / 3,1 / 3,5 / 4,3 / 4,6 / 5,1 / 3,7 / 4,2 / 4,8 / 5,1 / 4,9 / 5,2 / 5,5 / 5,1 / 4,8 / 4,7 / 4,9 / 4,6 / 4,8 / 4,3 / 4,7 / 5,1 / 5,3 / 5,2 / 5,4 / 5,3 / 4,2 / 3,9 / 4,2 / 4,9 / 5,3 / 6 / 6,2 / 5,8 / 5,7 / 6,2 / 6,3 / 6,5 / 6,6 / 6,2 / 6,8 / 7 / 7,1.

Wie hat sich diese Aktie entwickelt? Kontinuierlich oder im Zickzack, linear oder exponentiell? Ist ein Trend erkennbar? Sind Ausreißer nach oben oder unten dabei? Wenn ja, wie groß sind die Einbrüche/Anstiege? Zermartern Sie sich nicht Ihren Kopf. Sicher haben Sie auf den ersten Blick erkannt, dass es sich um die Zahlen des Diagramms von oben handelt. Oder?

Machen Sie bei einem kleinen Feldversuch mit. Decken Sie das oben abgebildete Liniendiagramm jetzt mit einem Blatt Papier oder einem Gegenstand ab, und zählen Sie bis 30:

1, 2, 3 ... Fertig? Gut. Studieren Sie nun die oben abgebildeten Werte etwa zwanzig Sekunden lang, und zeichnen Sie dann in die folgende leere Diagrammfläche diejenige Linie, die während des Studiums der Werte vor Ihrem inneren Auge entstanden ist.

Nehmen Sie das über dem Diagramm liegende Blatt wieder weg, und vergleichen Sie das selbst gezeichnete mit dem abgebildeten Liniendiagramm auf Übereinstimmungen und Unterschiede.

Anschaulich ist nötig, ansehnlich ist hilfreich

Das Visualisieren von Zahlen erweckt die Information zum Leben. Abstrakte Werte werden zu konkreten Linien, Säulen, Balken oder Kreissegmenten, die nun als Diagramm dem Publikum ihre Botschaft verkünden. Als Faustregel gilt: **Zahlen immer visualisieren.**

Wenn die auf der Folie dargestellten Informationen zwar problemlos zu verstehen, aber langweilig anzusehen sind, ist es zwar nicht nötig, aber in jedem Fall hilfreich, sie ansehnlicher zu präsentieren. Ein Musterbeispiel ist eine Aufzählungsfolie. Servieren Sie dem Wahrnehmungsapparat Ihres Publikums so viel Schokolade wie möglich und nur dann Spinat, wenn es sich nicht vermeiden lässt.

Tipp

Text = Spinat, Visualisierung = Schokolade

Visualisieren bedeutet nicht, dass Text verboten ist und nur noch Bilder erlaubt sind! Der Trick besteht in der Kombination von Text und grafischen Elementen. Unser Wahrnehmungsapparat stürzt sich auf die Bilder und schluckt in seiner Gier zusammen mit den grafischen Elementen auch die darin enthaltene Textinformation. Außerdem fördern Visualisierungen die Speicherung im Langzeitgedächtnis sowie die Abruffähigkeit gespeicherter Informationen. Anders formuliert: Wenn Bilder im Spiel sind, hört Ihnen Ihr Publikum lieber zu, kann sich die Informationen während der Präsentation leichter einprägen und später besser daran erinnern.

Die folgenden Beispiele visualisierter Textfolien sind SmartArt-Grafiken. Sie gehören zur Bordausrüstung von PowerPoint. Wie Sie SmartArt-Grafiken erstellen und bearbeiten, erfahren Sie in Kapitel 8.

Agenda

Neun von zehn Agenden erblicken als Aufzählung das Licht der Welt: laaaaangweilig!

Einfache Alternative:

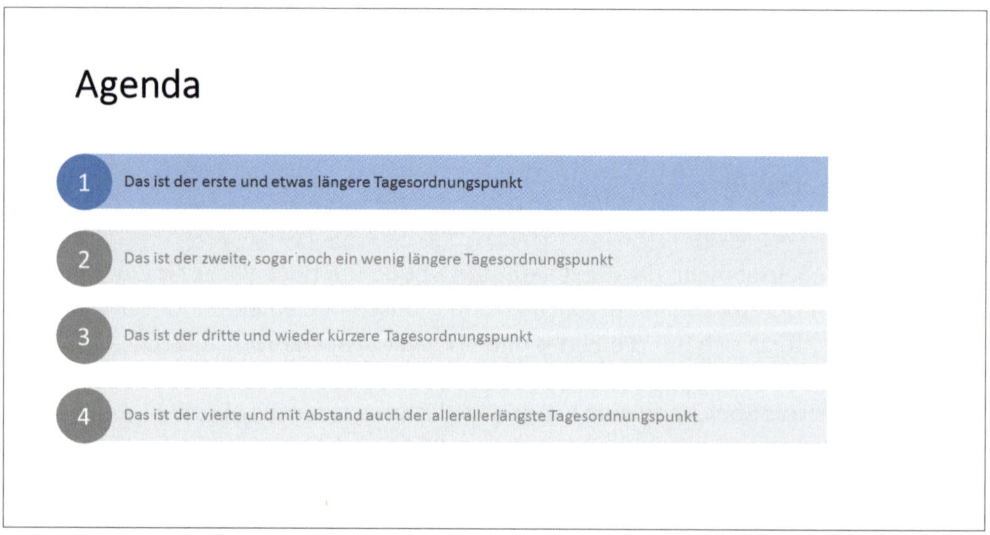

Ausgefallene Alternative:

Ausgefallene Alternative:

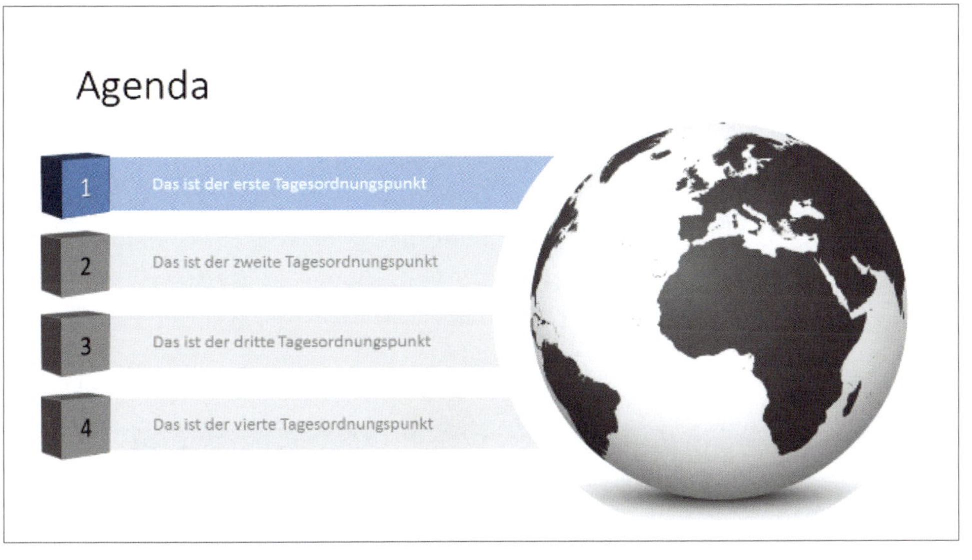

Listen

Die Textvariante der Liste ist eine Aufzählungsfolie. Je nach Anzahl von Haupt- und Unterpunkten sowie der Textmenge eignen sich unterschiedliche Visualisierungen.

Im Folgenden sehen Sie eine kleine Auswahl der von PowerPoint zur Verfügung gestellten SmartArt-Grafiken für Listen:

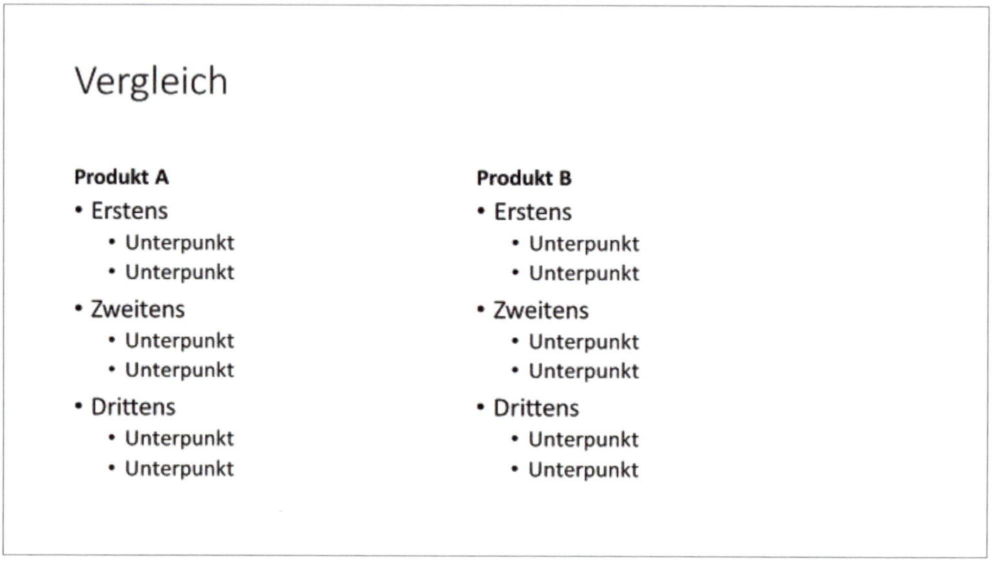

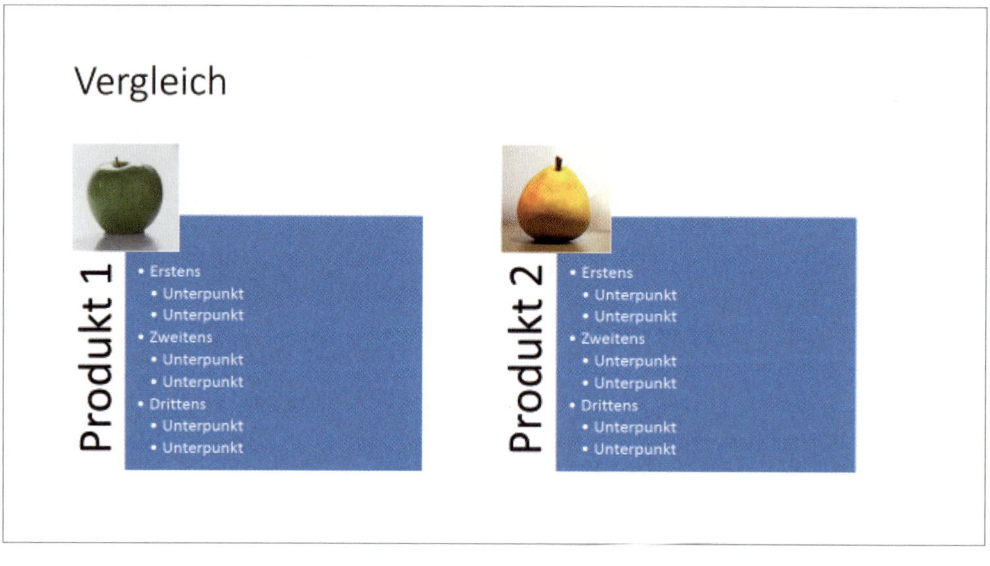

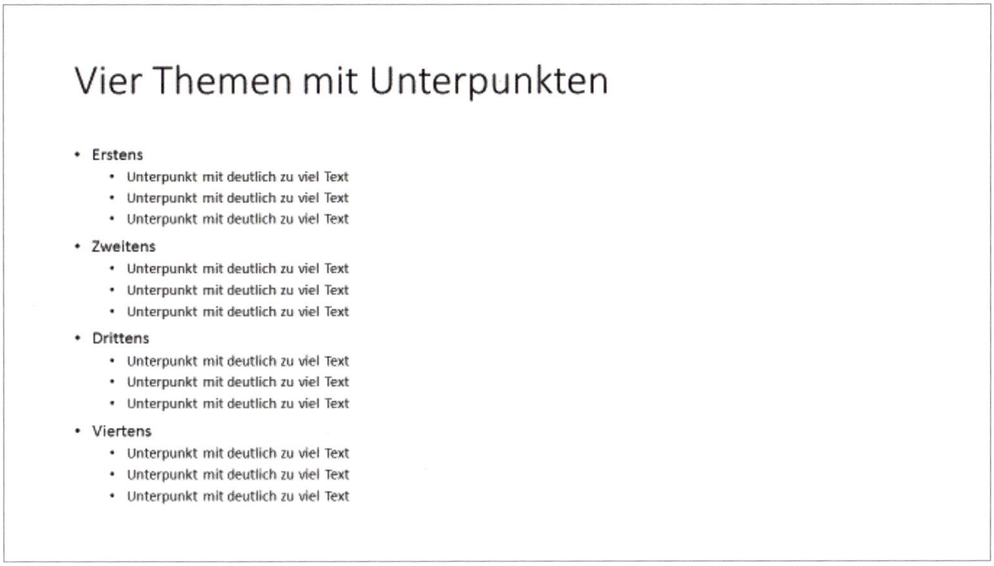
Vier Themen mit Unterpunkten
Erstens
Unterpunkt mit deutlich zu viel Text
Unterpunkt mit deutlich zu viel Text
Unterpunkt mit deutlich zu viel Text
Zweitens
Unterpunkt mit deutlich zu viel Text
Unterpunkt mit deutlich zu viel Text
Unterpunkt mit deutlich zu viel Text
Drittens
Unterpunkt mit deutlich zu viel Text
Unterpunkt mit deutlich zu viel Text
Unterpunkt mit deutlich zu viel Text
Viertens
Unterpunkt mit deutlich zu viel Text
Unterpunkt mit deutlich zu viel Text
Unterpunkt mit deutlich zu viel Text

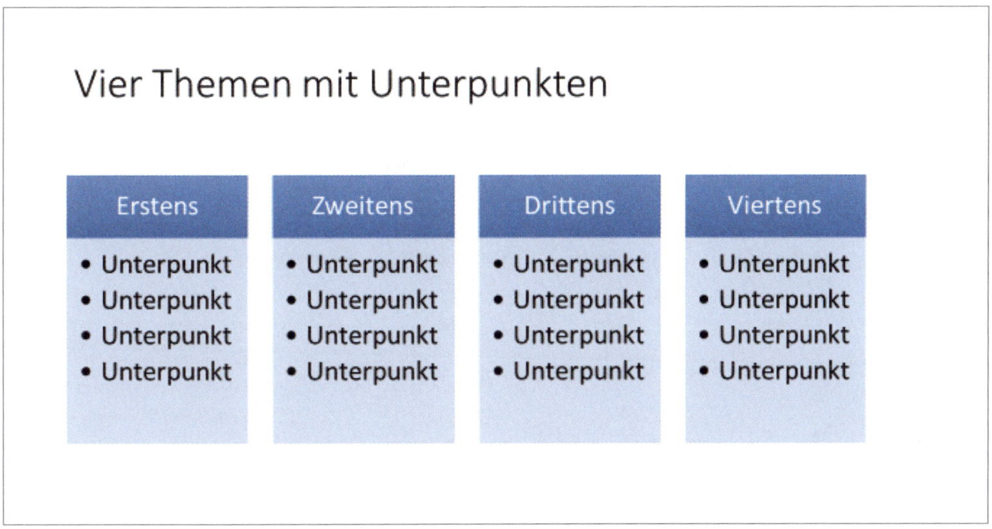
Vier Themen mit Unterpunkten
Erstens
Unterpunkt
Unterpunkt
Unterpunkt
Unterpunkt
Zweitens
Unterpunkt
Unterpunkt
Unterpunkt
Unterpunkt
Drittens
Unterpunkt
Unterpunkt
Unterpunkt
Unterpunkt
Viertens
Unterpunkt
Unterpunkt
Unterpunkt
Unterpunkt

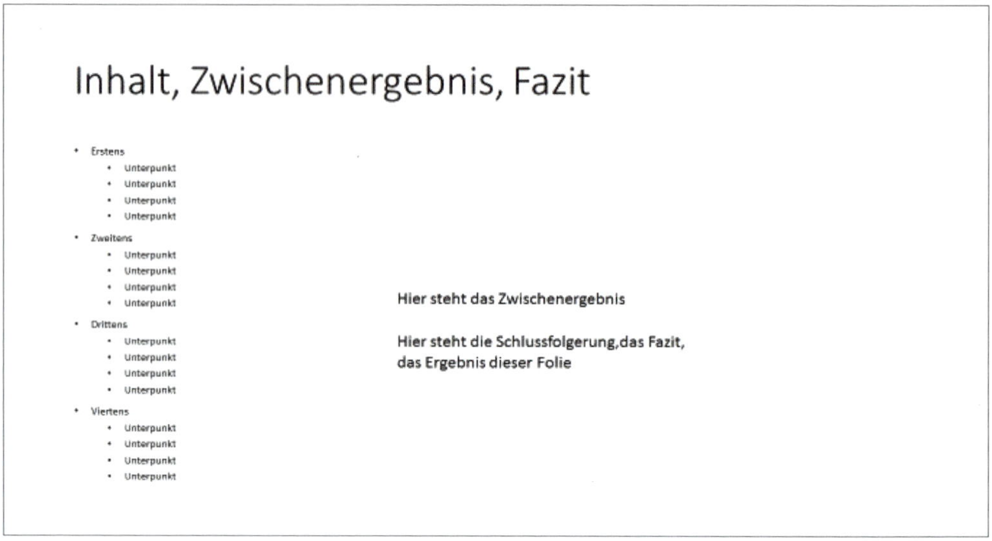
Inhalt, Zwischenergebnis, Fazit
• Erstens
• Unterpunkt
• Unterpunkt
• Unterpunkt
• Unterpunkt
• Zweitens
• Unterpunkt
• Unterpunkt
• Unterpunkt
• Unterpunkt
• Drittens
• Unterpunkt
• Unterpunkt
• Unterpunkt
• Unterpunkt
• Viertens
• Unterpunkt
• Unterpunkt
• Unterpunkt
• Unterpunkt
Hier steht das Zwischenergebnis
Hier steht die Schlussfolgerung,das Fazit, das Ergebnis dieser Folie

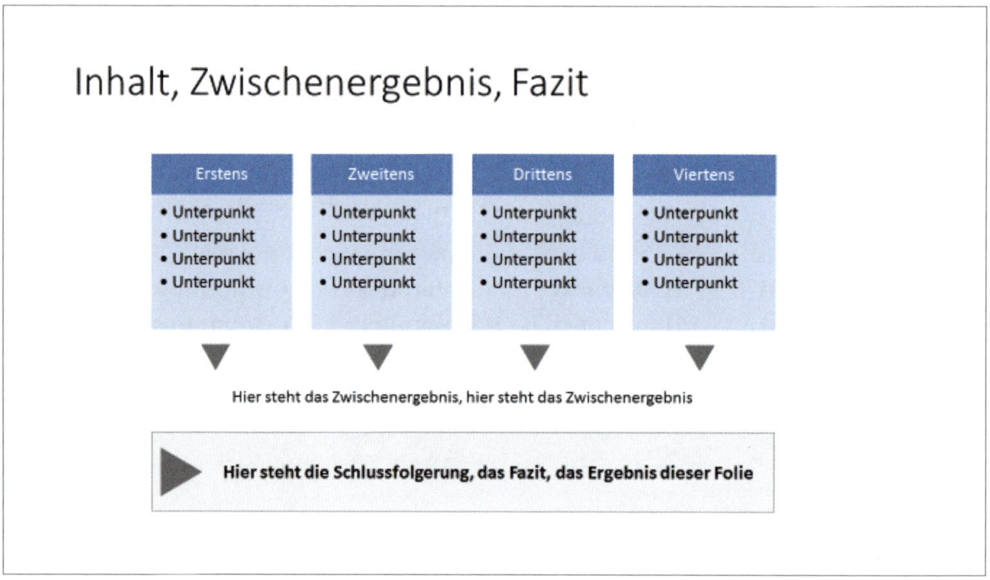
Inhalt, Zwischenergebnis, Fazit
Erstens
• Unterpunkt
• Unterpunkt
• Unterpunkt
• Unterpunkt
Zweitens
• Unterpunkt
• Unterpunkt
• Unterpunkt
• Unterpunkt
Drittens
• Unterpunkt
• Unterpunkt
• Unterpunkt
• Unterpunkt
Viertens
• Unterpunkt
• Unterpunkt
• Unterpunkt
• Unterpunkt
Hier steht das Zwischenergebnis, hier steht das Zwischenergebnis
Hier steht die Schlussfolgerung, das Fazit, das Ergebnis dieser Folie

Aufzählung als Text

- Erstens
  - Unterpunkt
  - Unterpunkt
  - Unterpunkt
  - Unterpunkt
- Zweitens
  - Unterpunkt
  - Unterpunkt
  - Unterpunkt
  - Unterpunkt
- Drittens
  - Unterpunkt
  - Unterpunkt
  - Unterpunkt
  - Unterpunkt

Prozesse

Prozesse (neudeutsch: Workflow) veranschaulichen eine logische oder zeitliche Abfolge von Aktivitäten oder Zuständen.

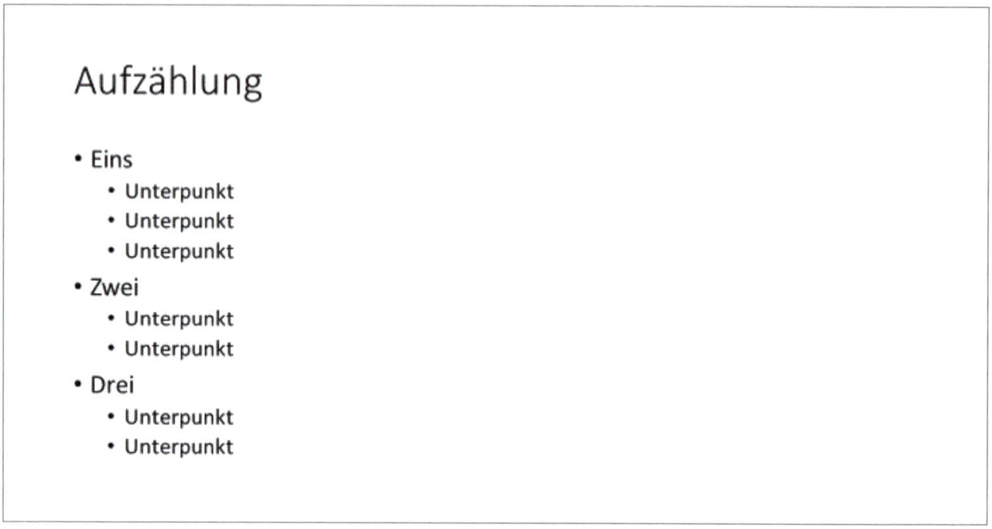

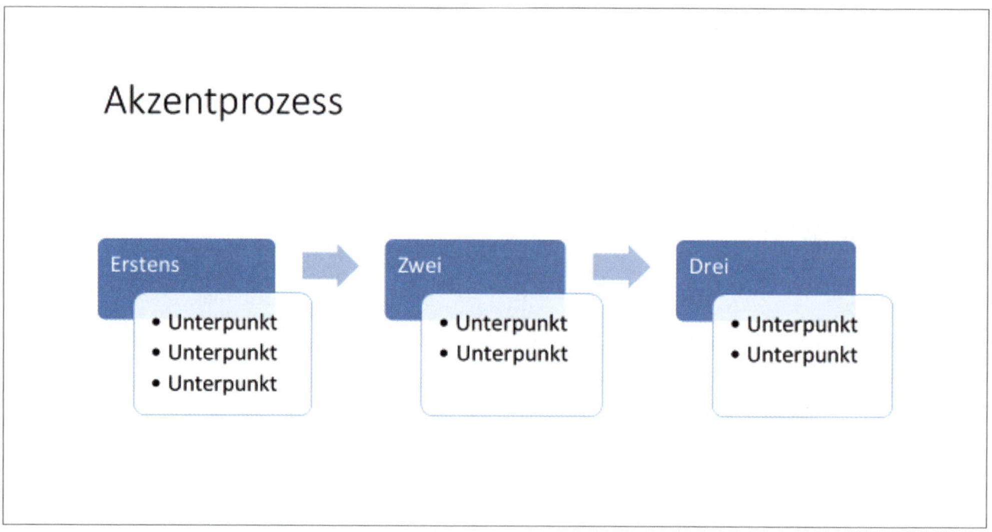

Aufzählung

- Eins
  - Unterpunkt
  - Unterpunkt
  - Unterpunkt
- Zwei
  - Unterpunkt
  - Unterpunkt
- Drei
  - Unterpunkt
  - Unterpunkt

Alternierender Fluss

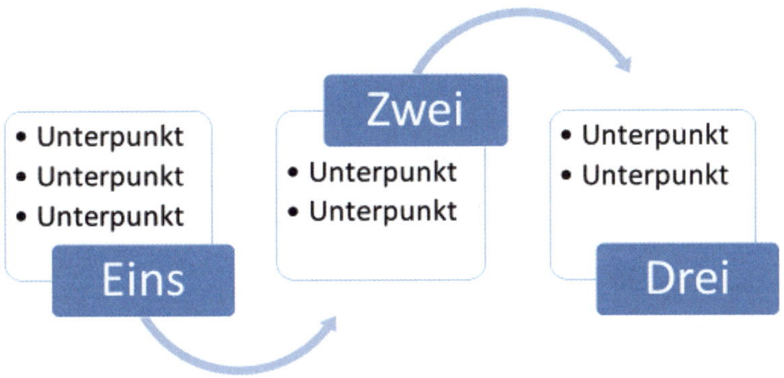

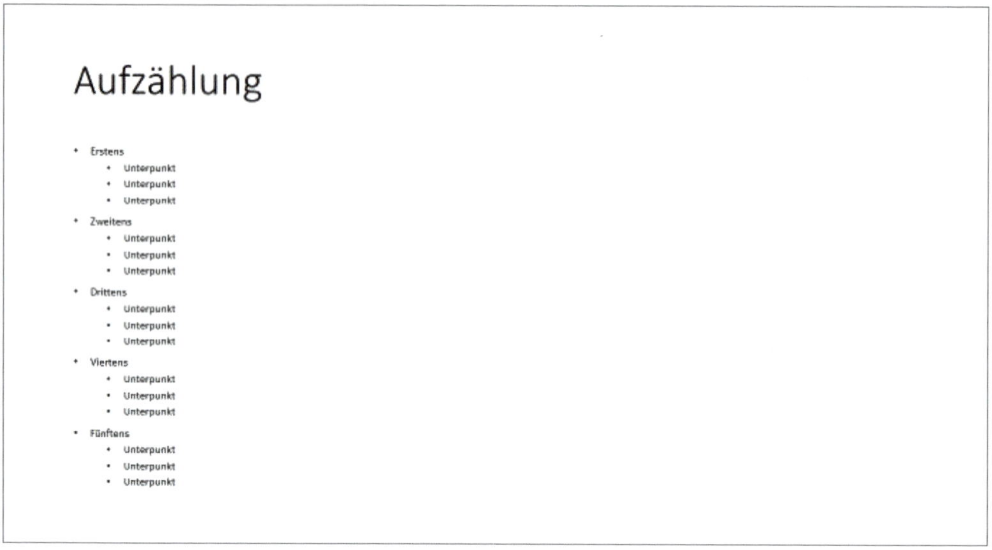
Aufzählung
• Erstens
• Unterpunkt
• Unterpunkt
• Unterpunkt
• Zweitens
• Unterpunkt
• Unterpunkt
• Unterpunkt
• Drittens
• Unterpunkt
• Unterpunkt
• Unterpunkt
• Viertens
• Unterpunkt
• Unterpunkt
• Unterpunkt
• Fünftens
• Unterpunkt
• Unterpunkt
• Unterpunkt

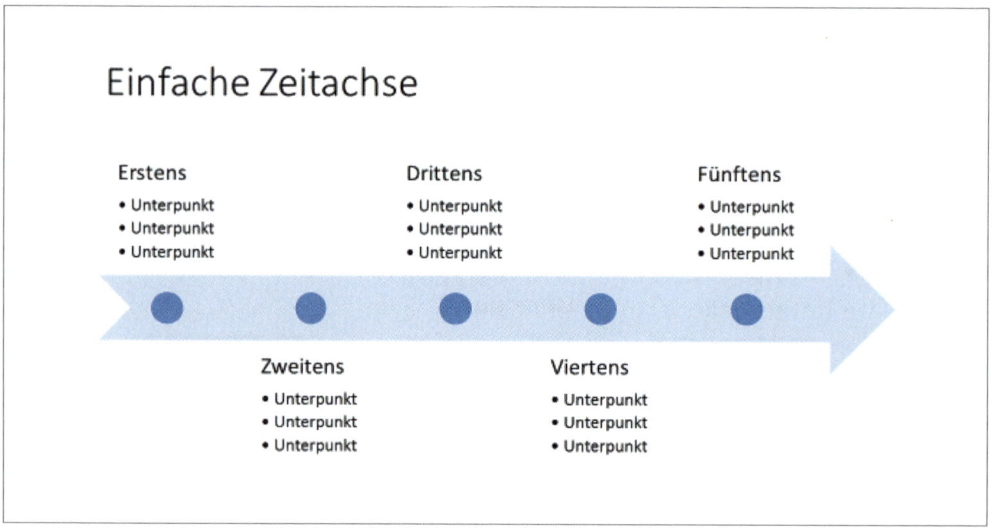
Einfache Zeitachse
Erstens
• Unterpunkt
• Unterpunkt
• Unterpunkt
Zweitens
• Unterpunkt
• Unterpunkt
• Unterpunkt
Drittens
• Unterpunkt
• Unterpunkt
• Unterpunkt
Viertens
• Unterpunkt
• Unterpunkt
• Unterpunkt
Fünftens
• Unterpunkt
• Unterpunkt
• Unterpunkt

Aufzählung

- Eins
- Zwei
- Drei
- Vier
- Fünf
- Sechs
- Sieben
- Acht

Umgebrochener Prozess

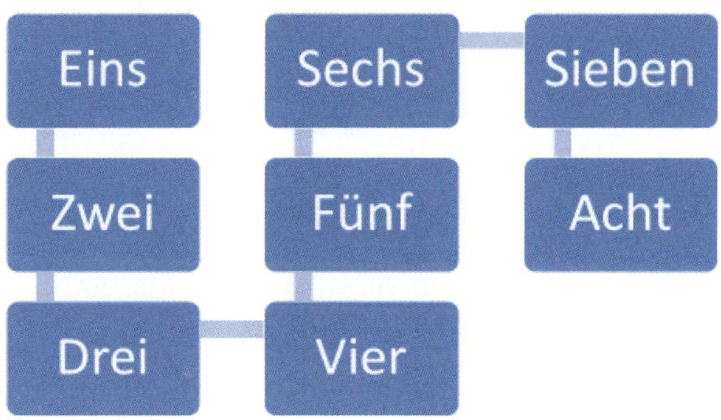

Zyklen

Zyklische Prozesse veranschaulichen einen Kreislauf von regelmäßigen Ereignissen.

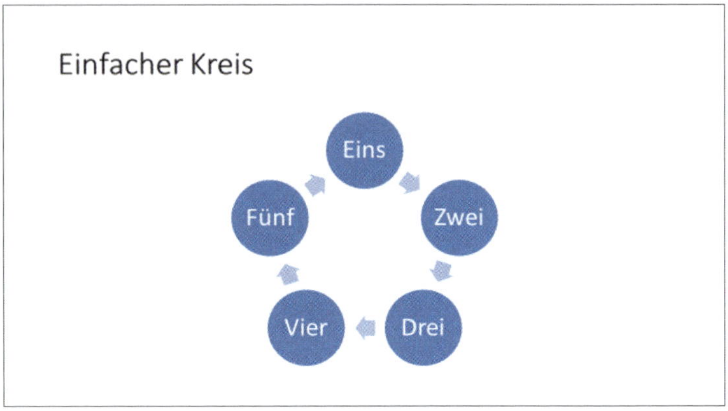

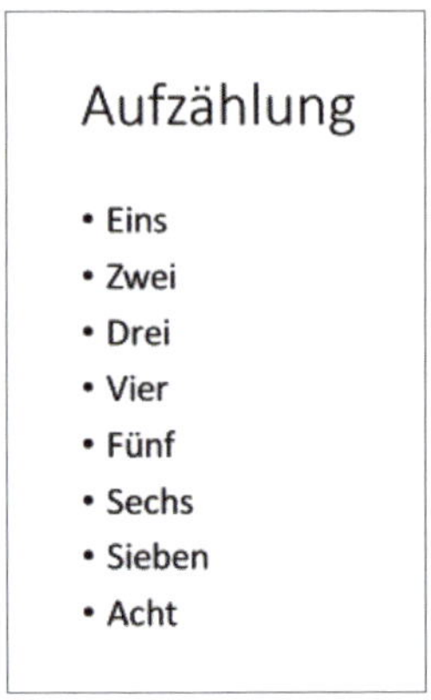

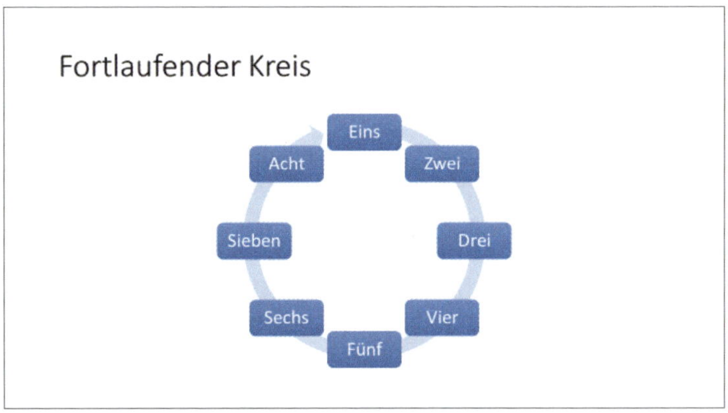

Aufzählung

- Eins
- Zwei
- Drei
- Vier
- Fünf
- Sechs
- Sieben

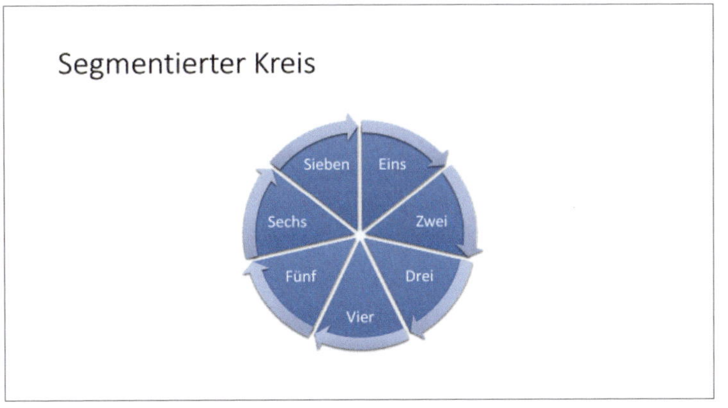

Aufzählung

- Eins
  - Zwei
  - Drei
  - Vier
  - Fünf
  - Sechs
  - Sieben
  - Acht

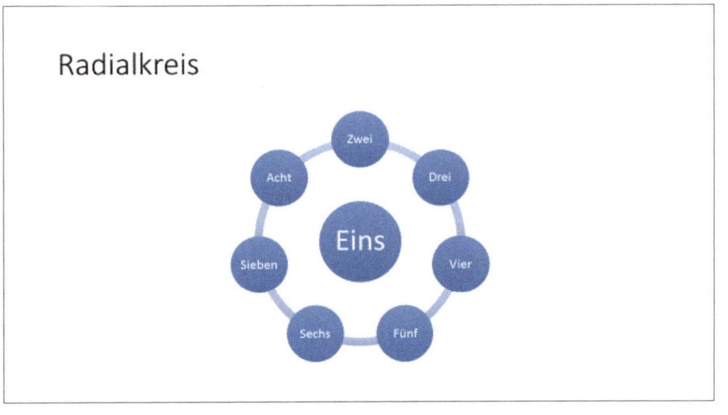

Hierarchie

Vorbei sind die Zeiten, in denen Sie Organisationsdiagramme mühsam von Hand erstellen mussten.

Die folgenden Schaubilder erstellen Sie je nach Tippgeschwindigkeit in zwei bis drei Minuten:

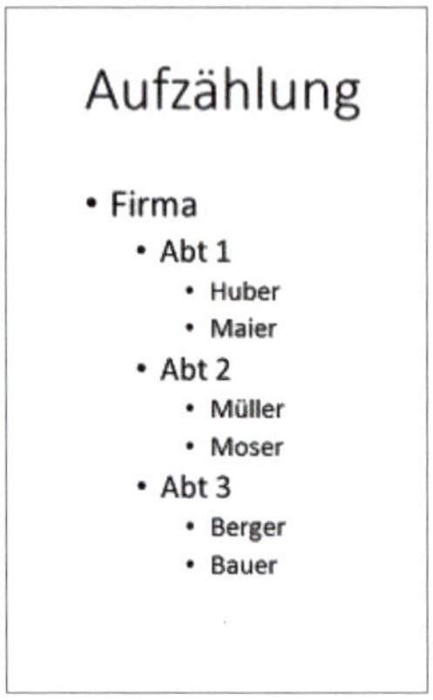

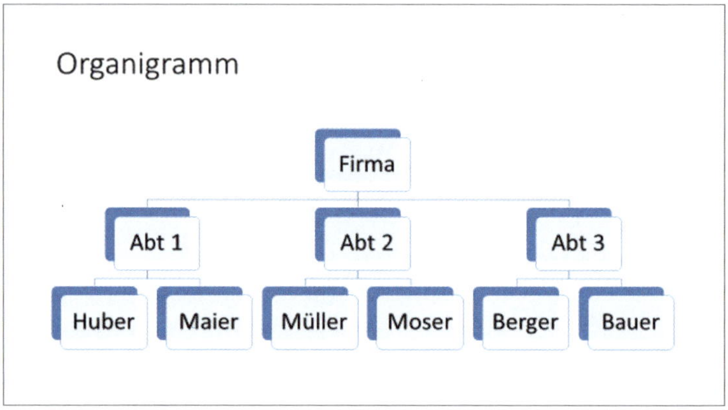

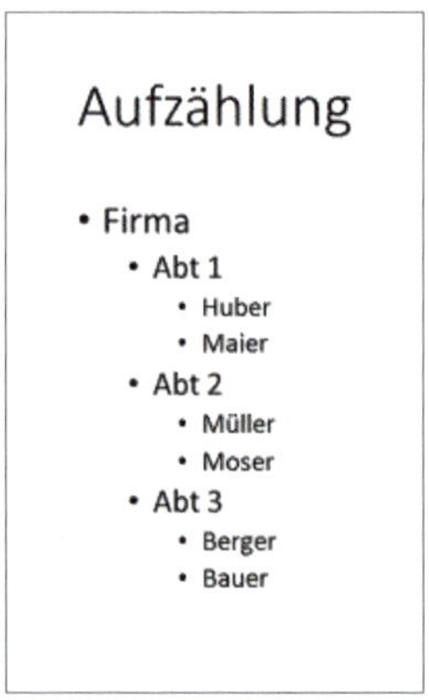

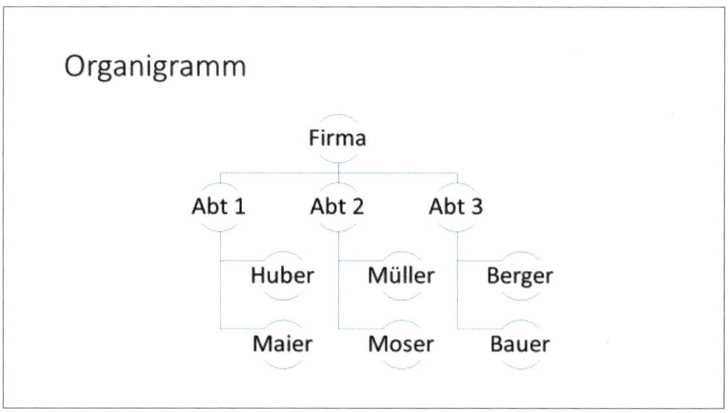

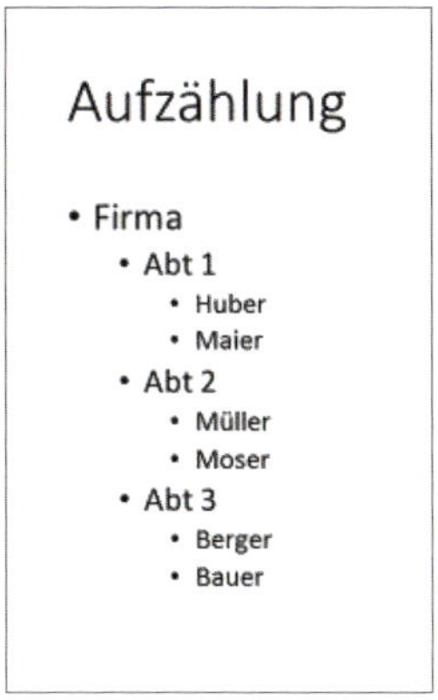
Aufzählung
• Firma
• Abt 1
• Huber
• Maier
• Abt 2
• Müller
• Moser
• Abt 3
• Berger
• Bauer

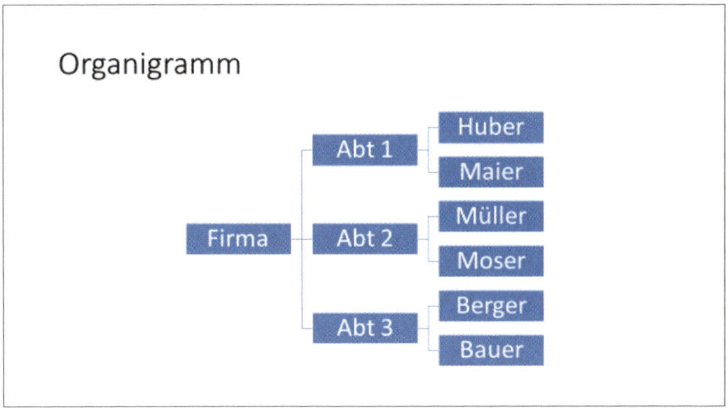
Organigramm
Firma
Abt 1
Abt 2
Abt 3
Huber
Maier
Müller
Moser
Berger
Bauer

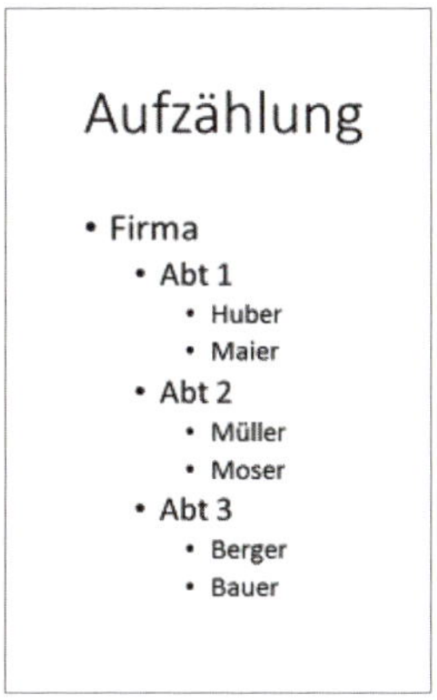
Aufzählung
• Firma
• Abt 1
• Huber
• Maier
• Abt 2
• Müller
• Moser
• Abt 3
• Berger
• Bauer

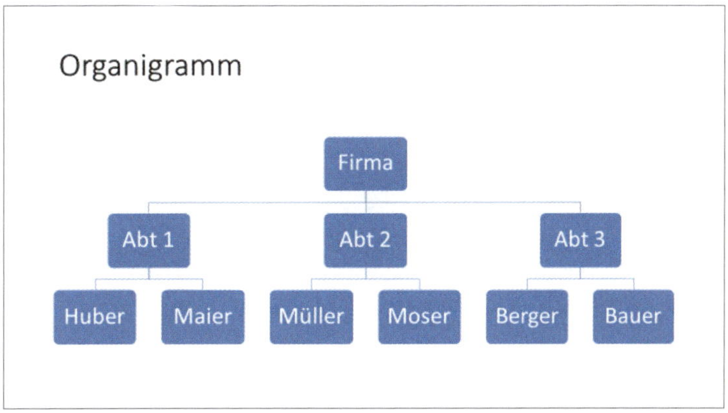
Organigramm
Firma
Abt 1
Abt 2
Abt 3
Huber
Maier
Müller
Moser
Berger
Bauer

Zeitleisten

Die folgenden Beispiele wurden nicht mithilfe von SmartArt-Grafiken, sondern ausschließlich mit den Formen (Rechteck, Dreieck und Richtungspfeil) sowie Textfeldern erstellt.

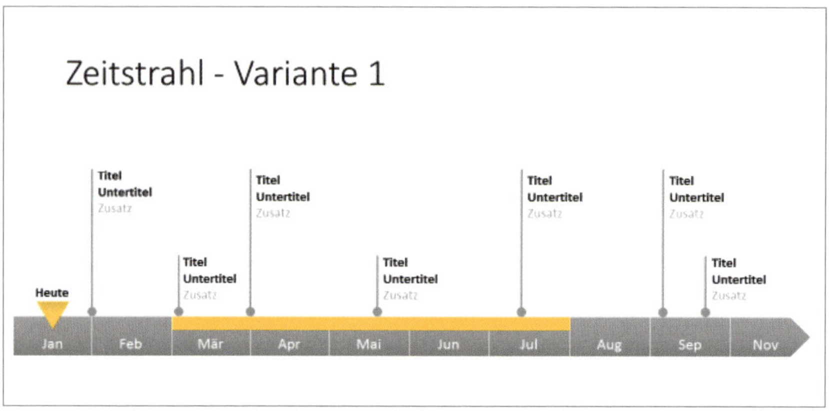

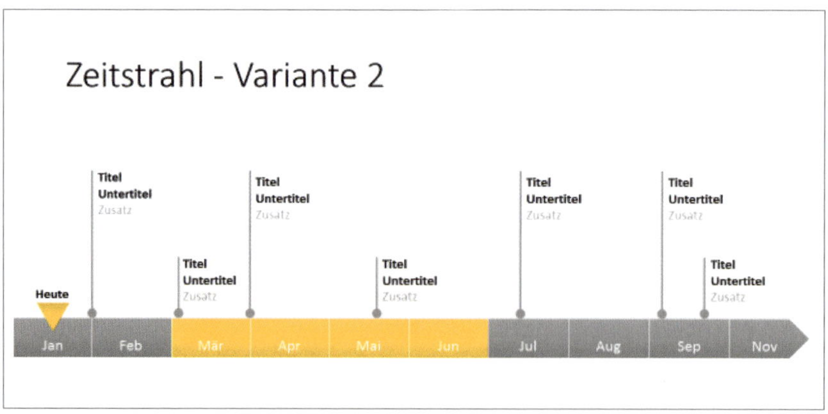

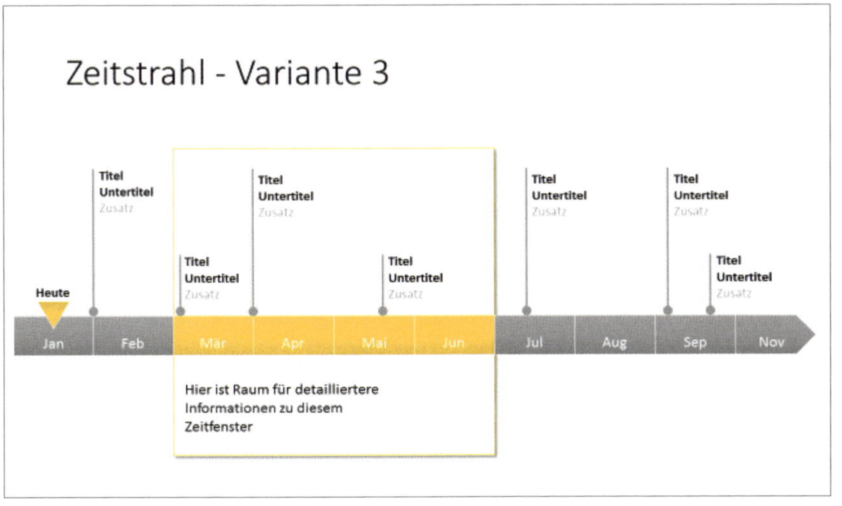

Tabellen als Schaubilder

Tabellen eignen sich vorzüglich zur Visualisierung von Projekten (Gantt-Diagramm). Im Gegensatz zu den bisher gezeigten SmartArts sind Tabellen allerdings mühsame Handarbeit.

Aber wenn die Mustertabelle einmal steht, können Sie sie in Zukunft immer wieder verwenden und problemlos anpassen.

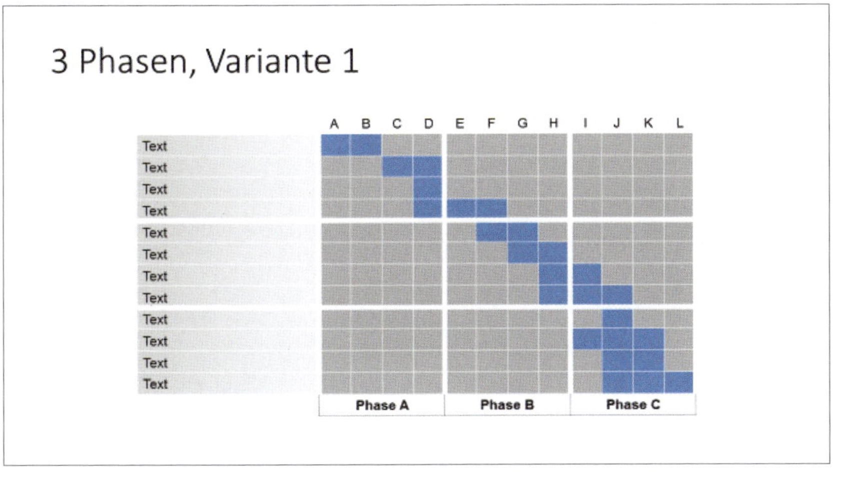

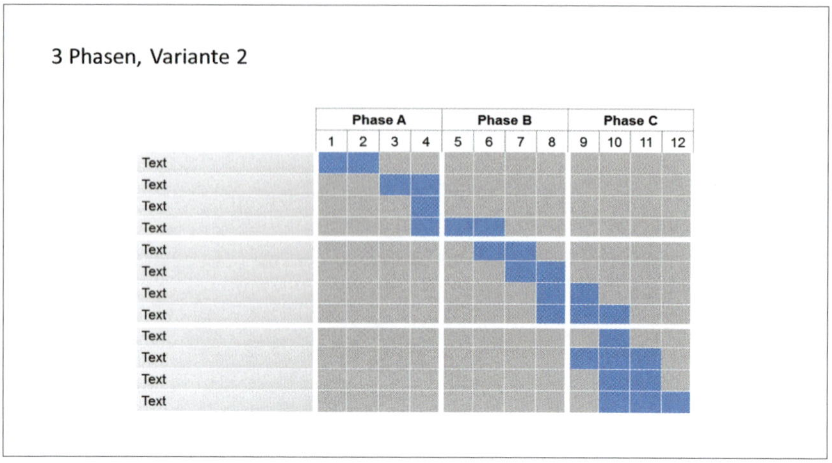
3 Phasen, Variante 2
Phase A
Phase B
Phase C
1 2 3 4 5 6 7 8 9 10 11 12
Text
Text
Text
Text
Text
Text
Text
Text
Text
Text
Text
Text

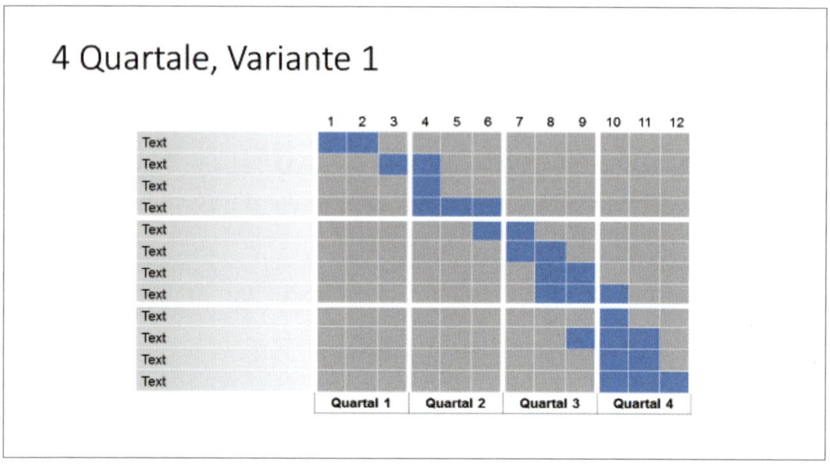
4 Quartale, Variante 1
1 2 3 4 5 6 7 8 9 10 11 12
Text
Text
Text
Text
Text
Text
Text
Text
Text
Text
Text
Text
Quartal 1
Quartal 2
Quartal 3
Quartal 4

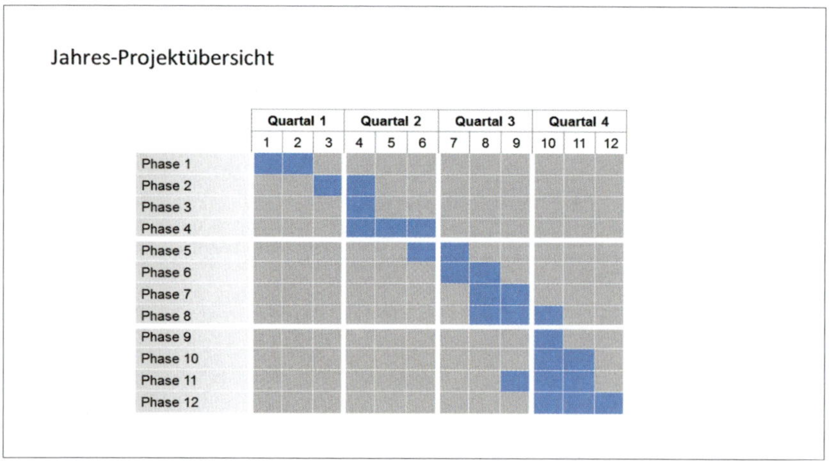
Jahres-Projektübersicht
Quartal 1
Quartal 2
Quartal 3
Quartal 4
1 2 3 4 5 6 7 8 9 10 11 12
Phase 1
Phase 2
Phase 3
Phase 4
Phase 5
Phase 6
Phase 7
Phase 8
Phase 9
Phase 10
Phase 11
Phase 12

Premium-Visualisierungen von PresentationLoad

Gäbe es so etwas wie eine Visualisierungs-Champions-League, wäre PresentationLoad mit Sicherheit jedes Jahr im Endspiel. Völlig zurecht bezeichnet sich das Unternehmen als »Ihr #1 Marktführer für Präsentationsvorlagen«. Ob Diagramme, Grafiken, Formen, Infografiken, Zeitstrahlen, Prozesse, Zusammenhänge oder Projektvisualisierungen – hier werden Sie fündig. Das Hauptziel von PresentationLoad ist natürlich der Verkauf ihrer PowerPoint-Vorlagen, aber selbst, wenn das für Sie aufgrund firmeninterner Restriktionen keine Option ist, lohnt es sich immer, die Folien auf der Suche nach Visualisierungsideen zu durchforsten. Nach einem Klick auf eine Vorlage oder ein Vorlagenpaket erscheinen Vorschaubilder der einzelnen Folien, die Sie wiederum per Klick vergrößern können.

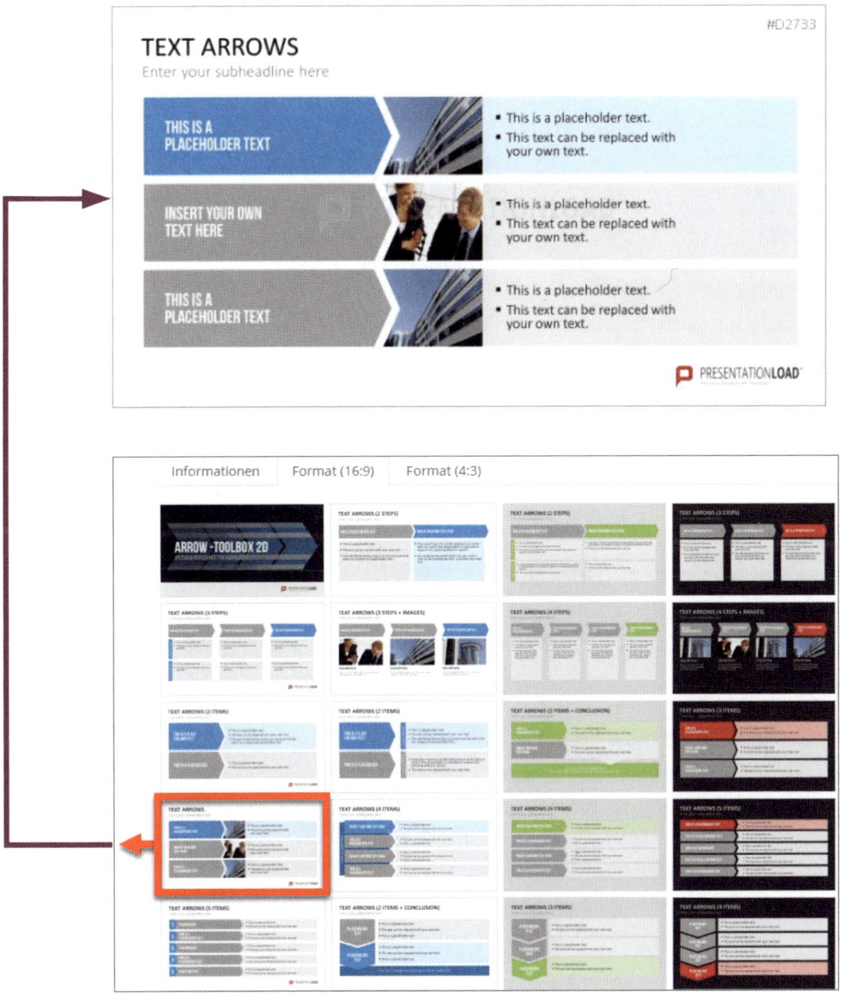

Wann immer Ihnen die Ideen für Visualisierungen fehlen oder ausgehen, sollten Sie der Webseite www.presentationload.de einen Besuch abstatten.

Mit freundlicher Genehmigung von PresentationLoad hier einige ausgewählte Beispielfolien:

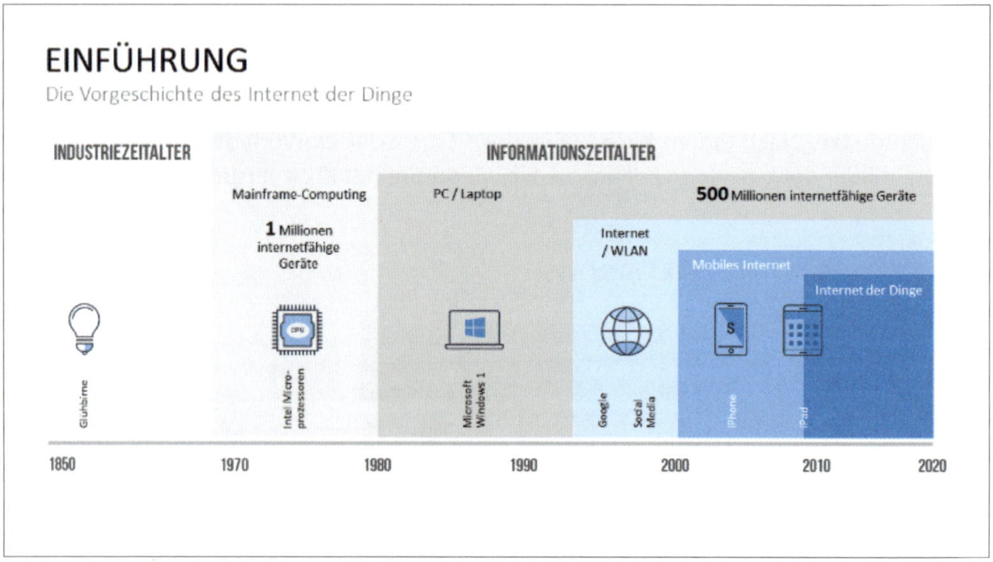

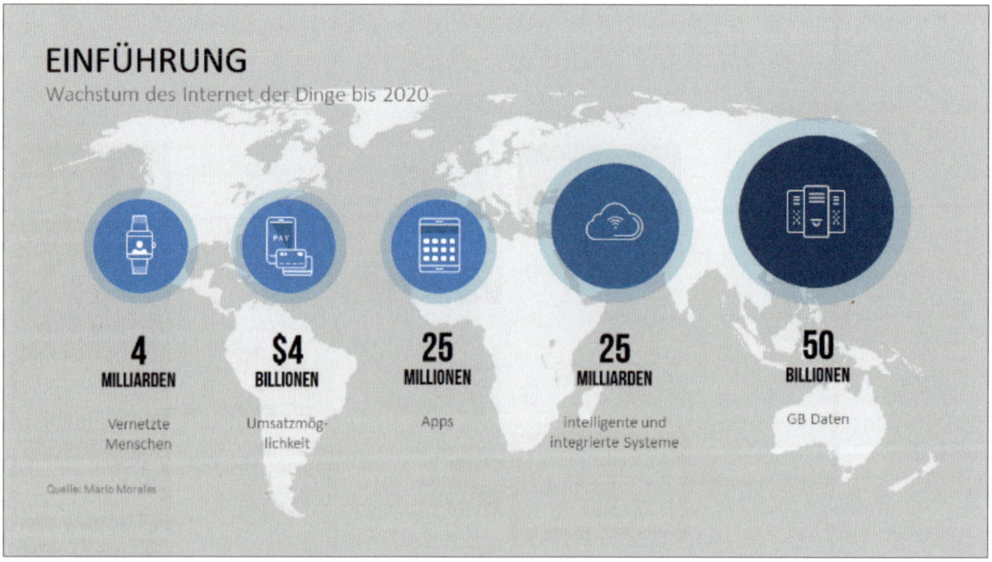

4. Das kleine Einmaleins der Diagramme

Zahlen und ihre Botschaft 76
Der Zahlenvergleich 77
Das passende Diagramm 78
Mehr Information durch weniger Daten 79
Kreisdiagramm 79
Balkendiagramm 80
Säulendiagramm 81
Liniendiagramm 82
Verteilungsdiagramm 83
Korrelation – das Punktdiagramm 84
Zusammenfassung 86

In diesem Kapitel erfahren Sie, worauf es beim Visualisieren von Zahlen ankommt. In Kapitel 8 lernen Sie, wie Sie Diagramme in PowerPoint erstellen und bearbeiten. Diagramme bringen Zahlen zum Sprechen: »Seht her, wie groß der Gewinn ist!« oder »Vorsicht, es geht abwärts!«. Gene Zelazny hat ein großartiges Buch[1] zu diesem Thema geschrieben, eine Pflichtlektüre für jeden, der häufig Zahlen präsentiert. Ich halte mich in diesem Kapitel eng an Zelaznys Ausführungen.

In vier Schritten von den Rohdaten zum passenden Diagramm.

Zahlen und ihre Botschaft

Am Anfang steht die Zahl. Die Datentabelle enthält das Rohmaterial, das mithilfe eines geeigneten Diagramms veranschaulicht werden soll. Wieso veranschaulichen? Weil Zahlen unanschaulich sind. Zum Beweis ein kleiner Test: Was sagen Ihnen die Zahlen der folgenden Tabelle? Was ist ihre Botschaft? Nehmen Sie sich ein paar Minuten Zeit, lassen Sie die Zahlen auf sich wirken, und notieren Sie fünf mögliche Botschaften in die leeren Zeilen unter der Datentabelle:

	1. Qrtl.	2. Qrtl.	3. Qrtl.	4. Qrtl.
Ost	20,4	27,4	90	20,4
West	30,6	38,6	34,6	31,6

Botschaft 1: ______________________________

Botschaft 2: ______________________________

Botschaft 3: ______________________________

Botschaft 4: ______________________________

Botschaft 5: ______________________________

Die folgenden Botschaften fallen *mir* zur obigen Datentabelle ein: »höchster Wert im dritten Quartal«. »Werte von West sind konstanter als die von Ost.« »Ost hat im dritten Quartal mehr erwirtschaftet als in allen anderen Quartalen zusammen.« »Mit Ausnahme des dritten Quartals hat West immer höhere Werte als Ost.« »In keinem Quartal wurde der Wert 100 erreicht.«

1 Zelazny, Gene: Wie aus Zahlen Bilder werden. 7. Aufl., Wiesbaden 2015.

Egal, ob Sie die gleichen, ähnliche oder völlig andere Botschaften gefunden haben, eines steht von vornherein fest:

Zahlen bleiben stumm, weil sie niemals nur eine bestimmte, sondern immer mehrere mögliche Aussagen zulassen.

Wie sieht es dann mit Diagrammen aus? Vielleicht bringt ja eine Visualisierung die stummen Zahlen zum Sprechen. Also: Welche Botschaft hat dieses Diagramm?

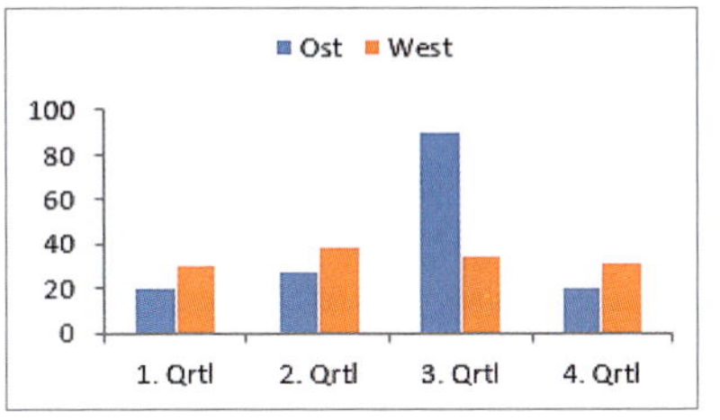

Zugegeben, es verwandelt abstrakten Zahlensalat in anschauliche Säulen. Aber auch das Diagramm bleibt letztlich stumm, weil es dieselben möglichen Botschaften zulässt wie die Tabelle. Daraus folgt:

***Sie* legen die Botschaft fest und dem Diagramm in den Mund. Dazu müssen Sie natürlich wissen, was Sie mit den Zahlen/dem Diagramm sagen wollen.**

Treffen Sie also Ihre Entscheidung, und formulieren Sie Diagrammbotschaften nach Möglichkeit als kurzen, prägnanten und sprechenden Folientitel.

Beschreibender Titel	Sprechender Titel
Umsätze	Umsatzziel um 15 % übertroffen
Gewinnentwicklung	Gewinn auf 3,5 Mio. EUR gefallen
Vergleich A und B	A hat B erstmals überholt.

Der Zahlenvergleich

Ein Diagramm vergleicht Zahlen miteinander: Produkt A hat mehr Marktanteile als Produkt B, die Münchner Filiale hat im letzten Quartal mehr Umsatz erzielt als die Niederlassung in Berlin, der Aktienkurs ist (im Vergleich zur Vorwoche) kontinuierlich gestiegen. Der Vergleichscharakter spiegelt sich in sprechenden Diagrammtiteln:

- A hat 15 % Marktanteil (im Vergleich zu den anderen Produkten).
- B ist größer als C.
- Der Umsatz von D ist gestiegen (im Vergleich zum letzten Quartal).
- Siegergruppe sind die Produkte zwischen 1.000 EUR und 2.000 EUR.
- Es besteht kein Zusammenhang zwischen E und F.

Es gibt fünf Vergleichstypen für Zahlen. Aus der Botschaft des Diagramms, genauer gesagt deren Schlüsselwörtern (im Folgenden *kursiv* formatiert), ergibt sich automatisch der jeweilige Zahlenvergleich:

Botschaft	Vergleichstyp	Bemerkung
A hat 15 % Markt*anteil*.	Anteil	%-Anteil am Ganzen
B ist *größer* als C.	Rang	größer/kleiner, an dritter Stelle
Umsatz von D ist *gestiegen*.	Entwicklung	innerhalb eines bestimmten Zeitraums gestiegen/ gefallen/konstant geblieben
Größter Umsatz mit Produkten *von* 1.000 EUR *bis* 2.000 EUR	Verteilung	Innerhalb bestimmter Bereiche oder Klassen, z. B.: »Die Spitzenwerte liegen im Bereich von ... bis ...« oder »Der Großteil wird zwischen 8.00 Uhr und 16.00 Uhr ...«
Es besteht *kein Zusammenhang* zwischen E und F.	Korrelation	Hier geht es um die Beziehung zwischen den Daten, z. B.: »Mehr Werbung erhöht den Gewinn« oder »Die Einnahme von Medikament X führt zu ...« oder »Die Senkung von A bewirkt den Anstieg von B«.

Das passende Diagramm

Aus dem Zahlenvergleich ergibt sich das passende Diagramm. Die Auswahl an Diagrammtypen ist zwar groß, aber den harten Kern bildet das Quintett aus Kreis-, Balken-, Säulen-, Linien- und Punktdiagramm. Mithilfe dieser Übersicht finden Sie schnell und zuverlässig den zur Botschaft passenden Diagrammtyp:

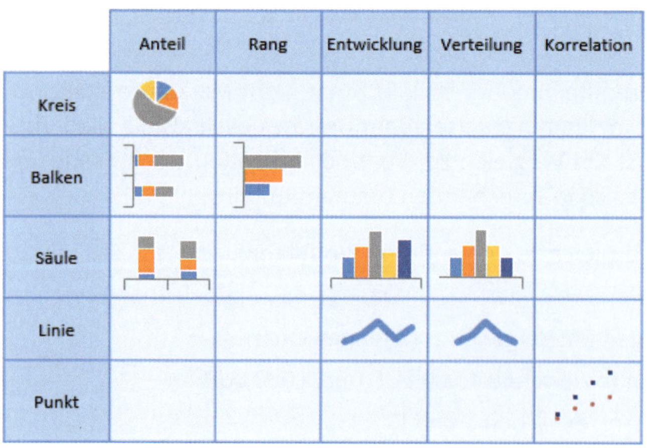

Mehr Information durch weniger Daten

Ein Diagramm reduziert komplexe Daten auf das Wesentliche. Details wie Datentabelle, Quellenangaben und sonstige ergänzende Informationen gehören ins Handout und nicht auf die Folie.

Geizen Sie bei Säulen-, Balken- und Kreisdiagrammen mit der Datenmenge, sonst sieht Ihr Publikum den Wald vor lauter Bäumen nicht mehr. Bei den Linien- und Punktdiagrammen dagegen dürfen Sie großzügig sein: je mehr Daten, desto anschaulicher das Ergebnis.

Kreisdiagramm

Ein Kreis veranschaulicht die Anteile einzelner Elemente am Ganzen. Alle Segmente zusammen bilden den Kreis, also 100 %.

Erliegen Sie nicht der verbreiteten Unsitte, in den Segmenten die Zellwerte anstelle der Prozentangaben anzugeben.

Falsch: Summe = 158,2 (Stück)

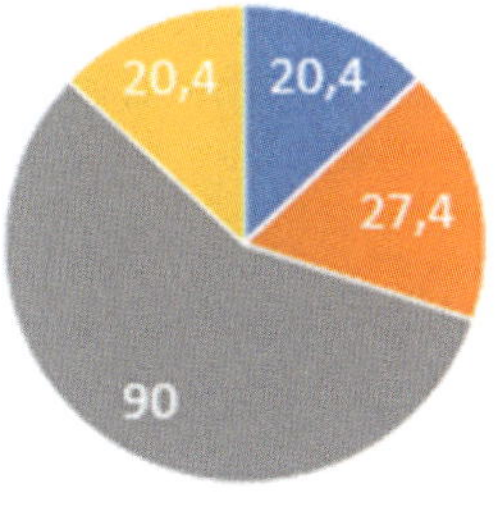

Richtig: Summe = 100 (%)

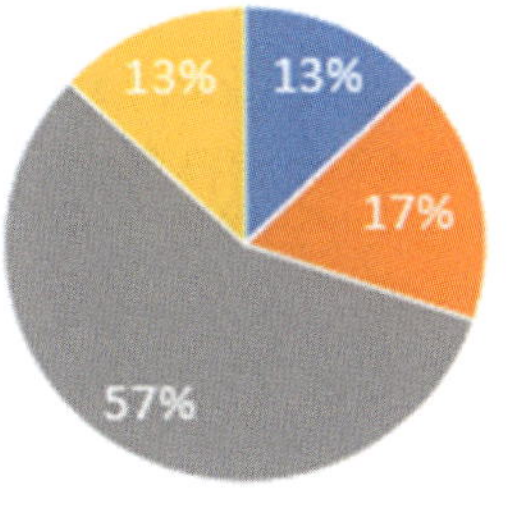

Betonen Sie das wichtige Segment durch Farbgebung, Schriftstil oder Herausziehen.

»Anteil von XY auf 17 % gestiegen«

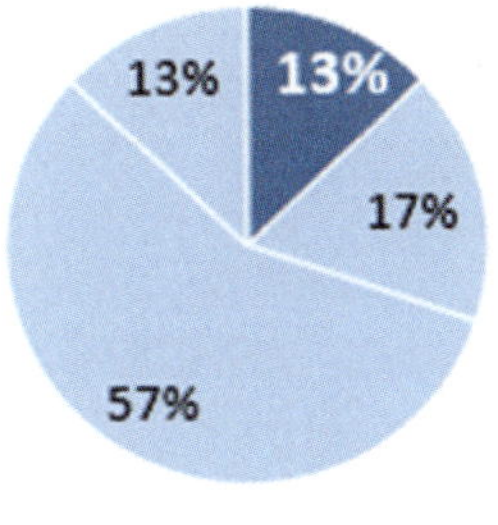

»Anteil von Z nur noch 13 %«

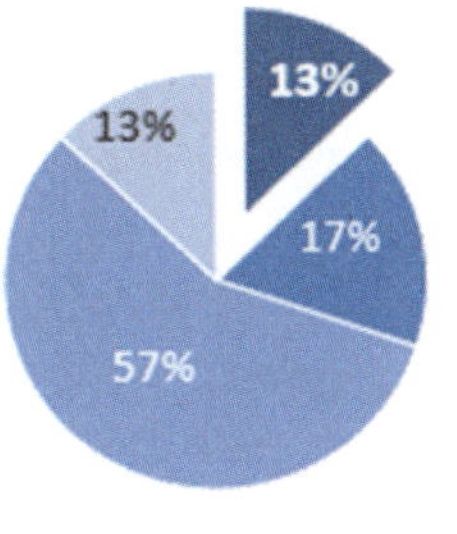

Balkendiagramm

Ein Balkendiagramm veranschaulicht die Rangfolge von Elementen bzw. den Rang eines einzelnen Elements innerhalb dieser Rangfolge. Der Vergleich erfolgt zu einem bestimmten Zeit*punkt*. Betonen Sie den *wichtigen* Balken. Wenn die x-Achse nicht erforderlich ist – weg damit.

»Kiwis auf 77 Tonnen gestiegen«

Rang und Werte sind von Bedeutung, x-Achse (Größenachse) ist entbehrlich.

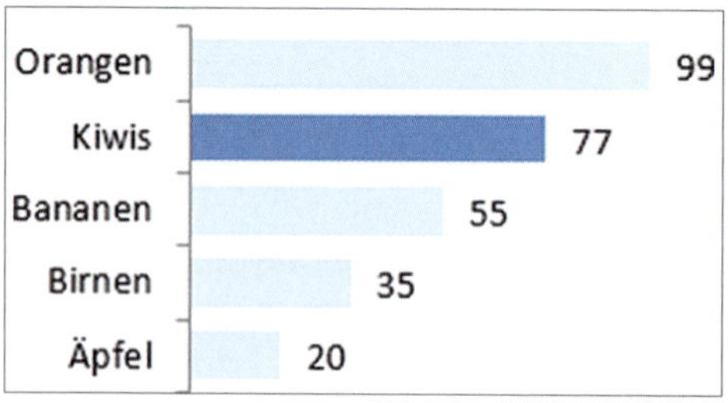

»Kiwis auf Rang 2 geklettert«

Nur der Rang zählt, Werte sind entbehrlich. x-Achse bleibt als Orientierungshilfe.

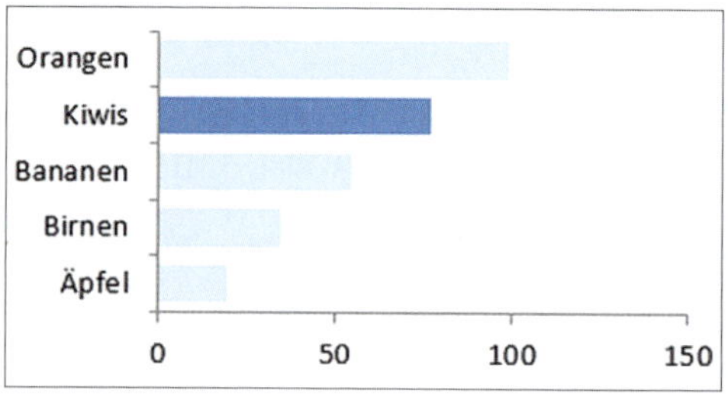

Das *gestapelte Balkendiagramm* ist eine Kombination aus Kreis- und Balkendiagramm. Es veranschaulicht den Rang der Balken zu einem bestimmten Zeitpunkt, zeigt aber gleichzeitig auch die Anteile der einzelnen Werte pro Balken.

»Produkt XY in allen Niederlassungen über 45«

Ein Produkt in allen Niederlassungen.

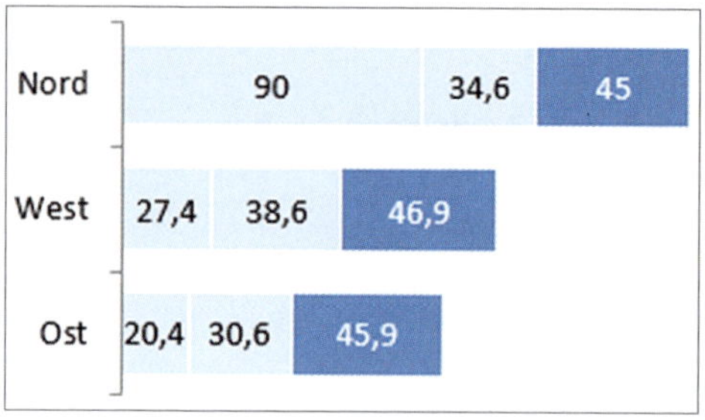

»Ost erzielt das geringste Gesamtergebnis«

Alle Produkte in einer Niederlassung.

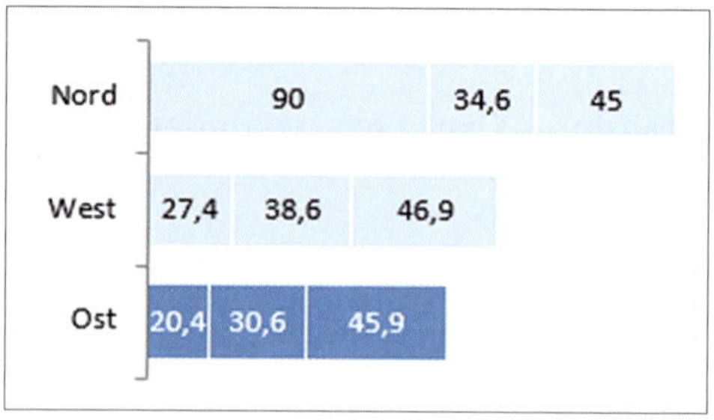

Säulendiagramm

Das Säulendiagramm veranschaulicht Veränderungen innerhalb eines Zeitraums. Die y-Achse ist die Werteskala, die x-Achse die Zeitskala. Bis zu acht Werte können Sie als Säulen darstellen, ab neun Werten sollten Sie der besseren Übersichtlichkeit wegen ein Liniendiagramm verwenden.

»Umsatz kontinuierlich gestiegen«

Größenachse entfernt, da sie für die Botschaft nicht nötig ist. Gleiche Farbe für alle Säulen.

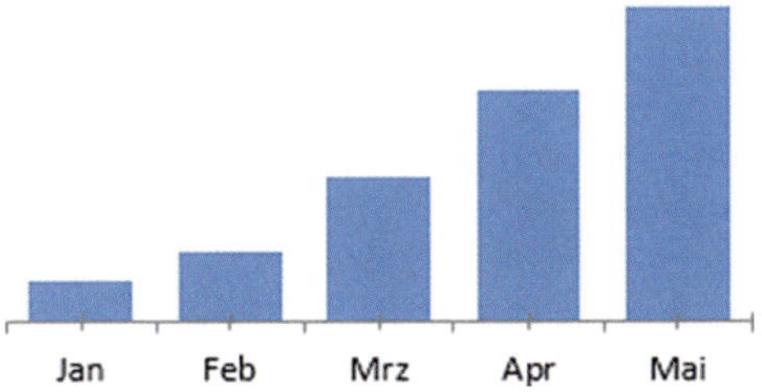

»Produktionsrückgang im April«

Größenachse entfernt, da sie für die Botschaft nicht nötig ist. Andere Farbe für wichtige Säule.

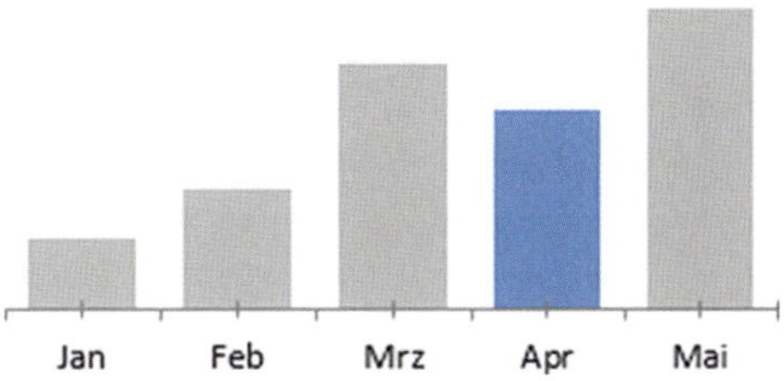

Das *gestapelte Säulendiagramm* ist – wie das gestapelte Balkendiagramm – eine Kombination aus Kreis- und Säulendiagramm. Es veranschaulicht Veränderungen innerhalb eines Zeitraums, zeigt aber gleichzeitig auch die Anteile der einzelnen Werte innerhalb der Säulen.

»Produkt 1 seit 2006 führend«

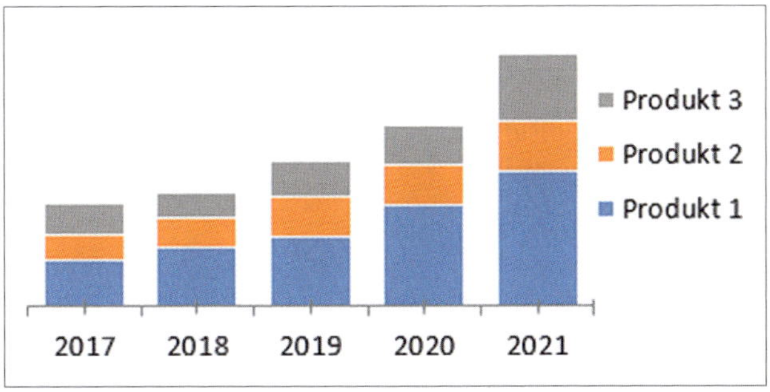

Liniendiagramm

Das Liniendiagramm veranschaulicht analog zum Säulendiagramm Veränderungen innerhalb eines bestimmten *Zeitraums*. Die y-Achse ist die Werteskala, die x-Achse die Zeitskala.

»Aktienkurs auf 60 geklettert«

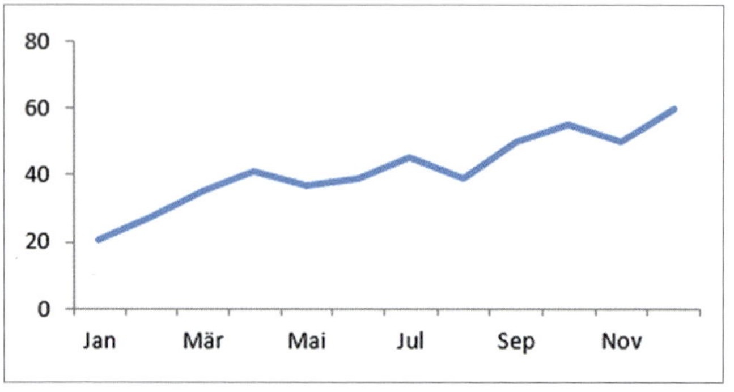

»B überholt A«

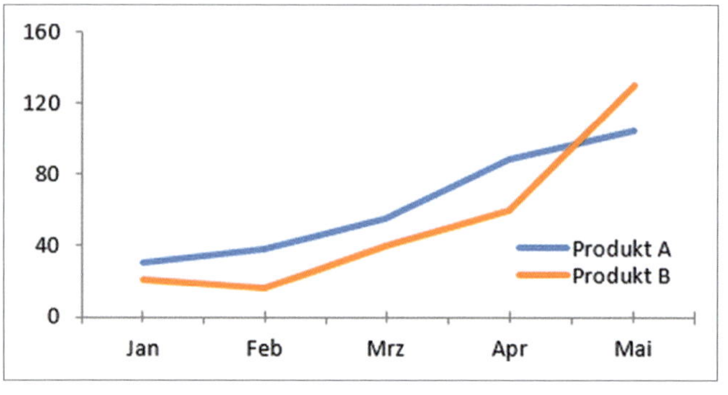

Vorsicht! Bei mehr als drei Linien entsteht schnell ein unübersichtliches Spaghetti-Diagramm:

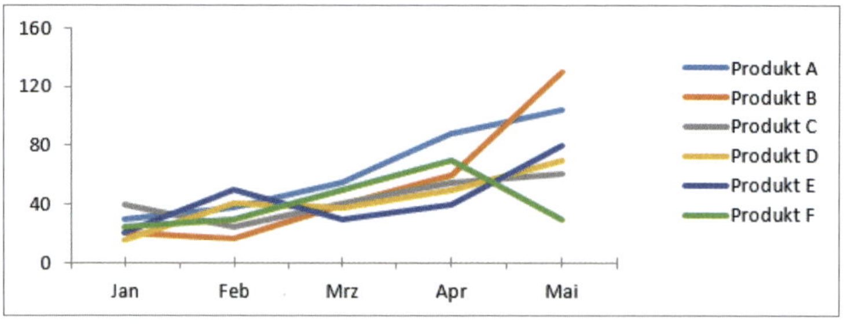

Erstellen Sie anstelle eines einzigen unübersichtlichen Spaghetti-Diagramms lieber mehrere übersichtliche Diagramme mit jeweils nur zwei Datenreihen. Betonen Sie immer die »wichtige« Linie (in diesem Beispiel Produkt A):

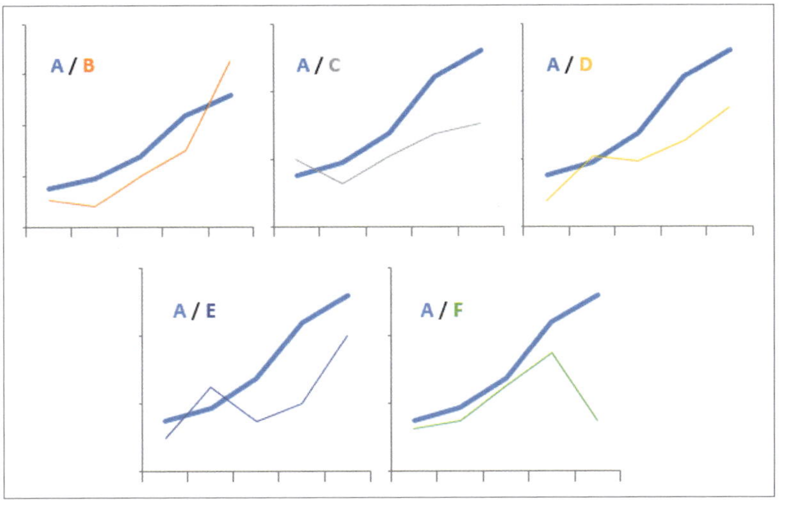

Verteilungsdiagramm

Dieser Diagrammtyp veranschaulicht, wie sich unterschiedliche Werte auf bestimmte Bereiche (Klassen) verteilen, zum Beispiel den Fernsehkonsum in Stunden, aufgeschlüsselt nach Altersgruppen, die Stückzahl verkaufter Pkws, aufgeschlüsselt nach Preisklassen, oder das altersbezogene Monatseinkommen, aufgeschlüsselt nach Einkommensklassen.

Im Normalfall gilt folgende Faustregel: Bis zu neun Klassen sollten Sie ein Säulendiagramm, ab zehn Klassen ein Liniendiagramm einsetzen. Nur in Ausnahmefällen sind Säulen auch bei mehr als neun Klassen die bessere Wahl.

Zum Beispiel, wenn Sie Größe, Volumen oder Gewicht veranschaulichen möchten. Säulen rufen dem Betrachter zu: »Sehen Sie sich diese beeindruckenden Zahlen an!« Neben der »Größe« der Zeit ist aber auch die Verlaufskurve deutlich zu erkennen. Die Linie dagegen betont den Verlauf und verschleiert die »Größe« der Zahlen.

Je mehr Klassen, desto mehr Gedränge herrscht bei der Beschriftung unter der x-Achse. Abkürzungen bzw. das Reduzieren der Schriftgröße helfen zwar, verletzen aber schnell das Gebot der Lesbarkeit.

Das Dilemma »Lesbarkeit oder Informationsmenge« gehört zu Verteilungsdiagrammen einfach dazu. Entscheiden Sie sich situationsbedingt für das jeweils kleinere Übel.

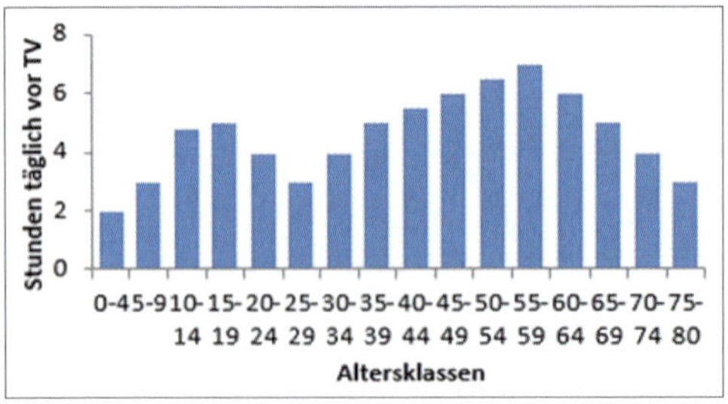

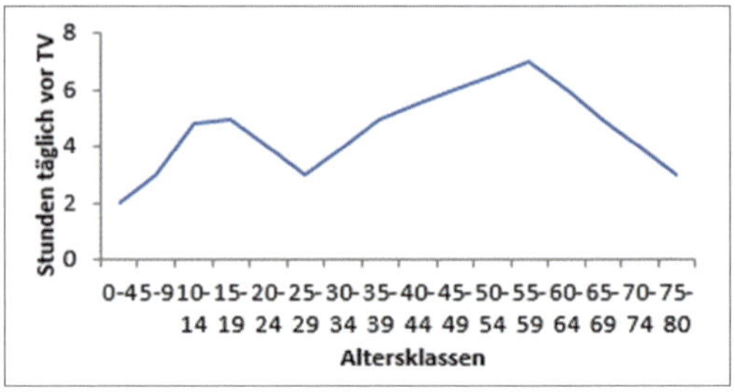

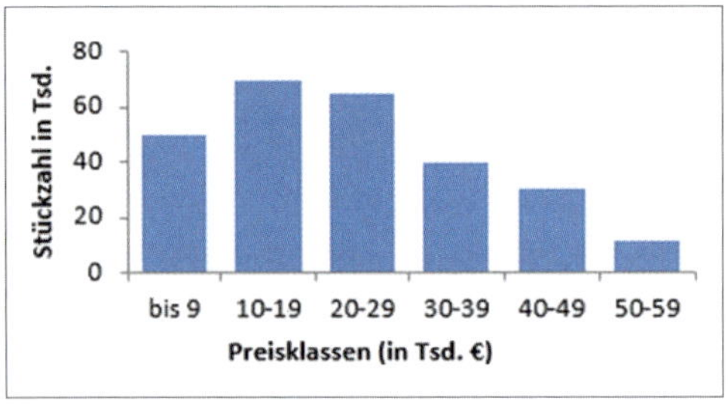

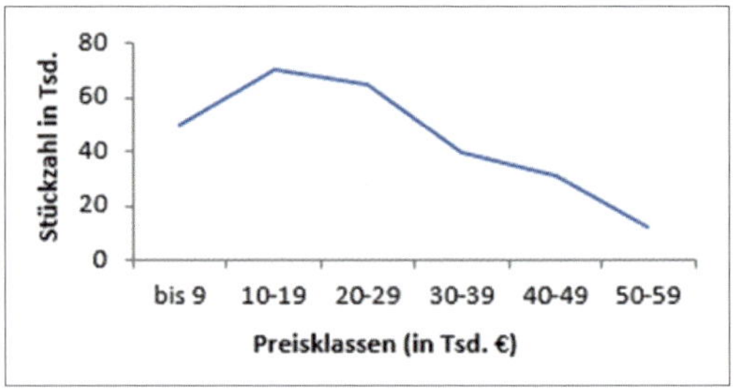

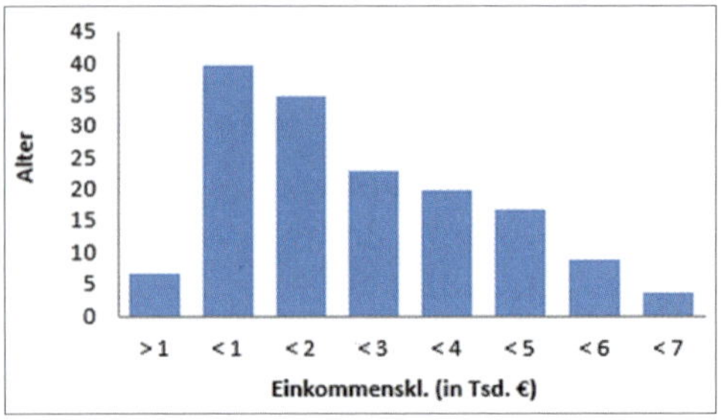

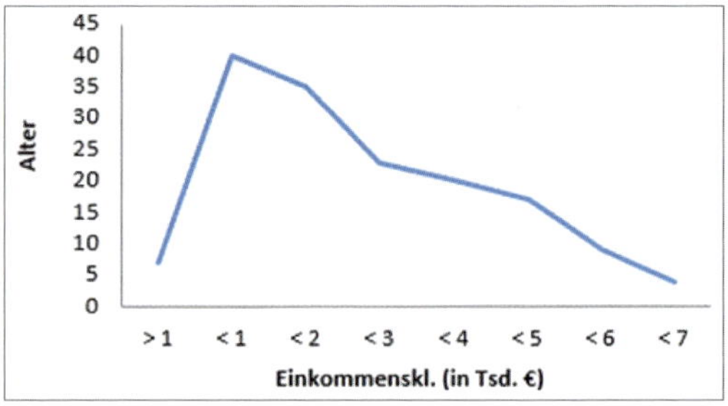

Korrelation – das Punktdiagramm

Das Punktdiagramm zeigt, ob ein (vermuteter) Zusammenhang zwischen zwei Variablen besteht oder nicht, zum Beispiel: »Mehr Ausgaben für Werbung erhöhen den Umsatz«, »Je teurer das Produkt, desto besser die Qualität« oder »Ältere Vertriebsmitarbeiter erzielen höhere Umsätze als jüngere Mitarbeiter«.

Der Pfeil, eine von Hand eingezeichnete Form, kennzeichnet den Erwartungsbereich. Werte (Punkte) *innerhalb* des Erwartungsbereichs bestätigen den vermuteten Zusammenhang, Werte *außerhalb* widerlegen ihn.

»Mehr Ausgaben für Werbung erhöhen den Umsatz«

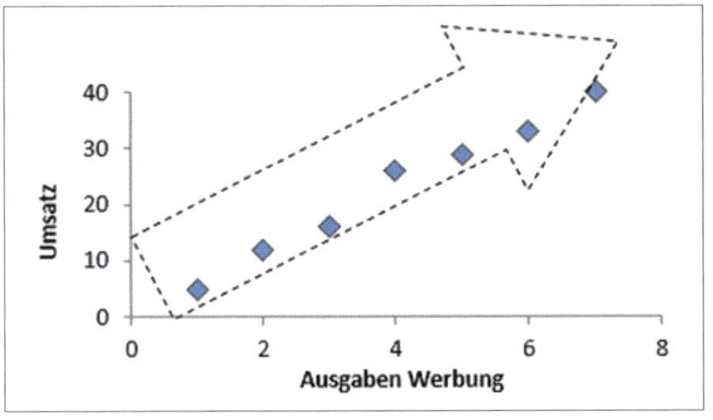

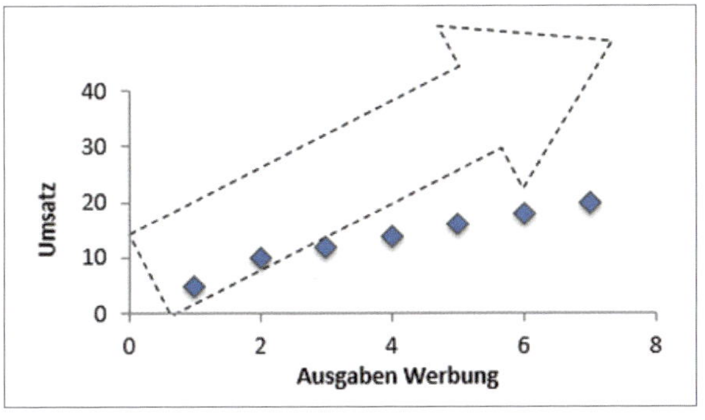

Das folgende Diagramm zeigt Ergebnisse einer (fiktiven) medizinischen Testreihe. Zwei Personengruppen mit dem gleichen Ausgangswert »100« wurden 40 Tage lang behandelt. Eine Gruppe erhielt ein Medikament, die andere ein Placebo. Man prognostizierte, dass die medikamentös behandelten Personen in 29 Tagen den Wert null erreichen. Bei den Empfängern der Placebos vermutete man, dass die Werte unverändert bleiben. In beiden Fällen wurde der vermutete Zusammenhang *nicht* bestätigt. Trotz Medikament dauerte es 40 statt 29 Tage, bis die Werte auf null gesunken waren, trotz der Placebos sank der Wert.

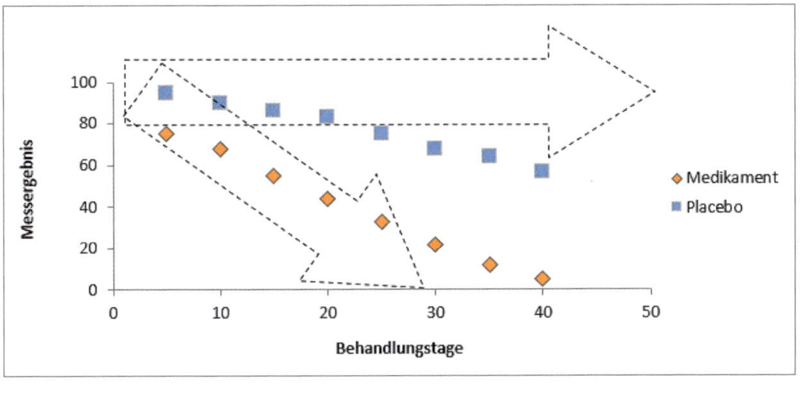

Zusammenfassung

- Zahlen sind stumm. Diagramme auch. Warum? Weil sie immer mehrere mögliche Botschaften zulassen.
- Die Botschaft legen *Sie* fest. Dazu müssen Sie entscheiden, was Sie mit den Zahlen sagen *wollen*. Vergeben Sie sprechende statt beschreibender Diagrammtitel.
- Aus der Botschaft ergibt sich der Zahlenvergleichstyp. Die fünf wichtigsten Vergleichstypen sind Anteil, Rang, Entwicklung, Verteilung oder Korrelation.
- Aus dem Zahlenvergleichstyp ergibt sich das passende Diagramm.

5. Goldene Regeln der Vortragstechnik

Regel 1: Glaubwürdig sein 88
Regel 2: Anschaulich erzählen 88
Regel 3: Sendepause nach Folienwechsel 89
Regel 4: Didaktischem Dreisatz folgen 89
Regel 5: Lucy-Strategie beherzigen 92
Regel 6: Zusatzhinweise geben 95
Regel 7: Verständlich sprechen 95

Regel 1: Glaubwürdig sein

Der Präsentierende ist wichtiger als die Folien. Wenn Sie als Person überzeugen, erhalten Sie automatisch einen Vertrauensvorschuss. Wenn nicht, helfen auch die tollsten Folien nur marginal. Der Schlüssel zur Glaubwürdigkeit ist Authentizität: Seien Sie der, der Sie sind, und erliegen Sie nicht der Versuchung, in irgendeine Rolle zu schlüpfen.

Viele Verkaufs- und Präsentationstrainer legen großen Wert auf Körperhaltung, Gestik, Mimik, Atmung, Stimme, Sprachtempo. Die Liste der Empfehlungen reicht bis hin zur Farb- und Stilberatung. Ich behaupte nicht, dass diese Kollegen im Unrecht sind; all diese Dinge sind hilfreich, aber meiner Meinung nach zweitrangig. Angenommen, Sie könnten zwischen zwei Autos wählen: Auto Nr. 1 ist neu lackiert, aber der Motor stottert. Auto Nr. 2 hat ein paar Kratzer, aber der Motor schnurrt. Welches Auto würden Sie wählen?

Regel 2: Anschaulich erzählen

Bei dem Wort »PC-Präsentation« denkt man an Schaubilder, Animationen, Audio und Video. Kurz: an eine Show – und übersieht dabei gern die Magie der Sprache. Jahrtausendelang war die Stimme das einzige Medium der Präsentierenden, die deshalb auch Redner hießen. Um möglichst anschaulich und verständlich zu sein, verschmolzen gute Redner Informationen und Bilder zu einer Einheit: der Geschichte. Gute Redner waren gute Erzähler.

Wissen Sie noch, welchen Trick die Erinnerungskünstler anwenden, um in wenigen Minuten 2.000 Spielkarten auswendig zu lernen? Richtig, sie denken sich eine Geschichte aus, in der »Karo 10« oder »Pik As« zu Protagonisten werden. Genau darum geht es in einer Präsentation. Verpacken Sie Informationen in Beispiele, tatsächliche oder hypothetische Szenarien, Vergleiche, Anekdoten. Laden Sie Ihr Publikum zum Heimkino ein mit Formulierungen wie:

- »Stellen Sie sich vor ...«
- »Angenommen, wir würden ...«
- »Nehmen wir folgendes Szenario an ...«

Irgendwo auf dem Weg zur modernen Informationsgesellschaft haben wir das Erfinden und Erzählen von Geschichten verlernt und sind zu Eintippern und Vorlesern von Text geworden. Ich will Sie in diesem Buch dazu ermuntern, die Kunst des Erzählens wiederzuentdecken und in Ihren Präsentationen zu pflegen. Ihr Publikum wird es Ihnen danken. Es folgt ein kleines Beispiel in zwei Varianten, des besseren Vergleichs wegen zuerst unanschaulich, dann anschaulich: Nehmen wir an, Sie möchten die Entwicklungsgeschichte der Erde in wenigen Worten erklären.

Zuerst die unanschauliche Version:

Die Erde ist vor etwa 4,5 Milliarden Jahren entstanden. Vor 3,3 Milliarden Jahren entwickelten sich Bakterien und Algen. Vor 2 Milliarden Jahren tauchten Weichtiere und Schwämme im Meer auf. Die Zeit der Dinosaurier begann vor 225 Millionen Jahren und endete vor 65 Millionen Jahren. Der erste Mensch erschien vor etwa 120.000 Jahren auf der Bildfläche.

Anschaulich klingt diese Geschichte so:[1] *Um sich die Zeiträume besser vorstellen zu können, kann man die Erdgeschichte in ein Jahr aufteilen. Am 1. Januar entsteht die Erde. Im April folgen Bakterien und Algen. Im August entwickelt sich das Leben im Meer weiter. Weichtiere und Schwämme tauchen auf. Die Dinosaurier erscheinen etwa Mitte Dezember, sterben aber in den Weihnachtstagen bereits wieder aus. Der erste Mensch betritt am 31. Dezember um 23:45 Uhr die Bühne.*

Regel 3: Sendepause nach Folienwechsel

Gönnen Sie Ihrem Publikum nach dem Einblenden einer neuen Folie ein paar Sekunden Sendepause. Wieso das? Im Zusammenhang mit Sünde Nr. 3 haben Sie erfahren, dass der Wahrnehmungsapparat neue Folien erst einmal ungestört überfliegen (scannen) will, bevor er anschließend wieder auf Empfang schaltet.

Ohne Sendepause des Vortragenden versucht der Wahrnehmungsapparat des Publikums, zwei Dinge gleichzeitig zu tun: erstens mit den Augen die neue und unbekannte Folie zu scannen und zweitens mit den Ohren Ihren Worten zu folgen. Das streut die Aufmerksamkeit, anstatt sie zu bündeln. Selbst wenn es stimmen sollte, dass Frauen multitaskingfähig sind, dann legen Sie wenigstens den Männern zuliebe beim Folienwechsel eine kurze Sendepause ein.

Regel 4: Didaktischem Dreisatz folgen

Der folgende Dreisatz ist der heilige Gral der Didaktik und hat mit seinem Namensvetter aus der Mathematik nichts gemein. Ich nenne ihn so, weil er aus drei Sätzen besteht, die ich vor vielen Jahren irgendwo aufgeschnappt und nie mehr vergessen habe:

1. *Tell what you will tell*
2. *Tell it*
3. *Tell what you have told*

1 Angepasste Version aus: Mein großes Frage- und Antwortbuch. Bindlach 2002. S. 135.

Tell what you will tell (Ausblick)

Der erste Satz ist der wichtigste der drei Sätze. Der Blick nach vorne stimmt das Publikum auf das nächste Thema oder die nächste Folie ein. Das macht erstens neugierig, und zweitens ist das Neue damit nicht mehr überraschend. Der Wahrnehmungsapparat muss sich also nicht mehr mit der Frage beschäftigen: »Was ist das?«, sondern sagt sich: »Ah ja, das ist das, was er eben angekündigt hat!« Orientierungsphasen nach dem Folienwechsel verkürzen sich oder entfallen komplett, und Sie können die Sendepause aus Regel Nr. 3 kürzen oder sogar komplett streichen.

Die Agenda ist ein Musterbeispiel für »tell what you will tell«. Thema, Start, Stationen, Ziel informieren das Publikum über den Ablauf und Inhalt der nächsten 20, 40 oder 60 Minuten. Aber auch die einzelnen Kapitel, ja sogar Folien sollten Sie ankündigen. Der Ausblick (*Tell what you will tell*) ergibt sich oft direkt aus dem Rückblick (*Tell what you have told*). Subtil lenken Sie den inneren Blick des Publikums vom Hier und Jetzt auf die nächste Station:

- »*Die Zahlen auf dieser Folie haben also deutlich gemacht, dass die Investition im vorletzten Quartal notwendig war. Wie hat sich diese Investition nun im Detail auf die Umsatzentwicklung des vergangenen Quartals ausgewirkt?*« Klick – und die Folie mit den Zahlen des vergangenen Quartals erscheint.
- »*Wie wirkt sich das hier gezeigte Ergebnis auf das Projektziel aus?*« Klick – und die Folie mit dem Titel »Projektziel nicht gefährdet« erscheint.
- »*Wie Sie im vorangegangenen Abschnitt erfahren haben, kämpfen wir noch mit einer Reihe von Problemen. In den folgenden drei Folien werde ich die drei wichtigsten davon ein wenig näher unter die Lupe nehmen: Es sind die Faktoren A, B und C. Ich beginne mit Faktor A, den wir übrigens schon zu 90 % im Griff haben.*« Klick – und die Folie zu Problemfaktor A erscheint. Noch bevor Sie etwas zum Inhalt sagen, weiß jeder im Publikum, dass es in den nächsten drei Folien um die drei wichtigsten von mehreren Problemfaktoren geht und dass Sie den ersten davon bereits zu 90 % im Griff haben.

Weitere Formulierungsbeispiele für die Überleitung zur nächsten Folie:

- »Auf der nächsten Folie sehen Sie ...«
- »Werfen wir nun einen Blick auf ...«
- »Diese Zahlen wirken sich natürlich aus auf ...«

Um auf das Kommende überzuleiten, müssen Sie natürlich wissen, womit es auf der nächsten Folie weitergeht. Im Idealfall kennen Sie Ihre Folien samt Folientitel in- und auswendig. Weil diese Welt aber selten ideal ist, gibt es einen Plan B: die *Referentenansicht*, zu der Sie in Kapitel 6 Näheres erfahren.

Tell it

Auf Neudeutsch würde man vom »Doing« sprechen. Mit anderen Worten: Sie präsentieren die Inhalte der aktuellen Folie. Aufgrund der vorangegangenen Überleitung zu dieser Folie weiß Ihr Publikum, worum es geht, und wird Ihnen deshalb aufmerksamer zuhören, wenn Sie nun das Thema selbst anpacken und die Zahlen, Daten, Tabellen oder Schaubilder der Folie erläutern.

Tell what you have told (Rückblick)

Hier geht es um den Blick zurück, das Fazit, die Zusammenfassung. Sie runden das ab, was Sie mit *tell what you will tell* angekündigt und mit *tell it* vorgetragen haben: die Präsentation (immer), das Kapitel (meistens) oder die Folie (gelegentlich). Gefragt sind kurze Zusammenfassungen, die keine neuen Aspekte eröffnen, sondern in einem Satz die Kernbotschaft(en) der Präsentation, des Kapitels oder der Folie noch einmal zugespitzt wiederholen.

Folie	Text
Folie 5: »Nachfrage um 12 % gestiegen«	*»Dieses Diagramm hat also gezeigt, dass die Nachfrage um 12 % überschritten worden ist. Was bedeutet das nun für die Produktionskapazität der nächsten Monate?«* Klick – Folie 6 erscheint.
Folie 6: »Produktionskapazität reicht aus«	*»Trotz 12 % mehr Nachfrage wird die Produktionskapazität ausreichen! Im Detail sieht das so aus.«* (tell it ...) *»Ich fasse zusammen: Diese Daten belegen, dass die Produktionskapazität ausreicht, um die gestiegenen Anforderungen der nächsten Monate zu erfüllen – Damit stellt sich gleich die nächste Frage: Wann müssen wir wieder mit einem Rückgang der Nachfrage rechnen?«* Klick – Folie 7 erscheint.
Folie 7: »Rückgang im Dezember erwartet«	*»Wir rechnen mit einem Rückgang frühestens im Dezember. Und zwar aus folgenden Gründen ...«*

Aus jedem Rückblick *Tell what you have told* ergibt sich der nächste Ausblick *Tell what you will tell*. Ausblick und Rückblick werden sich für Sie als Präsentierende zunächst anfühlen wie die erste Autofahrt auf schneeglatter Fahrbahn: Wann Gas geben? Wann bremsen? Welche Geschwindigkeit ist angemessen, und wie reagiert das Fahrzeug in Kurven?

Es erfordert in der Tat ein wenig Übung und Erfahrung, bis Sie Sicherheit gewonnen und sich daran gewöhnt haben, immer den nächsten Schritt anzukündigen, bevor Sie ihn gehen, und einen kurzen Rückblick auf das eben Erzählte zu geben, nachdem Sie ihn zu

Ende gegangen sind. Aber irgendwann erledigen Sie das genauso automatisch wie das Gasgeben, Bremsen und Kuppeln.

Die folgenden Tipps helfen Ihnen dabei, den Dreisatz leichter in die Praxis umzusetzen:

1. Verwenden Sie sprechende Folientitel.
2. Nutzen Sie die Referentenansicht.
3. Gestalten Sie Ihre Sprechernotizen so, dass Sie Zusammenfassungen in *einem Satz* formulieren und immer vor Augen (oder im Gedächtnis) haben.

Regel 5: Lucy-Strategie beherzigen

Die meisten Präsentierenden folgen dem klassischen Schema des Erlebnisaufsatzes:

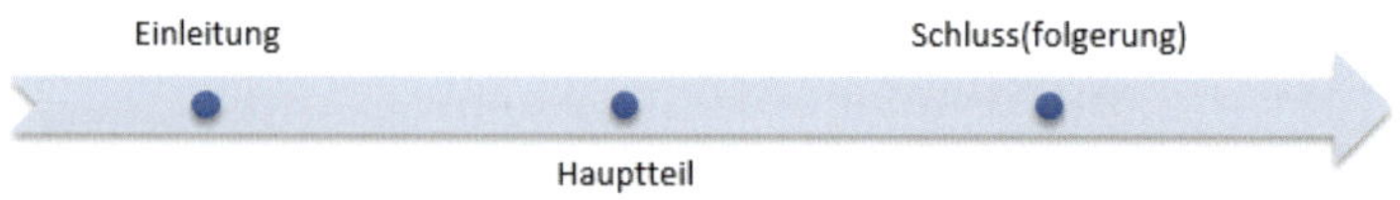

Dieses Schema mag klassisch sein, empfehlenswert ist es nicht. Denn Ihre Zuhörer werden sich ständig mit Fragen wie diesen beschäftigen:

- »Worauf will er/sie hinaus?«
- »Wohin geht diese Reise?«
- »Was kommt am Ende heraus?«

Wenn dagegen jeder von vornherein weiß, worauf Sie hinauswollen, muss niemand mehr rätseln. Die Aufmerksamkeit wird (auf Sie) gebündelt statt gestreut. Machen Sie es wie Inspektor Columbo, und verraten Sie am Anfang den Schluss. »Aber dann hört doch niemand mehr zu, und der Spannungsbogen ist futsch!«, wenden Sie vielleicht ein.

Im Gegenteil. Vielleicht erinnern Sie sich ja noch an Columbo, den schusseligen Fernseh-Inspektor. Zu Beginn jeder Episode konnte man den Bösewicht bei seinem bösen Tun beobachten. Noch bevor der gute Inspektor vom Verbrechen erfuhr, kannte jeder Zuschauer bereits den Täter. Der Spaß bestand darin, Columbo dabei zuzusehen, wie er die einzelnen Puzzleteile zu dem Bild zusammensetzte, das wir Zuschauer seit der ersten Minute kannten.

Genau so sollten Sie Ihre Präsentationen gestalten. Verraten Sie am Anfang den Schluss, und lösen Sie dann den Fall vor den Augen des Publikums. Niemand wird auf der Suche nach Verdächtigen sein, im Nebel tappen, Unschuldige der Tat bezichtigen, zu voreiligen und/oder falschen Schlüssen gelangen. Die Lucy-Strategie hilft Ihnen dabei und sieht so aus:

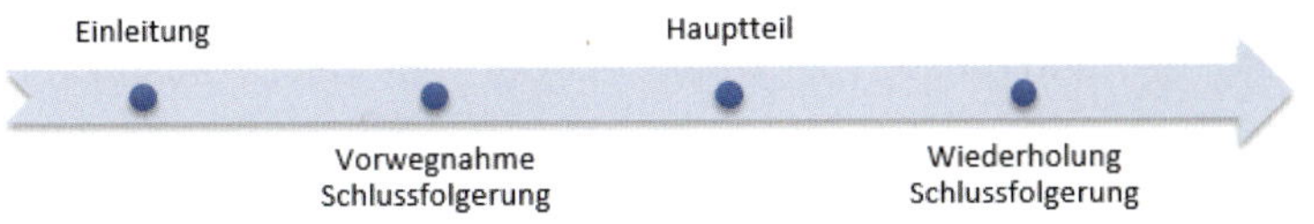

Gene Zelaznys wunderbares Beispiel[2] ist längst zu einem festen Bestandteil meiner Kommunikationstrainings geworden. Lucy von den »Peanuts« schreibt ihrer besten Freundin Shirley einen Brief. Sie schlüpfen jetzt bitte kurz in die Rolle von Shirley. Sie haben eben Lucys Brief erhalten und werden ihn gleich lesen. Merken Sie sich die Stelle, an der Ihnen klar wird, was Lucy Ihnen sagen will.

Liebe Shirley,

erinnerst du dich an letzten Samstagnachmittag, als ich mit meinem Freund im Park spielte und du herüberkamst und er mir dann erzählte, dass du ihn geküsst hast, als ich euch gerade den Rücken zukehrte? Und an vergangenen Sonntag, als du mich besuchen kamst und meine Mutter zum Mittagessen Thunfischsalat machte und du sagtest: »Bäh! Das ist der ekligste Salat, den ich je gegessen habe!« Und an gestern, als meine Katze dich am Bein streifte und du ihr einen Tritt verpasst und gedroht hast, deinen Hund »Monster« auf sie zu hetzen? Nun, aus all diesen Gründen hasse ich dich und will nicht mehr deine Freundin sein.

Lucy

Wann wurde Ihnen klar, was Lucy sagen will? Was ging Ihnen bis dahin durch den Kopf? Was war Ihre Reaktion, nachdem Sie (im letzten Satz) erfahren haben, was Lucy zu sagen hatte?

Es folgt derselbe Inhalt, diesmal aber gemäß der Lucy-Strategie:

Liebe Shirley,

Ich hasse dich. Hier sind meine Gründe:

1. *Du hast mir meinen Freund gestohlen.*
2. *Du hast meine Mutter beleidigt.*
3. *Du hast meine Katze erschreckt.*

Lucy

2 Zelazny, Gene: Das Präsentationsbuch. S. 58-59.

Während Lucy in der ersten Variante die Kernbotschaft erst im letzten Satz verrät (*Ich hasse dich*), legt sie in Variante 2 die Karten gleich im ersten Satz auf den Tisch. Diese Technik der vorweggenommenen Schlussfolgerung ist nicht nur bei guten, sondern auch bei schlechten Botschaften hilfreich. Irgendwann müssen Sie immer mit der Wahrheit herausrücken. Meine Erfahrung hat gezeigt: je früher, desto besser. Hören Sie den Statusbericht eines Projektverantwortlichen an die Geschäftsleitung:

»Was Sie in den folgenden 30 Minuten hören werden, wird Ihnen nicht immer gefallen. Ich habe das Thema in mehreren Varianten durchgespielt. Am Ergebnis ändert sich nichts: Projekt xy wird nicht in der geplanten Zeit abgeschlossen werden. In meiner Präsentation stelle ich Ihnen nun die Ursachen, Auswirkungen und mögliche Lösungen detailliert vor.«

Dieser Referent beginnt mit dem Ergebnis »wird nicht wie geplant fertig«. Seine Zuhörer wissen damit von vornherein, wie es um das Projekt steht. Die wichtigste aller Fragen »Schaffen wir es?« ist beantwortet, bevor Sie mit dem eigentlichen Vortrag beginnen. Wenn die Geschäftsleitung entscheidet: »Dann können wir uns den Vortrag schenken und gleich zu Plan B übergehen«, dann erfolgt ein solch radikaler Kurswechsel besser zu Beginn Ihres Vortrags und nicht am Ende. Oder möchten Sie als Projektverantwortlicher am Ende des Vortrags gern hören: »Warum haben Sie das nicht gleich gesagt?«

Gleiches Thema, andere Szene: Herr Chleblepstophan geht zum Arzt, um die Ergebnisse der letzten Blutprobe in Erfahrung zu bringen. Er ist beunruhigt und angespannt, als er das Sprechzimmer der Frau Doktor betritt: Welche Variante würden Sie an Herrn Chleblepstophans Stelle bevorzugen?

Variante 1:

»Guten Tag, Herr Chleblepstophan. Na was machen Frau und Kinder? Fürchterlich, das Wetter im Moment, hm? Na ja, man kann es ja nicht bestellen, nicht? Haha. Gut, dann sehen wir uns mal die Ergebnisse an. Hm, tjaja, aha. Soso. Hm ... also ... der Wert A ist ja wirklich sehr gut. B ist auch nicht schlecht, soso, und dann haben wir da noch eine Reihe von ganz passablen Werten für C, D und E ...« Als sich Herr Chleblepstophan endlich entspannt zurücklehnt, kommt das dicke Ende.

Variante 2:

»Guten Tag, Herr Chleblepstophan. Sie wollen sicher gleich wissen, was die Laboruntersuchung ergeben hat. Das Wichtigste vorweg: Die Werte XY liegen deutlich über der kritischen Marke. Wenn wir nichts tun, würde das in rund sechs Monaten zur Folge haben, dass ... Aber Sie können etwas dagegen unternehmen, und in spätestens zwei Monaten sind die Werte wieder im Normalbereich. So – und jetzt die Ergebnisse im Detail und der Reihe nach.«

Regel 6: Zusatzhinweise geben

Angenommen, Sie blättern während des Vortrags eine Folie zurück, sagen aber nicht, dass Sie *zurück*blättern. Nach dem Einblenden der Folie macht sich Verwirrung breit, weil alle damit rechnen, dass die nächste Folie immer eine *neue*, eine *andere* Folie ist. Mit dem Hinweis »Ich blättere noch einmal zur letzten Folie zurück« ist der Fall klar.

Nun ja, fast: »Warum zurückblättern? Glaubt er, wir haben die Folie schon wieder vergessen oder hätten nicht verstanden, was er erzählt hat?« könnte der eine oder andere im Publikum jetzt noch grummeln. Also sagen Sie: »Ich blättere kurz zur letzten Folie zurück, um den Unterschied zu den Zahlen auf dieser Folie noch einmal zu verdeutlichen.«

Typische Situation	Zusatzhinweis
Sie schalten den Beamer ab/auf »Schwarz«.	*»Ich schalte den Beamer vorübergehend ab, damit wir diesen Punkt kurz diskutieren können.«*
Sie verteilen Blätter.	*»Dieses Diagramm zeigt nur die wichtigsten Kennzahlen. Damit Sie während des Vortrags auch einen Blick auf die Details werfen können, habe ich alle Daten auf einem Arbeitsblatt für Sie vorbereitet.«*
Eine Folie ist überladen.	*»Halt! Machen Sie sich gar nicht erst die Mühe, die Details dieser Folie zu entziffern. Entscheidend ist einzig und allein dieser kleine schwarze ...«*

Mit solchen Zusatzinformationen klären Sie Ihr Publikum darüber auf, *was* Sie gerade tun, *warum* (Ursache) bzw. *wozu* (Zweck). Indem Sie Fragen schon beantworten, *bevor* sie in den Köpfen Ihres Publikums entstehen, vermeiden Sie Spekulationen und Verwirrung.

Regel 7: Verständlich sprechen

Die Verständlichkeitsforschung hat gezeigt, dass ungeachtet des Bildungsniveaus *jeder* von verständlichen Texten profitiert. Ob Haupt- oder Hochschulabsolvent: Bei *jedem* bleibt »mehr hängen«, wenn Informationen verständlich sind.

Das sogenannte *Hamburger Verständlichkeitsmodell*[3] nennt vier Verständlichmacher, die ich verkürzt und auf die PC-Präsentation angepasst habe:

---

3 Schulz von Thun, Friedemann: Miteinander reden: Störungen und Klärungen. Psychologie der zwischenmenschlichen Kommunikation. Reinbek bei Hamburg 1981.

Einfachheit

- Kurze Sätze
- Einfacher Satzbau
- Bekannte Wörter
- Wenig Fremdwörter
- Unbekannte Fremdwörter erklären
- Unbekannte Fachbegriffe erklären

Gliederung/Ordnung

- Agenda
- Sendepausen beim Folienwechsel
- Sprechende Folientitel
- Didaktischer Dreisatz
- Lucy-Strategie
- Verbale und digitale Zeigehilfe
- Zusatzhinweise

Kürze/Prägnanz

- Kurz & bündig, auf den Punkt gebracht
- Konzentration auf das Wesentliche
- Klartext statt »Zutexten«

Anregende Zusätze

- Beispiele, Vergleiche, Geschichten
- Bildhafte, erzählende Sprache
- Lebendige Stimme
- Publikum durch Fragen, die Bitte um Handzeichen oder Wortmeldung mit einbeziehen
- Publikum oder einzelne Teilnehmer direkt ansprechen
- Persönliche Erzählweise: *ich* statt *man*

Nieder mit Passiv- und Nominalkonstruktionen

Niemand muss Germanistik studieren, um gutes Deutsch zu schreiben oder zu sprechen. Im letzten Abschnitt haben Sie erfahren, was einen Text *einfach* macht. Jetzt geht es darum, *lebendig* zu formulieren.

Regel Nr. 1: Meiden Sie das Killer-Pärchen *Passiv-* und *Nominalkonstruktion*! Abschreckende Beispiele finden Sie vorzugsweise in Gesetzestexten oder technischen Dokumentationen. Wer sich intensiver mit dem Thema »Sprache« befassen will, dem empfehle ich Wolf Schneiders Buch »Deutsch fürs Leben. Was die Schule zu lehren vergaß« (Rowohlt Verlag, Reinbek 1994).

Passivkonstruktionen schneiden den Dingen Arme und Beine ab. Nichts kann sich mehr aus eigener Kraft bewegen, sondern – es folgt ein Passiv – muss getragen werden. Nominalkonstruktionen waren irgendwann einmal lebendige Verben, bevor sie ein Schreiberling oder Redner grausam erdrosselt hat.

Diese Wort-Zombies erkennen Sie am *ung*: *Betrachtung, Begehung, Messung, Überschreitung, Aufforderung* oder gar derart grausame Dinge wie *abschlägige Verbescheidung*.

Trennen Sie, was nicht zusammengehört, kleben Sie den Wörtern ihre Arme und Beine wieder an, und hauchen Sie ihnen neues Leben ein. Die Zauberworte heißen *Aktiv* und *Verb*. Lassen Sie die Dinge etwas tun, das man sehen, hören, fühlen, riechen und schmecken kann. Ein kleines Beispiel:

Unverständlich/Unanschaulich/Unlebendig	Verständlich/Anschaulich/Lebendig
Datenverwaltung in Outlook	**Die richtige Diät für Ihr Postfach**
Um die Überfüllung der Postfächer durch ungelöschte sowie nicht archivierte Mails zu kompensieren, wurden in vielen Unternehmen Größenbeschränkungen für Postfächer obligatorisch. Bei Überschreitung der Maximalgröße wird eine Nachricht an den betroffenen Anwender versendet und mit der Aufforderung verbunden, das Postfach zu bereinigen, bevor Outlook wieder verwendet werden kann.	Postfächer setzen Speck an. In vielen Unternehmen platzen die Mailserver mittlerweile aus allen Nähten. Eine Größenbeschränkung für die Postfächer ist die Folge. Überschreitet der Pegel die kritische Marke, z. B. 80 % der erlaubten Maximalgröße, tritt Outlook in den Warnstreik. Sie müssen Ihr Postfach erst abspecken, bevor Outlook wieder den Dienst antritt.
Im Abschnitt »Vorbeugen« wird vermittelt, wie zum Zwecke der Problemvermeidung im Vorfeld der Überfüllung vorzugehen ist. Anschließend folgt die detaillierte Erläuterung der korrekten Maßnahmen und Vorgehensweisen.	Vorbeugen: In diesem Abschnitt erfahren Sie, wie Sie verhindern, dass Ihr Postfach die kritische Marke überschreitet. Anschließend lernen Sie, wie Sie ein übergewichtiges Postfach im Handumdrehen auf Idealgewicht trimmen.

Unverständlich/Unanschaulich/Unlebendig	Verständlich/Anschaulich/Lebendig
Datenverwaltung in Outlook	**Die richtige Diät für Ihr Postfach**
Größtes Augenmerk sollte dem Ordner *Gesendete Objekte* gewidmet werden, nachdem in diesem Ordner von jeder gesendeten Nachricht eine Kopie inklusive der in diesen Nachrichten enthaltenen Anlagen erzeugt und dauerhaft gespeichert wird.	Der Ordner *Gesendete Objekte* setzt besonders viel Speck an. Outlook speichert nämlich von jeder gesendeten Nachricht eine Kopie in diesem Ordner – komplett mit allen Anlagen! Outlook verhält sich wie ein hungriger Ober, der von jedem servierten Gericht selbst eine komplette Portion verzehrt.
Auch der Ordner *Gelöschte Objekte* ist zu berücksichtigen, weil gelöschte Objekte zunächst nicht gelöscht, sondern nur in diesen Ordner verschoben werden, wodurch die Gesamtmenge gespeicherter Outlook-Elemente nicht reduziert und infolgedessen die gewünschte Wirkung nicht erzielt wird.	Auch der Papierkorb zählt bei übergewichtigen Postfächern zu den üblichen Verdächtigen. Wenn Sie eine Nachricht löschen, landet diese nämlich erst einmal im Papierkorb. Sie wird also nur an eine andere Stelle im Postfach *verschoben*. Weil das nichts am Gesamtgewicht ändert, nimmt das Postfach beim Löschen von Elementen kein Gramm ab. Sie müssen wie im richtigen Leben erst den *Papierkorb leeren*, um den Inhalt endgültig zu entsorgen.
Auch auf das Ablegen von eigenständigen bzw. als Anlage in Nachrichten enthaltenen Dateien (PDF- oder Office-Dateien) in Postfachordnern sollte nach Möglichkeit verzichtet werden. Besonders gewarnt wird vor PowerPoint-Präsentationen.	Weitere Dickmacher sind Dateien, die Sie nicht im Dateisystem, sondern in Ihrem Postfach lagern: entweder als eigenständige Datei in einem Postfachordner oder als Anlage in Nachrichten, Terminen, Kontakten oder Aufgaben. Zum Beispiel PDF-Dateien, Word-Dokumente, Excel-Dateien, und – wegen der enthaltenen Grafiken, Audio- oder Videodateien besonders problematisch – PowerPoint-Präsentationen.
Text kann aufgrund des geringen Speicherplatzbedarfs als unproblematisch betrachtet und vernachlässigt werden.	Text hat fast keine Kalorien, vor allem wenn es sich um unformatierten Text handelt. 1 Mio. Zeichen benötigen etwa 1 MB Speicherplatz. Bei 100 MB maximaler Postfachgröße könnten Sie also 100.000.000 (100 Mio.) Zeichen speichern. So viel werden Sie in einem Arbeitsleben kaum tippen.

6. Showtime

Der Kontakt zum Publikum 100
Gute und schlechte Animationen 101
Die Referentenansicht 107
Bildschirmpräsentation mit der Tastatur steuern 108
Notebook und Beamer 110

Versetzen Sie sich für einen Moment in die Rolle des *Teilnehmers*. Was wünschen Sie sich vom Referenten und seiner Präsentation? Notieren Sie alles, was Ihnen in 60 Sekunden spontan dazu einfällt. Unterstreichen Sie anschließend Ihre drei sehnlichsten Wünsche:

Ihre Wunschliste:

1 ....

2 ....

3 ....

4 ....

5 ....

6 ....

7 ....

8 ....

9 ....

10 ....

In meinen Präsentationstrainings lasse ich die Teilnehmer immer diese Wunschliste erstellen. Die All Time Favorites sind »kurz«, »anschaulich«, »lebendig«, »auf den Punkt gebracht«, »glaubwürdig«, »überzeugend«, »unterhaltsam«. Mein Rat: Gönnen Sie Ihren Zuhörern das, was Sie sich an deren Stelle wünschen würden.

Der Kontakt zum Publikum

Im Mittelpunkt der Präsentation stehen Sie und nicht die Technik. Denken Sie an das elfte Gebot »Der Präsentierende ist Mittelpunkt, die Technik Mittel, Punkt!« *Sie* spielen die Hauptrolle, die Technik unterstützt Sie dabei – und nicht umgekehrt. Die Kommunikation mit Ihrem Publikum gerät in eine gefährliche Schieflage, wenn sich die Technik zu sehr in den Vordergrund oder gar zwischen Sie und Ihre Zuhörer drängelt.

Sie können etwas Entscheidendes, das keine Technik zuwege bringt und meiner Meinung nach auch niemals zuwege bringen wird: Kontakt zu anderen Menschen herstellen[1]. Nicht umsonst gehört Blick*kontakt* zu den Grundregeln des Präsentierens. Errichten Sie keine

1 An künstliche Intelligenz glaube ich, sobald der erste Computer herzlich über einen guten Witz lacht.

Barrikaden zwischen sich und Ihrem Publikum, und lassen Sie es nicht zu, dass sich die Technik zwischen Sie und Ihre Zuhörer schiebt; im übertragenen wie auch im wörtlichen Sinn: Kontrollmonitore passen *neben* den Tisch, das Rednerpult darf nahe am Publikum stehen, und die technischen Aufbauten müssen nicht turmhoch sein.

Ein ständiger Kontrollblick auf den Monitor oder die Projektion isoliert Sie von Ihrem Publikum, und permanente Action auf der Leinwand reduziert Sie zur Stimme aus dem Off. Je mehr Effekte die Präsentation enthält, desto stärker müssen Sie sich auf die Animations- und Klick-Choreografie konzentrieren: »Welcher Satz, welches Objekt erscheint beim nächsten Klick?«, »Was wollte ich dazu sagen?«, »Was war gleich wieder die letzte Animation auf dieser Folie?«, »Hinter welchem Objekt steckt der nächste Hyperlink?«, »Wann kommt das Video?«, »Welcher Sound wird durch welches Trigger-Objekt ausgelöst?«.

Achtung
Die Aufmerksamkeit und die Energie, die Sie für Technik und Klick-Choreografie abzweigen, fehlt Ihnen für Ihr Publikum.

Gute und schlechte Animationen

Schon Matthäus – der Evangelist, nicht der Fußballer – mahnte: *»Viele sind berufen, wenige aber auserwählt.«*[2] Animationen sind Mittel zum Zweck; sie sollen Informationen veranschaulichen bzw. diesen Prozess unterstützen. Wenn eine Animation diesen Zweck erfüllt, ist sie zieldienlich und damit »gut«. Sonst nicht.

In die Kategorie der auserwählten Effekte fallen meiner Meinung nach tatsächlich nur wenige. Ich beschränke mich in dieser Tabelle auf Eingangseffekte, die erfahrungsgemäß den Löwenanteil der Animationen ausmachen:

Effekt	Text	Objekt	Linie/Pfeil
Erscheinen	OK	OK	
Verblassen	OK	OK	
Zoom		OK	
Wischen			OK

2 Matth. 22,14

Didaktischer Einsatz von Animationen

Animationen sind das Salz in der Suppe und sollen Visualisierungen verstärken, Zusammenhänge deutlicher machen und/oder die Aufmerksamkeit des Publikums bündeln. Gewürze verfeinern und veredeln den Geschmack eines Gerichts, dürfen aber weder *vor*schmecken noch den Eigengeschmack des Gerichts verfälschen oder neutralisieren. »Wie viel Animation gehört in eine gute Präsentation?« Als Antwort eine Gegenfrage: »Wie viel Salz gehört in eine gute Suppe?«

Als Präsentierender sollen Sie die Aufmerksamkeit Ihres Publikums steuern und bündeln: auf Text, Grafiken, Schaubilder, aber auch auf sich selbst, also Ihre Worte, Gestik oder Mimik. Trotz ständig wechselnder Aufmerksamkeitsziele sollen die Zuhörer zu jedem Zeitpunkt wissen, wo gerade die Musik spielt. Die Energie, die Ihr Publikum für die Suche nach dem genauen Ort des Geschehens aufwenden muss, fehlt leider für den Vortrag.

Umgekehrt gilt: Je weniger das Publikum auf Orientierungssuche ist, desto mehr Konzentration und Aufmerksamkeit bleibt für Sie und die Inhalte der Präsentation übrig. Diese Animationstechniken helfen Ihnen dabei: Aufdecken, Hervorheben und die digitale Zeigehilfe (Spot-Technik).

Später in diesem Buch erfahren Sie im Detail, wie Sie Objekte animieren können und worauf Sie dabei achten sollten. Falls Ihnen die folgenden Klickanleitungen ein wenig zu komprimiert zum Nachbasteln erscheinen, ziehen Sie am besten den Animationsteil dieses Buches vor bzw. sehen sich die entsprechenden Lernvideos an.

Aufdecken (Einblenden)

Aufdecken bedeutet, dass die Informationen nach und nach erscheinen. Was für Lourdes gilt, trifft auch bei PC-Präsentationen zu: Erscheinungen erregen Aufmerksamkeit. Aber! Je mehr Erscheinungen Sie Ihrem Publikum zumuten, desto größer wird die Gefahr, dass die grundsätzlich zieldienliche Wirkung ins Gegenteil kippt und zur nervtötenden Salamitaktik wird, mit der Sie Ihrem Publikum die Suppe gründlich versalzen.

Im Übrigen empfinden es viele Teilnehmer als Bevormundung, wenn ihnen der Blick auf die Folieninhalte zunächst verwehrt und dann nur in homöopathischer Dosis Klick für Klick gewährt wird.

Ein weiteres Problem besteht darin, dass Sie selbst leicht den Überblick verlieren können: »Wie war die Reihenfolge gleich wieder?«, »Was erscheint, verschwindet oder bewegt sich alles auf dieser Folie?«, »Muss ich klicken, oder habe ich auf automatisches Erscheinen gestellt?«, »Wann muss ich für den nächsten Effekt klicken?«, »War das der letzte Effekt auf dieser Folie?«. Wenn Sie als Teilnehmer einer PC-Präsentation wieder einmal einen Referenten auf dem Weg in die innere Emigration beobachten – die Gestik erlahmt, der Blick verliert an Schärfe, der Kontakt zum Publikum bricht ab –, dann können Sie ziemlich sicher sein, dass er sich gerade mit einer dieser Fragen beschäftigt.

Hervorheben

Schriftgrößen oder -farben ändern sich, Objekte erhalten eine Hintergrundbeleuchtung, Linien und Pfeile nehmen eine andere Farbe an oder werden dicker bzw. dünner. Für Hervorhebungen stehen Ihnen drei Werkzeuge zur Verfügung: der Animationstyp *Hervorgehoben* alias *Betont*, die Optionen *Nach der Animation* und das Daumenkino.

Optionen »Nach der Animation«

In einem Aufzählungsplatzhalter soll beispielsweise der zuletzt erläuterte Gliederungspunkt eine dezentere Farbe erhalten, sobald der nächste erscheint. Auf diese Weise bündeln Sie die Aufmerksamkeit jeweils auf diejenige Information, um die es gerade geht.

So geht's:

1. Weisen Sie dem Aufzählungsplatzhalter einen beliebigen Einblendeffekt zu.
2. Klicken Sie den Effekt im Animationsbereich mit der rechten Maustaste an und wählen Sie aus dem Kontextmenü den Befehl *Effektoptionen*.
3. Öffnen Sie auf der Registerkarte *Effekt* die Auswahlliste *Nach der Animation* und wählen Sie die gewünschte Farbe.

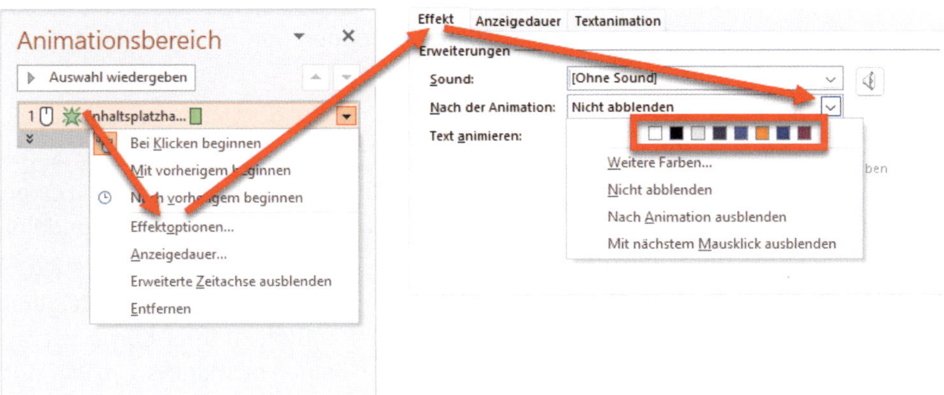

Daumenkino

Das Daumenkino ist die Urform des Zeichentrickfilms. Die Abfolge *unterschiedlicher* Folien erzeugt die Illusion von Veränderung auf *einer* Folie. Ein Daumenkino ist einfach zu erzeugen, effektiv und kommt ohne »echte« Animationseffekte aus.

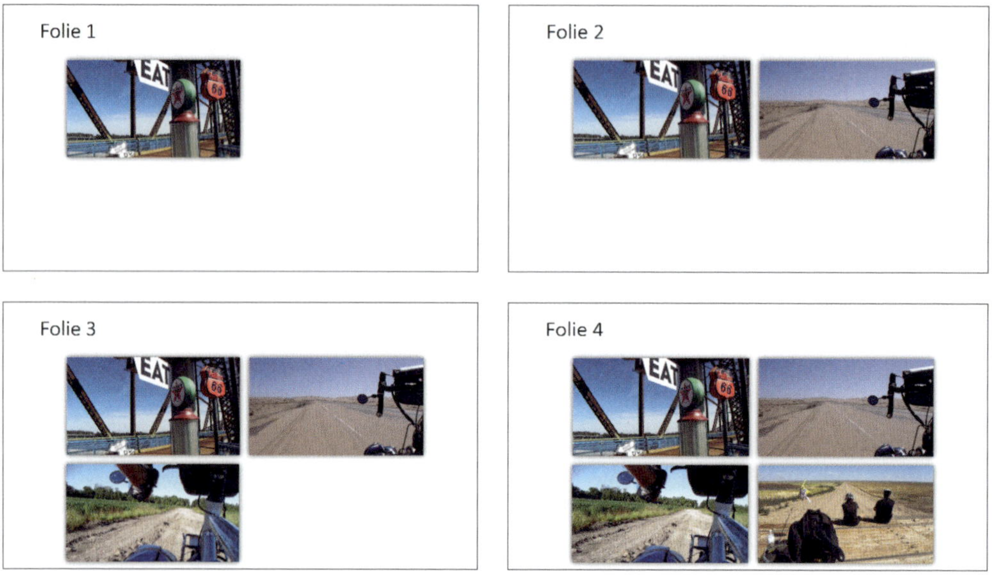

Analoge Zeigehilfe

Beim Zeigen nehmen Sie die Augen Ihres Publikums an die Hand. Ob Finger, Stift, Zeigestab oder Laserpointer – immer lenken Sie den Blick auf einen Punkt bzw. einen bestimmten Bereich der Folie. Leider haben Zeigehilfen Risiken und Nebenwirkungen, die Sie kennen sollten:

- Sie müssen sich zum Zeigen vom Publikum abwenden und brechen damit den Kontakt ab.
- Sie fixieren die Aufmerksamkeit Ihres Publikums nur für die Dauer der Zeigehilfe. Sobald Sie sich wieder Ihrem Publikum zuwenden, fehlt die Zeigehilfe.
- Zeigen erfordert ruhige und kontrollierte Bewegungen. Fuchteln verwandelt Orientierungshilfe in ein Ratespiel und streut die Aufmerksamkeit, anstatt sie zu bündeln. Solange die Augen des Publikums auf der Suche sind, arbeiten die Ohren mit halber Kraft.
- Obwohl antiquiert, ist der Zeigestab noch immer die beste aller analogen Zeigehilfen. Mit seiner Hilfe erreichen Sie auch Folienbereiche außerhalb Ihrer Körperreichweite und können sich immer so postieren, dass Sie beim Zeigen niemandem im Bild stehen. Aber wie alles, was sich in den Händen eines Referenten befindet, verführt auch ein Zeigestab zum Spielen. Teleskopzeigestäbe kann man wunderbar zusammenschieben »klak-klak-klak« und dann wieder auseinanderziehen »krk-krk-krk«; das akustische Pendant zum »klick-klick« eines Kugelschreibers.
- Mit einem Laserpointer ruhig zu zeigen, ist selbst für ausgebildete Scharfschützen ein Ding der Unmöglichkeit. Gesellt sich dann noch ein wenig Nervosität hinzu, wächst sich Zittern zum Schüttelfrost aus. Tja, und dann gibt es innerhalb der Gilde der Laser-

pointer noch die Fraktion der »Kreiser«. Ein Kreiser zeigt nicht auf einen Punkt, er malt zur Verdeutlichung fahrige Kreise um den Bereich, den das Publikum ins Visier nehmen soll. Bei den meisten Teilnehmern verursacht das nach ein paar Umdrehungen leichte Schwindelgefühle. Die Augen folgen nämlich den Bewegungen des Lichtpunktes und fahren Achterbahn im Vierteltakt.

- Mit Fingern oder Stiften können Sie Stellen außerhalb der Körperreichweite nicht anzeigen. Das hindert viele Vortragende freilich nicht daran, in die gedachte Richtung zu deuten, wischen oder fuchteln. Diese Einladung zum Augenbillard bewirkt, dass die Teilnehmer vom ausgestreckten Arm des Referenten eine virtuelle Gerade zur Leinwand ziehen, um anschließend dort jenen Punkt zu extrapolieren, auf den der Referent höchstwahrscheinlich gerade zu zeigen versucht. Eine Variante ist das Schattenspiel: Der Vortragende hält einen Finger oder Stift in den Lichtstrahl des Beamers, und der dabei erzeugte Schatten auf der Leinwand dient als Zeigehilfe. Dass ein Kugelschreiber auf diese Weise zur Zigarre und ein Finger zum Zeppelin wird, bremst den Elan der Schattenspieler erfahrungsgemäß in keiner Weise.

Analoge Zeigehilfe ist zieldienlich, solange Sie sich an die Spielregeln halten: ruhig, klar und präzise zeigen. Kein Fuchteln, Wischen oder Schattenspielen. Als Ergänzung zu den analogen Hilfsmitteln lege ich Ihnen die digitale Zeigehilfe ans Herz. Sie ist geräuschlos, eindeutig und erreicht jede Stelle der Leinwand. Sie zeigt ohne Zappeln und Zittern so lange auf das gewünschte Objekt, bis Sie klicken. Außerdem können Sie während der Zeigehilfe den Blickkontakt zum Publikum halten.

Digitale Zeigehilfe – die »Spot-Technik«

Wie ein Punktstrahler auf der Bühne bündelt die Spot-Technik die Aufmerksamkeit des Publikums auf eine bestimmte Stelle. Im Ergebnis gleicht die Spot-Technik dem Daumenkino. Für die Zuschauer scheint es so, als würde *ein* Objekt nacheinander an verschiedenen Stellen der Folie erscheinen. In Wirklichkeit sind es jedoch *mehrere* Objekte, von denen aber immer nur eines zu sehen ist.

Am besten erzeugen und formatieren Sie zunächst das erste Zeigehilfeobjekt und kopieren diesen Prototyp anschließend nach Bedarf. Als Zeigehilfeobjekte eignen sich vor allem Pfeile, Ellipsen oder Rechtecke.

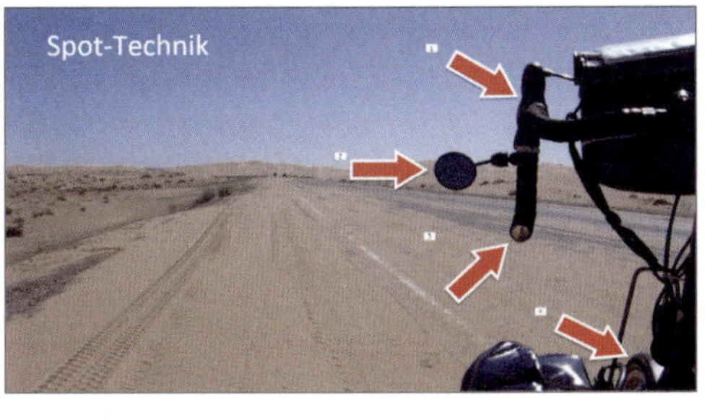

So geht's:

1. Erzeugen Sie das erste Objekt (in diesem Beispiel ein Pfeil) und weisen sie ihm den Eingangseffekt *Erscheinen* zu.
2. Klicken Sie den Effekt im Animationsbereich mit der rechten Maustaste an und wählen Sie aus dem Kontextmenü den Befehl *Effektoptionen*.
3. Öffnen Sie auf der Registerkarte *Effekt* die Auswahlliste *Nach der Animation* und wählen Sie *Mit nächstem Mausklick ausblenden*.
4. Kopieren Sie das fertig animierte Objekt nun in der benötigten Anzahl und positionieren Sie die einzelnen Objekte wie gewünscht.

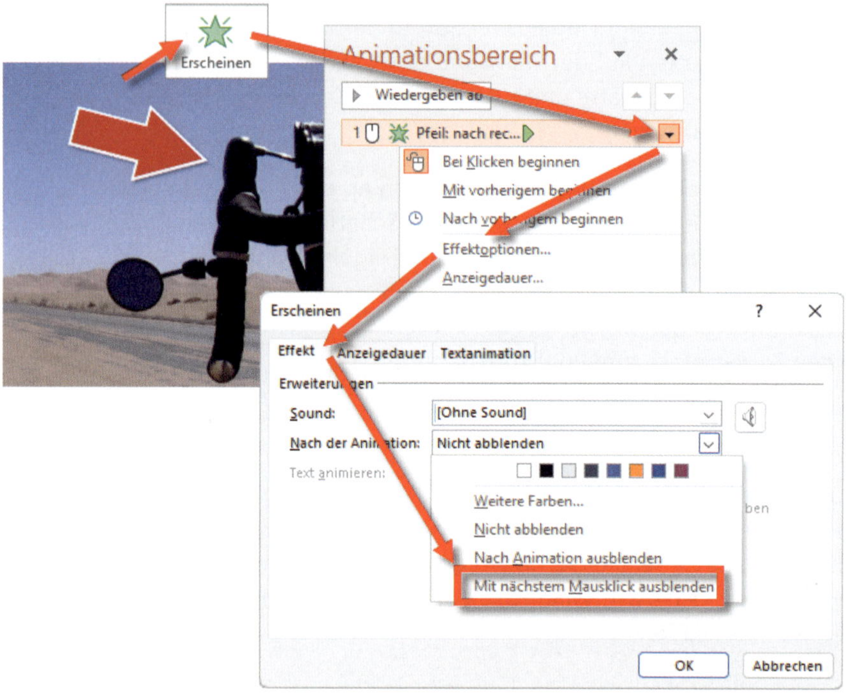

Der einzige, aber nicht zu unterschätzende Nachteil der Spot-Technik besteht darin, dass die Zeigehilfeobjekte zusammen mit den restlichen Folieninhalten ausgedruckt werden. Steht die *Präsentation* im Vordergrund, rate ich aus didaktischen Gründen zur Spot-Technik. Je wichtiger jedoch der *Ausdruck* der Folien wird, desto höhere Folgekosten verursacht die Spot-Technik. Der Kompromiss besteht in einer Präsentations- *und* einer Druckversion. Mit *Datei/Speichern unter* erzeugen Sie eine Kopie der fertiggestellten Bildschirmversion. Aus dieser Kopie entfernen Sie die Spot-Objekte, und fertig ist die Druckversion. Der Aufwand hält sich in Grenzen. Je nach Umfang der Präsentation benötigen Sie dafür zwischen fünf und fünfzehn Minuten.

Die Referentenansicht

Die Referentenansicht funktioniert nach dem Prinzip »Ich sehe was, das ihr **nicht** seht!«. Während Ihr Publikum auf der Leinwand wie gewohnt nur die Folien sieht, werfen Sie einen Blick hinter die Kulissen.

Im Mittelpunkt steht die aktuelle Folie (1), aber die Referentenansicht liefert Ihnen noch eine Reihe weiterer und hilfreicher Informationen. Rechts von der aktuellen Folie sehen Sie verkleinert die jeweils nächste Folie (bzw. bei Animationen den nächsten Animationsschritt (2)). Unterhalb der Folienvorschau erscheinen die Notizen (3). Ihr Souffleur ist damit immer in Hör- bzw. Sichtweite. Je nach Wunsch oder Stärke Ihrer Lesebrille zoomen Sie bei Bedarf mithilfe des großen und kleinen *A* die Schriftgröße der Notizen auf die gewünschte Größe. Beachten Sie die »1-Meter-Regel«: Sie sollten die Notizen mühelos aus einem Meter Entfernung lesen können. Links unterhalb der Folie ist eine kleine Werkzeugleiste (4) angebracht:

Stift und Laserpointer-Tools: Der zitterfreie Laserpointer ist eine echte Zeigehilfe, der Marker ist bestenfalls »nice to have«, und der digitale Kugelschreiber verleiht den mit der Maus auf die Folie gekritzelten Notizen eine rührende Erstklässler-Optik.

Alle Folien anzeigen: zeigt eine Gesamtübersicht aller Folien und ermöglicht bequemes Wechseln zu beliebigen Folien.

Folieninhalt vergrößern: Mithilfe dieser Funktion betrachten Sie und Ihr Publikum ausgewählte Folienausschnitte unter der Lupe.

Bildschirmpräsentation zu schwarz aus- oder schwarz einblenden: Ein Klick auf dieses Symbol führt zum selben Ergebnis wie die Taste B.

Weitere Bildschirmpräsentationsoptionen: Ein Relikt vergangener PowerPoint-Versionen und meiner Meinung nach zeitlos überflüssig.

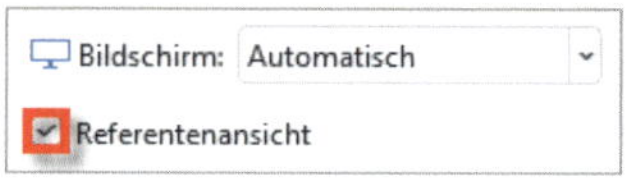

Damit Sie die Referentenansicht einsetzen können, muss der für die Präsentation verwendete Computer mehrere Bildschirme unterstützen. Machen Sie sich an dieser Stelle keine weiteren Gedanken – alle neueren Computer sind dazu in der Lage, und nach einem kurzen Test wissen Sie Bescheid. Zum Aktivieren der Referentenansicht setzen Sie im Register *Bildschirmpräsentation* das Häkchen vor *Referentenansicht*.

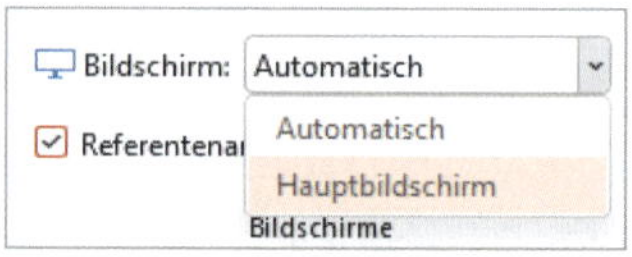

Starten Sie zum Test mit F5 den Präsentationsmodus. Wenn der Beamer jetzt die Folie und das Notebook die Referentenansicht zeigt, sind Sie startklar für den Vortrag. Wenn es genau umgekehrt ist – der Beamer zeigt die Referentenansicht und das Notebook die Folie –, dann hat PowerPoint die beiden Bildschirme miteinander verwechselt. In diesem Fall öffnen Sie in der Befehlsgruppe *Bildschirme* der Registerkarte *Bildschirmpräsentation* die Liste *Anzeigen auf* und wählen den »anderen« Bildschirm: also denjenigen, der im Augenblick *nicht* ausgewählt ist.

Tipp

Sie können die Referentenansicht auch ohne zweiten Monitor bzw. Beamer testen, indem Sie Alt+F5 drücken.

Bildschirmpräsentation mit der Tastatur steuern

Mithilfe dieser Tastaturbefehle steuern Sie die Bildschirmpräsentation.

Aktion	Taste(n)
Nächste Folie	Bild ↓
Vorherige Folie	Bild ↑
Zur ersten Folie	Pos 1
Zur letzten Folie	Ende

Aktion	Taste(n)
Wechsel zu bestimmter Folie	Foliennummer tippen und ↵ drücken
Schwarzer Bildschirm (ein/aus)	B
Weißer Bildschirm (ein/aus)	W
Präsentationsmodus beenden	Esc
Pause/Wiedergabe für Audio und Video	Alt+P

Für eine Gesamtübersicht aller Tastenkombinationen drücken Sie im Präsentationsmodus die Taste F1.

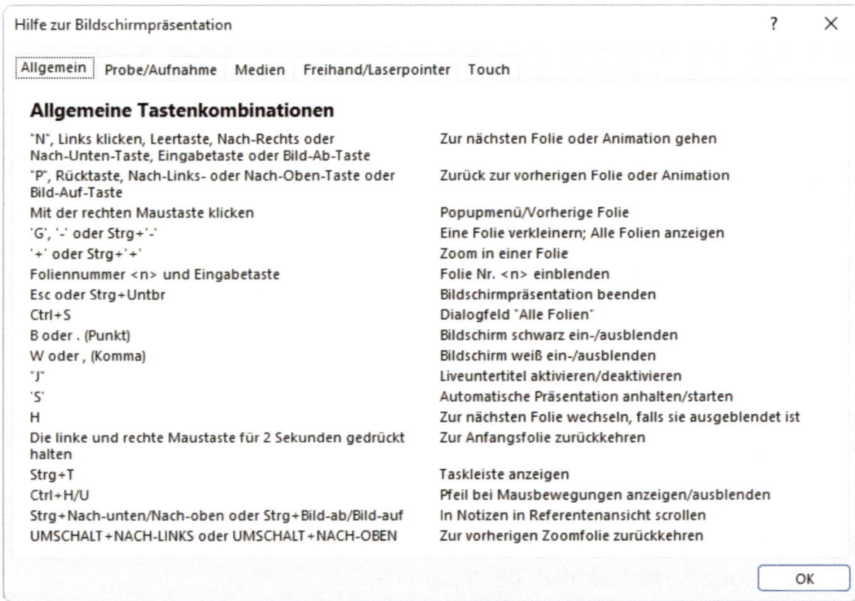
Hilfe zur Bildschirmpräsentation

Allgemein | Probe/Aufnahme | Medien | Freihand/Laserpointer | Touch

Allgemeine Tastenkombinationen

"N", Links klicken, Leertaste, Nach-Rechts oder Nach-Unten-Taste, Eingabetaste oder Bild-Ab-Taste	Zur nächsten Folie oder Animation gehen
"P", Rücktaste, Nach-Links- oder Nach-Oben-Taste oder Bild-Auf-Taste	Zurück zur vorherigen Folie oder Animation
Mit der rechten Maustaste klicken	Popupmenü/Vorherige Folie
'G', '-' oder Strg+'-'	Eine Folie verkleinern; Alle Folien anzeigen
'+' oder Strg+'+'	Zoom in einer Folie
Foliennummer <n> und Eingabetaste	Folie Nr. <n> einblenden
Esc oder Strg+Untbr	Bildschirmpräsentation beenden
Ctrl+S	Dialogfeld "Alle Folien"
B oder . (Punkt)	Bildschirm schwarz ein-/ausblenden
W oder , (Komma)	Bildschirm weiß ein-/ausblenden
"J"	Liveuntertitel aktivieren/deaktivieren
'S'	Automatische Präsentation anhalten/starten
H	Zur nächsten Folie wechseln, falls sie ausgeblendet ist
Die linke und rechte Maustaste für 2 Sekunden gedrückt halten	Zur Anfangsfolie zurückkehren
Strg+T	Taskleiste anzeigen
Ctrl+H/U	Pfeil bei Mausbewegungen anzeigen/ausblenden
Strg+Nach-unten/Nach-oben oder Strg+Bild-ab/Bild-auf	In Notizen in Referentenansicht scrollen
UMSCHALT+NACH-LINKS oder UMSCHALT+NACH-OBEN	Zur vorherigen Zoomfolie zurückkehren

OK

Tipp

Die Funktion »Schwarzer Bildschirm« mithilfe der Taste B ist immer noch vielen Präsentierenden nicht bekannt und deshalb einen Hinweis wert. Angenommen, Sie wollen die erste Folie erst nach ein paar einleitenden Worten zeigen, dann starten Sie zwar die Präsentation, drücken dann aber die Taste B. Sobald die erste Folie erscheinen soll, drücken Sie erneut B – und los geht's. Diese Funktion ist auch hilfreich für kurze Diskussions- bzw. Frageeinheiten während der Präsentation. Eine hell erleuchtete Leinwand würde die Aufmerksamkeit des Publikums unwillkürlich anziehen, auch wenn die Musik gerade an anderer Stelle spielt.

Notebook und Beamer

Erfahrene Präsentierende können diesen Abschnitt überspringen. Er ist für jene gedacht, denen der Umgang mit der Technik noch ein wenig Kopfzerbrechen macht.

Um das Thema »Notebook und Beamer« ranken sich viele Sagen, Mythen und Beschwörungsformeln. Wie meistens ist die Wirklichkeit auch in diesem Fall ernüchternd einfach.

Anzeigemodi (Windows 10/11)

Achtung, auch wenn die Versuchung groß ist, es nicht zu tun: Lesen Sie das Handbuch des Beamers sorgfältig durch.

Ja, ich weiß, hätte Kolumbus damals nach dem Weg gefragt, wäre Amerika unentdeckt geblieben. Entscheiden Sie also selbst, ob Sie langsam entdecken oder schnell wissen möchten.

25 Min.	Handbuch durchlesen
10 Min.	Notebook starten, mit Beamer verkabeln, Beamer einschalten
10 Min.	Fernbedienung kennenlernen (Handbuch statt Versuch und Irrtum)
10 Min.	Knöpfe am Beamer kennenlernen (Handbuch statt Versuch und Irrtum)
5 Min.	Folien im Präsentationsmodus durchklicken

Im Normalfall verstehen sich Notebook und Beamer auf Anhieb und Sie müssen sich um nichts kümmern. Versagt die stumme Verständigung jedoch, helfen Sie nach.

Mithilfe der Tastenkombination [Win]+[P] blättern Sie sich zum gewünschten Anzeigemodus durch. Für die Referentenansicht benötigen Sie den Modus *Erweitern*. Falls Monitor und Leinwand dasselbe zeigen sollen, wählen Sie *Duplizieren*.

Nur PC-Bildschirm zeigt das Bild nur auf dem Bildschirm des Notebooks.

Duplizieren zeigt auf Notebook und Beamer dasselbe Bild.

Erweitern zeigt auf Notebook und Beamer unterschiedliche Bilder (Voraussetzung für Referentenansicht).

Nur zweiter Bildschirm zeigt das Bild nur auf dem Beamer.

Mute/Black/Schwarz

Fast jede Fernbedienung verfügt über einen Knopf, der ein schwarzes Bild erzeugt. Das ist äußerst praktisch, wenn Sie eine kurze Diskussionsrunde einlegen oder vorübergehend auf Flipchart oder Pinnwand umsteigen. Im Unterschied zur Taste [B], die sowohl den Beamer als auch den Notebook-Monitor verdunkelt, schwärzt die *Mute/Black/Schwarz*-Funktion nur die Projektion, während Sie auf Ihrem Notebook nach wie vor alles sehen. Eine gute Möglichkeit, inkognito mal eben zwischen Programmen zu wechseln, das Internet auf Funktionsfähigkeit zu testen oder die riesige Pivot-Tabelle zu öffnen. Der erneute Druck auf *Mute/Black/Schwarz* zieht den schwarzen Vorhang wieder hoch.

Freeze

Mithilfe der *Freeze*-Funktion erstarrt das gerade angezeigte Beamerbild wie Lots Frau nach dem verbotenen Rückblick auf Gomorrha. Unter Ausschluss der Öffentlichkeit können Sie nun Dateien suchen, öffnen oder zu einer anderen Anwendung wechseln. Sobald Sie erneut *Freeze* drücken, zeigt der Beamer den aktuellen Bildschirminhalt.

Zoom und Fokus

Mit der *Zoom*-Funktion ändern Sie die Bild*größe*. Aus Gewichts- und Platzgründen verzichten viele Beamer auf einen Motor. Dann müssen Sie von Hand an der Linse drehen, was bei Deckenmontage recht unterhaltsam für Ihr Publikum sein kann. Beim Fokus geht es um die Bild*schärfe*. Wie bei der *Zoom*-Funktion kann es passieren, dass Sie mangels Motor von Hand scharfstellen müssen. In beiden Fällen ist es ratsam, vor Beginn der Präsentation für ein scharfes Bild in der richtigen Größe zu sorgen.

Bildjustierung

Beamer verfügen an der Unterseite über ausziehbare Füße, kleinere Exemplare nur über einen einzigen Fuß. Sie müssen also weder Bierdeckel, Notizblöcke noch Bücher unterlegen, um das Bild exakt zu justieren. Allerdings scheint es vielen Herstellern großes Vergnügen zu bereiten, die Füßchen gut zu verstecken. Wenn Sie wieder einmal einen Referenten sehen, der den Beamer mit zunehmender Verzweiflung dreht, auf den Kopf stellt, hier drückt und dort zieht, dann wissen Sie, wonach er sucht.

Keystone-Korrektur

Strahlt der Beamer schräg nach oben an die Leinwand, verzerrt sich das Bild: Aus einem Rechteck wird ein Trapez. Die Keystone-Korrektur des Beamers gleicht diese Verzerrung aus, bei modernen Geräten sogar automatisch.

Projektionsarten

Ein Beamer kann auf einem Tisch stehen oder an der Decke montiert sein. Er kann die Leinwand von vorne oder von hinten anstrahlen. Bei Deckenmontage stehen Beamer und Bild auf dem Kopf. Strahlt er die Leinwand von hinten an (Rückprojektion), ist alles spiegelverkehrt.

In Kombination ergibt das vier Projektionsarten:

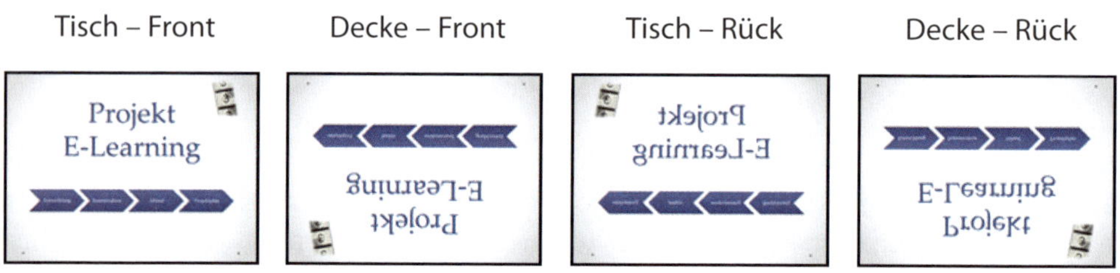

Schlagen Sie im Handbuch des Beamers nach, wie Sie die gewünschte Projektionsart so einstellen, dass das Publikum sieht, was es sehen soll. Besonders lustig wird das Ganze, wenn der Beamer vorher an der Decke montiert war und Sie ihn jetzt im Tisch-Front-Betrieb einsetzen wollen. Dann dürfen Sie nämlich durch Menüs navigieren, in denen alles auf dem Kopf steht. Üben Sie schon mal den Kopfstand.

Bildformat

Zeitgemäße Beamer können neben dem alten (PowerPoint-)Format 4:3 auch das seit PowerPoint 2013 eingeführte Standardformat 16:9 und eignen sich damit hervorragend fürs Heimkino. Wenn der Kollege den Beamer wieder einmal übers Wochenende mit nach Hause nimmt, »um die Präsentation zu testen«, kann es Ihnen am Montag leicht passieren, dass Sie gemeinsam mit Ihrem Publikum ein Erdei anstelle einer Erdkugel bewundern.

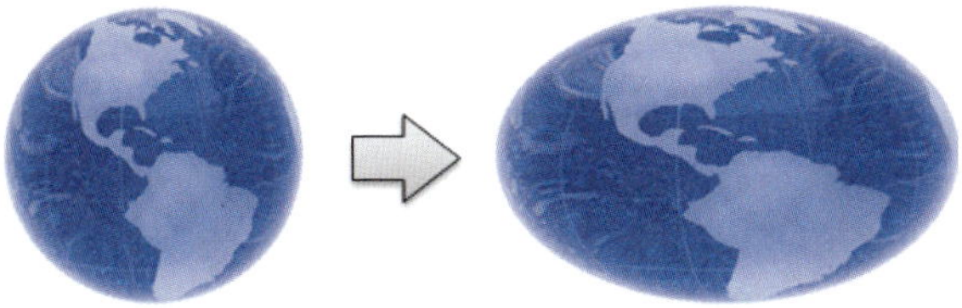

So perfekt das Breitwandformat fürs Heimkino ist, so ungünstig ist es für Ihre Präsentation. Das Handbuch des Beamers sagt Ihnen, wie Sie wieder auf das gewünschte Format umschalten.

Hauptnetzschalter: Power on/off

Je nach Gerät müssen Sie bis zu drei Handgriffe tätigen, bis der Beamer die Lampe zündet: Netzkabel einstecken, Hauptnetzschalter einschalten und »Power on« drücken. Bei vielen Geräten entfällt mangels Hauptnetzschalter der zweite Schritt.

Nachkühlzeit beachten

In den Pioniertagen der Beamerprojektion war es ein heiliger Akt mannhafter Geduld, bis nach dem Drücken von »Power off« endlich der Kühlventilator abgeschaltet hatte und man das Gerät mit Samthandschuhen behutsam wieder im gepolsterten Koffer verstauen durfte. Moderne Geräte benötigen nur noch wenig, manchmal überhaupt keine Nachkühlzeit. Richten Sie sich nach der Empfehlung des Handbuchs. Allgemein gilt, dass die Hochdrucklampen des Beamers während der Abkühlphase Erschütterungen nicht mögen. Lassen Sie sich also Zeit mit dem Einpacken des Beamers, wenn Sie die Lebensdauer der teuren Lampen nicht unnötig verkürzen wollen.

Erneute Zündung der Lampen

Hochdrucklampen müssen im Normalfall erst ein wenig abkühlen, bis sie wieder gezündet werden können. Üblicherweise zeigt der Beamer diese Zwangspause mit einem blinkenden Lämpchen an, was gern mit der Anzeige für einen Lampendefekt verwechselt wird. Bleiben Sie also ruhig und gelassen, wenn sich der versehentlich abgeschaltete Beamer nicht sofort wieder einschalten lässt.

Es gibt auch Geräte mit sofortiger Wiederzündung. Hier wird die Lampe durch einen brachialen Stromstoß jäh aus ihrem Schlummer gerissen. Diese bequeme Funktion sollten Sie nur im Notfall einsetzen, da sie auf Kosten der Lebensdauer der Lampe geht. Und falls die Lampe wegen fortgeschrittenen Alters schon etwas schwach auf der Brust ist, kann ihr eine Zwangszündung das Lebenslicht endgültig ausblasen.

Lautsprecher

Beamer verfügen im Normalfall über eingebaute Lautsprecher mit der imponierenden Leistung von 0,5 bis 2 Watt und der Qualität eines Mittelwellenradios der Nachkriegszeit. Glücklicherweise haben die meisten Geräte aber auch Ausgänge für Audiosignale. Wenn Sie in Ihrer Präsentation Audio und/oder Video einsetzen, schließen Sie am besten Aktivboxen oder die Soundanlage des Vorführsaals an den Rechner an. Auch hier gilt: Machen Sie sich rechtzeitig mit der entsprechenden Technik vertraut.

Fernbedienung

Praktisch ist die Fernbedienung des Beamers in jedem Fall. Unentbehrlich wird sie bei Decken- oder Rückprojektion, wo sich das Gerät außerhalb Ihrer Reichweite befindet. Vorsicht: Fernbedienungen sind batteriebetrieben! Vertrauen Sie auf Murphy's Law[3]. Die Batterie wird sich mit der für ihre Gattung typischen Heimtücke den idealen Zeitpunkt heraussuchen, um Ihnen einen lustigen Streich zu spielen. Seien Sie gewappnet: Ersatzbatterien gehören zwingend in den Erste-Hilfe-Koffer des PC-Präsentierenden. Die Batterieproblematik ist auch der Grund, warum man viele Fernbedienungen einschalten muss, bevor man sie verwenden kann. Auch PowerPoint, genauer gesagt die Bildschirmpräsentation, können Sie mithilfe einer speziellen Fernbedienung steuern und sind auf diese Weise nicht mehr an Maus oder Tastatur gekettet. Wenn Sie im Internet nach »Presenter« suchen, stoßen Sie auf ein gewaltiges Angebot. Meiner Meinung nach ein Muss für jeden, der viel präsentiert.

Notfallstrategien

Manche Probleme lassen sich lösen, andere nicht. Die einen rechtzeitig, die anderen nicht. Manchmal reicht das eigene Wissen aus, manchmal braucht man Hilfe. Probleme, die *jetzt* lösbar sind, gefährden die Präsentation nicht. Bei schwerwiegenderen Fällen legen Sie eine kurze Kaffeepause ein, in der Sie das Problem entweder selbst lösen oder den Haustechniker um Hilfe bitten.

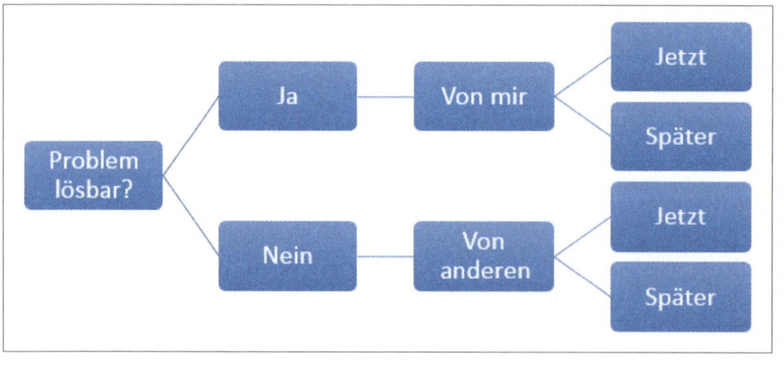

3 www.murphys-laws.com

Vorbeugen

Abgesehen von Naturkatastrophen, Feuer oder Tumulten im Publikum ist ein totaler Stromausfall das Schreckgespenst des Präsentierenden. Was tun, wenn das Licht ausgeht? *Plan B* ist das gute alte Papier: Sie greifen einfach auf das Handout zurück, das Sie sowieso immer dabeihaben, richtig? Für die durchgebrannte Lampe oder den Stromausfall können Sie nichts, aber einen fehlenden *Plan B* könnte man Ihnen ankreiden. Meiner Erfahrung nach sind die Teilnehmer beeindruckt, wenn der Referent für derartige Notfälle gerüstet ist, Handouts aus der Aktentasche zieht und den Vortrag in aller Seelenruhe zu Ende bringt. Da nimmt es Ihnen keiner krumm, wenn es keine Hochglanzprospekte sind.

Checkliste »Beamerprobleme«

Zum Abschluss dieses Kapitels noch eine kleine Checkliste mit typischen Problemen und deren Ursachen.

Problem	Häufige Ursachen
Beamer zeigt kein Bild	Verkabelung nicht korrekt Deckel ist noch auf der Linse Beamer vom Notebook noch nicht erkannt Bildschirmauflösung des Notebooks zu hoch
Bild abgeschnitten	Bildschirmauflösung des Notebooks zu hoch
Bild gedehnt oder gestaucht	Falsches Bildformat eingestellt Bildschirmauflösung des Notebooks für (älteren) Beamer zu hoch
Bild unscharf	Fokus nicht korrekt
Bild zu groß/zu klein	Zoom nicht korrekt eingestellt
Bild steht auf dem Kopf	Deckenprojektion eingeschaltet
Bild ist spiegelverkehrt	Rückprojektion eingeschaltet
Beamer schaltet ab	Sicherheitsabschaltung wegen Überhitzung. Kontrollieren Sie, ob Lüfteröffnungen blockiert sind (Beamer mit Lüfteröffnungen an der Unterseite nie auf weiche Unterlagen stellen, da sie einsinken und die Luftzufuhr erschweren).
Fernbedienung funktioniert nicht	Batterie leer Fernbedienung nicht eingeschaltet bzw. im Stand-by-Modus Hindernis zwischen (Infrarot-)Fernbedienung und Beamer (Infrarot-)Fernbedienung nicht auf Beamer gerichtet Direktes Sonnenlicht fällt auf Empfänger am Beamer
Lampe durchgebrannt	Hier hilft nur ein Ersatzbeamer oder eine 15- bis 20-minütige Pause zum Lampenwechsel.

7. Organisatorische Rahmenbedingungen

Sitzordnung 118

Akustik 118

Belüftung 119

Licht/Verdunkelung 119

Garderobe, Toiletten, Rauchen 120

Strom 120

Material 120

Sitzordnung

Wenn Sie eine Frage- oder Diskussionsrunde einplanen, ist die kommunikative U-Form ratsam. Parlamentarische Bestuhlung oder Kinobestuhlung ist nur dann sinnvoll, wenn die Teilnehmer in erster Linie Fragen an *Sie* richten und eine Diskussion untereinander nicht geplant ist. Die parlamentarische Bestuhlung ist der Kinobestuhlung vorzuziehen, weil die Teilnehmer Gläser, Notizblöcke und Handouts auf Tischen statt auf ihren Knien deponieren können. Auch das Mitschreiben fällt leichter.

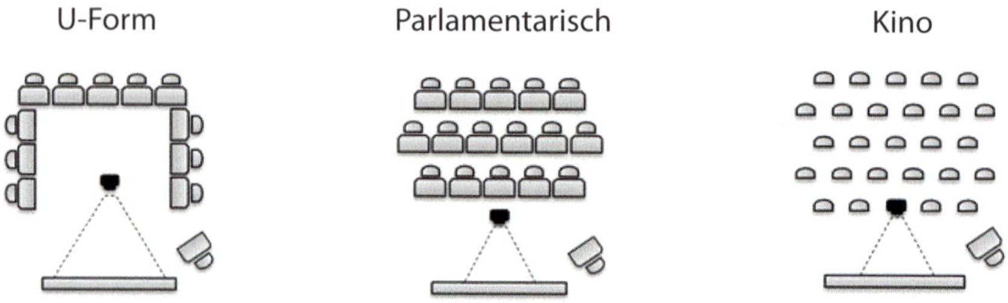

Die Projektionsart *Tisch-Front* und die Sitzordnungen *Kino* oder *Parlamentarisch* können zu Problemen führen. In vielen Tagungshotels hat sich immer noch nicht herumgesprochen, dass Beamer einen größeren Abstand zur Leinwand benötigen als Overhead-Projektoren.

Meistens steht das Tischchen für den Beamer unmittelbar neben dem Rednerpult und damit viel zu nah an der Leinwand. »Den Beamer weiter wegstellen«, sagen Sie? Kein Problem für die U-Form, aber bei parlamentarischer oder Kinobestuhlung wird die Sache schnell knifflig, wenn bis knapp vor die Leinwand bestuhlt wurde und der Beamer auf dem Tisch oder dem Schoß eines Teilnehmers landet. Kaum haben Sie dieses Problem gelöst und den Beamer im richtigen Abstand zur Leinwand positioniert, reicht das 1,5 Meter lange Kabel der Standardausstattung nicht mehr vom Notebook bis zum Beamer. Lange Kabel (sechs bis neun Meter) gehören ebenfalls in den Erste-Hilfe-Koffer eines PC-Präsentierenden.

Bei bis zu zwanzig Personen sollte der Beamer erfahrungsgemäß etwa drei Meter von der Projektionsfläche entfernt sein. Bei Räumen ab 70 Quadratmeter sogar fünf bis sieben Meter.

Akustik

Wie hoch ist der Lärmpegel bei geöffneten Fenstern? Gibt es Probleme mit Hall? Gerade bei neueren Gebäuden oder in besonders repräsentativen Vortragsräumen findet man häufig sehr hohe Wände, an denen wenig befestigt ist. Kathedralen sind »hip«, hallen aber.

Dagegen kann man nur mit Dämmelementen angehen, die eindeutig nicht zur Bordausstattung eines Präsentierenden zählen. Als Provisorium hilft alles, was Schall absorbiert und streut: Tücher an den Wänden, Pinnwände, ein Teppich auf dem Parkettboden. Während der Präsentation wird der unerwünschte Halleffekt übrigens abgemildert. Teilnehmer als Schalldämpfer – wer hätte das gedacht?

Belüftung

Sauerstoffmangel macht müde. Lüften Sie vor Beginn der Präsentation und in jeder Pause. Und wie werden die Fenster geöffnet? Lassen sie sich auch öffnen, wenn die Vorhänge geschlossen oder die Rollos unten sind? Eine Klimaanlage ist zwar eine schöne Sache, aber denken Sie an Mr. Murphy und seine Gesetze. Es wird sich garantiert der kälteempfindlichste Teilnehmer mit traumwandlerischer Sicherheit exakt unters Gebläse setzen und dann sofort Zeter und Mordio rufen. Oder das Publikum besteht ausschließlich aus Kontaktlinsenträgern, für die die trockene Luft der Klimaanlage schnell zum Problem wird. Und so manche Klimaanlage entpuppt sich als lärmende und störende Klapperkiste.

Licht/Verdunkelung

Die Grundregel lautet: »So hell wie möglich, so dunkel wie nötig«. Dämmerlicht schläfert ein. Außerdem können Sie Ihr Publikum schwerer erkennen und Ihr Publikum *Sie*. Der Blickkontakt leidet, das Mitschreiben wird schwierig für die Teilnehmer, und Sie können unter Umständen Ihre eigenen Sprechernotizen nicht mehr entziffern.

Moderne Präsentationsräume verfügen über eine ausgefeilte Beleuchtung. Sie können Unmengen von Strahlern, Leuchten und Lampen ein- und ausschalten, dimmen, fixieren. Machen Sie sich rechtzeitig vertraut mit der Lichtsteuerung. Berücksichtigen Sie die Lichtverhältnisse zum Zeitpunkt der Präsentation, sofern Sie den Licht-Check zu einem anderen Zeitpunkt vornehmen. Für Vorrichtungen zur Verdunkelung gilt dasselbe. Erkundigen Sie sich, ob vielleicht eine Automatik in Betrieb ist. Wenn ja, sorgen Sie dafür, dass sie für die Dauer der Präsentation nach Möglichkeit abgeschaltet wird.

Nicht jede Erleuchtung ist wünschenswert. Mir ist es einmal passiert, dass während der Begrüßung des Publikums die Rollos mit lautem Rumpeln hochgefahren sind und die Nachmittagssonne das an die Leinwand projizierte Bild bis zur Unkenntlichkeit verblassen ließ. Es war gerade 17 Uhr, und die Zeitschaltautomatik hatte sämtliche Rollos im gesamten Gebäude in Feierabendstellung gebracht. Nicht nur die Projektion wurde dabei deutlich blasser.

Garderobe, Toiletten, Rauchen

Eine Garderobe ist wichtig, Stühle eignen sich nicht zu diesem Zweck. Sie sollten wissen, wo die Garderobe ist, *bevor* die ersten Teilnehmer den Mantel ablegen möchten. Wo sind die nächstgelegenen Toiletten, und wo ist das Rauchen erlaubt? Erkundigen Sie sich im Vorfeld, denn im Ernstfall ist der Hausmeister bestimmt gerade wieder unterwegs.

Strom

Informieren Sie sich rechtzeitig, wo die Steckdosen sind, und testen Sie, ob sie auch unter Strom stehen. Sie werden staunen, wie viele »tote« Dosen in modernen Räumen zu finden sind, und gemäß Murphy's Law haben Sie exakt an diesem Tag das Verlängerungskabel für die einzig aktive und am diametral entgegengesetzten Ende des Raums befindliche Steckdose *nicht* dabei, und der Haustechniker wollte seit zwanzig Minuten eigentlich in zwei Minuten da sein.

Ein Klebeband (breites Textilband) gehört zur Grundausstattung, um Kabel aller Art am Boden zu befestigen. Packen Sie auch gleich eine 6-fach-Steckdosenleiste ein. Falls Sie eine Kabeltrommel verwenden, wickeln Sie den ungenutzten Kabelanteil von der Trommel und legen ihn an einer unproblematischen Stelle am Boden aus. Im aufgewickelten Zustand erwärmt sich die Kabelrolle. Außerdem haben viele Kabeltrommeln Überlastsicherungen, und beim Einschalten größerer Geräte wird es dann plötzlich dunkel.

Material

Wenn Sie mit Equipment unterwegs sind, sollten Sie wissen, ob in unmittelbarer Nähe – am besten im Präsentationsraum selbst – eine Abstellmöglichkeit für Transportkisten, Beamerkoffer, Schachteln und Kartons vorhanden ist. Eine Müllhalde neben dem Rednerpult wirkt unprofessionell. Es sei denn, Sie sprechen vor männlichen Technikern oder Konstrukteuren. Da ist alles genau umgekehrt. Hier punkten Sie nur, wenn Sie ein undurchdringliches Kabeldickicht verlegen und jede Menge Zubehör, Apparate mit blinkenden Lampen und lauten Gebläsen turmhoch um Ihr Rednerpult aufbauen.

Multimedia meint nicht nur Sound und Video, sondern auch mehrere Präsentationsmedien: Flipchart, Pinnwand, Whiteboard, Stifte, Wischer, Spitzer, Moderationsmaterial. Reichen die Flipchartbögen aus? Sind alle Blätter und nicht nur das erste Blatt unbeschrieben? Ist die Rückseite noch frei? Welche Spannvorrichtung hat das Flipchart? Sind ausreichend Moderationsmaterialien für die Pinnwand vorhanden? Ist der Fettfilm auf dem Whiteboard noch in Ordnung, oder verschmiert die Tafel beim Abwischen? Liegen die Permanent Marker beim Flipchart und die Board Marker beim Whiteboard?

Wenn Sie trotzdem einmal mit dem Permanent Marker auf das Whiteboard schreiben, versuchen Sie es mit folgendem Trick: Malen Sie mit einem Boardmarker dasselbe noch einmal nach. Dann können Sie den Text wegwischen; das Fett im Boardmarker macht's möglich. Lösungsmittel dagegen schädigen den Fettfilm. Im Extremfall müssen Sie zur Tafelbutter greifen, die hier eine völlig neue Bedeutung erhält, wie ich aus eigener Erfahrung berichten kann.

Im Idealfall steht Ihnen ein gut bestückter Moderationskoffer zur Verfügung. Leider unterliegen die Inhalte dieser Koffer einem mysteriösen Schwund, und nach Murphy wird genau das fehlen, was Sie jetzt gerade brauchen. Einen Minimalvorrat an Karten, Pins und Stiften sollten Sie daher immer dabeihaben.

So, jetzt wissen Sie alles, was Sie im Zusammenhang mit organisatorischen Rahmenbedingungen wissen müssen. Was soll jetzt noch schiefgehen? Nichts!

Teil II

Effizient mit PowerPoint arbeiten

8. Tipps und Tricks zu PowerPoint

Allgemeine Tipps, Tricks und Abkürzungen 126

Tipps zur richtigen Strategie 150

Tipps zu Bildern und Grafiken 158

Tipps zu Tabellen 190

Tipps zur Arbeit mit Diagrammen 195

Tipps zu Animationen 204

Nonlinear präsentieren mit Hyperlinks 221

Im zweiten Teil dieses Buches geht es ausschließlich um PowerPoint. In diesem und den folgenden Kapiteln lernen Sie, wie Sie Ihr Arbeitstempo bei weniger Energieverbrauch dennoch vervielfachen und wie Sie mit der richtigen Strategie Zeit und Nerven sparen. Anschließend erfahren Sie detailliert, aber in kompakter Form das Wichtigste zur Arbeit mit Bildern, Tabellen, Diagrammen, Animationen, Hyperlinks sowie Audio- und Videodateien. Zum Schluss werfen Sie im Zusammenhang mit dem Folienmaster einen Blick unter die Haube von PowerPoint.

Allgemeine Tipps, Tricks und Abkürzungen

In diesem Kapitel wird immer wieder von Objekten und Formen die Rede sein. Mit »Objekt« meine ich alles, was Sie anklicken können. Die »Formen« zählen zur grafischen Bordausrüstung von PowerPoint und stecken in der folgenden Auswahlliste:

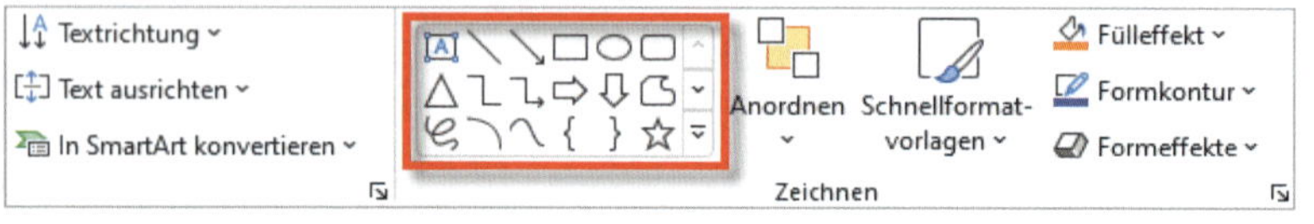

Die Abbildung zeigt nur einen Teil der verfügbaren Formen. Das Gesamtangebot umfasst Linien, Rechtecke, Standardformen, Blockpfeile, Formelformen, Flussdiagramme, Sterne und Banner, Legenden und interaktive Schaltflächen.

Folienformat 16:9 oder 4:3?

16:9 ist das Standard-Seitenverhältnis für neue Präsentationen. Was bedeutet das für alte Präsentationen im 4:3-Format? Gar nichts.

Was tun, wenn Sie eine 4:3-Präsentation auf das 16:9-Format umstellen möchten? Mein Tipp: Solange es keinen wirklich guten Grund dafür gibt, sollten Sie die Finger davon lassen. Sollten Sie jedoch einen guten Grund haben, dann wählen Sie auf der Registerkarte *Entwurf* den Befehl *Foliengröße/Standard (4:3)*.

Die gute Nachricht: Trotz Verbreiterung der Folien werden die Elemente auf den Folien durch die Formatänderung nicht gedehnt. Sie kleben auch nicht am linken oder rechten Rand, sondern werden mittig eingepasst. Womit ich zur schlechten Nachricht komme: Elemente, die sich auf dem Folienmaster befinden, werden nicht so schonend behandelt.

Die folgende Abbildung zeigt den »Vorher-nachher-Effekt«: Masterobjekte werden verbogen, und bislang sauber aufeinander abgestimmte Positionen von Folien- und Masterobjekten (grüner Textkasten unter dem Logo) passen nach der Umwandlung nicht mehr. Dagegen ist kein Kraut gewachsen und Sie müssen von Hand nachbessern.

Rückgängig zu machende Aktionen von 20 auf 150 erhöhen

Rückgängig ist einer der wichtigsten Befehle, aber per Voreinstellung aus mysteriösen Gründen auf 20 Aktionen eingestellt. Erhöhen Sie diesen Wert auf das erlaubte Maximum von 150 Aktionen. Wählen Sie dazu den Befehl *Datei/Optionen/Erweitert* und überschreiben Sie die Voreinstellung.

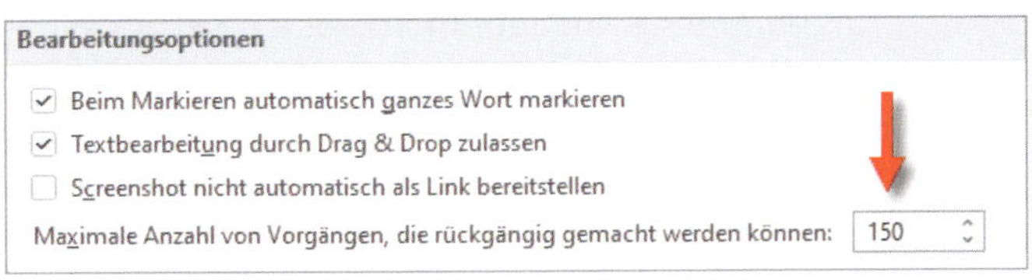

Sieben auf einen Streich

Das Motto des tapferen Schneiderleins gilt auch für die Arbeit mit PowerPoint. Nehmen Sie beispielsweise eine Folie mit einer Reihe von Bildern, die Sie mithilfe der Form *Abgerundetes Rechteck* in mühevoller Kleinarbeit beschriftet haben.

Kaum sind Sie am Ziel, ...

- fällt Ihnen auf, dass Sie ein Foto vergessen haben, das links noch auf die Folie soll. **Alle** Beschriftungen samt den Fotos müssen also um je zwei Zentimeter nach rechts wandern.
- stellen Sie fest, dass die letzte von sieben Formen zu klein für den Text ist. Sie müssen sie also vergrößern, wollen aber, dass **alle** Formen dieselbe Größe haben.
- gefällt Ihnen das Format der Beschriftungen nicht mehr. Dazu zählen die Textattribute (Schriftart, -größe, -farbe, -stil), Linienfarbe, Linienart und optische Effekte. Sie hätten lieber eine andere Füllfarbe mit Farbverlauf, eine etwas kleinere Schriftart, einen etwas stärkeren, dafür aber gestrichelten Rahmen sowie einen Schatteneffekt – natürlich für **alle** Beschriftungen.
- finden Sie die Form doch nicht mehr so schön wie zu Beginn. Eine Ellipse wäre vermutlich passender, hm ..., oder doch lieber ein Achteck? Natürlich möchten Sie **alle** Formen auf einen Streich durch die neue Form ersetzen.

Objekte einzeln zu bearbeiten wäre so, als würden Sie im Supermarkt einen Kasten Mineralwasser kaufen und anschließend jede Flasche einzeln zu Fuß von der Tiefgarage in den fünften Stock tragen. Alle oben genannten Aktionen können Sie jeweils in einem einzigen Arbeitsgang erledigen: wenn Sie die Objekte zuvor markieren! Prüfen Sie vor dem ersten Klick **immer**, ob Sie nicht mehrere Objekte zusammenfassen (markieren) und auf einen

Streich bearbeiten können. Wenn Sie diesen Grundsatz konsequent beherzigen, werden Sie das Gefühl haben, Sie hätten den Turbo eingeschaltet.

Tipps zum Markieren

Bevor Sie mehrere Objekte in einem einzigen Arbeitsgang bearbeiten können, müssen Sie diese markieren. Je nach Ziel wählen Sie den jeweils kürzesten Weg.

Ziel	Weg
Ein Objekt mit Füllbereich markieren.	Klicken Sie in das Objekt.
Ein Objekt ohne Füllbereich markieren.	Klicken Sie auf den Rand des Objekts.
Eine bestehende Markierung für ein oder mehrere Objekte entfernen.	Klicken Sie neben das Objekt oder drücken Sie [Esc].
Mehrere Objekte sind markiert, aber Sie möchten für eines davon die Markierung wieder aufheben.	[⇧] + Klick auf das Objekt (wirkt als Ein/Aus-Schalter für die Markierung).
Alle Objekte auf einer Folie markieren.	Klicken Sie neben die Folie und drücken Sie [Strg]+[A].
Objekte stehen nebeneinander. 	Ziehen Sie mit gedrückter linker Maustaste einen Rahmen um die zu markierenden Objekte. Achten Sie darauf, dass der Rahmen die Objekte vollständig einschließt. Ragt auch nur ein Fitzelchen einer Form über den Rahmen hinaus, wird das betreffende Objekt nicht markiert.
Objekte stehen **nicht** nebeneinander. 	Klicken Sie das erste Objekt an. Alle weiteren Objekte klicken Sie mit gedrückter [⇧]-Taste an.

Einzüge einer Aufzählung anpassen

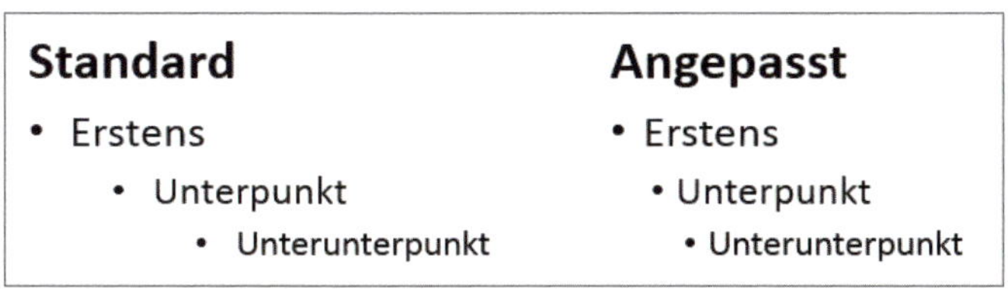

Prüfen Sie zuerst, ob das Lineal eingeblendet ist. Wenn nicht, setzen Sie im Register *Ansicht* das Häkchen vor *Lineal*.

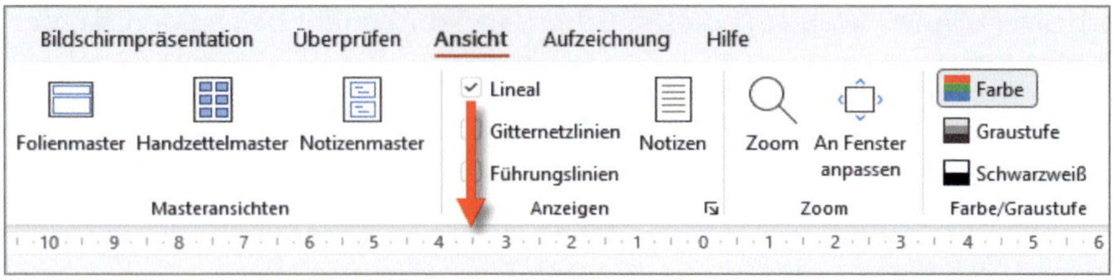

Klicken Sie der Reihe nach in die einzelnen Ebenen. Im Lineal erscheinen Schieberegler, mit deren Hilfe Sie für jede Gliederungsebene die Einzüge anpassen können.

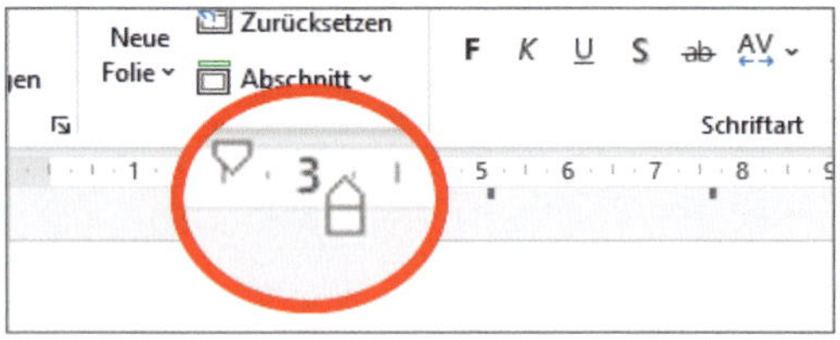

 **Erste Zeile** des aktuellen Absatzes

 **Zweite und alle nachfolgenden Zeilen** des aktuellen Absatzes

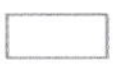 **Alle Zeilen** des aktuellen Absatzes

Flexible und unflexible Textfelder

Textfelder gibt es in zwei Varianten: flexibel und unflexibel. Ein flexibles Textfeld wächst und schrumpft mit seinem Inhalt. Unflexible Textfelder haben eine feste Breite, was oft zu unschönen Textumbrüchen führt:

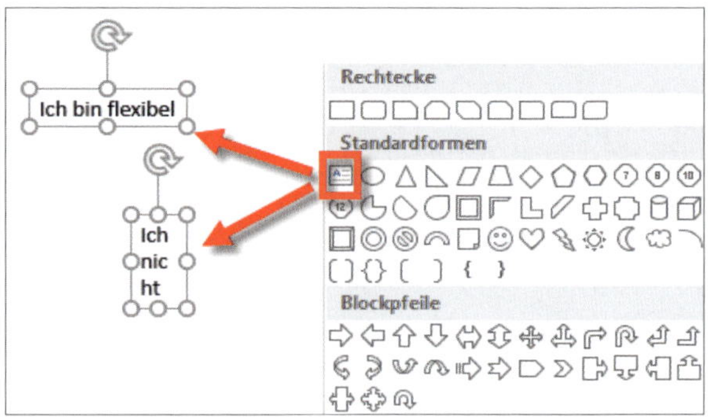

So erstellen Sie ein flexibles Textfeld:

1. Klicken Sie das Symbol *Textfeld* in der Formenliste an und lassen Sie die linke Maustaste wieder los.
2. Zeigen Sie mit der Maus auf die Folie und klicken Sie erneut. Es erscheint ein leeres Textfeld mit blinkender Schreibmarke. Tippen Sie den Text.

So erstellen Sie ein unflexibles Textfeld:

1. Klicken Sie das Symbol *Textfeld* in der Formenliste an und lassen Sie die linke Maustaste wieder los.
2. Ziehen Sie mit gedrückter linker Maustaste, als würden Sie ein Rechteck zeichnen. Nur die Breite ist entscheidend! Die Höhe passt PowerPoint automatisch an die Standardschriftgröße an.
3. Tippen Sie den Text. Sobald dieser den rechten Rand des Textfeldes erreicht, bricht PowerPoint den Text automatisch um.

So verwandeln Sie ein unflexibles in ein flexibles Textfeld:

1. Klicken Sie das Textfeld mit der rechten Maustaste an, und wählen Sie aus dem Kontextmenü den Befehl *Form formatieren*, um den gleichnamigen Aufgabenbereich zu öffnen.
2. Prüfen Sie im Aufgabenbereich *Form formatieren/Formoptionen/Größe und Eigenschaften/Textfeld*, ob *Größe der Form dem Text anpassen* aktiv ist. Wenn nicht, holen Sie das nach.
3. Entfernen Sie das Häkchen vor *Text in Form umbrechen*.

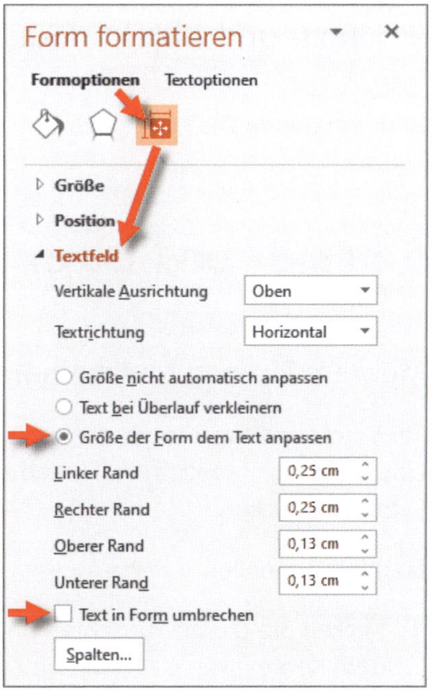

Objektmodus: Formatieren ohne Markieren

Sparen Sie Zeit und nutzen Sie den Objektmodus. In diesem Modus betrachtet PowerPoint den kompletten Inhalt eines Objekts als markiert.

Ein Klick, und alles ist formatiert.

So geht's:

1. Tippen Sie Text in einen Titel- oder Aufzählungsplatzhalter, ein Textfeld oder eine Form (oder klicken Sie in ein vorhandenes Objekt). PowerPoint befindet sich nun im Text-

modus, was Sie an der blinkenden Einfügemarke erkennen (in der Abbildung rot hervorgehoben).

2. Drücken Sie Esc, um vom Text- in den Objektmodus zu wechseln. Die Einfügemarke ist verschwunden, der Rahmen geblieben.

3. Formatieren Sie.

Mehrere Formen hintereinander zeichnen

Per Voreinstellung können Sie nach dem Klick auf die Form immer nur *ein* Rechteck, *eine* Ellipse, *eine* Linie zeichnen. Für jede weitere Form müssen Sie erneut das entsprechende Symbol anklicken.

So geht's schneller:

1. Klicken Sie die gewünschte Form mit der rechten Maustaste an und wählen Sie aus dem Kontextmenü den Befehl *Zeichenmodus sperren*.

2. Zeichnen Sie die Formen der Reihe nach in einem einzigen Arbeitsgang.
3. Drücken Sie abschließend Esc, um den Zeichenmodus abzuschalten.

Eine Form in eine andere Form umwandeln

Was tun, wenn das Kind bereits in den Brunnen gefallen ist? Statt dieser hätten Sie lieber jene Formen, aber jetzt noch einmal ganz von vorne beginnen? Nicht nötig. So wandeln Sie Formen nachträglich um:

1. Markieren Sie die Form(en).
2. Klicken Sie auf der Registerkarte *Formformat* auf das Symbol *Form bearbeiten*, zeigen Sie auf *Form ändern* und wählen Sie die gewünschte Form.

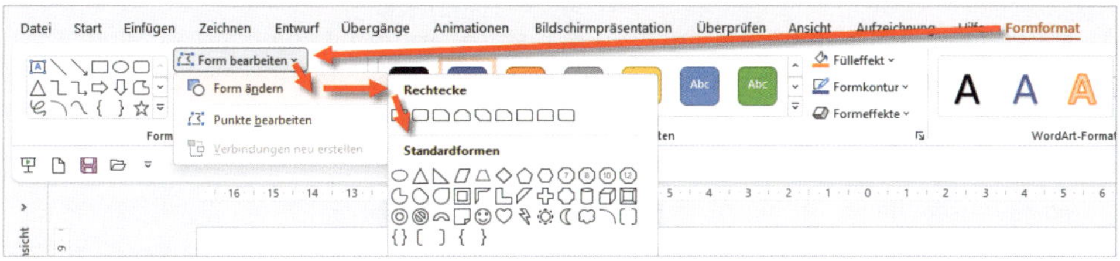

Textumbruch in Formen

Mit Ausnahme von flexiblen Textfeldern ist Textumbruch in Formen der Normalfall.

So sorgen Sie im Nicht-Normalfall für einen Textumbruch:

1. Klicken Sie die Form mit der rechten Maustaste an und wählen Sie aus dem Kontextmenü den Befehl *Form formatieren*, um den gleichnamigen Aufgabenbereich zu öffnen.
2. Im Aufgabenbereich *Form formatieren/Formoptionen/Größe und Eigenschaften/Textfeld* setzen Sie das Häkchen vor *Text in Form umbrechen*.

Die Form an den Inhalt anpassen

Formen sind exakt so groß, wie Sie diese zeichnen bzw. skalieren.

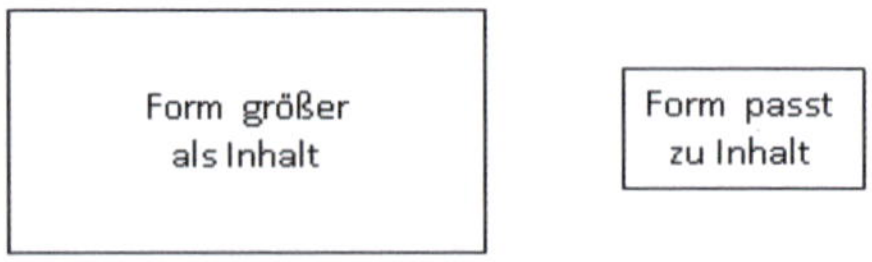

So schneidern Sie die Form auf den Inhalt zu:

1. Klicken Sie die Form mit der rechten Maustaste an und wählen Sie aus dem Kontextmenü den Befehl *Form formatieren,* um den gleichnamigen Aufgabenbereich zu öffnen.
2. Im Aufgabenbereich *Form formatieren/Formoptionen/Größe und Eigenschaften/Textfeld* wählen Sie *Größe der Form dem Text anpassen* und entfernen das Häkchen vor *Text in Form umbrechen.*

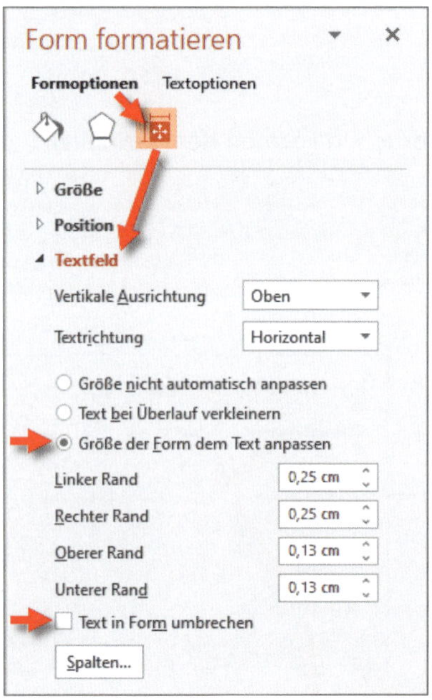

Exaktes Positionieren mit der Tastatur

Kennen Sie das Phänomen? Sie verschieben ein Objekt mithilfe der Pfeiltasten immer näher an das gewünschte Ziel, aber der letzte Millimeter will und will nicht klappen. Was Sie auch tun, das Objekt springt immer ein kleines Stückchen zu weit in diese oder jene Richtung.

Objekte bewegen sich entlang eines Rasters, genauer gesagt, sie hüpfen von Rasterpunkt zu Rasterpunkt. Per Voreinstellung ist das Raster ausgeblendet. Um es ein- bzw. wieder auszublenden, setzen bzw. entfernen Sie im Register *Ansicht* das Häkchen vor *Gitternetzlinien*.

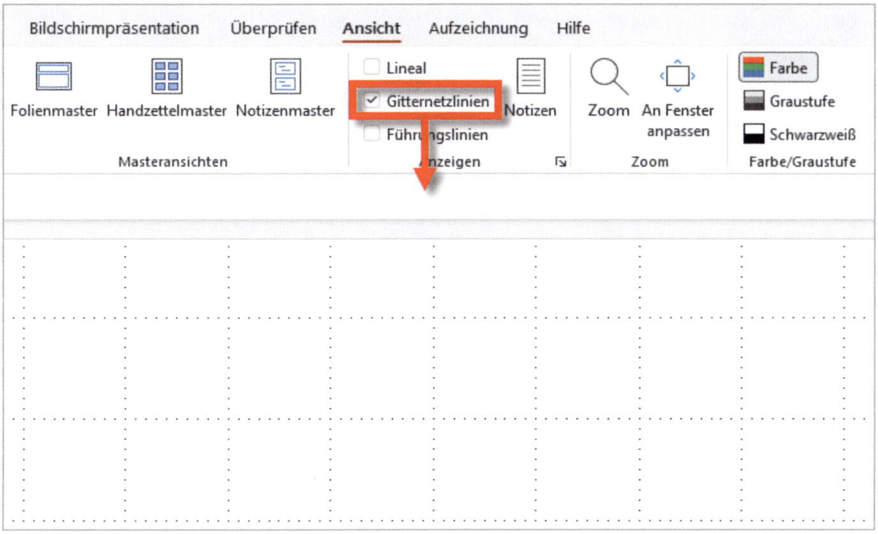

Um die Rastersprünge zu minimieren, halten Sie beim Verschieben mithilfe der Pfeiltasten die Taste Strg gedrückt.

Exaktes Positionieren mit der Maus

Unordnung lässt sich erfahrungsgemäß leichter erzeugen als beseitigen.

Beim Positionieren mithilfe der Maus helfen die sogenannten *intelligenten Führungslinien*, die PowerPoint per Voreinstellung automatisch einblendet.

Zum Ein-/Ausschalten der intelligenten Führungslinien öffnen Sie im Register *Ansicht* das Dialogfenster *Raster und Führungslinien* und entfernen bzw. setzen das Häkchen vor *Beim Ausrichten von Formen intelligente Führungslinien anzeigen*.

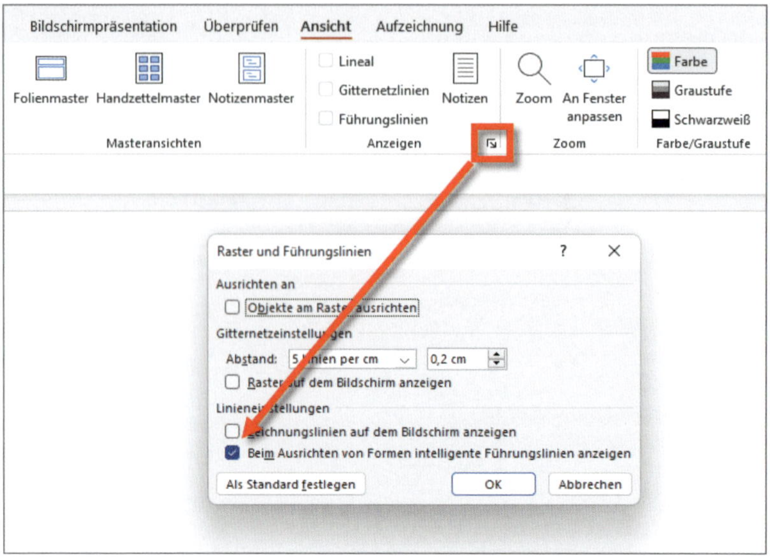

Formen proportional vergrößern und verkleinern

Skalieren bedeutet Verkleinern oder Vergrößern. Jedes Objekt hat einen Fixpunkt: entweder eine der vier Ecken oder das Zentrum des Objekts. Dieser Punkt heißt deshalb Fixpunkt, weil er beim Skalieren seine Position (fix) beibehält.

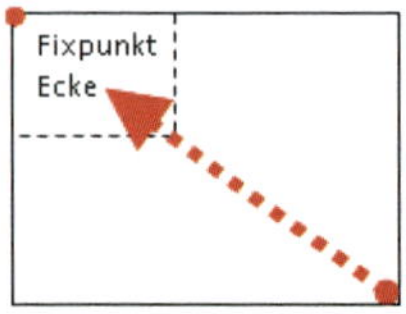

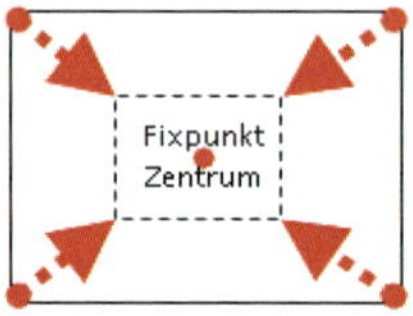

Grafiken werden per Voreinstellung automatisch proportional skaliert, wenn Sie einen der *Eck*skalierpunkte verwenden. Bei Formen ist das anders. Je nach Bewegung des Mauszeigers wird die Form beim Skalieren gedehnt oder gestaucht, also das Verhältnis von Länge und Breite verändert.

Ziel	Weg
Fixpunkt Ecke	⇧ + Ziehen
Fixpunkt Objektmitte	Strg+⇧ + Ziehen

Kreis, Quadrat und gerade Linie zeichnen

Kreise, Quadrate und exakte vertikale und horizontale Linien erzeugen Sie, wenn Sie eine Ellipse, ein Rechteck oder eine Linie mit gedrückter ⇧-Taste zeichnen. Solange Sie bei Linien nicht allzu weit von der vertikalen bzw. horizontalen Ideallinie abweichen, bleibt die Linie gerade.

Die Farbpipette

Mithilfe der Farbpipette kopieren und übertragen Sie die Farben beliebiger Objekte auf PowerPoint-Formen. In diesem Beispiel soll der blaue Pfeil den dunklen Farbton des PowerPoint-Logos annehmen.

So geht's:

1. Markieren Sie die Form, wählen Sie im Register *Formformat* die Liste *Fülleffekt* und klicken Sie auf *Pipette*.
2. Zeigen Sie mit der Pipette auf den gewünschten Farbton und drücken Sie die linke Maustaste.

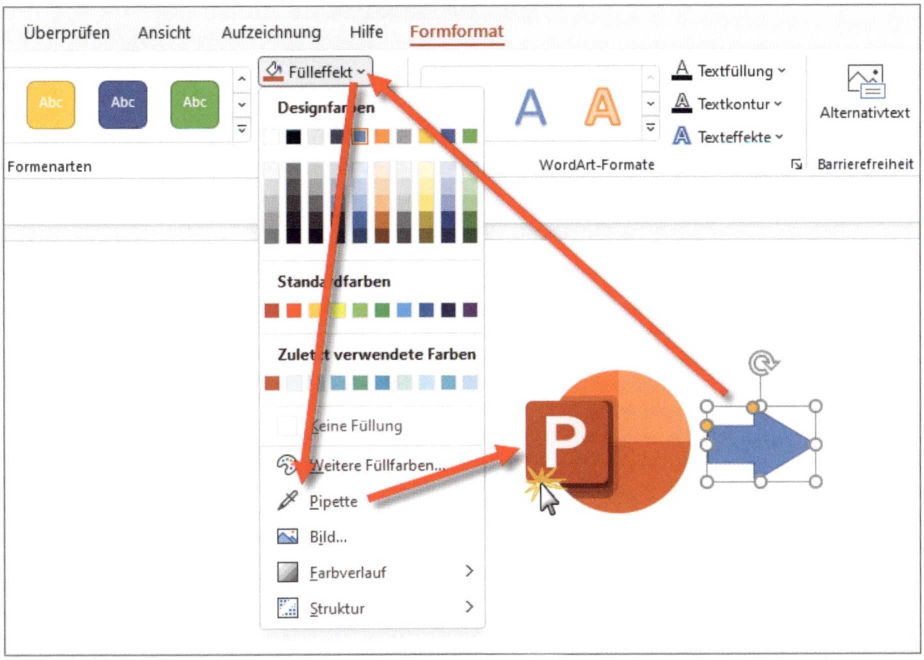

Vordergrund und Hintergrund: Objekte stapeln

PowerPoint ordnet Objekte »geologisch« an: Unten befindet sich das älteste, oben das jüngste Objekt. Ein Stapel wird für das menschliche Auge aber erst sichtbar, sobald sich Objekte überlappen.

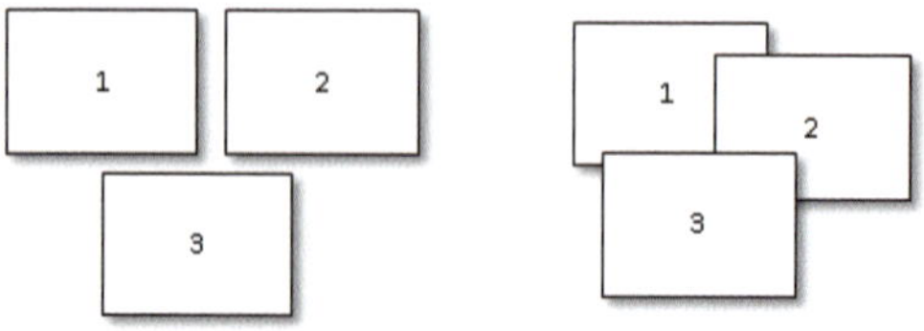

So ändern Sie die Position eines Objekts innerhalb des Stapels:

1. Klicken Sie auf das Objekt.
2. Wählen Sie *Start/Anordnen* und dann den gewünschten Befehl.

Erfahrungsgemäß benötigen Sie vor allem die beiden Befehle *In den Vordergrund* und *In den Hintergrund*. Fügen Sie diese daher am besten jetzt gleich der Symbolleiste für den Schnellzugriff hinzu. Klicken Sie dazu die Symbole nacheinander mit der rechten Maustaste an und wählen Sie im Kontextmenü den Befehl *Zu Symbolleiste für den Schnellzugriff hinzufügen*.

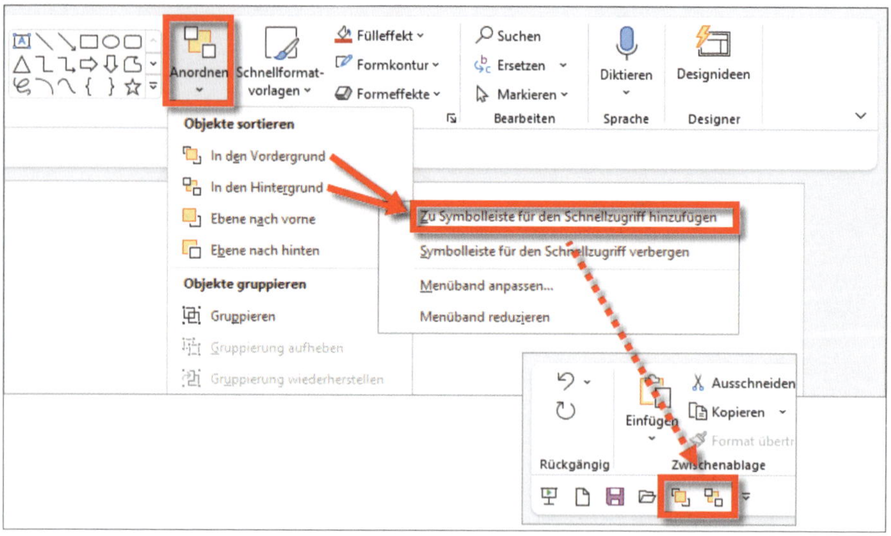

Objekte mit der Maus exakt vertikal oder horizontal verschieben

Wenn Sie ein Objekt mit gedrückter ⇧-Taste verschieben, bewegt es sich auf Schienen nach links, rechts, oben oder unten.

Objekte mit der Maus kopieren

Der Klassiker »Markieren, Kopieren und Einfügen« ist zu umständlich. Nehmen Sie die Abkürzung und kopieren Sie ein Objekt, indem Sie es mit gedrückter Strg-Taste verschieben.

Wenn Sie zusätzlich zur Strg-Taste noch die ⇧-Taste drücken, wird das Objekt exakt vertikal bzw. horizontal kopiert.

Objekte duplizieren

Beim Duplizieren kopieren Sie Objekte nicht mithilfe der Maus, sondern per Tastenkombination.

So geht's:

1. Markieren Sie ein Objekt und drücken Sie Strg+D.

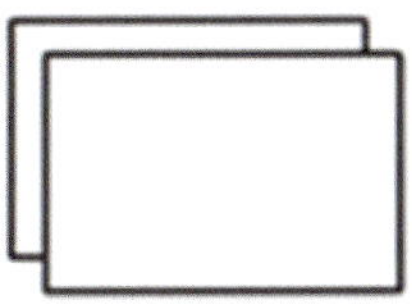

2. Verschieben Sie das frisch geborene und automatisch markierte Duplikat mithilfe der Pfeiltasten an die gewünschte Position. Verkneifen Sie sich den Griff zur Maus; ein unachtsamer Klick und Sie müssen zurück an den Start.

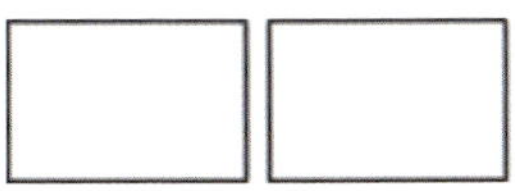

3. Erstellen Sie mit Strg+D die restlichen Duplikate.

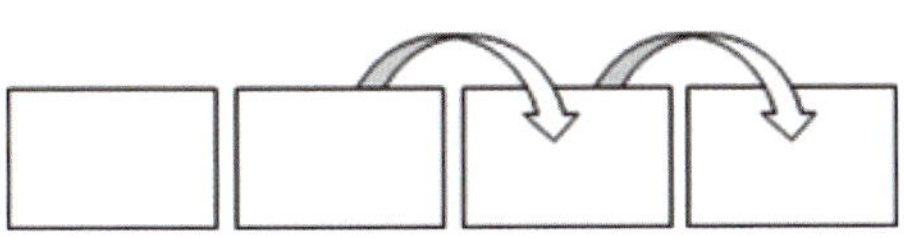

Mit der Dupliziertechnik sorgen Sie nicht nur für Duplikate, sondern gleichzeitig auch für gleiche Abstände zwischen den duplizierten Objekten.

Objekte gruppieren und trennen

Gruppieren verbindet einzelne Objekte zu einem Gesamtobjekt. Das ist hilfreich, um das Gesamtobjekt zu verschieben, und unverzichtbar, um es zu skalieren. Im Falle von Einzelobjekten skaliert PowerPoint die einzelnen Objekte.

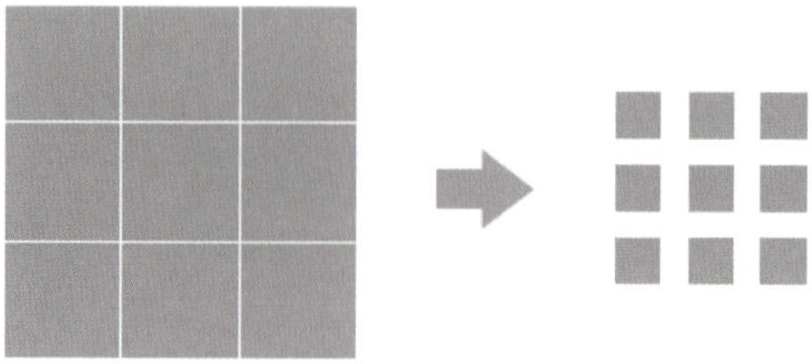

Gruppierte Elemente werden dagegen als ein einziges Element betrachtet und entsprechend skaliert.

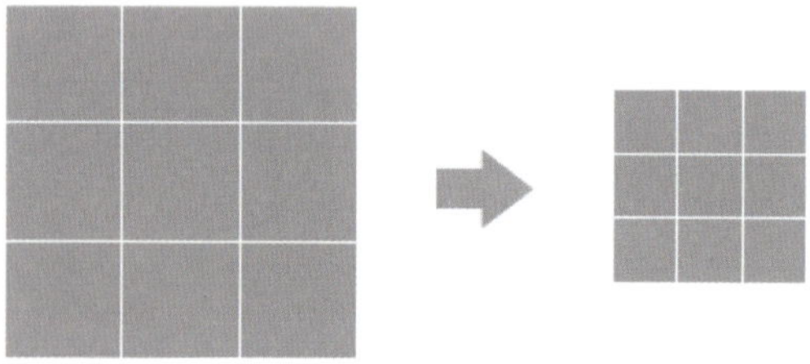

So geht's:

1. Markieren Sie alle Objekte, die Sie gruppieren möchten.
2. Klicken Sie eines der markierten Objekte mit der rechten Maustaste an und drücken Sie Strg+⇧+G.
3. Um eine Gruppe wieder in ihre Einzelteile zu zerlegen, drücken Sie Strg+⇧+H.

Objekte automatisch ausrichten

Die folgenden Befehle gehören zu den mächtigsten Werkzeugen in PowerPoint. Mit wenigen Mausklicks verwandeln Sie Chaos in Ordnung:

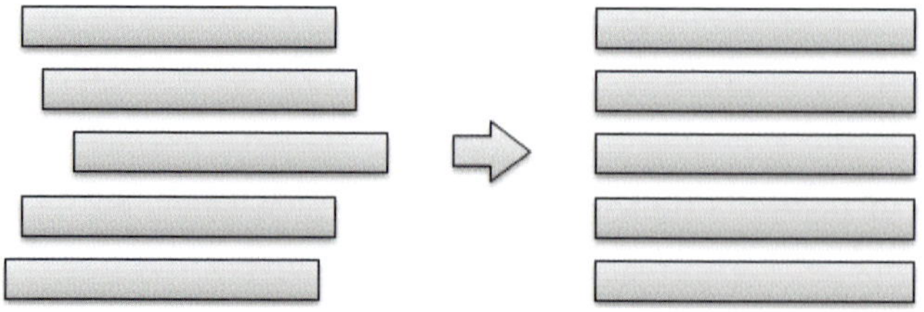

So geht's:

1. Markieren Sie die Objekte.
2. Wählen Sie den Befehl *Start/Anordnen/Ausrichten* und klicken Sie auf das passende Symbol.

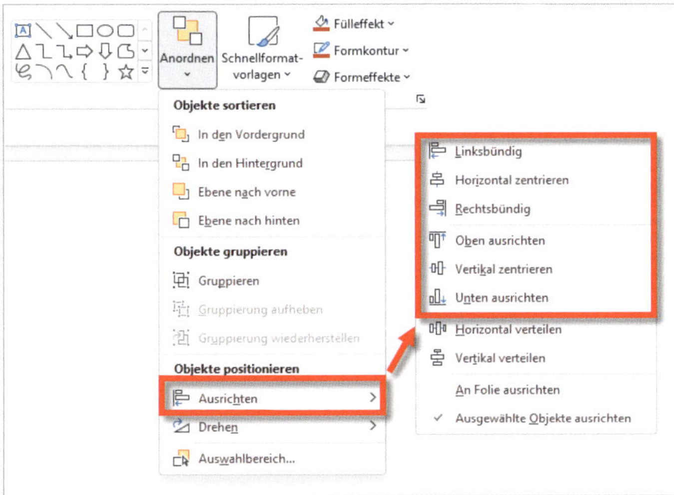

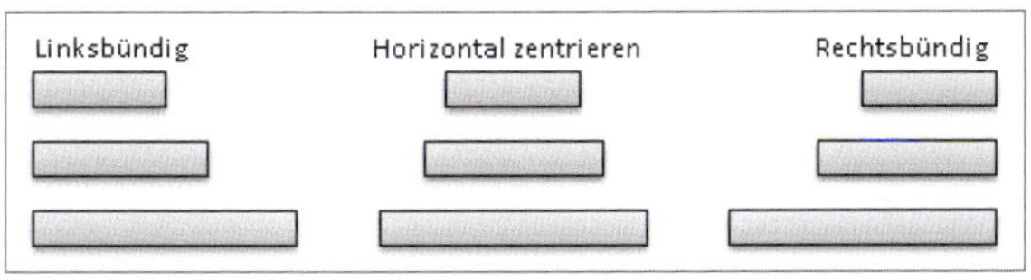

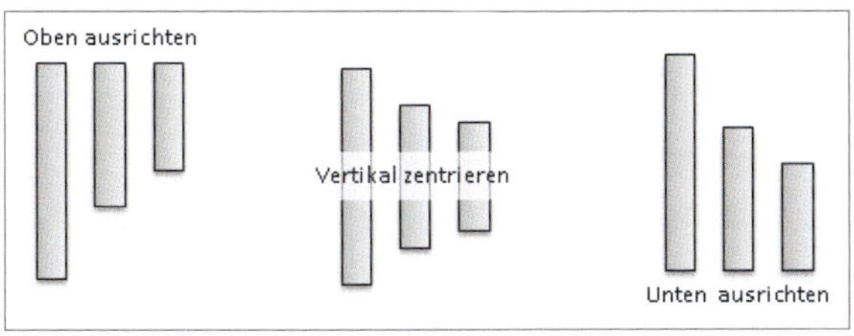

Objekte automatisch verteilen

Verteilen sorgt für gleiche Zwischenräume zwischen Objekten.

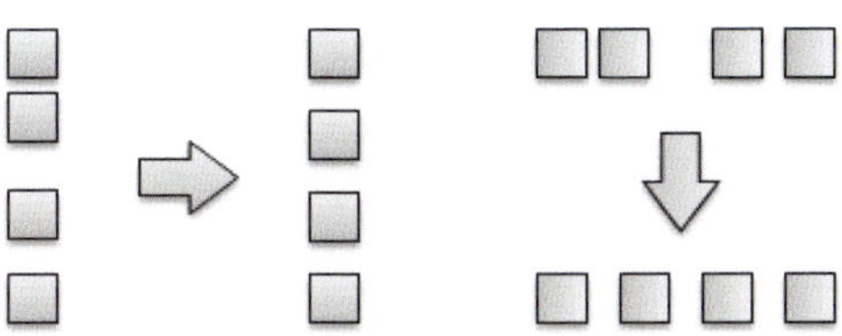

So geht's:

1. Markieren Sie die Objekte.
2. Wählen Sie den Befehl *Start/Anordnen/Ausrichten* und klicken Sie auf das passende Symbol.

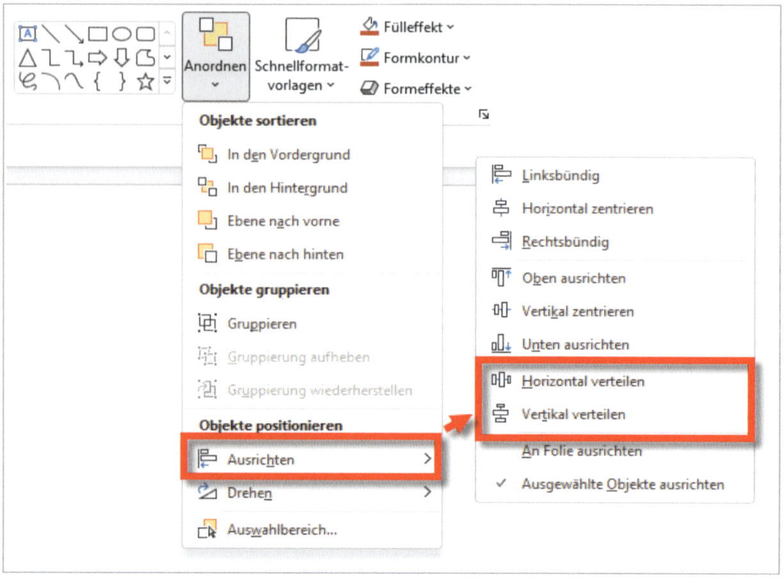

Mit Verbindungslinien arbeiten

Verbindungslinien sind am Objekt fest verankert. Wenn Sie das Objekt verschieben, wandern die verankerten Linien mit. So erstellen Sie eine Verbindungslinie:

1. Wählen Sie die gewünschte Linie durch einen Klick aus und zeigen Sie auf das Startobjekt, also das Objekt, bei dem die Linie beginnen soll. Es erscheinen die Ankerpunkte.
2. Nehmen Sie den gewünschten Startankerpunkt ins Visier, drücken Sie die linke Maustaste, ziehen Sie dann die Maus auf dem kürzesten Weg zum Zielankerpunkt und lassen Sie die Maustaste los.

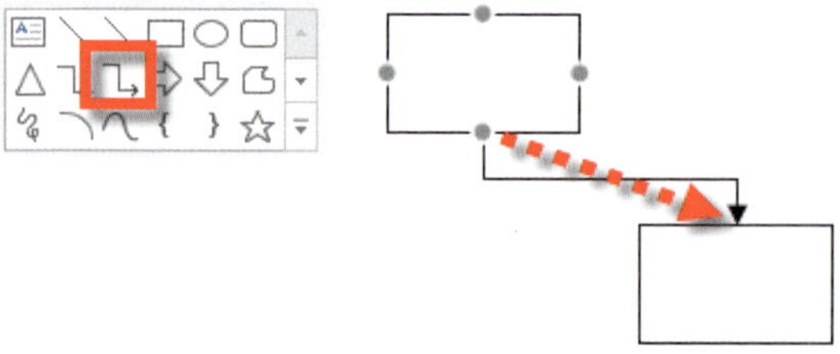

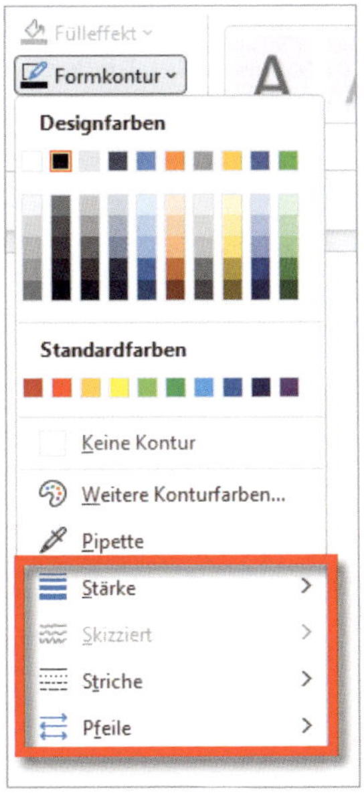

Verbindungslinien lassen sich über die Liste *Formkontur* formatieren wie jede andere Linie.

Unsichtbare Objekte aufspüren

Mit unsichtbaren Objekten meine ich Formen ohne Fülleffekt und Formkontur. Mit anderen Worten: weiße Katzen im Schnee, wie beispielsweise das unsichtbare dritte Rechteck zwischen den beiden sichtbaren Rechtecken:

So spüren Sie unsichtbare Objekte mithilfe von PowerPoints Hausdetektiv auf:

1. Drücken Sie sicherheitshalber die Taste [Esc] oder klicken Sie neben die Folie, damit PowerPoint garantiert nicht (mehr) im Textmodus ist und keine Objekte (mehr) markiert sind.
2. Drücken Sie die [Tab]-Taste, um das nächste, bzw. [Shift]+[Tab], um das vorangegangene Objekt zu markieren.

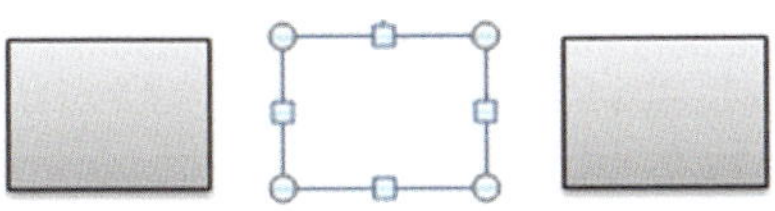

Verdeckte Objekte bearbeiten

Verdeckte Objekte liegen hinter anderen Objekten und sind je nach Vordergrund komplett verdeckt und damit unsichtbar oder – wie das Wasserzeichen *VERTRAULICH* in diesem Beispiel – zwar hinter der SmartArt-Grafik, aber noch sichtbar. Im Hintergrund liegende Objekte können Sie nicht mehr durch Anklicken markieren, weil der Klick das darüberliegende Objekt markiert. Was tun, wenn Sie ein verdecktes Objekt bearbeiten oder löschen möchten?

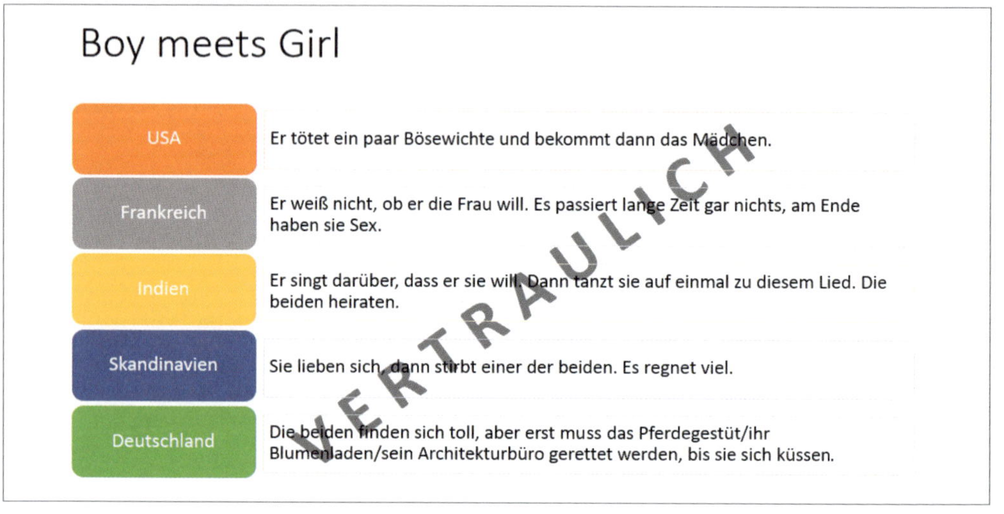

Wieder hilft PowerPoints Hausdetektiv namens [⇆]. Klicken Sie, wie eben beschrieben, sicherheitshalber zuerst neben die Folie und drücken Sie dann so oft die [⇆]-Taste, bis das gewünschte Objekt markiert ist. Um es zu löschen, drücken Sie die Taste [Entf]. Um es zu bearbeiten, empfehle ich Ihnen, das Objekt vorübergehend in den Vordergrund zu holen und nach hinten zu verbannen.

Folien aus anderen Präsentationen einfügen

So fügen Sie Folien über die Zwischenablage in die aktuelle Präsentation ein:

1. Öffnen Sie die Quellpräsentation und wechseln Sie der besseren Übersicht halber in beiden Präsentationen zur Ansicht *Foliensortierung*.
2. Markieren und kopieren Sie die gewünschten Folien aus der Quellpräsentation mit [Strg]+[C] in die Zwischenablage.
3. Wechseln Sie zurück in die Zielpräsentation, klicken Sie zwischen zwei Folien und fügen Sie den Inhalt der Zwischenablage über [Strg]+[V] ein. Da Sie sich ja in der Ansicht *Foliensortierung* befinden, können Sie die eingefügten Folien bei Bedarf im Handumdrehen an die gewünschte Position verschieben.

Als Alternative zur Zwischenablage bietet PowerPoint noch eine weitere Variante zum Einfügen von Folien aus anderen Präsentationen an, bei der Sie die Quellpräsentation nicht öffnen müssen.

So geht's:

1. Klicken Sie auf der Registerkarte *Start* auf den kleinen Pfeil unter dem Symbol *Neue Folie* und wählen Sie *Folien wiederverwenden*. Rechts erscheint der gleichnamige Aufgabenbereich.
2. Wählen Sie *Durchsuchen/Datei durchsuchen*.
3. Doppelklicken Sie auf die gewünschte Quellpräsentation, und die Folien erscheinen in Miniaturausgabe im Aufgabenbereich.
4. Zum Einfügen klicken Sie in der Auswahlliste nacheinander die gewünschten Folien an.

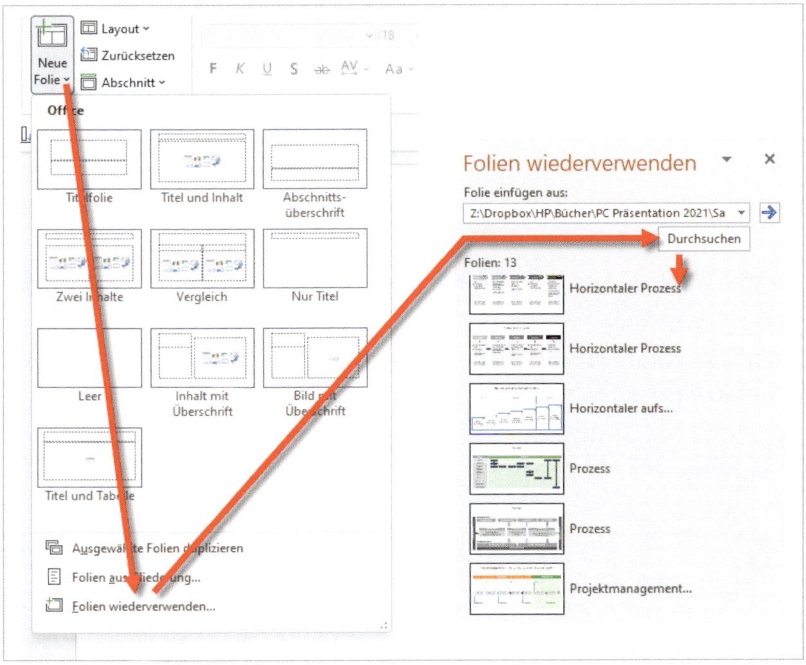

Objekte drehen oder kippen

Um ein Objekt mithilfe der Maus zu drehen, klicken Sie es an, nehmen den unten abgebildeten Anfasser ins Visier und ziehen mit gedrückter linker Maustaste vorsichtig einen Kreis. Sobald der Drehwinkel passt, lassen Sie die Maustaste los.

Wenn Sie ein Objekt um 90 Grad oder einen bestimmten Winkel drehen oder wenn Sie es vertikal oder horizontal kippen möchten, gehen Sie so vor:

1. Klicken Sie auf das Objekt und wählen Sie den Befehl *Formformat/Drehen* für Formen bzw. *Grafikformat/Drehen* für Bilder.

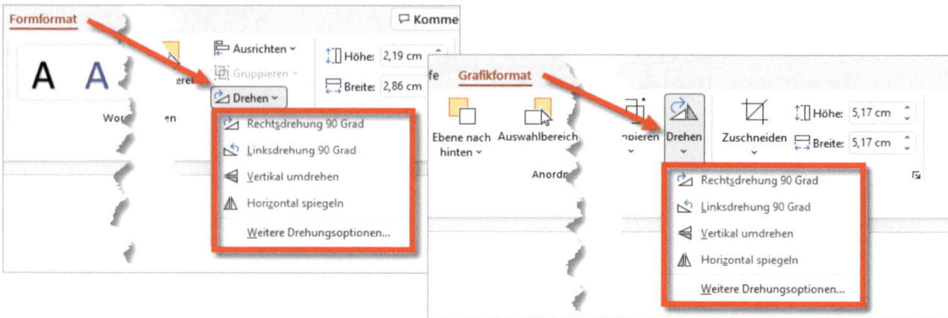

2. Für eine Vorschau **zeigen** Sie auf den gewünschten Befehl, zum Zuweisen **klicken** Sie ihn an.
3. Für einen exakten Winkel, zum Beispiel 333 Grad, wählen Sie *Weitere Drehungsoptionen*.
4. Im Aufgabenbereich *Grafik formatieren* (bzw. *Form formatieren*) tippen Sie den gewünschten Wert in das Feld *Drehung* ein.

5. Um eine Drehung zu entfernen, setzen Sie den Wert auf null.

Eine Form millimetergenau skalieren

Solange Sie nach Augenmaß arbeiten dürfen, spielen Millimeter keine Rolle. Wenn es aber auf Feinheiten ankommt, klicken Sie auf die Form, tippen auf der Registerkarte *Form-*

format die gewünschten Werte in die beiden Drehfelder und drücken abschließend die ⏎-Taste oder klicken neben die Folie.

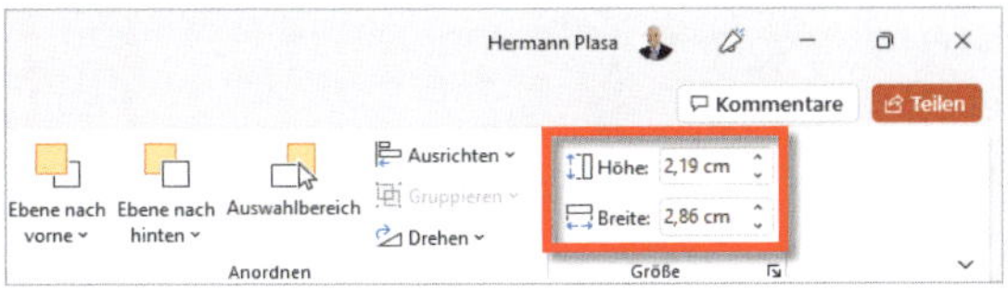

Objekte ausblenden

Wenn Sie Objekte weder anzeigen noch löschen möchten, blenden Sie sie aus.

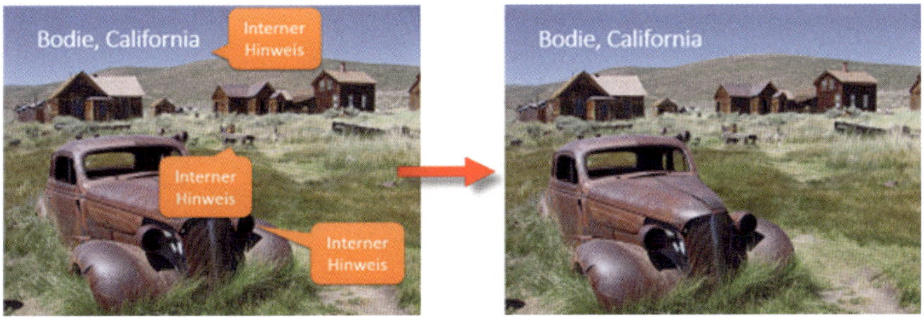

So geht's:

1. Wählen Sie den Befehl *Start/Anordnen/Auswahlbereich*, um den Aufgabenbereich *Auswahl* einzublenden.
2. Klicken Sie auf das Symbol *Sichtbarkeit* (stilisiertes Auge), um Objekte auszublenden bzw. ausgeblendete Objekte (Querstrich statt stilisiertes Auge) wieder anzuzeigen.

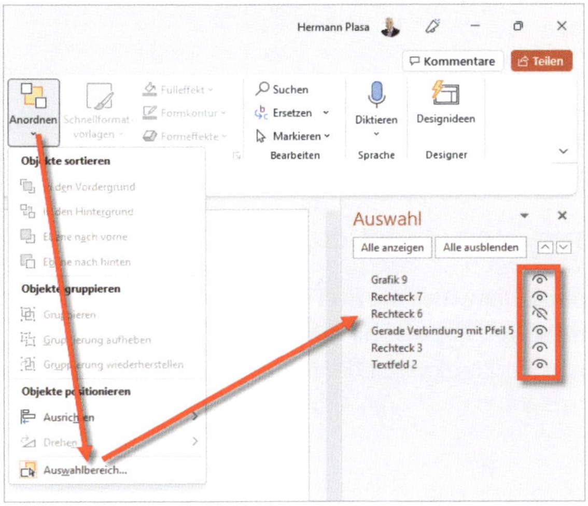

Aufgabenbereiche anordnen

Sobald Sie mehr als einen Aufgabenbereich einblenden, wird nur der zuletzt eingeblendete Aufgabenbereich angezeigt. Gleichzeitig erscheinen Symbole für alle aktiven Aufgabenbereiche, in der folgenden Abbildung sind das – von unten nach oben – die Aufgabenbereiche *Grafik formatieren*, *Animation* und *Auswahl*. Durch Anklicken der entsprechenden Symbole können Sie zwischen den verschiedenen Aufgabenbereichen hin und her schalten.

Sollte Ihnen das Hin-und-Her-Geschalte irgendwann lästig werden bzw. falls Sie absichtlich zwei oder mehrere Aufgabenbereiche nebeneinander sehen möchten, wählen Sie in der Auswahlliste des entsprechenden Aufgabenbereichs *Von Registerkarte verschieben*.

Umgekehrt sorgen Sie mit dem Befehl *Auf Registerkarte verschieben* dafür, dass PowerPoint den aktiven Aufgabenbereich wieder versteckt und nur dessen Symbol anzeigt.

Führungslinien: Positionierungs- und Orientierungshilfe

Zeichnungslinien sind zwei gestrichelte Linien, die eine Art Fadenkreuz auf der Folie bilden. Per Voreinstellung sind sie ausgeblendet. Mit Alt+F9 blenden Sie diese bei Bedarf ein bzw. aus. Die Linien sind magnetisch. Sobald Sie Objekte mit der Maus nahe genug an sie heranziehen, docken sie an der Linie an.

Neben der Magnetfunktion eignen sich Zeichnungslinien auch perfekt für ein Gestaltungsraster. Mit gedrückter Maustaste verschieben Sie Linien. Zum Kopieren drücken Sie beim Ziehen die Strg-Taste. Beim Ziehen misst PowerPoint den Weg bzw. liefert exakte Entfernungsangaben von der Folienmitte (0,00).

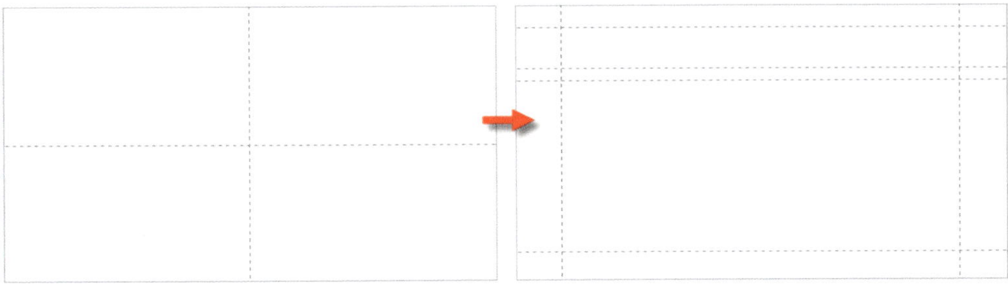

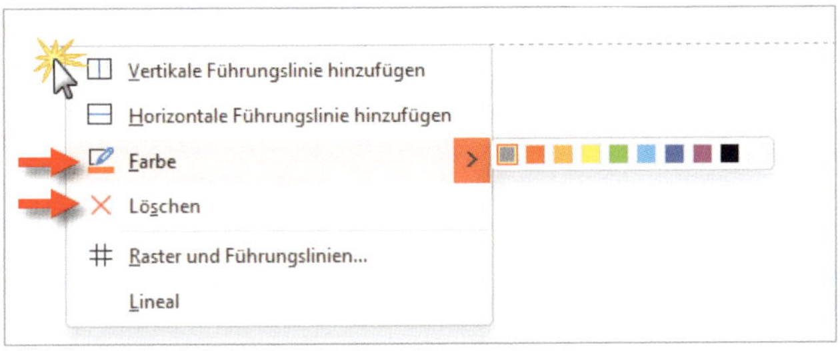

Um die Farbe einer Linie zu ändern oder um eine Linie zu löschen, klicken Sie diese mit der **rechten** Maustaste an und wählen die gewünschte *Farbe* bzw. den Befehl *Löschen*.

Unterschiedliche Führungslinien für Folien und Folienmaster

Seit PowerPoint 2013 gibt es separate Führungslinien für Folien einerseits und den Folienmaster andererseits. Vorteil: Führungslinien im Master lassen sich beim Bearbeiten der Folie nicht versehentlich verschieben.

Abkürzungen und Tastenkombinationen im Überblick

Hier die wichtigsten Abkürzungen in der Übersicht. Je schneller Sie sie verinnerlicht haben, desto leichter wird die Arbeit mit PowerPoint werden.

Aktion	Taste bzw. Tastenkombination
Letzte Aktion wiederholen	F4
Alle Objekte auf der Folie markieren	Strg+A
Zusammenhängende Objekte markieren	Rahmen um die Objekte ziehen
Nicht zusammenhängende Objekte markieren	⇧ + Klicken auf Objekte
Objekt vertikal oder horizontal verschieben	⇧ + Ziehen

Aktion	Taste bzw. Tastenkombination
Objekt kopieren	Strg + Ziehen
Objekt vertikal oder horizontal kopieren	Strg+⇧ + Ziehen
Objekt duplizieren	Strg+D
Folie duplizieren (Ansicht *Foliensortierung*)	Strg+D
Folie duplizieren (*Normalansicht*)	Strg+⇧+D
Rastersprünge minimieren (Tastatur)	Strg + Pfeiltasten
Rastersprünge minimieren (Maus)	Alt + Ziehen
Kreis oder Quadrat zeichnen	⇧ + Ellipse oder Rechteck zeichnen
Gerade Linie zeichnen (vertikal/horizontal)	⇧ + Linie zeichnen
Gruppieren	Strg+⇧+G
Gruppierung aufheben	Strg+⇧+H
Form proportional skalieren (Fixpunkt Ecke)	⇧ + Ziehen an Eckskalierpunkt
Form proportional skalieren (Fixpunkt Mitte)	Strg+⇧ + Ziehen an Eckskalierpunkt
Verdeckte und unsichtbare Objekte aufspüren	⇆
Führungslinien ein- und ausblenden	Alt+F9
Textabsatz nach oben verschieben	Alt+⇧+↑
Textabsatz nach unten verschieben	Alt+⇧+↓
Präsentation mit erster Folie starten	F5
Präsentation mit aktueller Folie starten	⇧+F5
Referentenansicht ohne Beamer testen	Alt+F5

Tipps zur richtigen Strategie

Auf den vorangegangenen Seiten haben Sie eine Reihe von kleinen, aber mächtigen Helfern kennengelernt. Jetzt geht es darum, diese Werkzeuge zu kombinieren und strategisch einzusetzen.

Mein Vorschlag: Basteln Sie die folgenden Beispiele nach. Auf diese Weise wiederholen und vertiefen Sie den Umgang mit den Werkzeugen und erleben aus erster Hand den Effekt strategischen Vorgehens.

In Rechtecken denken

Sparen Sie Zeit und verwenden Sie für den Rohentwurf von Folien nach Möglichkeit zunächst Platzhalter. Im zweiten Schritt ersetzen Sie die Platzhalter durch die endgültigen Objekte. Auch wenn man es zunächst nicht glauben mag – mit dieser Methode kommen Sie schneller ans Ziel. Es folgen zwei Beispiele zum Mitmachen.

Beispiel 1:

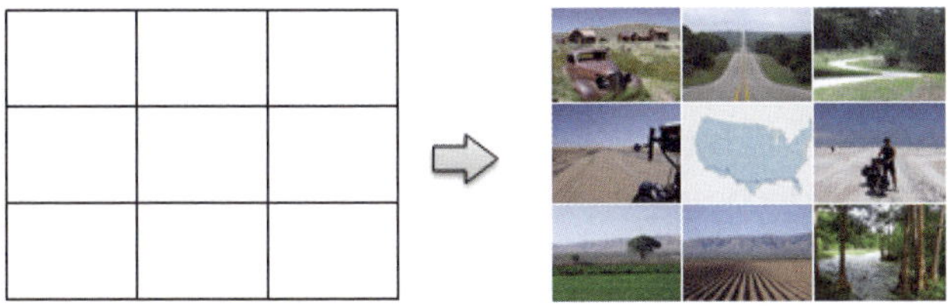

Aus neun Rechtecken werden neun Bilder. Warum nicht gleich die Bilder einfügen und anordnen? Weil es mit Rechtecken viel schneller geht. Versuchen Sie es ...

So geht's:

1. Erstellen Sie ein Rechteck mit 3 cm Höhe und 4 cm Breite (bzw. in dem für die einzufügenden Bilder passenden Format).
2. Färben Sie die Formkontur weiß.
3. Kopieren Sie das Rechteck achtmal und kleben Sie die einzelnen Teile nach Art eines Schachbrettmusters aneinander.
4. Betanken Sie die Rechtecke mit Bildern.

Beispiel 2:

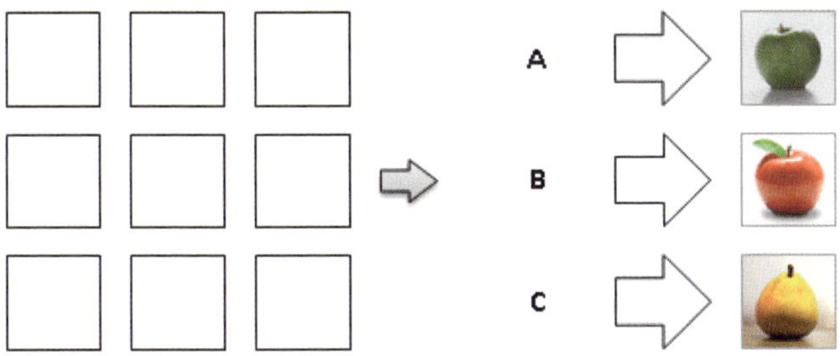

1. Erstellen Sie ein Quadrat.
2. Duplizieren Sie das Quadrat zweimal nach rechts, um die oberen drei Quadrate zu erstellen, und duplizieren Sie diese drei Quadrate zweimal nach unten, um das links oben abgebildete Muster mit den neun Quadraten zu erzeugen.

3. Tippen Sie in die drei linken Quadrate die Buchstaben *A*, *B* und *C*, wählen Sie für Füllung und Formkontur die Variante *Keine* und färben Sie den (vermutlich weißen und deshalb nicht mehr sichtbaren) Text schwarz.
4. Verwandeln Sie die drei mittleren Quadrate in Pfeile.
5. Betanken Sie die drei rechten Quadrate mit Bildern und formatieren Sie die Formkontur nach Belieben.

Gruppieren als Wundermittel

Man kann es nicht oft genug wiederholen: Gruppieren ist hilfreich, um zusammengesetzte Objekte zu verschieben, und absolut unverzichtbar, sobald es ums Skalieren geht. Gruppieren hilft Ihnen auch dabei, unterschiedlich große Objekte exakt auf das gewünschte Maß zurechtzuhobeln. Mit etwas Übung benötigen Sie für das folgende Beispiel etwa 30 bis 50 Sekunden:

Ziel: Zwischen diesen beiden schwarzen Linien sollen fünf gleich große Rechtecke exakt eingepasst werden.

Halt! Nicht rechnen, raten oder verzweifeln. Zeichnen Sie ohne Rücksicht auf das Maß ein kleines Rechteck, kopieren Sie es viermal und kleben Sie die Rechtecke aneinander.

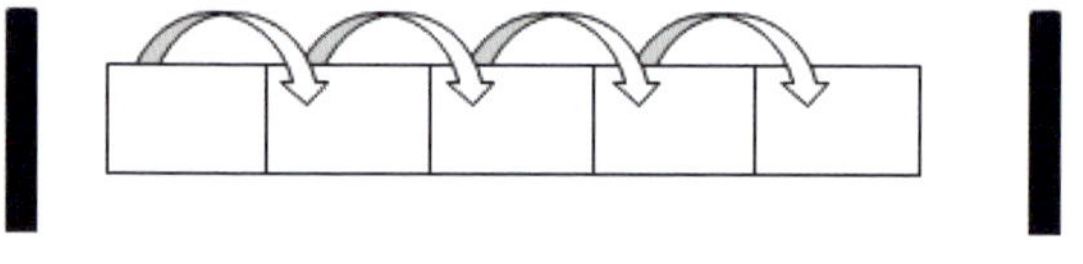

Gruppieren Sie die Rechtecke und docken Sie die Gruppe an den schwarzen Linien an. Fertig.

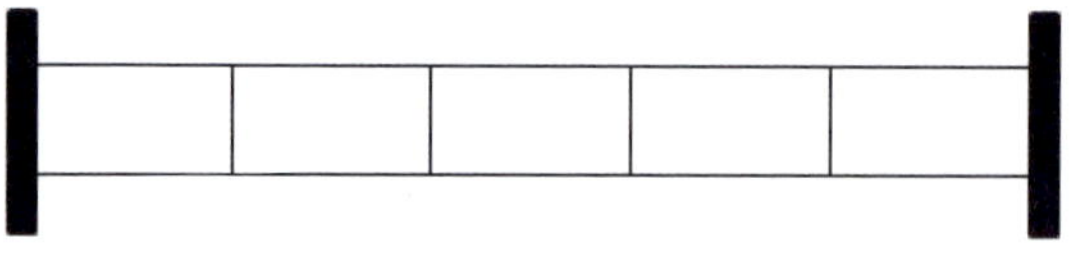

Im umgekehrten Fall gehen Sie genauso vor.

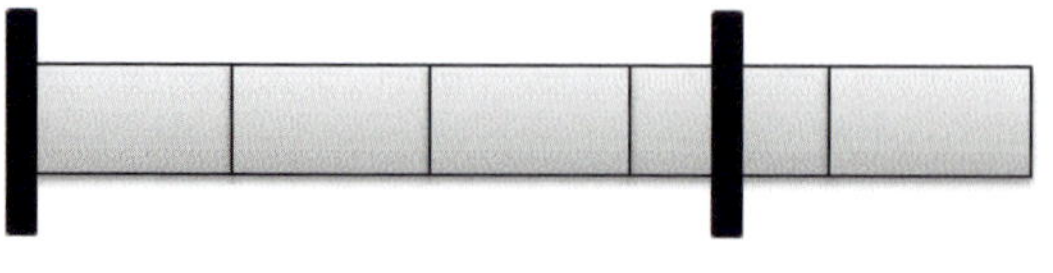

Gruppieren Sie die Rechtecke und passen Sie die Gruppe exakt ein.

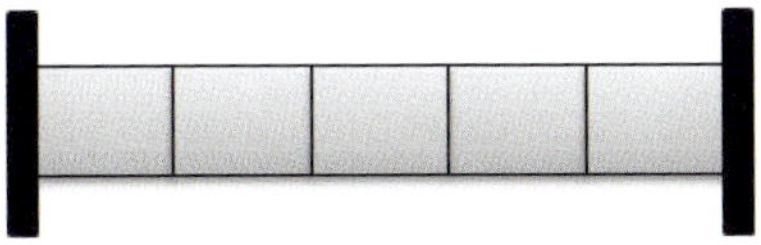

Vom Vordergrund zum Hintergrund

Überlegen Sie kurz: Wie würden Sie vorgehen, um dieses Bewertungsschema zu erstellen?

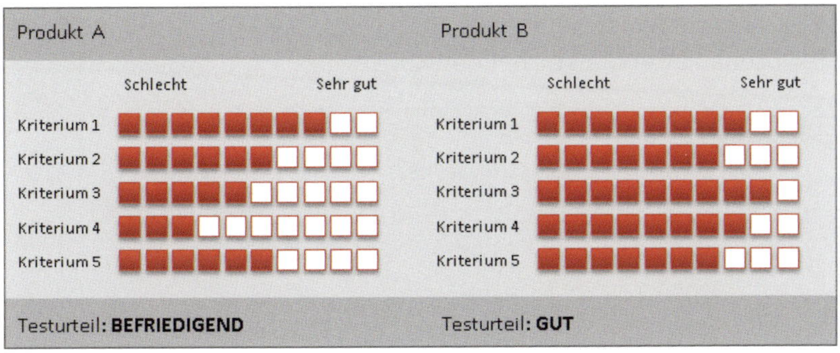

Das ist mein Vorschlag:

1. Beginnen Sie mit den Kästchen. Erstellen Sie ein einziges und duplizieren Sie es neunmal nach rechts.

   Erstellen und positionieren Sie links davon das Textfeld *Kriterium 1* und gruppieren Sie abschließend alles.

2. Duplizieren Sie die Gruppe viermal nach unten, erstellen Sie die Textfelder *Schlecht* und *Sehr gut*, passen Sie die Nummern hinter (dem duplizierten Textfeld) *Kriterium 1* an, färben Sie die Kästchen passend und gruppieren Sie abschließend alles.

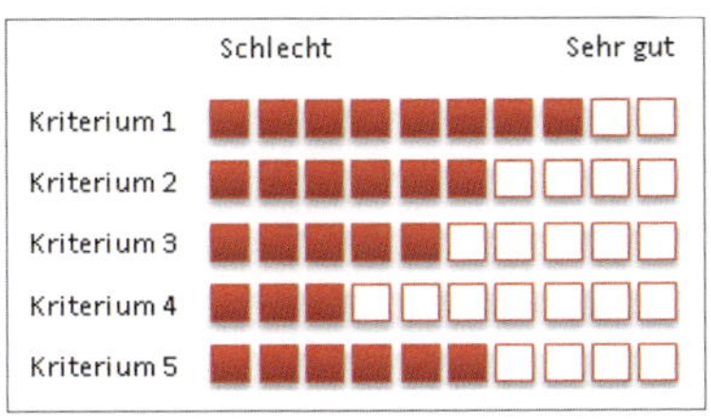

3. Kopieren Sie die Gruppe nach rechts, färben Sie die Kästchen der rechten Gruppe nach Bedarf ein und gruppieren Sie abschließend alles.

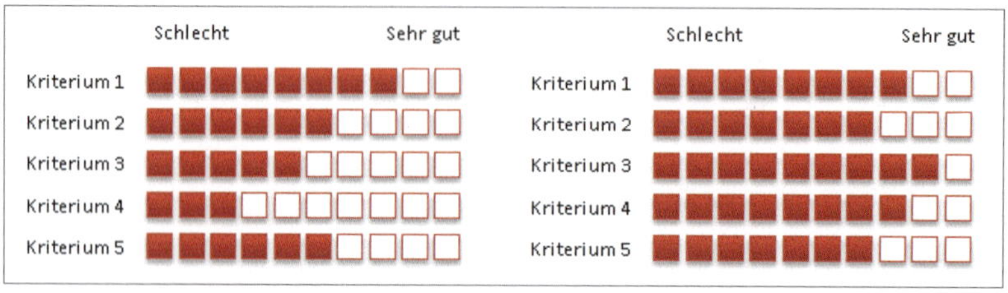

4. Der Vordergrund ist damit erledigt. Jetzt folgt die nächste Schicht. Zeichnen Sie ein hellgraues Rechteck genau **über** dem bisherigen Kunstwerk.

5. Verschieben Sie das Rechteck in den Hintergrund.

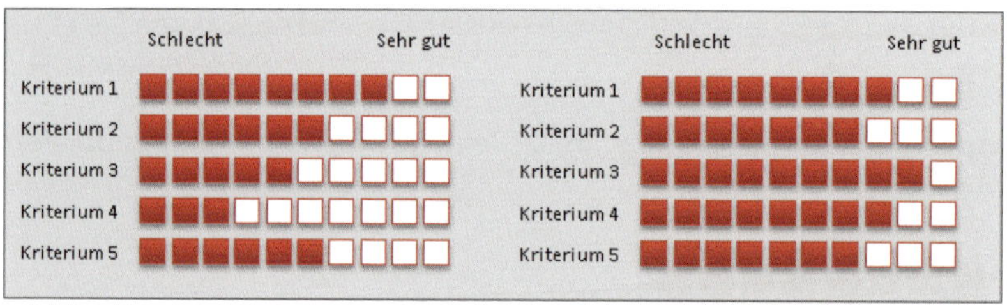

6. Zeichnen Sie das dunkelgraue (und etwas höhere Rechteck) über dem bisherigen Kunstwerk.

7. Verschieben Sie es in den Hintergrund und erstellen Sie abschließend die Textfelder *Produkt A*, *Produkt B* sowie die beiden Testurteile unterhalb der kleinen Kästchen.

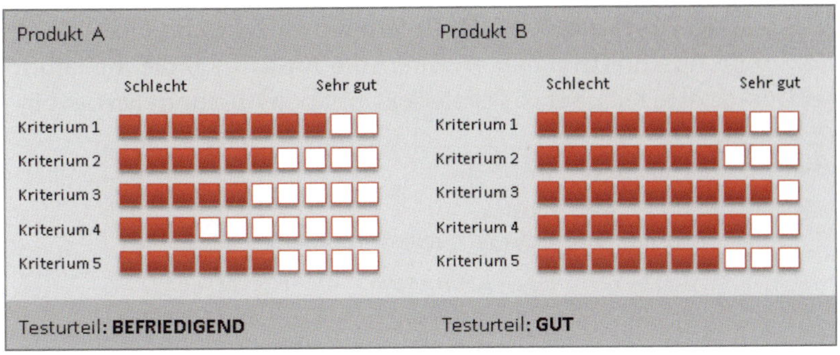

Das Rad nicht neu erfinden – Musterfolien sammeln

»Wer Ordnung hält, ist nur zu faul zum Suchen« oder »Ordnung brauchen nur Dumme. Ein Genie beherrscht das Chaos«. Was die Arbeit mit PowerPoint betrifft, so lautet mein Tipp für jeden PowerPoint-Anwender – egal, ob Genie oder nicht: Werden Sie zum akribischen Sammler von Musterfolien!

Folienrohentwürfe mit Platzhaltern sind die bessere Wahl, aber zur Not nehmen Sie auch Folien mit ausformuliertem Inhalt, den Sie nach Bedarf ändern. Je größer Ihr Fundus an Musterfolien wird, desto weniger Arbeit werden Sie in Zukunft mit neuen Folien haben.

Meine Sammlung hatte zu ihrer Bestzeit knapp 350 Musterfolien, aufgeteilt in zwölf Kategorien. Pro Kategorie gibt es eine eigene Präsentation mit passenden Musterfolien. Für jede neu zu erstellende Folie mache ich mich in der entsprechenden Kategorie-Präsentation auf die Suche nach einer passenden Musterfolie und habe damit im Normalfall 80 % der Arbeit erledigt, bevor ich wirklich zu arbeiten beginne.

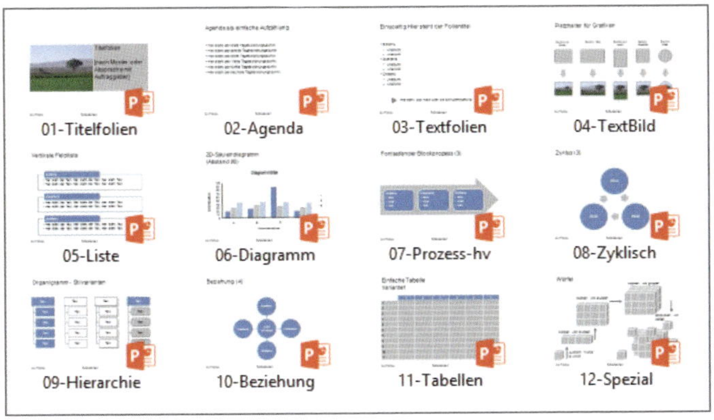

Mehr Übersicht durch Abschnitte

Abschnitte strukturieren eine Präsentation in ... – sagen wir: Kapitel, beispielsweise einzelne Abschnitte für Produkte, Projektphasen oder Unternehmensbereiche. Ein Klick auf das kleine Dreieck links vom Abschnittsnamen erweitert die Ansicht auf die Miniaturfolien dieses Abschnitts. Der nächste Klick auf das Dreieck klappt den Abschnitt wieder ein.

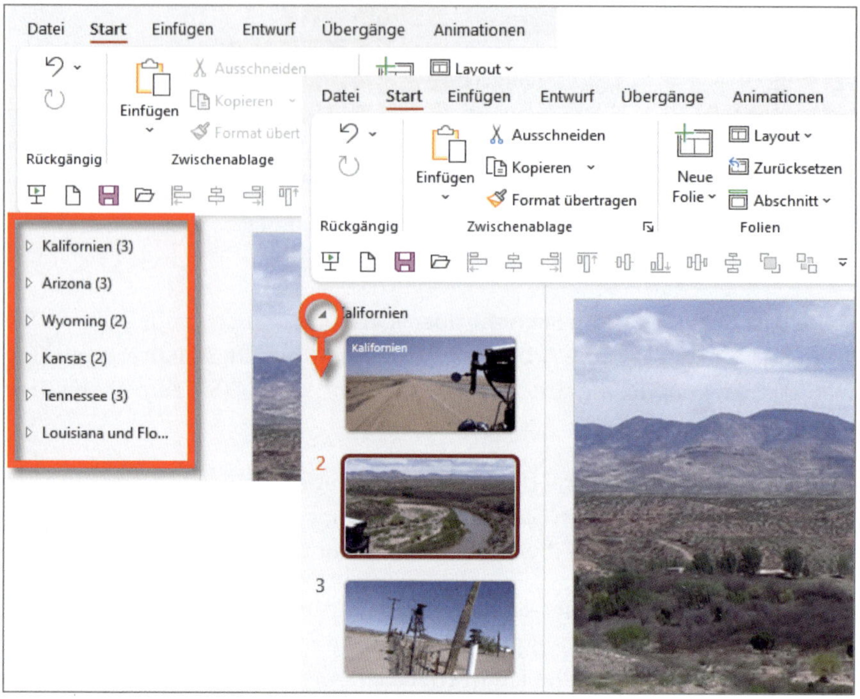

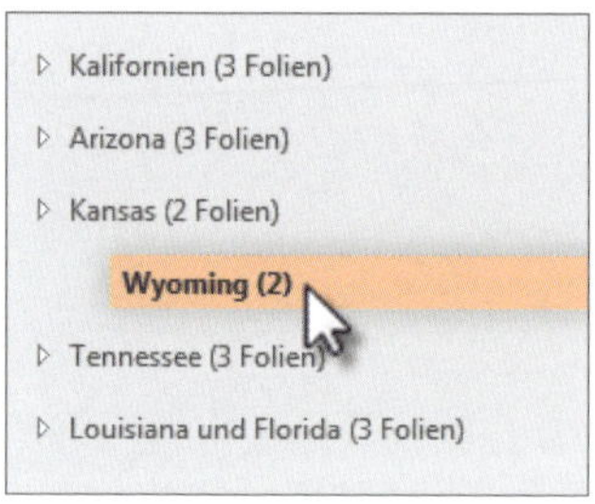

Abschnitte samt allen zugehörigen Folien lassen sich bequem mit der Maus verschieben. Packen Sie dazu den Abschnitt mit der linken Maustaste und ziehen sie ihn an die gewünschte Position. Ausgeklappte Abschnitte klappen nun automatisch ein, und der Abschnittsname erscheint in orangefarbener Schrift.

Zum Erzeugen von Abschnitten empfehle ich die Ansicht *Foliensortierung*:

1. Klicken Sie mit der rechten Maustaste vor diejenige Folie, die die erste des nächsten Abschnitts werden soll.
2. Wählen Sie aus dem Kontextmenü den Befehl *Abschnitt hinzufügen*.
3. Wiederholen Sie diesen Schritt so oft, bis Sie alle Abschnitte erzeugt haben.

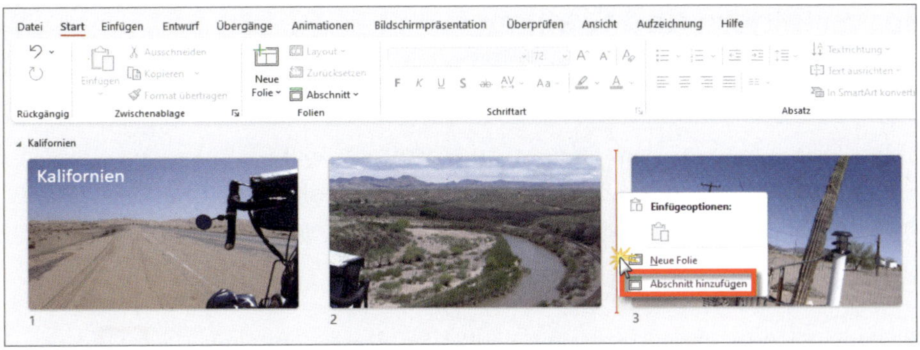

4. Klicken Sie die Abschnittsnamen der Reihe nach mit der **rechten** Maustaste an und benennen Sie sie mit aussagekräftigen Titeln.

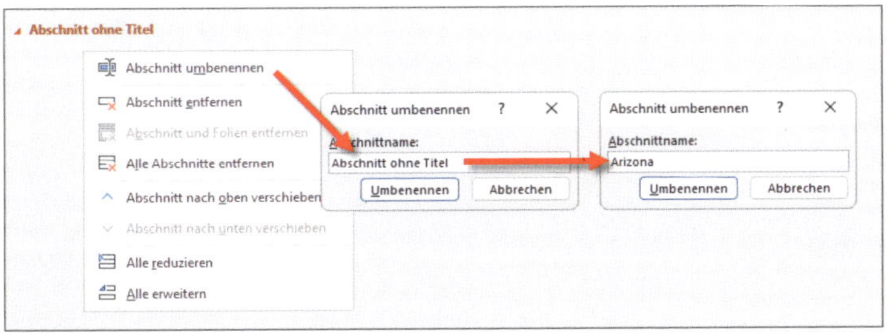

Abschnitte lassen sich auch drucken:

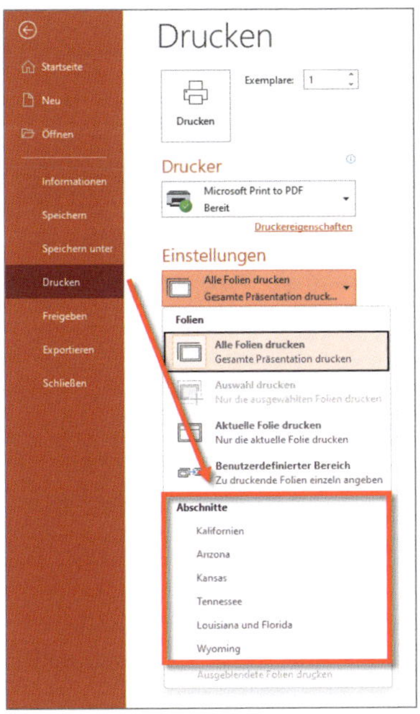

Tipps zu Bildern und Grafiken

Bilder von Datenträgern einfügen

Viele Unternehmen stellen ihren Mitarbeitern Werbe- und Marketingmaterial als Grafikdateien zur Verfügung. Im privaten Umfeld spielen vor allem die Urlaubsbilder aus der Digitalkamera eine wichtige Rolle. So fügen Sie Grafikdateien von einem Datenträger ein:

1. Bei Folienlayouts mit Platzhalter klicken Sie auf das Symbol *Bilder*.

2. Bei Folienlayouts ohne Platzhalter wählen Sie den Befehl *Einfügen/Bilder/Dieses Gerät*.

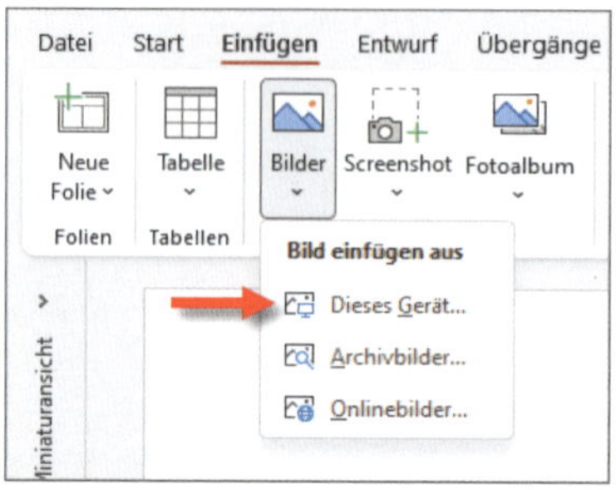

3. Öffnen Sie den Ordner mit den Bildern.

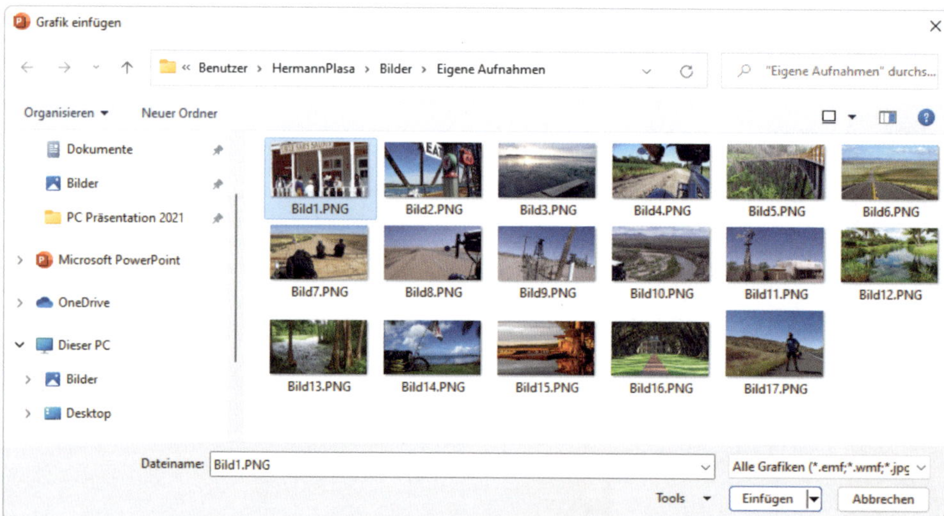

4. Um ein einzelnes Bild einzufügen, doppelklicken Sie darauf. Um mehrere Bilder einzufügen, markieren Sie die Bilder der Reihe nach durch Anklicken mit gedrückter Strg-Taste und wählen abschließend *Einfügen*.

Alternativ zur eben gezeigten Methode können Sie Bilder auch aus dem Windows-Explorer direkt in die Folie ziehen.

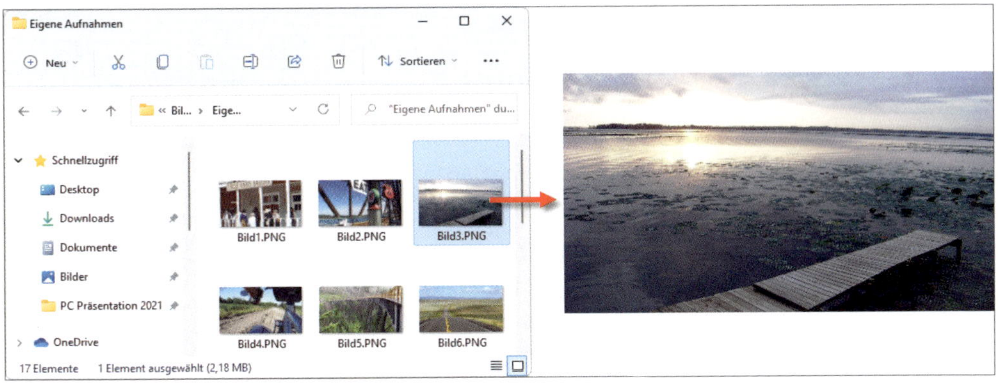

Archivbilder aus Mediengalerie einfügen

Microsofts Mediengalerie ist der Urenkel der guten alten ClipArt-Sammlung. Damals, in den 90er-Jahren des vergangenen Jahrtausends, bevölkerten Heerscharen von Strichmännchen die urzeitliche Folienwelt. Nun, früher war eben nicht alles besser.

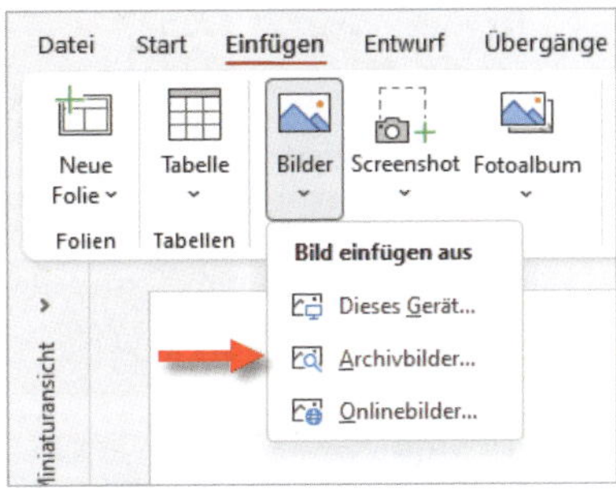

Zum Einfügen von Archivbildern gehen Sie so vor:

1. Wählen Sie den Befehl *Einfügen/Bilder/Archivbilder*.
2. Klicken Sie das gewünschte Bild (bzw. die gewünschten Bilder der Reihe nach) an und wählen Sie abschließend *Einfügen*.

Onlinebilder einfügen

Die Handgriffe sind einfach. Beachten Sie aber, dass viele Bilder urheberrechtlich geschützt sind.

1. Wählen Sie den Befehl *Einfügen/Bilder/Onlinebilder.*
2. Stöbern Sie entweder im Katalog oder geben Sie einen Suchbegriff ein und drücken Sie [↵].
3. Klicken Sie das gewünschte Bild bzw. die gewünschten Bilder an und wählen Sie *Einfügen*.

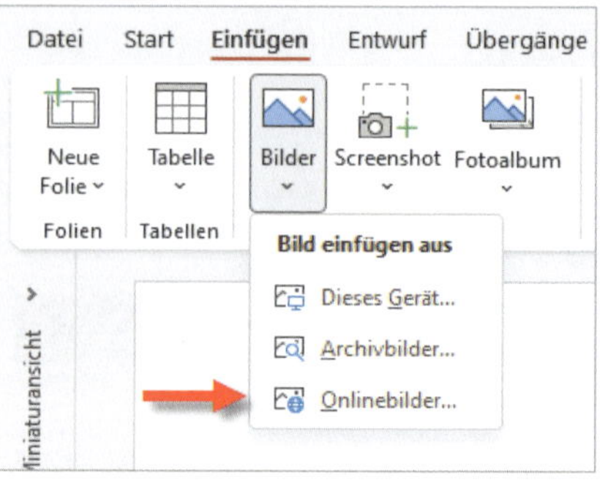

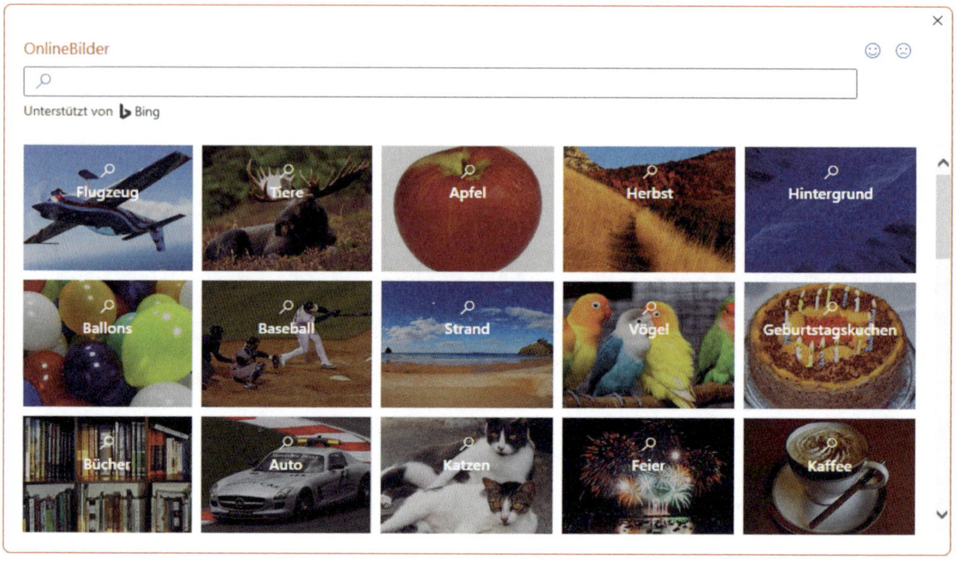

SVG-Piktogramme einfügen

SVG ist die Abkürzung für den englischen Begriff **S**calable **V**ector **G**raphics (auf Deutsch »skalierbare Vektorgrafiken«). Um Ihnen einen langen Ausflug in die Welt der Grafikbearbeitung zu ersparen, hier die Kerninformation: Vektorgrafiken lassen sich im Gegensatz zu Pixelgrafiken ohne Qualitätsverlust beliebig vergrößern.

So fügen Sie ein SVG-Piktogramm ein:

1. Wählen Sie *Einfügen/Piktogramme.*
2. Markieren Sie in der passenden Kategorie durch Anklicken das gewünschte Piktogramm bzw. die gewünschten Piktogramme und wählen Sie *Einfügen*.

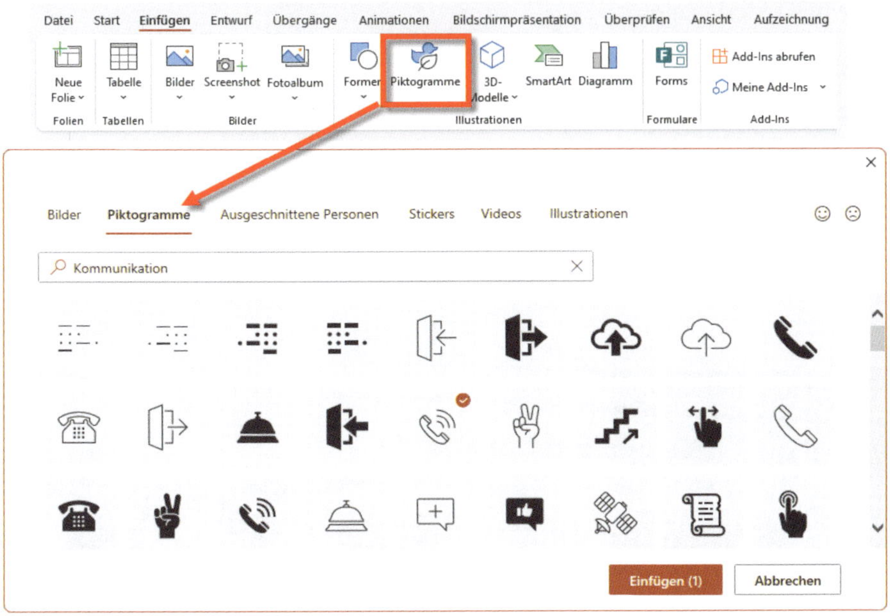

Falls Ihnen die Farbe nicht gefällt, wählen Sie einfach eine andere aus.

3D-Modelle einfügen

Diese Spezialgrafiken lassen sich (fast) stufenlos um 360 Grad drehen und nach oben oder unten kippen.

So fügen Sie ein 3D-Modell ein:

1. Wählen Sie *Einfügen/3D-Modelle*.
2. Klicken Sie nun zuerst auf die gewünschte Kategorie, danach auf das gewünschte Bild und wählen Sie abschließend *Einfügen*.

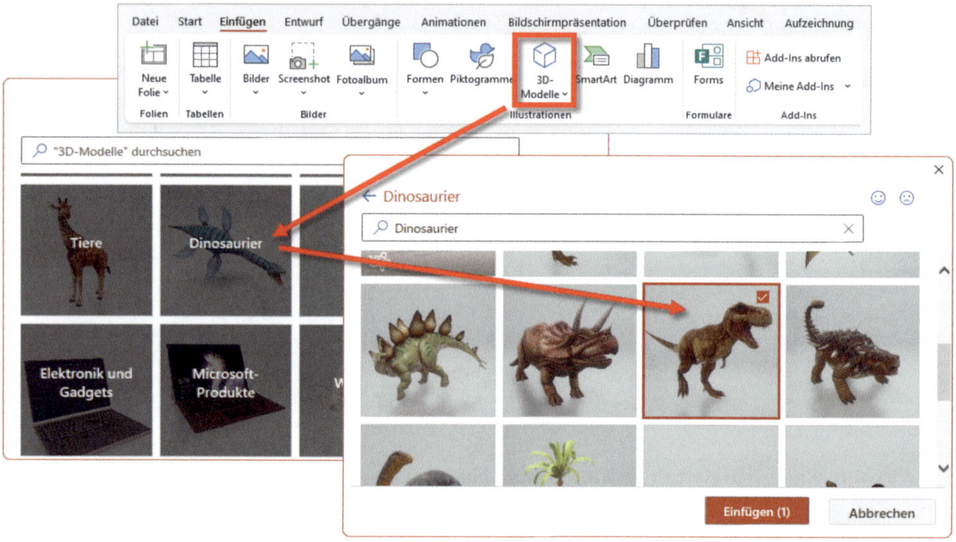

Zum Skalieren verwenden Sie die von Bildern und Formen gewohnten Eckskalierpunkte. Zum Drehen und Kippen ziehen Sie das entfernt an ein Atom erinnernde Symbol in der Mitte des 3D-Modells mit gedrückter linker Maustaste in eine beliebige Richtung. Versuchen Sie es ruhig einmal mit einer 360-Grad-Drehung um die Längs- oder Querachse.

Auf der Registerkarte *3D-Modell* stellt PowerPoint für jedes Bild eine Reihe von Ansichten auf Knopfdruck zur Verfügung.

3D-Modelle zoomen

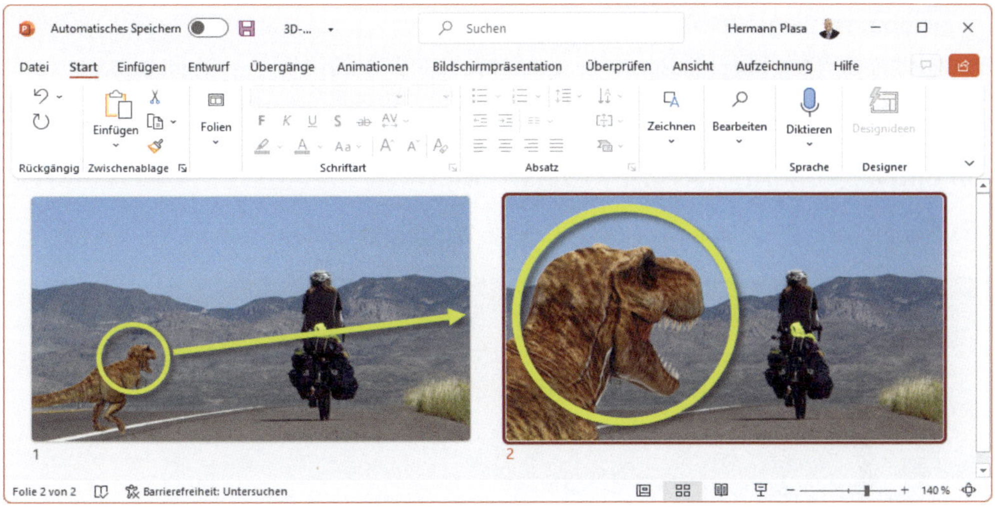

Mithilfe der *Zoom*-Funktion reduzieren Sie ein 3D-Modell auf einen bestimmten Ausschnitt. Sehen Sie sich am besten kurz das entsprechende Lernvideo an, das in wenigen Sekunden veranschaulicht, was in der folgenden Schrittanleitung trotz vieler Worte etwas abstrakt bleibt.

1. Klicken Sie zuerst auf das Bild und anschließend auf der Registerkarte *3D-Modell* auf das Symbol *Schwenken und Zoomen*. Am rechten Rand des Bildes erscheint nun ein Lupensymbol mit einem Pluszeichen.

2. Ziehen Sie dieses Lupensymbol mit gedrückter linker Maustaste diagonal nach rechts unten, um **herauszuzoomen** (verkleinern), bzw. diagonal nach links oben, um **hineinzuzoomen** (vergrößern).
3. Verschieben Sie abschließend das gezoomte Bild innerhalb des Objektrahmens mit gedrückter linker Maustaste, bis der gewünschte Ausschnitt zu sehen ist.

Ein Bild als Folienhintergrund verwenden

PowerPoint kann anstelle einer Farbe auch ein Bild als Folienhintergrund verwenden.

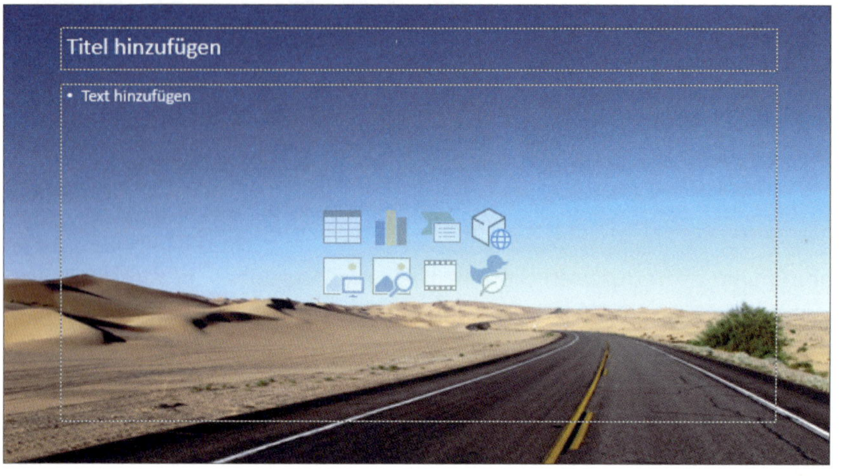

So geht's:

1. Klicken Sie mit der rechten Maustaste links oder rechts neben die Folie und wählen Sie aus dem Kontextmenü den Befehl *Hintergrund formatieren*, um den gleichnamigen Aufgabenbereich einzublenden.
2. Wählen Sie *Bild- oder Texturfüllung/Datei*, suchen Sie das gewünschte Bild und klicken Sie doppelt darauf.
3. Per Voreinstellung übernimmt PowerPoint das Hintergrundbild nur für die aktuelle Folie. Wenn Sie es als Hintergrund für alle Folien verwenden möchten, klicken Sie unten im Aufgabenbereich auf die Schaltfläche *Auf alle anwenden*.

Tipp
Um ein Hintergrundbild wieder zu entfernen, wählen Sie unten rechts im Aufgabenbereich *Hintergrund formatieren* den Befehl *Hintergrund zurücksetzen*.

Ein Bild als Füllung für Formen

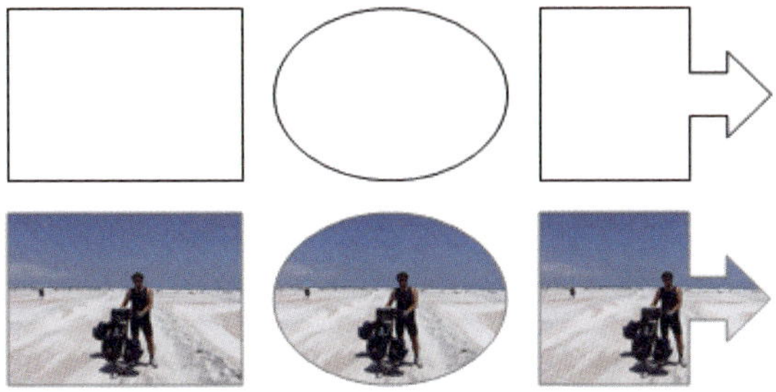

Formen lassen sich nicht nur mit Farben, sondern auch mit Bildern betanken:

1. Markieren Sie die Form und wählen Sie im *Formformat* den Befehl *Fülleffekt/Bild*.
2. Suchen Sie das gewünschte Bild und doppelklicken Sie darauf.

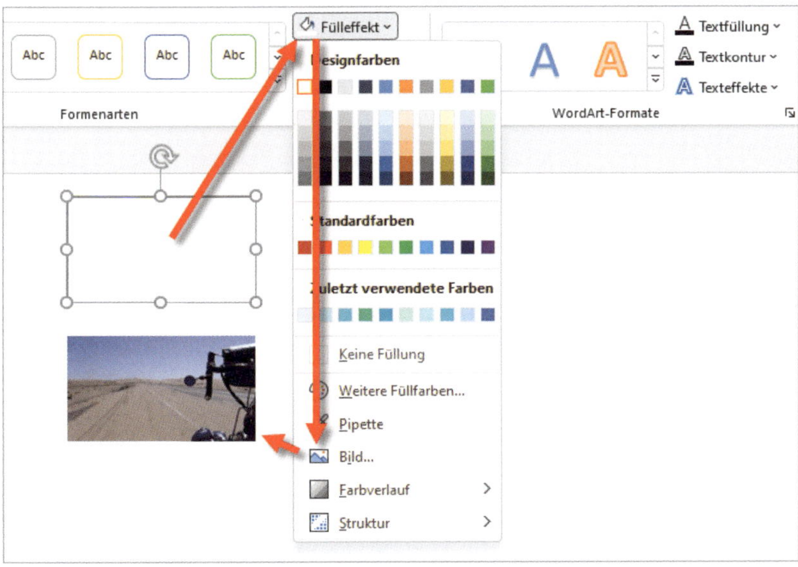

Vorsicht! Bilder passen sich der Form an. Wenn das Seitenverhältnis der beiden nicht übereinstimmt, passiert Folgendes:

Die Bildform ändern

So ändern Sie die Form eines (normalerweise rechteckigen) Bildes:

1. Klicken Sie auf das Bild und wählen Sie *Bildformat/Zuschneiden*.
2. Klicken Sie auf den kleinen Pfeil unter dem *Zuschneiden*-Symbol und wählen Sie *Auf Form zuschneiden*.
3. Klicken Sie die gewünschte Form an.

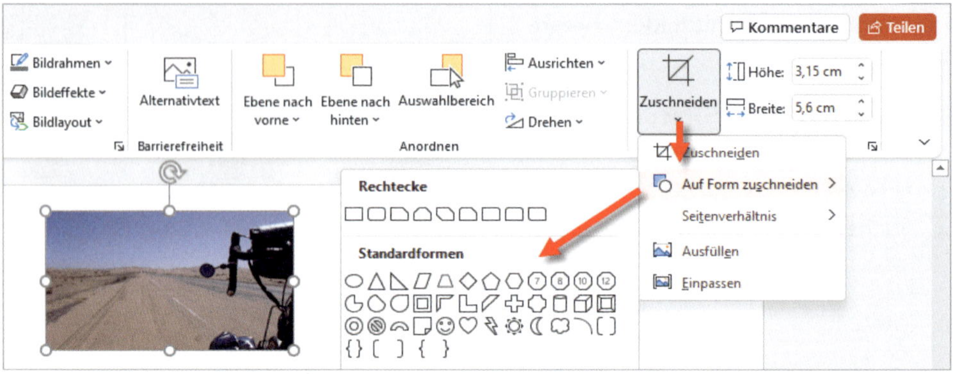

Skizzierte Formen

Perfektionierte Nachlässigkeit ist hip. Ich erfreue mich immer wieder an jenen Zeitgenossen, die sehr viel Zeit in ihre Frisur stecken, damit diese anschließend aussieht, als wäre man eben aus dem Tiefschlaf hochgeschreckt. Die skizzierten Formen von PowerPoint schlagen in die gleiche Kerbe.

Standard-Rechtecke	Skizzierte Rechtecke

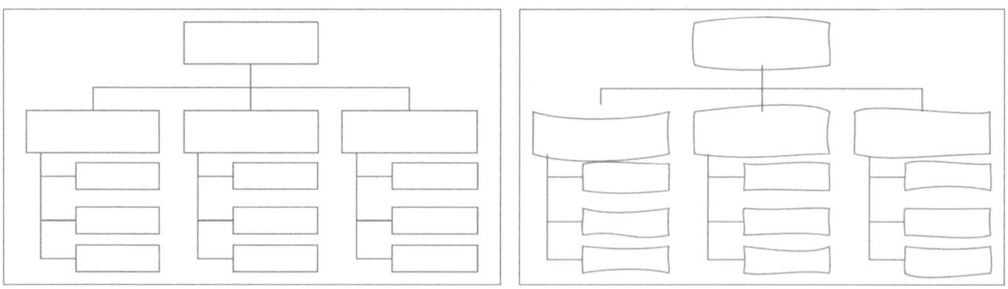

So geht's:

1. Markieren Sie die Form bzw. Formen. Beachten Sie, dass Linien nicht skizziert werden können.

2. Wählen Sie in der Liste *Formkontur/Skizziert* die gewünschte Variante.

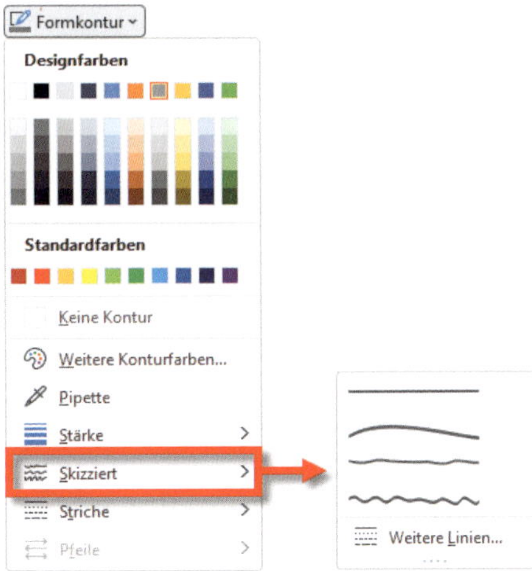

Transparente Bilder

In früheren PowerPoint-Versionen musste man ein wenig tricksen, um transparente Bilder zu erzeugen. Jetzt geht's einfacher und schneller:

Standard

Transparenz

1. Markieren Sie das Bild und wählen Sie *Bildformat/Transparenz*.
2. Wählen Sie die gewünschte Variante aus der Liste. Ist nichts Passendes dabei, versuchen Sie Ihr Glück in den Optionen für die Bildtransparenz, wo Sie den Wert stufenlos nach oben oder unten schrauben können.

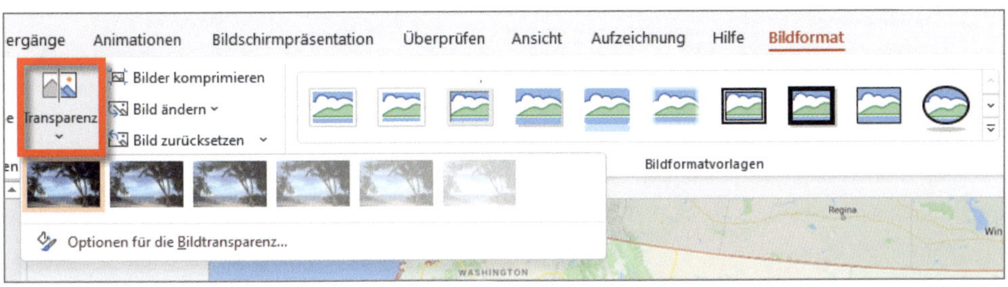

> **Hinweis**
> Leider akzeptiert PowerPoint nur einzelne Bilder. Sobald Sie zeit- und energiesparend mehrere Bilder markieren, um ihnen in einem einzigen Arbeitsgang eine Transparenz zuzuweisen, einen vorhandenen Wert zu ändern oder die Transparenz wieder zu entfernen, deaktiviert PowerPoint beleidigt diese Funktion.

Formen kombinieren, oder »ein Rechteck mit Loch«

Mit dieser Funktion kombinieren Sie einzelne Formen zu einer einzigen neuen Form. Das klingt zunächst so brauchbar wie eine dritte Schulter, lenkt jedoch gleich einem Punktstrahler im Theater den Blick auf eine ganz bestimmte Stelle der PowerPoint-Bühne, während der im Moment uninteressante Teil abgedimmt wird.

zwei Formen (Rechteck und Kreis)

neue kombinierte Form (mit Transparenz)

So erzeugen Sie das abgebildete Rechteck mit Loch:

1. Markieren Sie die Formen nacheinander durch Anklicken mit gedrückter ⇧-Taste. Beachten Sie, dass die kombinierte Form die Farbe derjenigen Form annimmt, die Sie beim Markieren zuerst anklicken. Im obigen Beispiel ist das der schwarze Kreis.
2. Wählen Sie *Formformat/Formen zusammenführen/Kombinieren.*

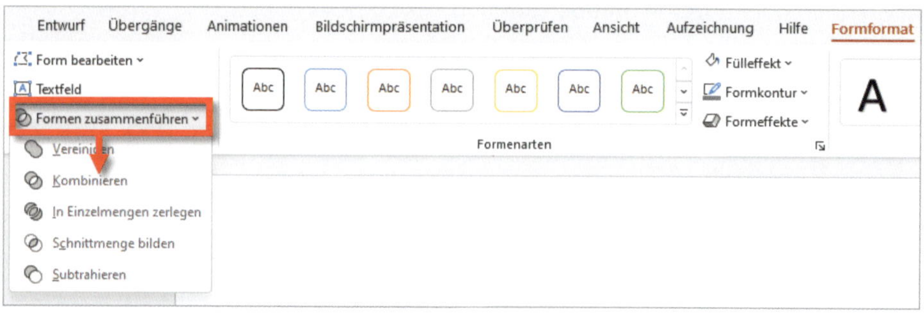

3. Weisen Sie der neuen Form die gewünschte Transparenz zu und positionieren Sie sie an der gewünschten Stelle. In diesem Beispiel also exakt über dem Bild.

Der PowerPoint-Designer

Der PowerPoint-Designer ist per Voreinstellung eingeschaltet (*Datei/Optionen/Allgemein/PowerPoint-Designer*). Seine Aufgabe ist es, Folien optisch aufzupolieren. Die Ergebnisse lassen sich durchaus sehen. Fügen Sie zum Test einfach mal drei beliebige Archivbilder (*Einfügen/Bilder/Archivbilder*) auf einer Folie mit einem beschrifteten Folientitel ein. Nach kurzer kreativer Denkpause liefert der Designer rechts außen im Aufgabenbereich *Designideen* seine ... äh ... Designideen.

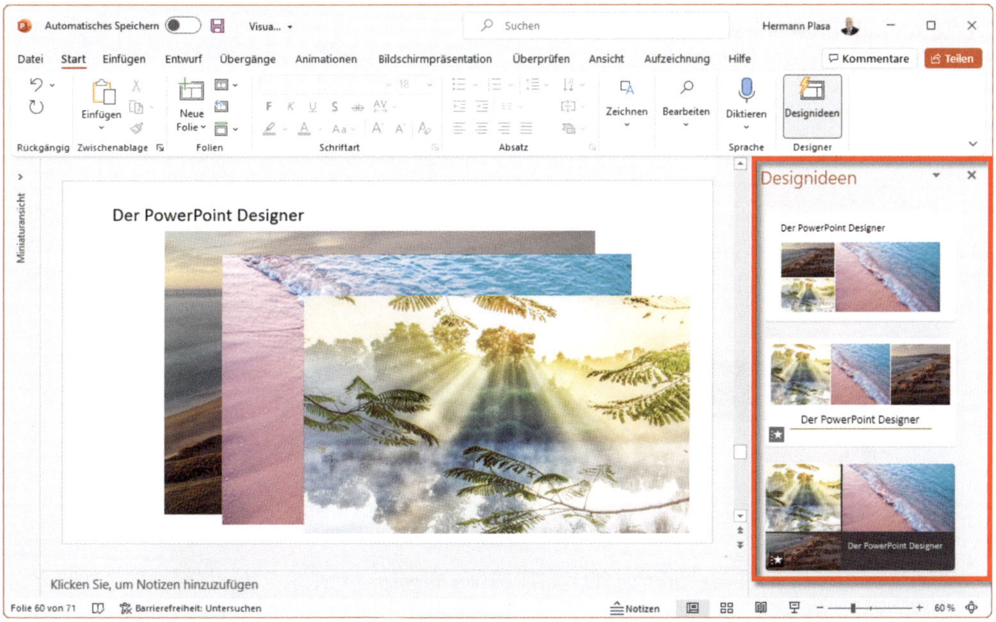

Zum Zuweisen klicken Sie die Vorschläge der Reihe nach so lange an, bis Sie auf eine Variante stoßen, die Ihnen gefällt. Hier ein paar Beispiele:

Der Designer folgt seiner Aufgabe mit der Beharrlichkeit eines frühchristlichen Missionars, lässt sich jedoch wesentlich einfacher neutralisieren: Entfernen Sie in *Datei/Optionen/Allgemein/PowerPoint-Designer* das Häkchen vor *Automatisch Designideen anzeigen* und der Designer legt eine Schaffenspause ein.

Sollten Sie trotz deaktivierten Designers zwischendurch doch einmal auf seine Ideen zurückgreifen wollen, wählen Sie *Entwurf/Designideen*.

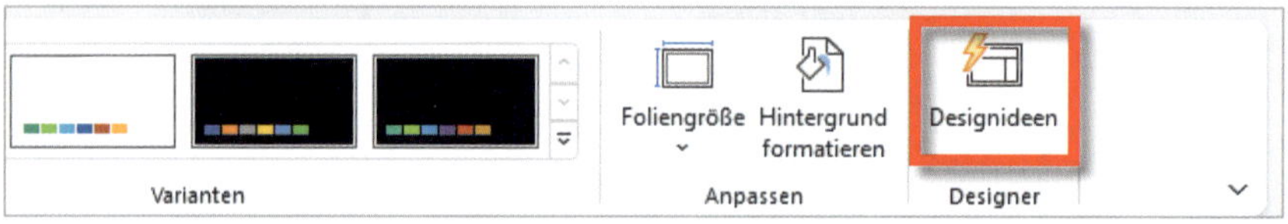

Hinweis

Wundern Sie sich nicht, falls trotz aktivierten Designers bzw. des Befehls *Entwurf/Designideen* nichts passiert. Der PowerPoint-Designer ist auch nur ein Mensch und manchmal gehen ihm schlicht die Ideen aus.

Präsentation als animiertes GIF speichern

Früher hätte man von »Daumenkino« gesprochen. Animierte GIFs sind schnell hintereinander ablaufende Einzelbilder, was den Eindruck eines Videos erzeugt. Ich nutze animierte GIFs gern zur Demonstration einfacher Klickanleitungen.

Die hier vorgestellte Beispielpräsentation finden Sie natürlich im buchbegleitenden Download-Paket. Sie zeigt die Klickanleitung für das Exportieren einer Präsentation in Form eines animierten GIFs. Die Präsentation besteht aus neun Folien mit foliengroßen Screenshots sowie diversen Animations- und Übergangseffekten, allen voran der Morphen-Übergangseffekt, den Sie in Kürze bei den Tipps zu Animationen noch näher kennenlernen werden.

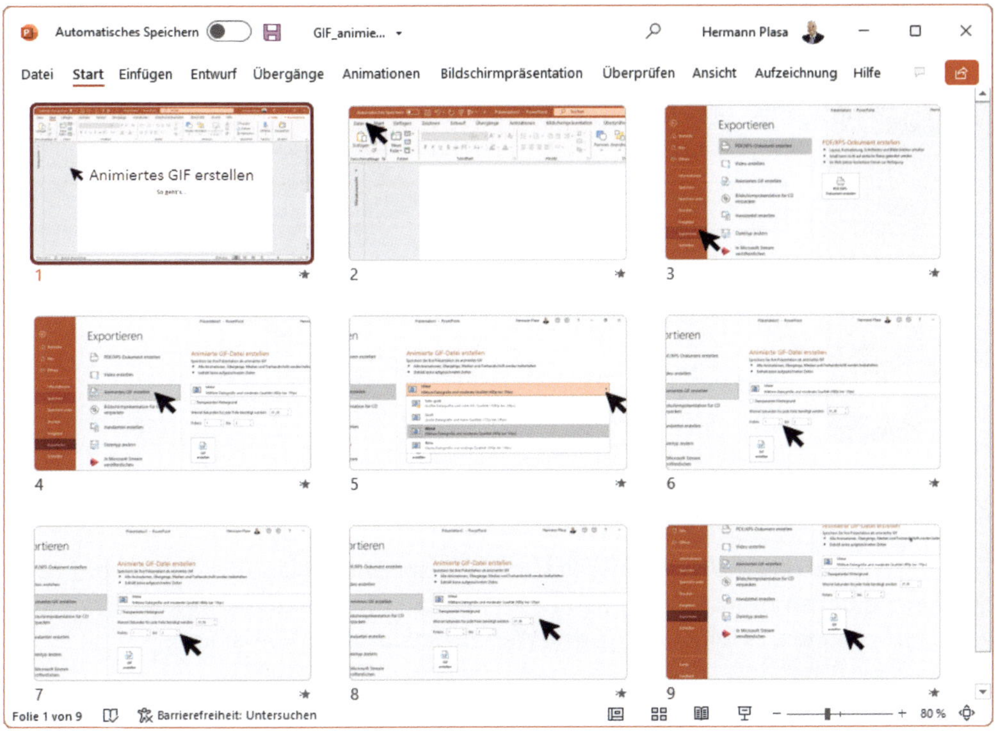

Sobald animierte GIFs in Webseiten oder in eine SharePoint-Teamwebseite eingebunden werden, erwachen sie zum Leben und laufen bis zum Ende aller Tage oder bis zum nächsten Stromausfall als Endlosschleife ständig im Kreis. Ach ja, animierte GIFs erwachen auch auf PowerPoint-Folien zum Leben.

So geht's:

1. Wählen Sie *Datei/Exportieren/Animiertes GIF erstellen*.
2. Bestimmen Sie die gewünschte Qualität, wobei die Voreinstellung *Mittel* für die meisten Fälle passen wird.
3. Das Gleiche gilt für die voreingestellte Einblendzeit der einzelnen Folien. Keine Bange: PowerPoint berücksichtigt natürlich die Dauer vorhandener Animations- und Übergangseffekte. Falls Sie mit dem Ergebnis nicht zufrieden sind, können Sie später immer noch an den Sekunden schrauben und drehen.
4. Nach einem Klick auf *GIF erstellen* exportiert PowerPoint die Folien und verwandelt sie in ein animiertes GIF.

5. Überprüfen Sie das Ergebnis, indem Sie das GIF in eine neue Folie einfügen, wo es sofort und ohne Unterlass zu zappeln beginnt. Vergessen Sie nicht, den Test auch im Präsentationsmodus vorzunehmen.

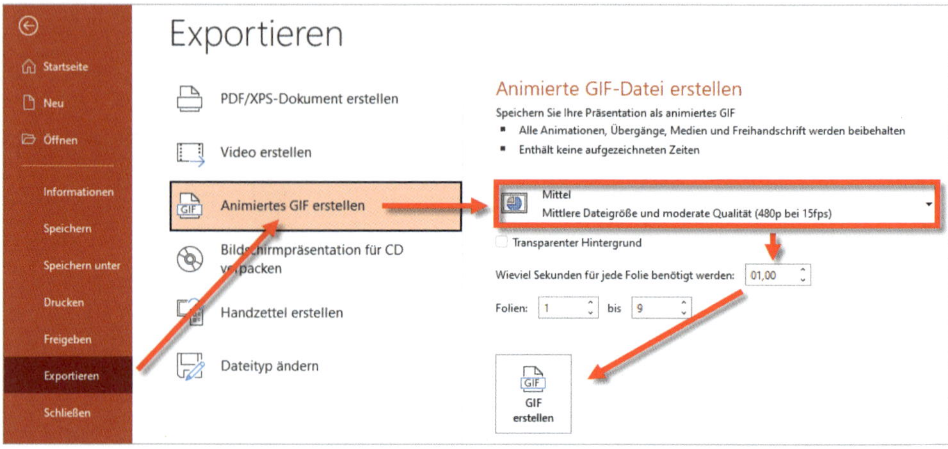

Ein Fotoalbum erstellen

Wenn Bilder die Hauptrolle in einer Präsentation spielen, schlägt die Stunde des Fotoalbums. Sie geben es in Auftrag, den Rest erledigt PowerPoint vollautomatisch und in wenigen Sekunden. Es folgt der kürzeste Weg zu einem neuen Fotoalbum:

1. Wählen Sie *Einfügen/Fotoalbum*.

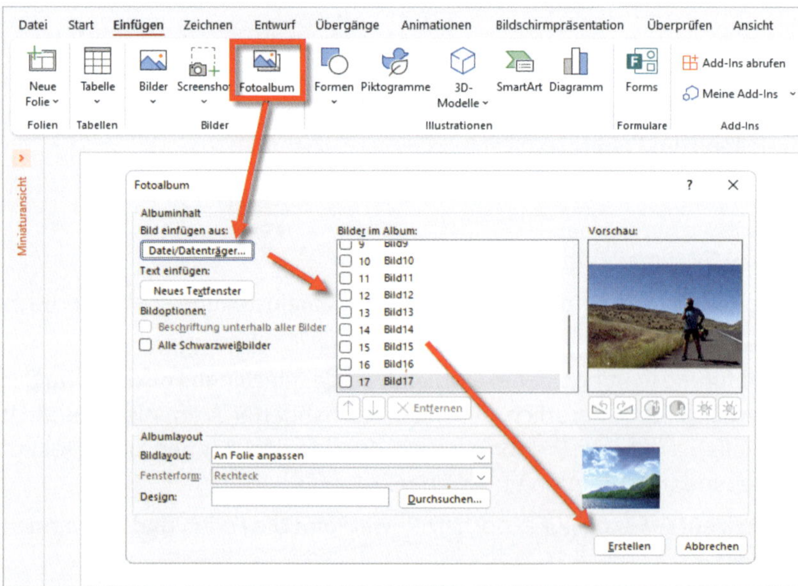

2. Klicken Sie auf *Datei/Datenträger* und wählen Sie den Ordner mit den Bilddateien aus.
3. Markieren Sie die gewünschten Bilder und klicken Sie auf *Einfügen*.
4. Nach dem Klick auf *Erstellen* erzeugt PowerPoint das Fotoalbum.

Ein Fotoalbum anpassen

Wenn Sie beim Erstellen eines neuen Albums alle Voreinstellungen übernehmen, fügt PowerPoint pro Folie nur ein einziges Bild ein und skaliert es auf die maximale Größe. Nachträgliche Änderungswünsche sind kein Problem. Ob Bildlayout, Fensterform oder Design – nach spätestens 30 Sekunden ist das Album neu gestaltet. Wenn der Befehl *Fotoalbum bearbeiten* grau (deaktiviert) ist, wurde die aktuelle Präsentation nicht mithilfe dieser Funktion erstellt und ist aus der Sicht von PowerPoint damit kein echtes Fotoalbum. So passen Sie ein Fotoalbum an:

1. Klicken Sie auf der Registerkarte *Einfügen* auf das kleine Dreieck unter dem Symbol *Fotoalbum* und wählen Sie *Fotoalbum bearbeiten*.
2. Ändern Sie das *Albumlayout* wie gewünscht. Sobald Sie ein anderes als das voreingestellte *Bildlayout* wählen, dürfen Sie auch die *Fensterform* anpassen.
3. Mit einem Klick auf *Aktualisieren* schließen Sie die Aktion ab.

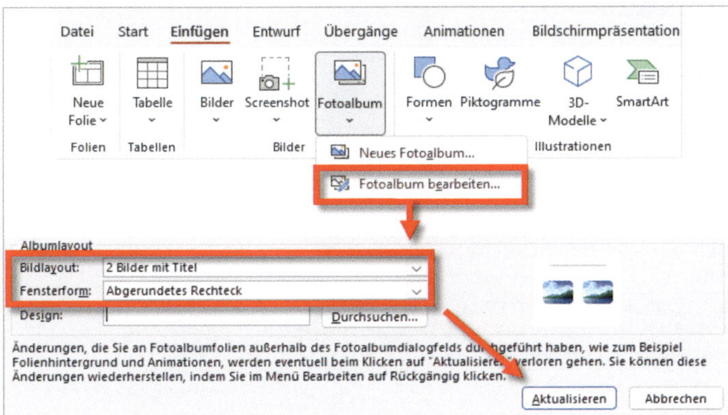

Bilder komprimieren

Ob Bilder beim Einfügen automatisch komprimiert werden, hängt von der *Standardauflösung* ab. Per Voreinstellung ist das die Variante *High Fidelity*. Werfen Sie am besten jetzt gleich einen kurzen Blick in *Datei/Optionen/Erweitert/Bildgröße und -qualität* und passen Sie die Voreinstellung gegebenenfalls an Ihre Wünsche an.

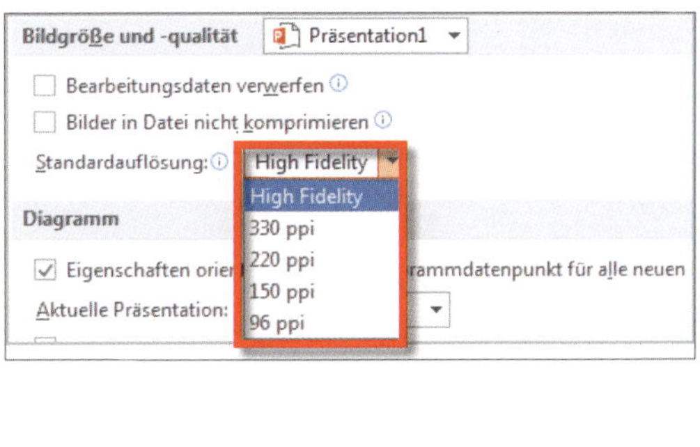

Zur Auswahl stehen *High Fidelity* (Hohe Auflösung), *330, 220, 150* und *96 ppi*; ppi steht für **P**ixel **p**ro **I**nch, also Bildpunkte pro Zoll (2,45 cm^2). Je niedriger die Zahl, desto stärker die Komprimierung. Je stärker die Komprimierung, desto schlechter die Bildqualität. Als Faustregel gilt: Wenn Sie eine Präsentation nicht nur projizieren, sondern auch in ordentlicher Qualität drucken möchten, sind Sie mit 220 ppi immer auf der sicheren Seite.

So komprimieren Sie bereits eingefügte Bilder auf einen anderen als den voreingestellten Wert:

1. Klicken Sie das gewünschte Bild an (bzw. klicken Sie ein beliebiges Bild an, falls Sie alle Bilder dieser Präsentation komprimieren möchten) und wählen Sie im Register *Bildformat* den Befehl *Bilder komprimieren*.
2. Wenn Sie nur das angeklickte Bild komprimieren möchten, behalten Sie das normalerweise aktivierte Kontrollkästchen *Nur für dieses Bild übernehmen* bei. Um alle Bilder der aktuellen Präsentation zu komprimieren, deaktivieren Sie es.
3. Wählen Sie die gewünschte Auflösung und klicken Sie auf *OK*.

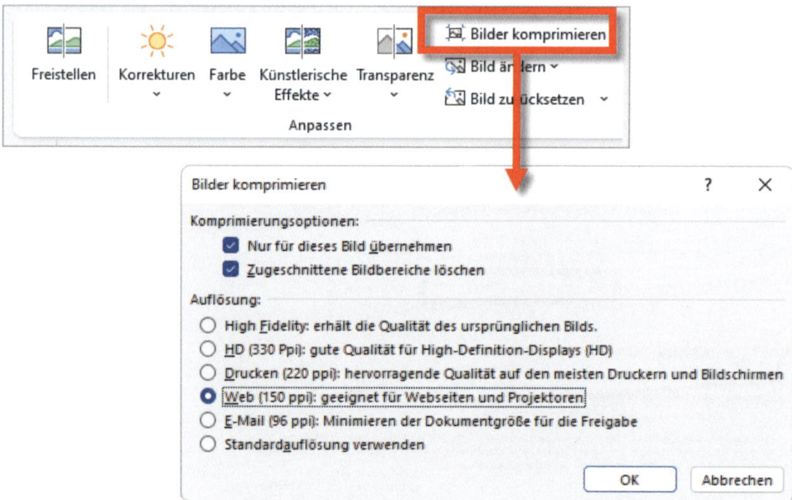

Bei der Option *Standardauflösung verwenden* greift PowerPoint auf den Wert zurück, der in *Datei/Optionen/Erweitert/Bildgröße und -qualität* eingestellt ist.

Objekt als Grafikdatei speichern

Wenn Sie ein Folienobjekt als eigenständige Grafikdatei speichern möchten, gehen Sie so vor:

1. Klicken Sie mit der rechten Maustaste auf das Objekt und wählen Sie aus dem Kontextmenü den Befehl *Als Grafik speichern*.

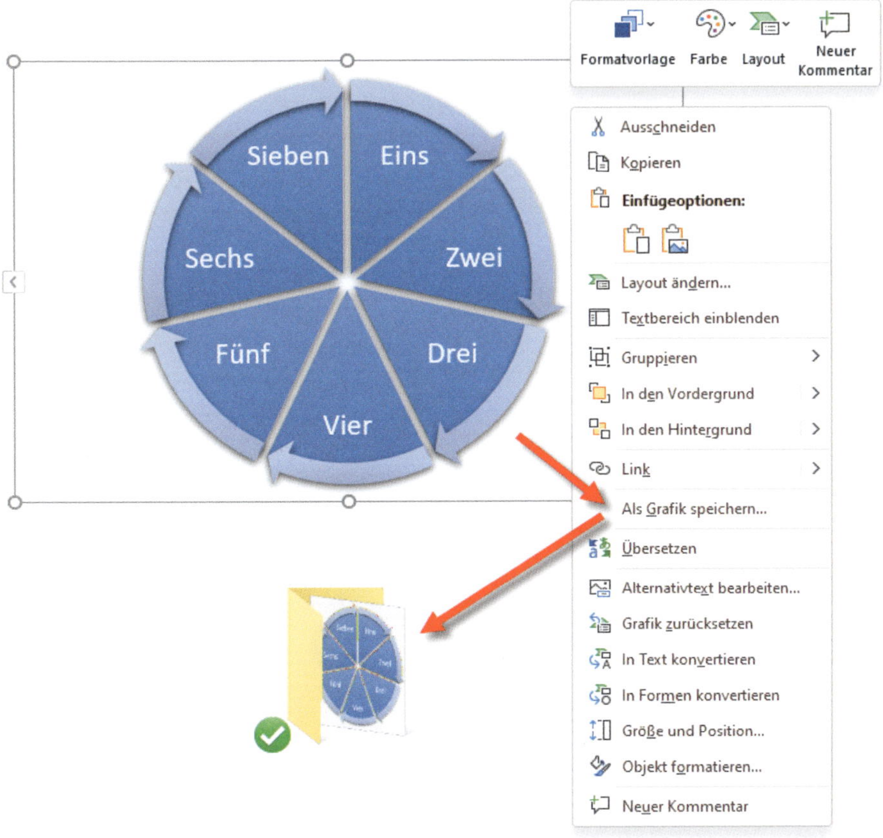

2. Wählen Sie den gewünschten Dateityp, tippen Sie den Dateinamen ein und klicken Sie auf *Speichern*.
3. Wählen Sie den gewünschten Dateityp (GIF, JPEG, PNG, TIF, BMP, WMF oder EMF) und speichern Sie die Datei im gewünschten Ordner.

Folie als Grafikdatei speichern

Zum Speichern von Folien als eigenständige Bilddatei(en) gehen Sie so vor:

1. Wählen Sie *Datei/Exportieren/Dateityp ändern*, entscheiden Sie sich für einen der angebotenen *Bild-Dateitypen* (PNG oder JPEG) und klicken Sie auf *Speichern unter*.
2. Wählen Sie den gewünschten Speicherort und klicken Sie auf *Speichern*.
3. Abschließend entscheiden Sie, ob Sie *Alle Folien* oder *Nur diese Folie* als Grafikdatei speichern möchten.

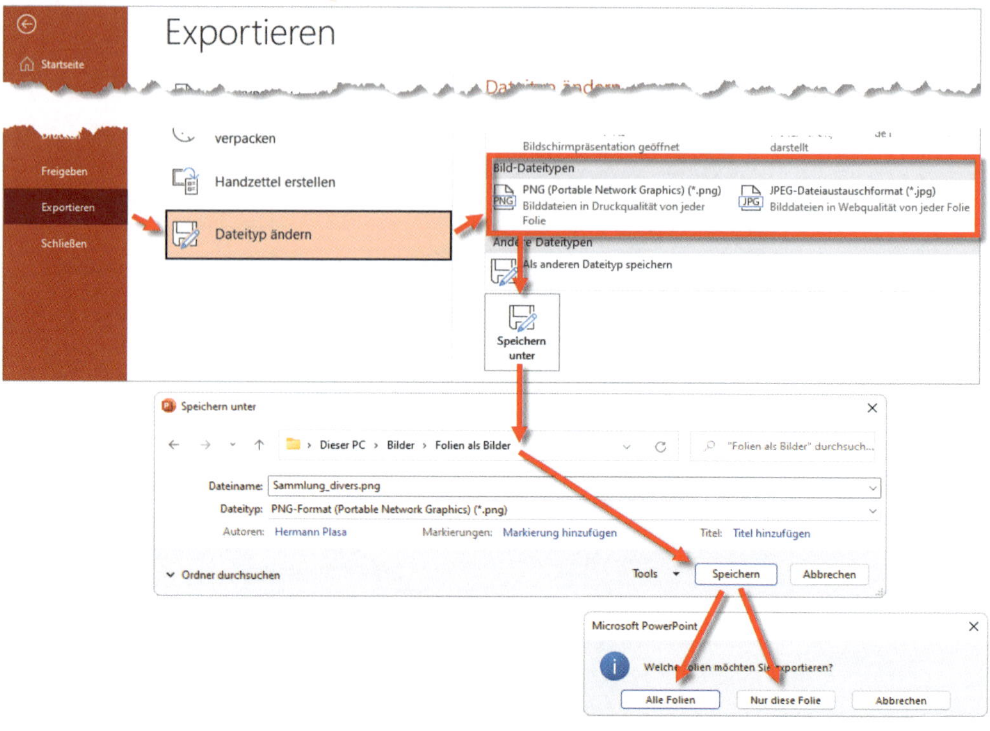

Wenn Sie *Alle Folien* wählen, erzeugt PowerPoint am gewählten Speicherort zunächst einen eigenen Unterordner und exportiert alle Bilder in diesen Unterordner.

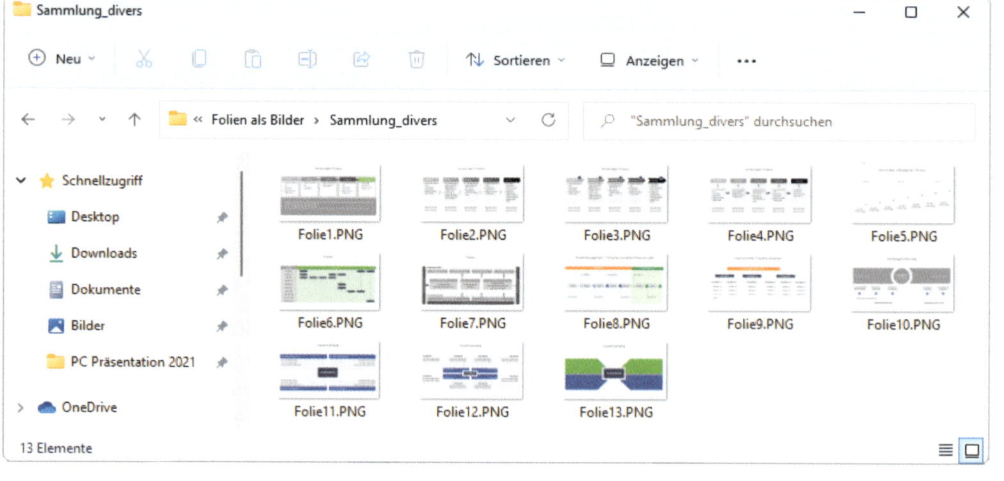

SmartArt-Grafiken erstellen

Zum Erstellen einer SmartArt-Grafik wählen Sie *Einfügen/SmartArt*, wählen in der passenden Kategorie die gewünschte Variante und klicken auf *OK*.

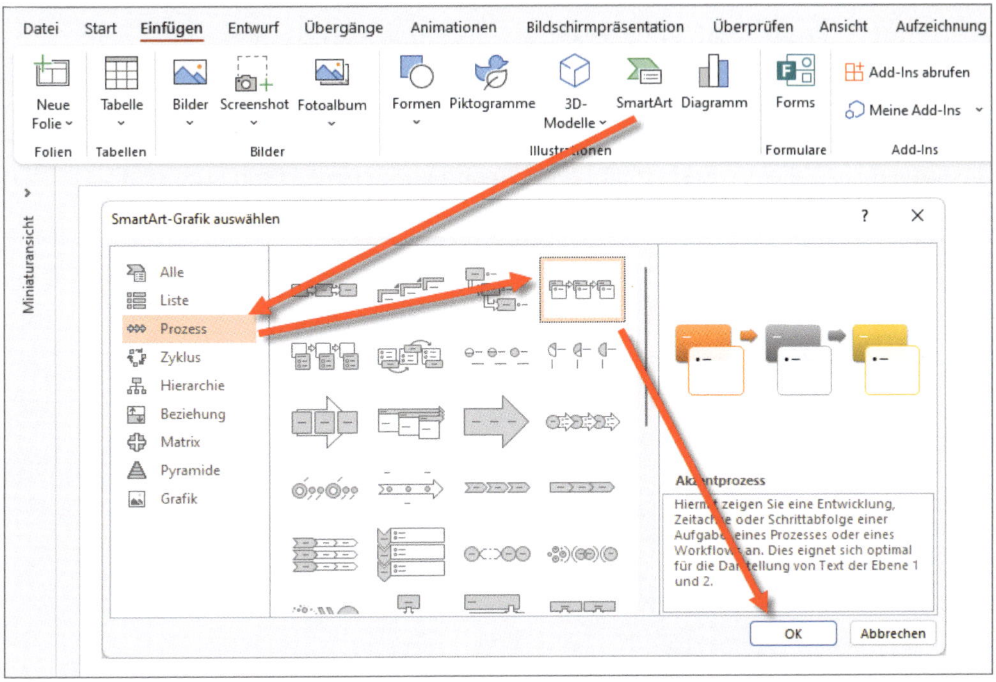

Den Textbereich links von der SmartArt-Grafik schließen und öffnen Sie bei Bedarf mit einem Klick auf das Steuerelement.

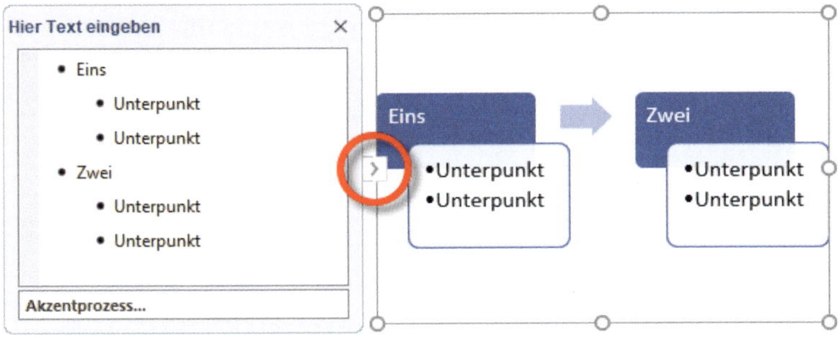

Um die Formen mit Text zu betanken, empfehle ich Ihnen, ausschließlich im Textbereich zu arbeiten. SmartArt-Grafiken sind nichts anderes als gegliederte Aufzählungen, die PowerPoint in ein Schaubild umwandelt.

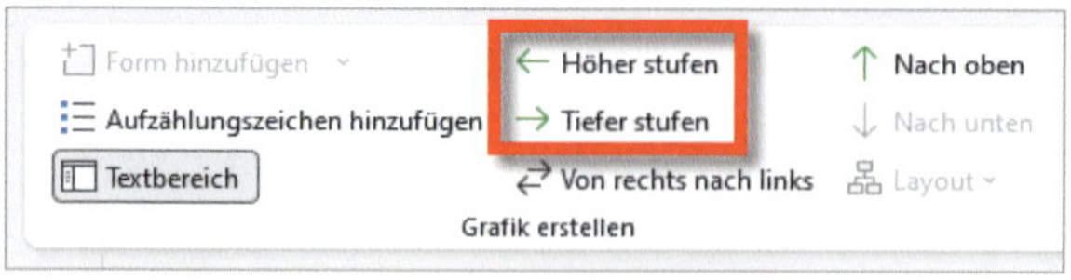

Mit der Taste ⇥ rücken Sie einen Absatz nach rechts (*Tiefer stufen*), mit ⇧+⇥ nach links ein (*Höher stufen*).

Layouts und Formatvorlagen für SmartArt-Grafiken

Um ein anderes Layout zu wählen, klicken Sie zuerst in die SmartArt-Grafik und dann im Register *SmartArt-Design* auf das kleine Dreieck rechts unten in der Gruppe *Layouts*, um die Auswahlliste aller verfügbaren Layouts zu öffnen. Für eine Vorschau **zeigen** Sie auf ein Layout, zum Zuweisen **klicken** Sie es an.

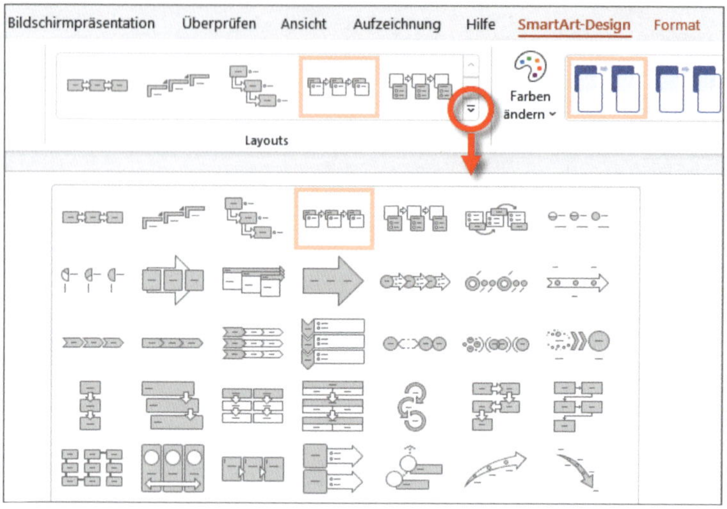

Für jedes Layout gibt es eine Reihe von SmartArt-Formatvorlagen. Sie funktionieren analog zu den Layouts: **Zeigen** liefert eine Vorschau, **Klicken** macht Nägel mit Köpfen.

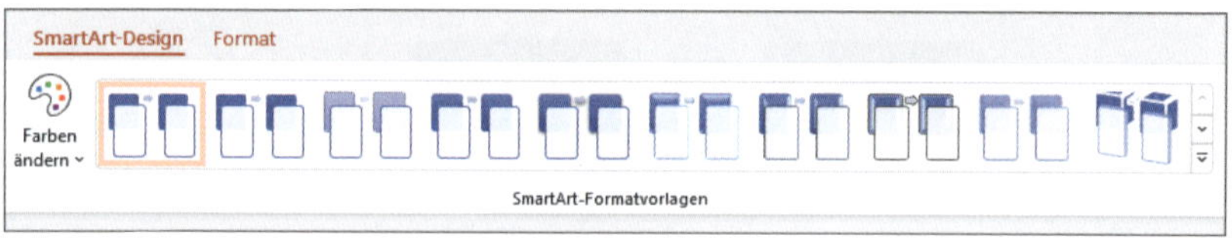

Freistellen von Bildbereichen

Mithilfe des Freistellungswerkzeugs entfernen Sie unerwünschte Bildbereiche oder – aus der anderen Richtung betrachtet – isolieren den gewünschten Bildbereich.

1. Klicken Sie zuerst auf das Bild und dann auf der Registerkarte *Bildformat* auf das Symbol *Freistellen*. PowerPoint versucht nun zu erraten, welchen Bereich Sie isolieren

möchten. Dieser Bereich behält seine Originalfarben, die zu entfernenden Bereiche erscheinen violett.

2. Für das Feintuning stehen Ihnen die Werkzeuge *Zu behaltende Bereiche markieren* (grün) bzw. *Zu entfernende Bereiche markieren* (rot) zur Verfügung.

   Mit ihrer Hilfe können Sie PowerPoint dort auf die Sprünge helfen, wo der Automatismus versagt und erwünschte Bereiche partout eliminieren bzw. unerwünschte Bereiche unbedingt behalten möchte. In diesem Beispiel habe ich die noch sichtbaren Überreste der Wiese entfernt.

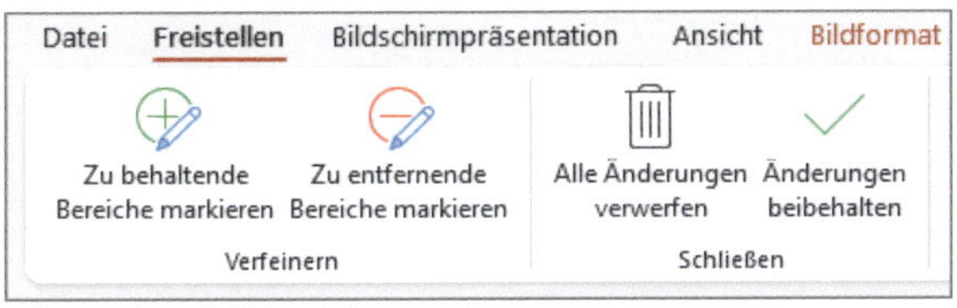

Dieses Beispiel einer Fotomontage wurde mithilfe des Freistellungswerkzeugs bearbeitet.

Bildformatvorlagen

Mithilfe von Bildformatvorlagen polieren Sie Grafiken mit wenigen Mausklicks auf Hochglanz. PowerPoint enthält eine Reihe solcher Vorlagen, die Sie einem bzw. mehreren markierten Bildern mit einem einzigen Klick zuweisen.

So geht's:

1. Doppelklicken Sie auf das Bild, um die Registerkarte *Bildformat* einzublenden, und wählen Sie die gewünschte Vorlage.

2. Ist nichts Passendes dabei, werfen Sie einen Blick in die Liste der *Bildeffekte*.

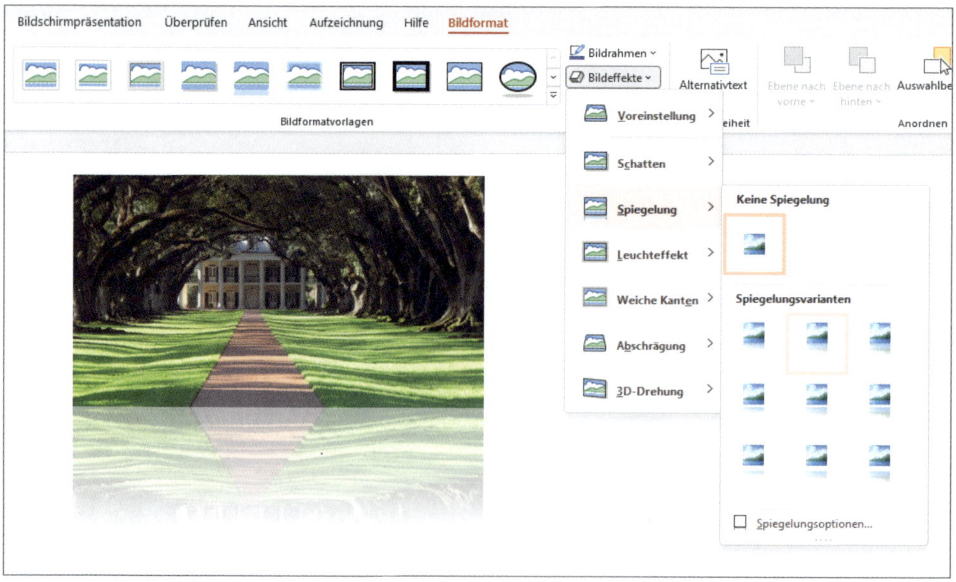

Ein Bild zuschneiden

Nach dem Zuschneiden eines Bildes ist vom Original nur noch ein Ausschnitt zu sehen. So geht's:

1. Doppelklicken Sie auf das Bild, um die Registerkarte *Bildformat* einzublenden, und klicken Sie auf das Symbol *Zuschneiden*. An den Seiten und Ecken des Bildes erscheinen schwarze Linien.

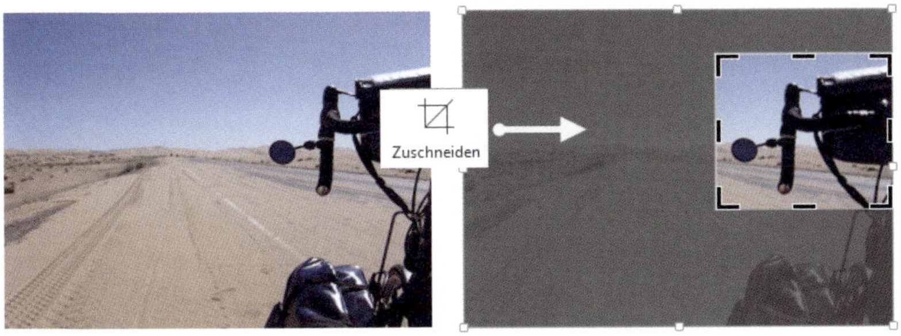

2. Mit der Maus schneiden Sie das Bild auf die gewünschten Maße zurecht.
3. Klicken Sie abschließend neben das Bild oder drücken Sie [Esc].

Obwohl nur noch ein Ausschnitt des Bildes zu sehen ist, speichert PowerPoint dennoch die komplette Grafikdatei. Daraus folgt zweierlei: Erstens können Sie jederzeit erneut in den Zuschneiden-Modus wechseln und wieder mehr von der Grafik enthüllen. Zweitens nimmt das Bild nach wie vor den vollen Speicherplatz in Anspruch, selbst wenn nur noch ein Fitzelchen davon zu sehen ist. Aber beim Komprimieren von Bildern werden per Voreinstellung zugeschnittene Bildbereiche und mit ihnen die überflüssigen Kalorien endgültig gelöscht.

Ein Bild austauschen

Wenn Sie ein bis ins letzte Detail formatiertes Bild gegen ein anderes Bild mit denselben Formatierungen austauschen möchten, klicken Sie das Bild mit der rechten Maustaste an, wählen *Bild ändern*, suchen das gewünschte Bild und doppelklicken darauf.

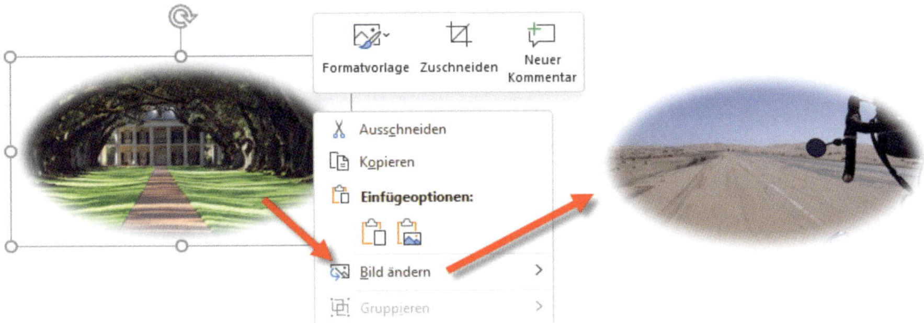

Ein Bild skalieren

Wenn Sie Ihrem Augenmaß vertrauen, klicken Sie das Bild an und ziehen es mithilfe der Skalierpunkte auf die gewünschte Größe. Solange Sie einen der vier Eckskalierpunkte verwenden, vergrößert bzw. verkleinert PowerPoint das Bild automatisch proportional (das Verhältnis von Länge und Breite bleibt erhalten). Verwenden Sie dagegen die seitlichen Skalierpunkte, dann dehnen oder stauchen Sie die Grafik.

Um ein Bild millimetergenau zu skalieren, gehen Sie so vor:

1. Doppelklicken Sie auf das Bild, um die Registerkarte *Bildformat* einzublenden. Jetzt müssen Sie sich entscheiden: Entweder Sie ändern die Breite und PowerPoint berechnet automatisch die neue Höhe des Bildes – oder umgekehrt.

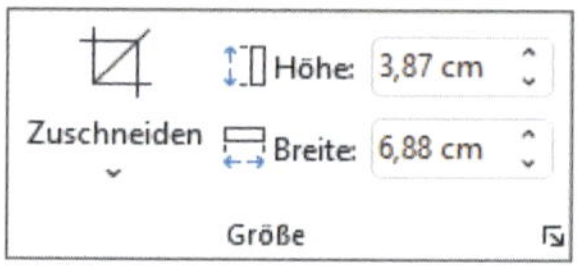

2. Klicken Sie in das entsprechende Feld und tippen Sie den gewünschten Wert ein.
3. Sobald Sie in das andere Feld klicken, berechnet PowerPoint automatisch dessen Wert und skaliert das Bild.

Beispiel »Bullaugeneffekt«

Auf einem Schiff erblickt der Reisende mithilfe eines Bullauges die Unterwasserwelt, in PowerPoint den Folienhintergrund. Der Bullaugeneffekt hebt einen kleinen Ausschnitt eines Bildes hervor, wobei die übrigen Bildbereiche zwar noch sichtbar sind, aber deutlich abgedimmt werden.

So geht's:

1. Zunächst fügen Sie das Bild als Folienhintergrund ein. Klicken Sie dazu mit der rechten Maustaste neben die Folie und wählen Sie *Hintergrund formatieren*.
2. Klicken Sie im Aufgabenbereich *Hintergrund formatieren* auf *Bild- oder Texturfüllung*. Im Bereich *Bildquelle* wählen Sie die gewünschte Variante (*Einfügen* oder *Zwischenablage*) und das gewünschte Hintergrundbild.

3. Fügen Sie nun dasselbe Bild als Bildobjekt in die Folie ein, skalieren und positionieren Sie es gegebenenfalls so, dass es exakt über der Hintergrundgrafik liegt, und färben Sie es über den Befehl *Farbe* im Register *Formformat* in Graustufen.

4. Erstellen Sie ein Oval und positionieren Sie es an der gewünschten Stelle.

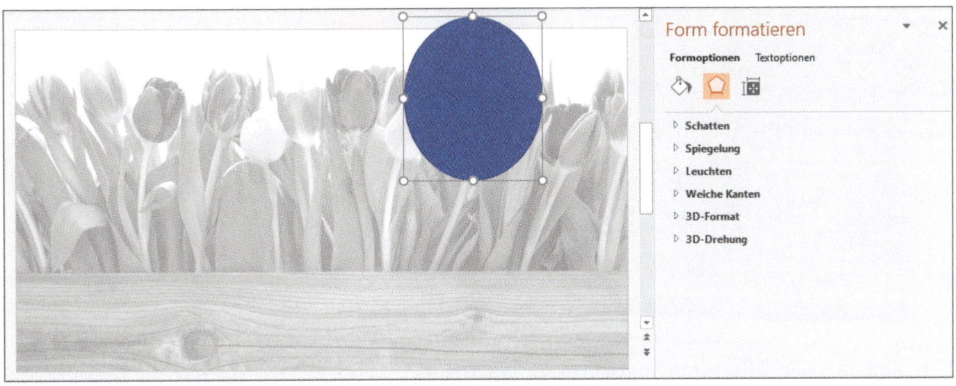

5. Klicken Sie das Oval mit der rechten Maustaste an, wählen Sie aus dem Kontextmenü *Form formatieren* und klicken Sie im Aufgabenbereich *Form formatieren* auf *Folien-*

hintergrundfüllung. Nun sehen Sie mithilfe des Bullauges *Oval* durch das Graustufenbild hindurch auf das als Folienhintergrund verwendete farbige Bild.

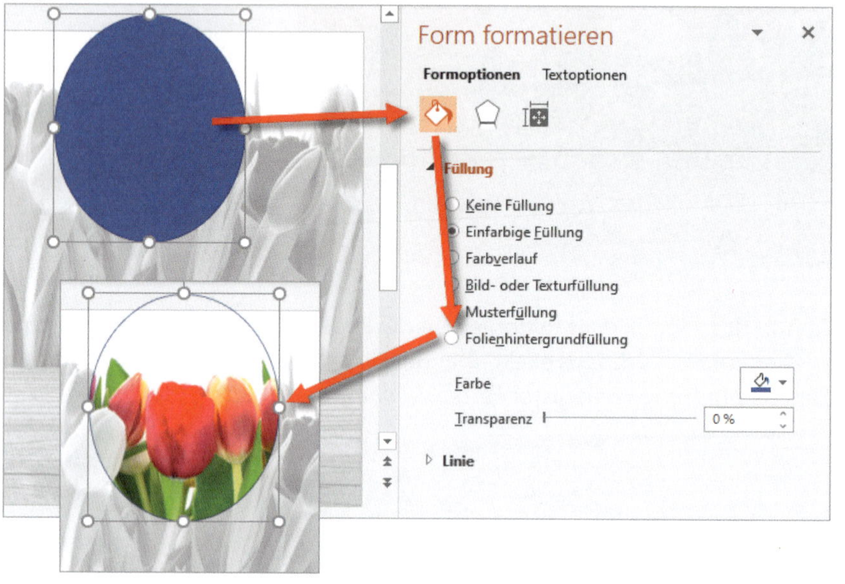

6. Als i-Tüpfelchen formatieren Sie das Oval mit dem Formeffekt *Weiche Kanten*.

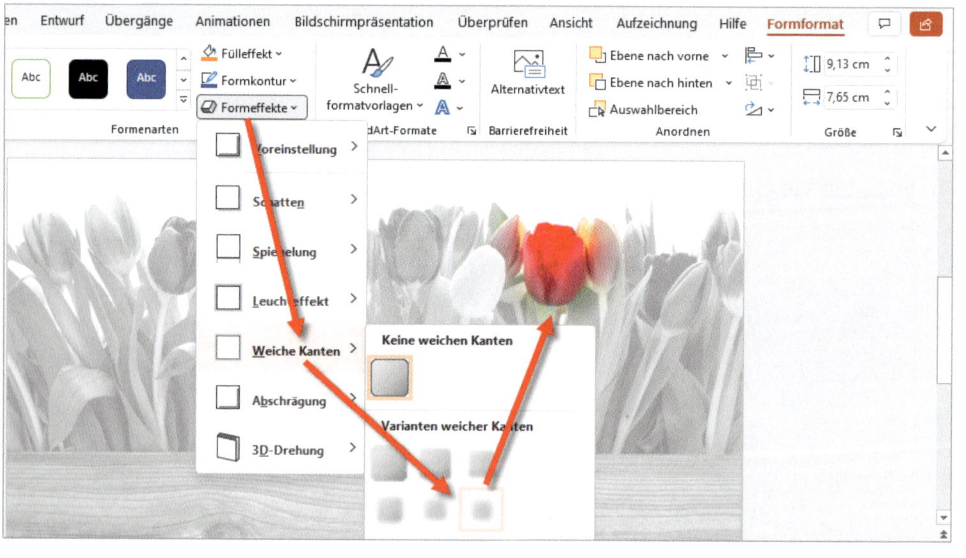

Um den farbigen Bereich anzupassen, vergrößern, verkleinern oder verschieben Sie die Form (in diesem Beispiel das Oval). Weil die Form immer den jeweiligen Folienhintergrund zeigt, wandert die Farbe mit dem Objekt mit.

Beispiel »Schwebender Bilderwürfel«

Als Zutaten benötigen Sie ein Quadrat, drei Bilder und ein Oval. Über einen 3D-Effekt verwandeln Sie das Quadrat in einen Würfel. Dann schneiden Sie die Bilder passend zu, versehen sie mit den entsprechenden 3D-Drehungen und kleben sie schließlich auf die Flächen des Würfels. Zum Abschluss malen Sie noch einen Schatten unter den Bilderwürfel, der dann zu schweben scheint.

1. Erstellen Sie zunächst ein Quadrat mit 6 cm Kantenlänge.

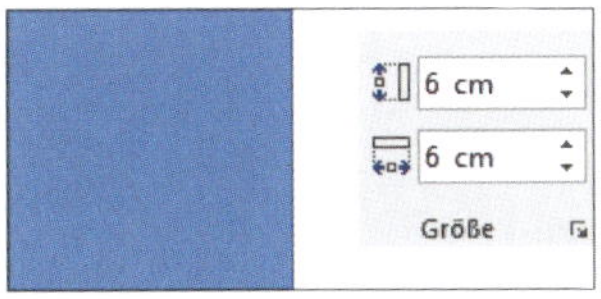

2. Klicken Sie im Register *Start* auf *Formeffekte/3D-Drehung* und weisen Sie dem Quadrat den Effekt *Isometrisch links abwärts* aus der Gruppe *Parallel* zu.

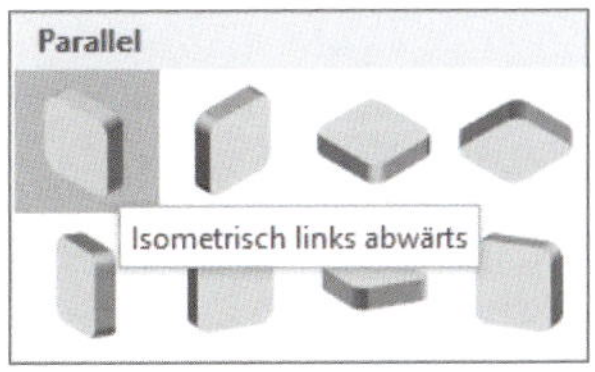

3. Um das gedrehte Quadrat in einen Würfel zu verwandeln, klicken Sie es mit der rechten Maustaste an, wählen aus dem Kontextmenü *Form formatieren* und weisen dem Objekt im Aufgabenbereich *Form formatieren/Effekte* eine Tiefe von *168 Pt.* zu.

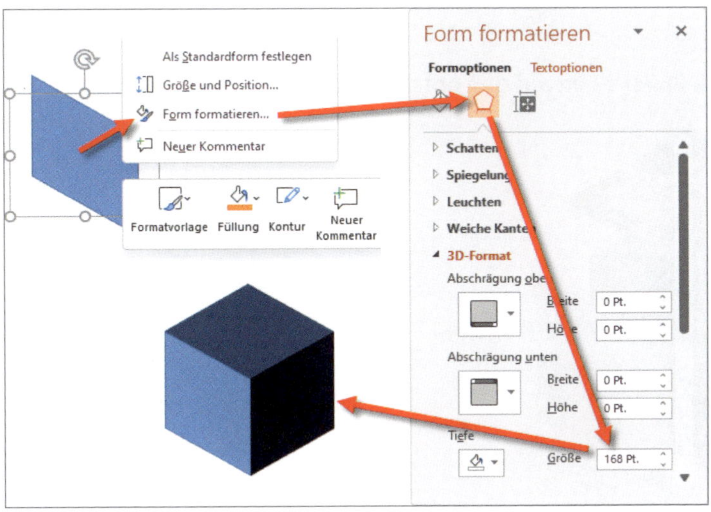

4. Fügen Sie die drei gewünschten Bilder ein und skalieren Sie diese auf eine Höhe von 6 cm. Dann klicken Sie im Register *Bildformat* auf *Zuschneiden/Seitenverhältnis/1:1* und wählen den gewünschten Bildausschnitt.

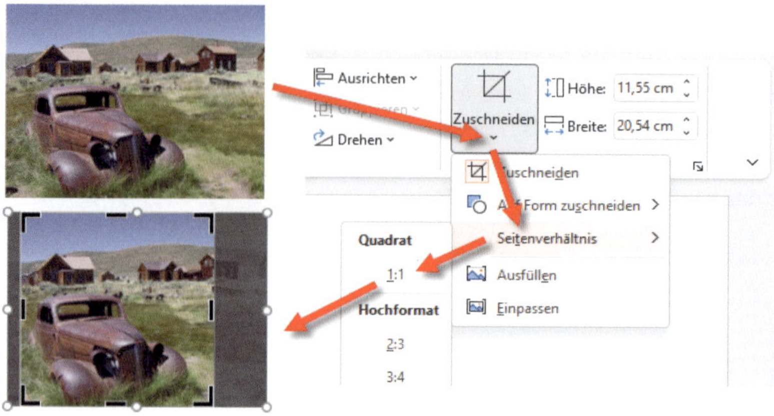

5. Weisen Sie den Bildern über *Start/Bildeffekte/3D-Drehung* aus der Gruppe *Parallel* die passenden Varianten zu.

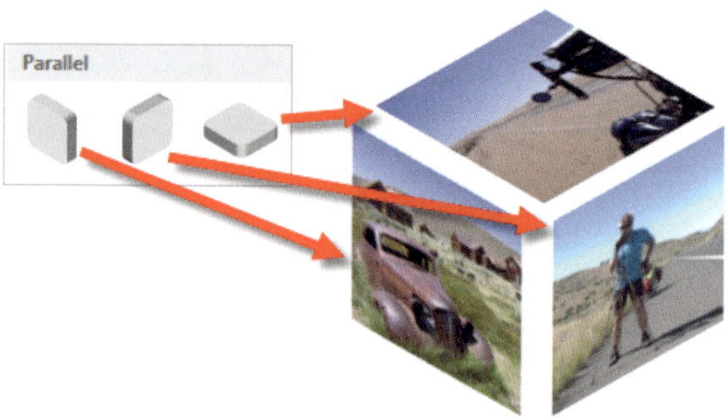

6. Positionieren Sie die Bilder exakt auf den entsprechenden Flächen des Würfels.

7. Erstellen Sie ein dunkelgraues Oval mit 3 cm Höhe und 13 cm Breite, klicken Sie im Register *Start* auf *Formeffekte/Weiche Kanten* und wählen Sie die Variante *25 Punkt*. Abschließend positionieren Sie das zum Schatten gewordene Oval unter dem Würfel.

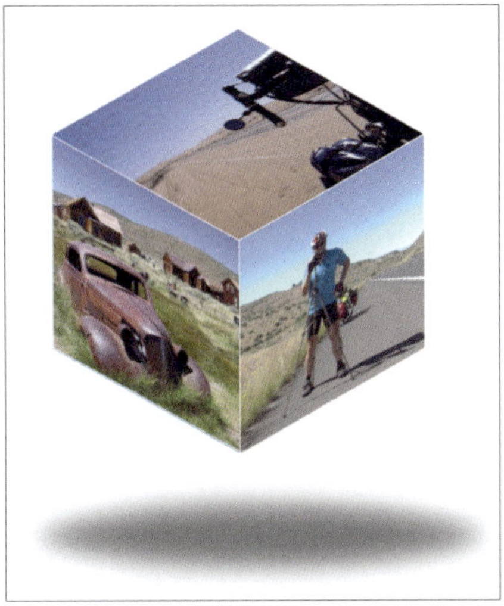

Falls Sie die gewünschten Bilder bereits als Quadrat vorliegen haben, müssen Sie diese nur noch passend skalieren und sparen sich dadurch das Zuschneiden. Selbstverständlich können Sie einen Bilderwürfel auch animieren und beispielsweise die Bilder der Reihe nach erscheinen lassen.

Für das Quadrat von 6 cm Kantenlänge hatte ich eine 3D-Tiefe von 168 pt angegeben. Wenn Sie sich merken oder – vermutlich besser – notieren, dass 1 cm 28 pt entspricht, dann können Sie in Zukunft für jede gewünschte Kantenlänge die passende 3D-Tiefe ermitteln.

Beispiel »Team-Organigramm«

Als Zutaten benötigen Sie mehrere mit Bildern gefüllte Kreise, Linien und Textfelder. Im ersten Schritt erstellen Sie das Organigramm in seiner Rohform. Dann füllen Sie die Kreise mit Bildern und formatieren sie nach Belieben. Danach erzeugen Sie die Linien und zum Schluss die Textfelder.

1. Erstellen, skalieren und positionieren Sie die Kreise.

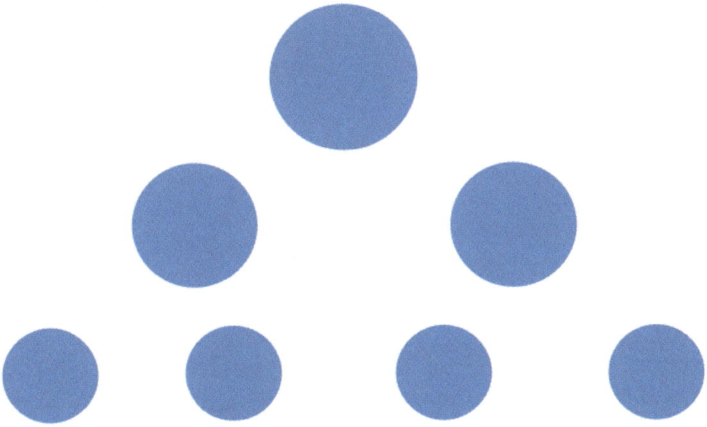

2. Füllen Sie die Kreise mit den Bildern des Teams.

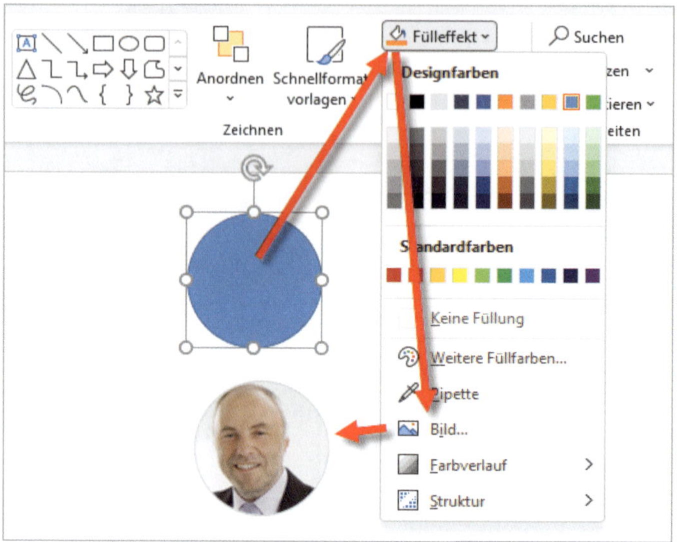

3. Erstellen und formatieren Sie die Linien und Textfelder – und fertig ist das Team-Organigramm.

Aus Sicht von PowerPoint ist ein Kreis ein Quadrat (mit abgerundeten Ecken). Wenn die Gesichtszüge Ihres Teams nicht entgleisen sollen, benötigen Sie also Porträtbilder im Format 1:1.

Tipp

Weil sich die Linien ungefragt an Ankerpunkten der Kreise festklammern möchten, drücken Sie beim Zeichnen der Linien die Taste Alt, um diesen eingebauten Magnetismus vorübergehend außer Kraft zu setzen.

Beispiel »Text und Bild«

Gemäß der Maxime »so viel Bild wie möglich, so wenig Text wie nötig« bekommt in den folgenden Beispielen dasselbe Bild bei gleichbleibender Textmenge immer mehr Raum. Das Bild ist im ersten Beispiel auf etwa 40 % der Folienhöhe zugeschnitten. Über dem Bild befinden sich (auf der weißen Folie) ein Textfeld sowie ein nach unten zeigendes und ins Bild ragendes weißes Dreieck.

Im zweiten Beispiel füllt das Bild bereits drei Viertel der Folie. Das Textfeld liegt **auf** dem Bild, wobei die Textfarbe so formatiert ist, dass sie sich vom einfarbigen Hintergrund deutlich abhebt.

Im letzten Beispiel ist das Bild auf Foliengröße skaliert. Damit der Text auf dem ungleichmäßigen Hintergrund dennoch lesbar bleibt, dabei aber das gesamte Bild sichtbar bleibt, formatieren Sie das Textfeld zunächst schwarz.

Per Rechtsklick und *Form formatieren* weisen sie ihm anschließend eine Transparenz von 70 % zu.

Tipps zu Tabellen

Für das Arbeiten an Tabellen assistieren Ihnen die beiden Register *Tabellenentwurf* und *Layout*. Sie erscheinen automatisch nach dem Erstellen einer neuen Tabelle bzw. sobald Sie in eine vorhandene Tabelle klicken.

Zellen markieren

Um eine einzelne Zelle zu markieren, zeigen Sie mit der Maus unmittelbar rechts neben den linken Zellrand, bis ein kleiner schwarzer Pfeil erscheint. Dann klicken Sie.

Montag	Dienstag	Mittwoch
A	B	C
D	E	F
G	H	I
J	K	L

Um eine Zeile zu markieren, zeigen Sie mit der Maus links neben die Zeile, bis ein kleiner schwarzer Pfeil erscheint. Dann klicken Sie.

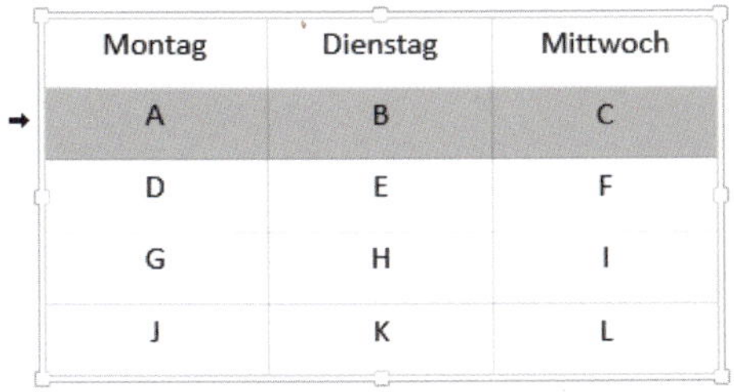

Montag	Dienstag	Mittwoch
A	B	C
D	E	F
G	H	I
J	K	L

Um eine Spalte zu markieren, zeigen Sie mit der Maus über die Spalte, bis ein kleiner schwarzer Pfeil erscheint. Dann klicken Sie.

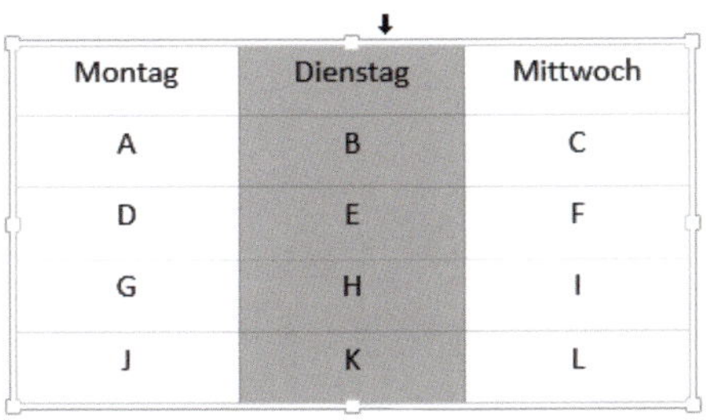

Montag	Dienstag	Mittwoch
A	B	C
D	E	F
G	H	I
J	K	L

Um die komplette Tabelle zu markieren, ziehen Sie entweder mit gedrückter linker Maustaste von der ersten bis zur letzten Zelle der Tabelle, oder Sie zeigen auf eine beliebige Stelle des Tabellenrahmens, bis ein Doppelpfeil erscheint. Dann klicken Sie.

Montag	Dienstag	Mittwoch
A	B	C
D	E	F
G	H	I
J	K	L

Zeilen und Spalten einfügen und löschen

Die dafür passenden Befehle finden Sie nach einem Klick in die Tabelle auf der Registerkarte *Layout*.

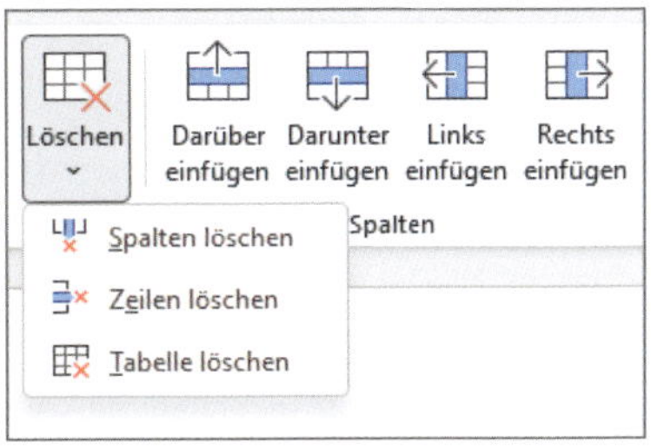

Zellinhalte horizontal und vertikal ausrichten

Per Voreinstellung richtet PowerPoint Zellinhalte *Linksbündig/Oben* aus.

So ändern Sie das:

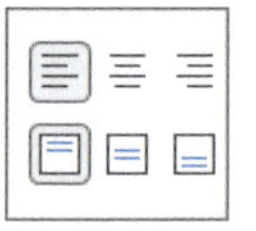

1. Markieren Sie die Zellen, Zeilen oder Spalten, deren Inhalt Sie ausrichten möchten.
2. Klicken Sie auf der Registerkarte *Layout* die passenden Symbole an.

Tabellenformatvorlagen einsetzen

Mithilfe von Tabellenformatvorlagen formatieren Sie die gesamte Tabelle mit einem einzigen Klick. Diese Vorlagen finden Sie nach einem Klick in die Tabelle auf der Registerkarte *Tabellenentwurf*. Für eine Vorschau zeigen Sie auf eine Vorlage, zum Zuweisen klicken Sie sie an. Ein Klick auf den kleinen Pfeil am rechten Rand der Befehlsgruppe *Tabellenformatvorlagen* öffnet die Gesamtliste aller Vorlagen.

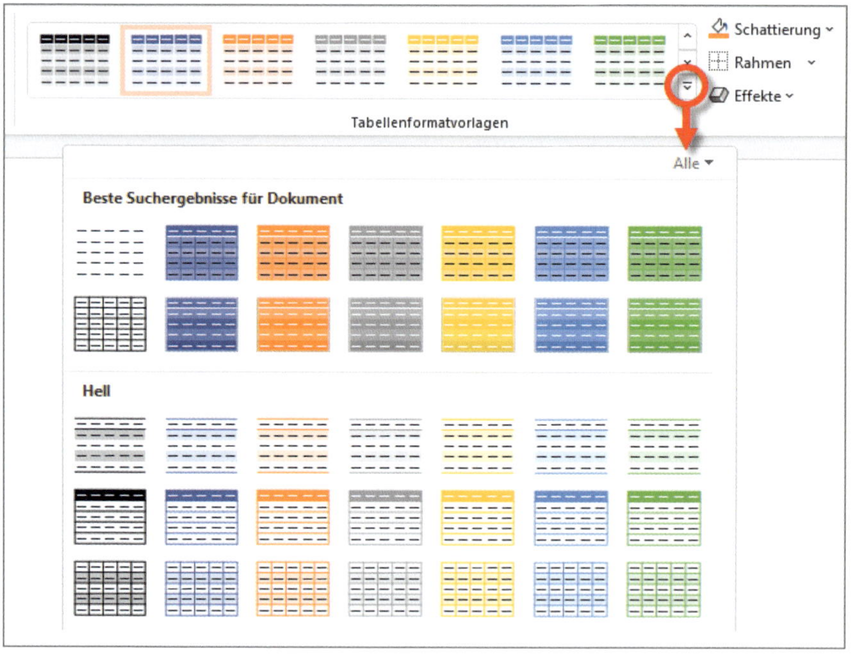

Tabellenformatoptionen

Die Formatoptionen finden Sie nach einem Klick in die Tabelle ganz links auf der Registerkarte *Tabellenentwurf*. Durch Setzen und Entfernen der Häkchen ändern Sie das Erscheinungsbild der gesamten Tabelle mit wenigen Mausklicks. Das Setzen und Entfernen von Häkchen wirkt sich auf die Tabellenformatvorlagen aus.

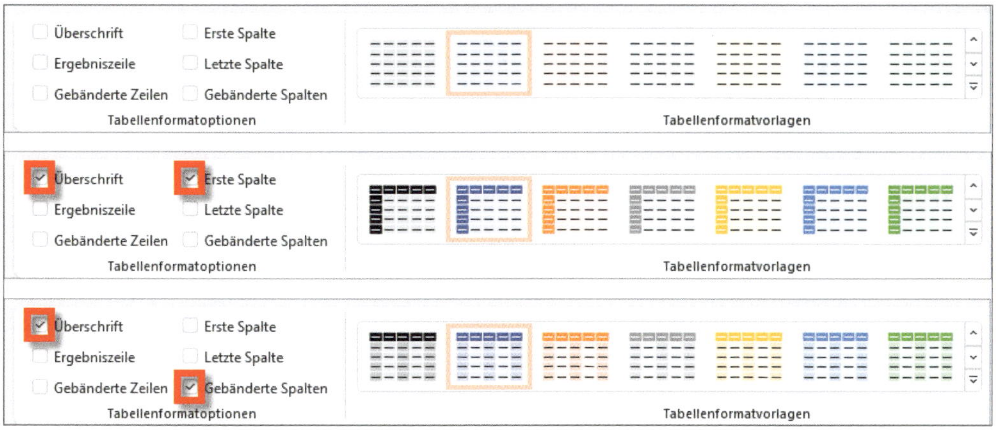

Zeilen und Spalten zentimetergenau skalieren

Diese beiden Drehfelder der Befehlsgruppe *Zellengröße* auf der Registerkarte *Layout* zeigen die aktuelle Zeilenhöhe und Spaltenbreite an. Mithilfe der kleinen Drehfeld-Pfeilchen ändern Sie die Werte. Natürlich dürfen Sie diese auch in die Felder tippen.

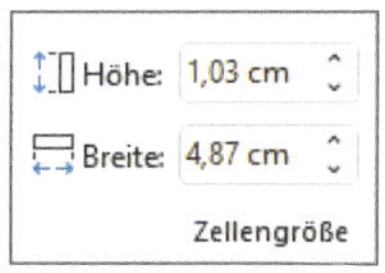

> **Achtung**
> PowerPoint wird sich gelegentlich weigern, die Zeilenhöhe auf das gewünschte Maß zu verkleinern.
>
> Das liegt daran, dass eine Zeile mindestens so »hoch« sein muss wie die aktuell eingestellte Schriftgröße. Bei einer 18 pt großen Schrift (und den voreingestellten Zellbegrenzungen von 0,13 cm oben und unten) ist beispielsweise bei der Zeilenhöhe 1,02 cm Schluss. Erst wenn Sie für alle Zellen der betreffenden Zeile die Schriftgröße verkleinern, können Sie die Decke auf das gewünschte Maß reduzieren.

Eine Tabelle zentimetergenau skalieren

Wie groß ist eigentlich die komplette Tabelle? Die Antwort auf diese Frage finden Sie nach einem Klick in die Tabelle auf der Registerkarte *Layout* in der Befehlsgruppe *Tabellengröße*. Zum Ändern setzen Sie entweder die Drehfelder ein oder Sie tippen den ersten Wert ein, klicken in das zweite Feld, tippen den zweiten Wert ein und klicken dann neben das Feld.

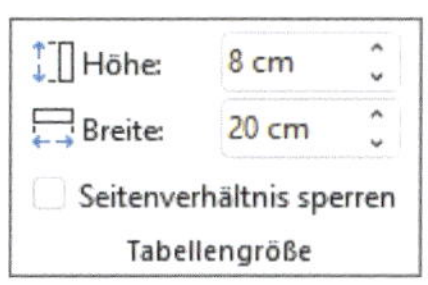

Achtung

Wenn sich PowerPoint weigert, die Höhe der Tabelle auf das gewünschte Maß zu reduzieren, müssen Sie analog zum Skalieren einzelner Zellen oder Zeilen zuerst die Schriftgröße der Zellinhalte herabsetzen, bevor Sie die Tabelle unter die bislang gültige Mindestgröße skalieren können.

Füllfarben und Rahmenlinien

Um Füllfarben zu ändern, markieren Sie zuerst die Zellen, Zeilen oder Spalten und klicken dann auf der Registerkarte *Tabellenentwurf* auf den kleinen Pfeil rechts am Symbol *Schattierung*. Für eine Vorschau **zeigen**, zum Zuweisen **klicken** Sie auf die gewünschte Farbe.

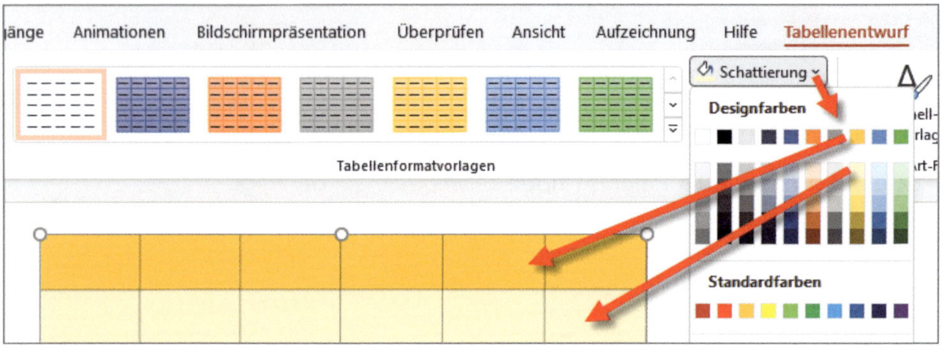

Beim Formatieren der Rahmenlinien markieren Sie zunächst den gewünschten Zellbereich. Ab jetzt kommt es auf die richtige Reihenfolge an:

1. Linienart
2. Linienstärke
3. Linienfarbe
4. Geltungsbereich

Gleiche Zeilenhöhe/Spaltenbreite herstellen

Wenn Sie **alle** Zeilen/Spalten der Tabelle auf die gleiche Breite/Höhe formatieren möchten, klicken Sie in eine beliebige Zelle der Tabelle und dann im Register *Layout* auf die beiden Symbole *Zeilen verteilen* und *Spalten verteilen*. Wenn Sie nicht alle, sondern nur ausgewählte Zeilen/Spalten auf die gleiche Höhe/Breite formatieren möchten, markieren Sie diese und klicken anschließend auf die Symbole.

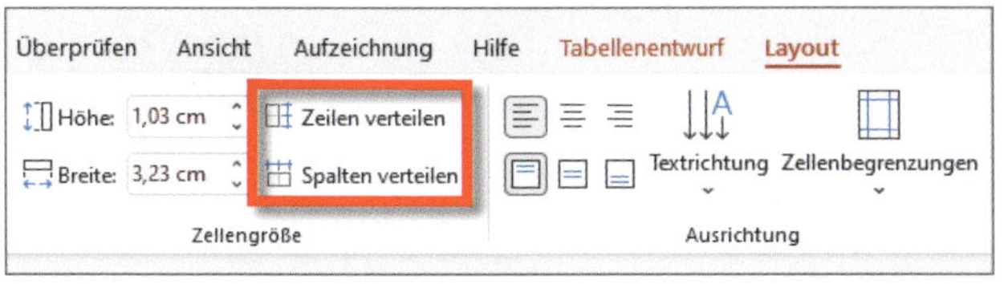

Tabulatoren in Tabellen

Die Taste [Tab] bringt Sie in die nächste Zelle bzw. erzeugt eine neue Zeile, falls der Zellcursor in der letzten Zelle der Tabelle positioniert ist. Um innerhalb von Tabellenzellen dennoch ganz normale Tab-Sprünge zu erzeugen, drücken Sie [Strg]+[Tab].

Tipps zur Arbeit mit Diagrammen

Das kleine Einmaleins der Diagramme haben Sie schon in Kapitel 4 gelernt und wissen jetzt alles über die Botschaft von Zahlen, kennen die wichtigsten Zahlenvergleichstypen und finden auf Anhieb den passenden Diagrammtyp. Jetzt lernen Sie, wie Sie aus den Rohdaten anschauliche Diagramme erstellen und bearbeiten.

Ein Diagramm erstellen

Je nach Ausgangssituation führen unterschiedliche Wege zum Ziel. Zunächst gehe ich davon aus, dass Sie ein Folienlayout mit Multifunktionsplatzhalter gewählt haben.

1. Klicken Sie auf das Symbol *Diagramm einfügen.*
2. Per Doppelklick wählen Sie das gewünschte Diagramm aus.

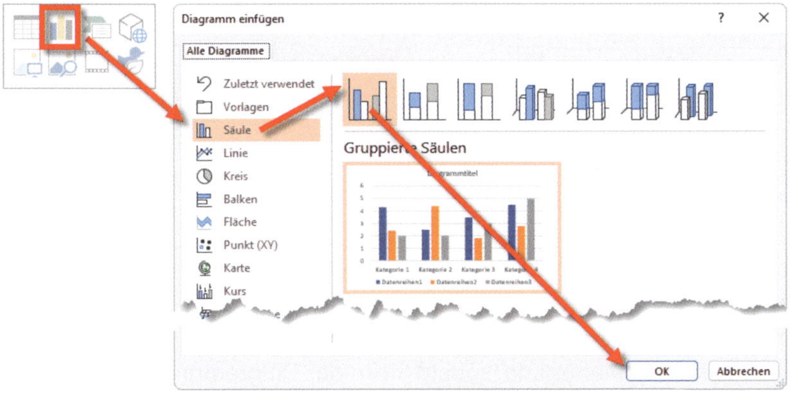

3. Das Diagramm erscheint auf der Folie, über dem Diagramm blendet Excel eine Datentabelle mit Beispieldaten ein.

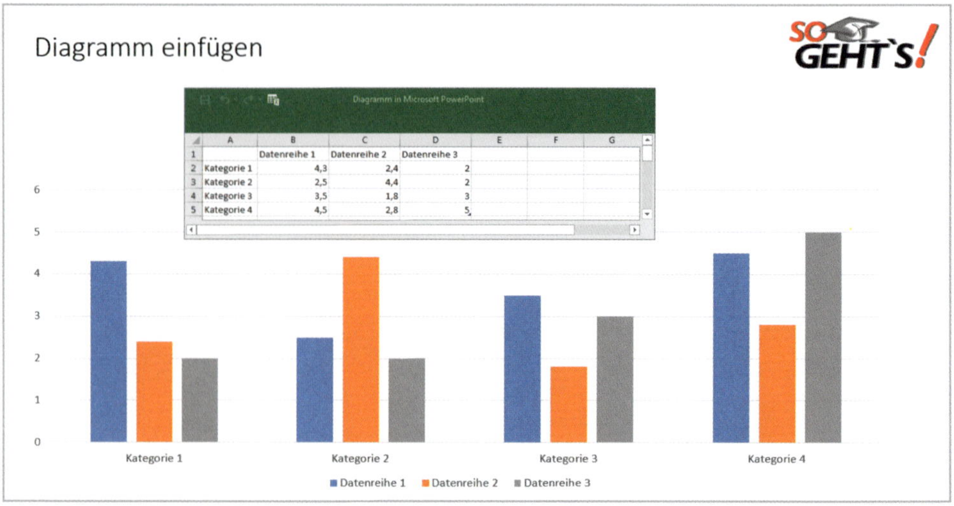

4. Sobald Sie die Beispieldaten in der Tabelle ändern, passt sich das Diagramm automatisch an. Ein blauer Rahmen umgibt den im Diagramm angezeigten Datenbereich. Um ihn zu verkleinern, ziehen Sie den kleinen blauen Punkt an der rechten unteren Ecke dieses Bereichs mit gedrückter Maustaste nach links/oben.

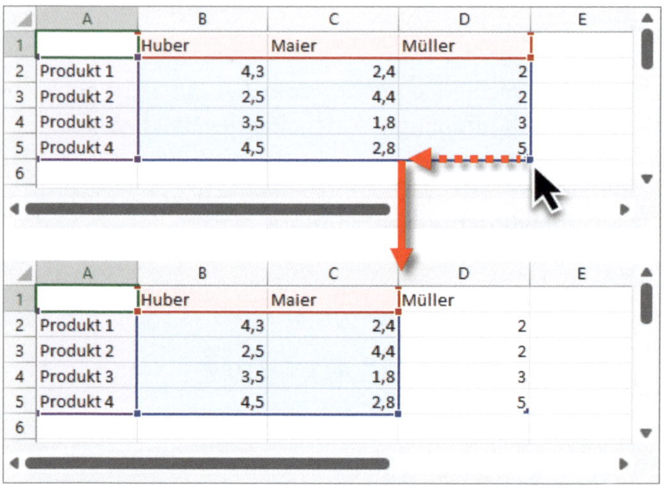

Wenn Sie die Datentabelle nicht mehr benötigen, schließen Sie sie. PowerPoint speichert ohne Rückfrage das Datenblatt zusammen mit der Präsentationsdatei. Jetzt können Sie mithilfe der Registerkarten *Diagrammentwurf* und *Format* das Diagramm bearbeiten. Die Registerkarten erscheinen im Menüband, sobald Sie in das Diagramm klicken.

Datenquelle öffnen und bearbeiten

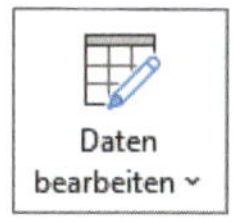

Um die Datenquelle zur Bearbeitung zu öffnen, wählen Sie auf der Registerkarte *Diagrammentwurf* den Befehl *Daten bearbeiten*.

Wenn Sie einzelne Spalten oder Zeilen mitten in der Datenquelle nicht im Diagramm anzeigen möchten, blenden Sie sie aus. Klicken Sie dazu mit der rechten Maustaste auf den entsprechenden Spalten- oder Zeilenkopf und wählen Sie den Befehl *Ausblenden*. In der folgenden Abbildung sind Spalte C und Zeile 3 ausgeblendet.

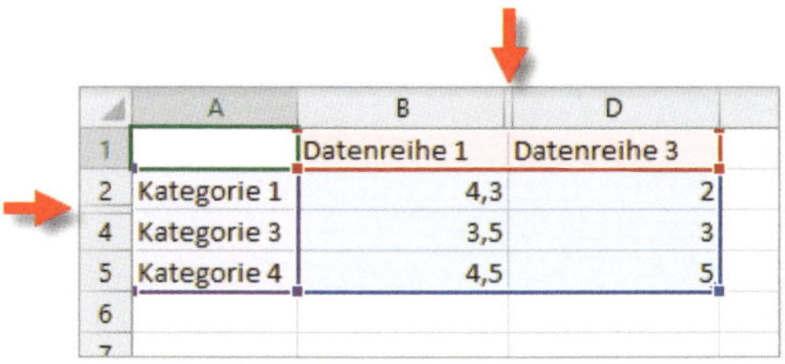

	A	B	D
1		Datenreihe 1	Datenreihe 3
2	Kategorie 1	4,3	2
4	Kategorie 3	3,5	3
5	Kategorie 4	4,5	5
6			

Um ausgeblendete Spalten oder Zeilen wieder einzublenden, markieren Sie die beiden Nachbarspalten (links/rechts) bzw. Nachbarzeilen (oben/unten), klicken mit der rechten Maustaste in die Markierung und wählen den Befehl *Einblenden*.

Den Diagrammtyp ändern

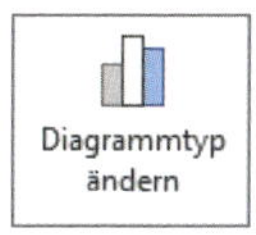

Um den Diagrammtyp zu ändern, wählen Sie auf der Registerkarte *Diagrammentwurf* den Befehl *Diagrammtyp ändern* und doppelklicken auf den gewünschten Diagrammtyp.

Diagrammformatvorlagen

Mithilfe der Diagrammformatvorlagen auf der Registerkarte *Diagrammentwurf* formatieren Sie das komplette Diagramm mit einem einzigen Mausklick.

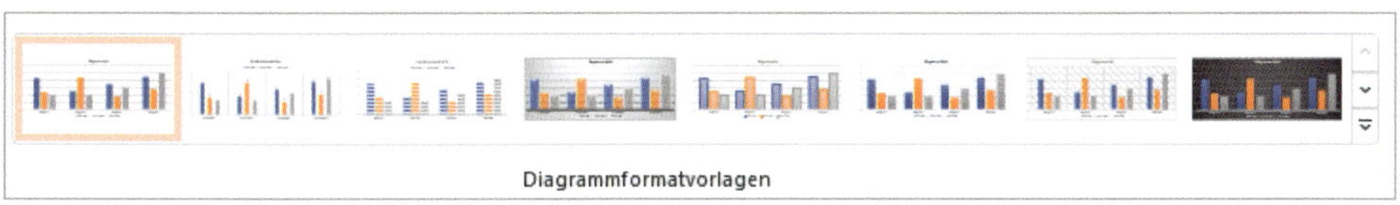

Diagrammelemente bearbeiten

Klicken Sie mit der rechten Maustaste auf das Diagrammelement, das Sie bearbeiten möchten. Aus dem Kontextmenü wählen Sie den Befehl *<Diagrammelement> formatieren*.

Am rechten Bildschirmrand erscheint dann der jeweils zuständige Aufgabenbereich. Ist der Aufgabenbereich bereits eingeblendet, genügt ein Klick auf ein Diagrammelement, um die entsprechenden Werkzeuge im Aufgabenbereich anzuzeigen.

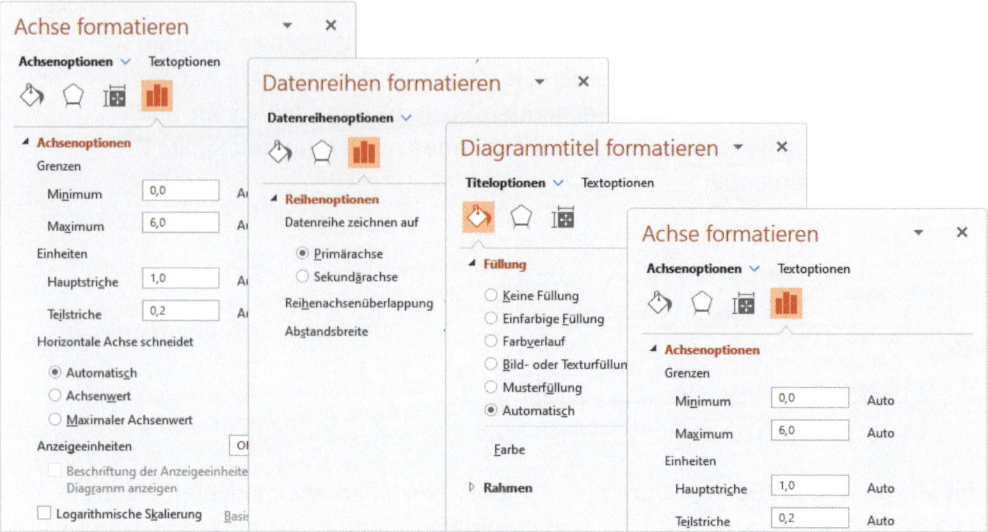

Diagrammelemente hinzufügen/entfernen

Der kürzeste Weg führt über das Pluszeichen an der rechten oberen Ecke des Diagrammrahmens. Nach dem Anklicken erscheint eine Auswahlliste, in der Sie Diagrammelemente per Kontrollkästchen ein- bzw. ausblenden.

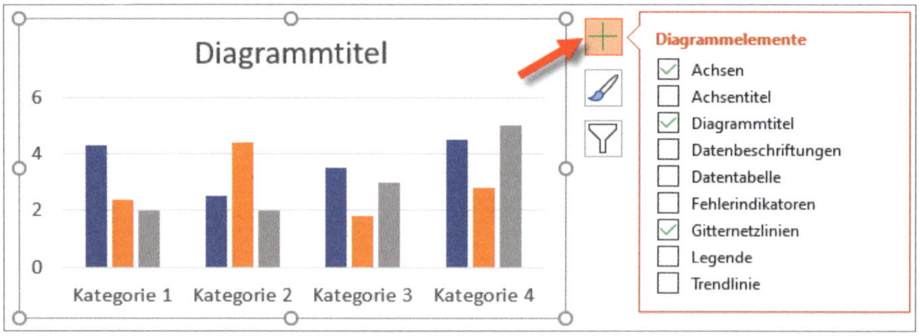

Datenreihe und Datenpunkt anpassen

Ein einzelner Wert, zum Beispiel eine Säule, entspricht einem Datenpunkt. Alle Werte einer Reihe, also alle gleichfarbigen Säulen, ergeben die Datenreihe.

Im folgenden Beispiel soll die mittlere Datenreihe (alle orangefarbenen Säulen) eine andere Farbe erhalten.

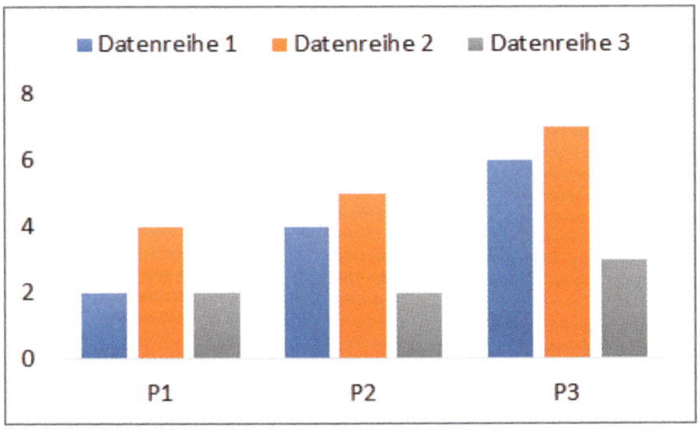

So färben Sie eine **Datenreihe** neu ein:

1. Klicken Sie auf eine beliebige Säule derjenigen Datenreihe, die Sie umfärben möchten. PowerPoint markiert automatisch alle Säulen dieser Datenreihe.
2. Wählen Sie im Aufgabenbereich *Datenreihen formatieren/Füllung* die gewünschte Farbe.

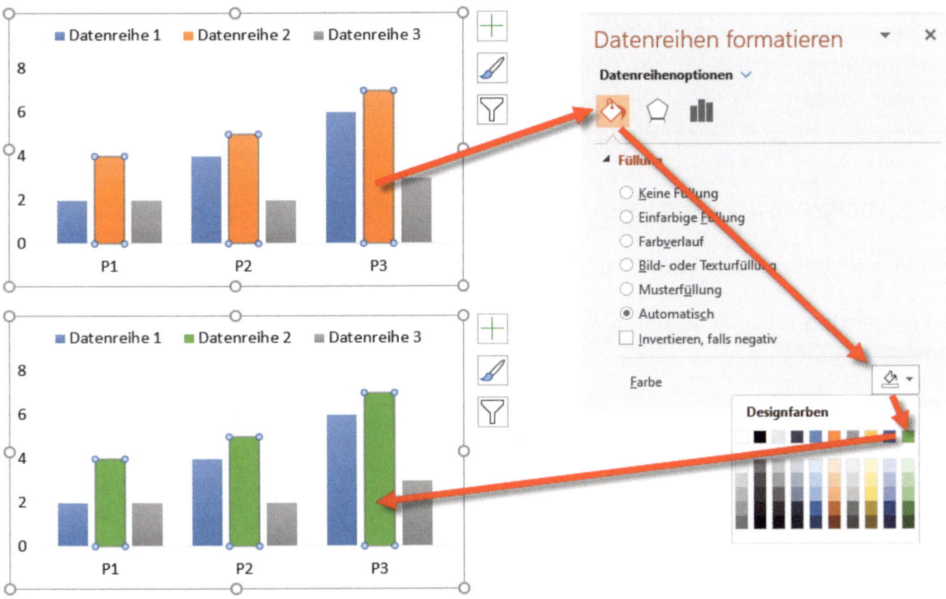

So färben Sie einen **Datenpunkt** (in diesem Beispiel eine einzelne Säule) neu ein:

Klicken Sie die Säule an, deren Farbe Sie ändern möchten: Excel markiert grundsätzlich zunächst alle Säulen der Datenreihe. Klicken Sie nach einer kurzen Pause die Säule ein zweites Mal an. Jetzt ist nur noch diese eine Säule markiert. Die Pause ist entscheidend, weil sie den Unterschied zwischen einem Doppelklick und zwei Einfachklicks ausmacht. Nach zwei Einfachklicks schaltet PowerPoint vom Datenreihen- in den Datenpunktmodus.

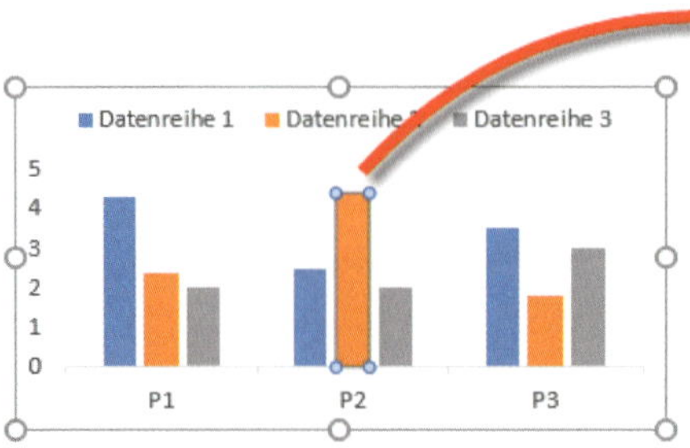

Jetzt geht's weiter, wie beim Umfärben der Datenreihe beschrieben.

> **Spezialfall Kreisdiagramm**
> Zum Umfärben eines einzelnen Segments innerhalb eines Kreisdiagramms müssen Sie grundsätzlich in den Datenpunktmodus schalten. Andernfalls erhalten alle Segmente die gleiche Farbe.
>
> Klicken Sie also mit der linken Maustaste das entsprechende Segment an, warten Sie einen Moment und klicken Sie es ein zweites Mal an. Jetzt ist nur noch dieses Segment markiert, und Sie können es nach der oben beschriebenen Methode umfärben.

Maximalwert und Hauptintervall der Größenachse anpassen

Per Voreinstellung bestimmt PowerPoint beide Werte automatisch.

Im folgenden Beispiel sollen der Maximalwert von 80.000 auf 100.000 und das Hauptintervall alias »Hauptstriche« von 10.000 auf 20.000 geändert werden.

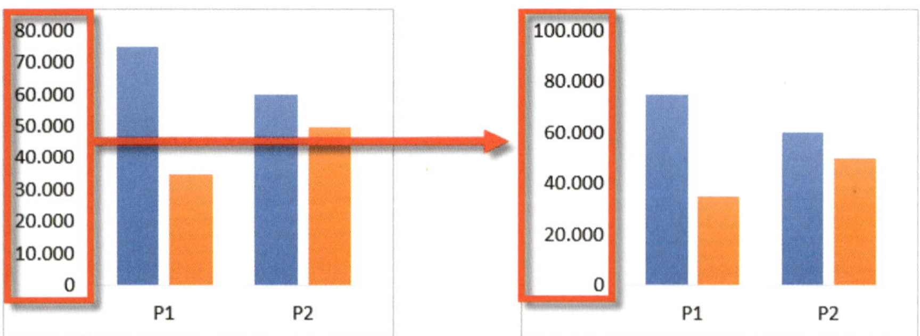

So geht's:

1. Klicken Sie mit der rechten Maustaste auf einen beliebigen Wert und wählen Sie aus dem Kontextmenü den Befehl *Achse formatieren.*
2. Im Aufgabenbereich *Achse formatieren/Achsenoptionen* tippen Sie die gewünschten Werte ein.

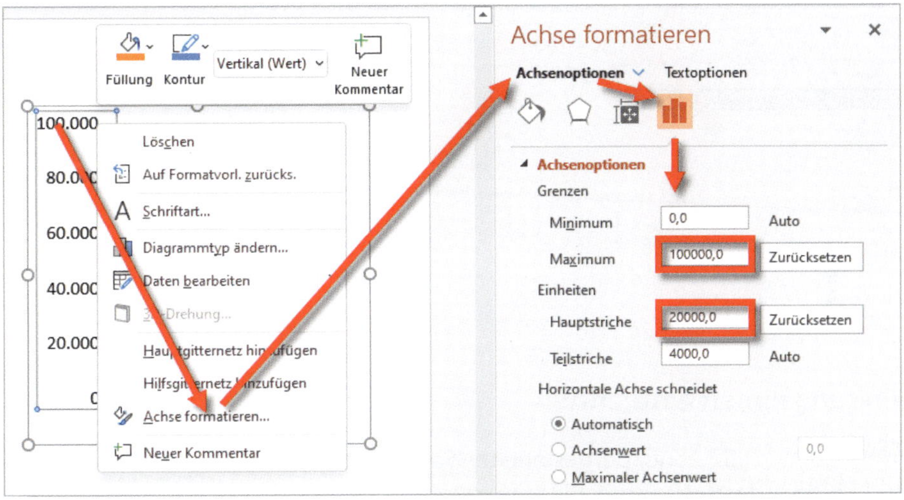

Vorsicht!

Ein eingetippter Maximalwert ist in Stein gemeißelt. Übersteigt ein Wert der Datentabelle irgendwann einmal diesen Maximalwert, passt PowerPoint die Skalierung nicht mehr an.

Erst wenn Sie durch Klicken auf *Zurücksetzen* wieder zur automatischen Skalierung umschalten oder einen neuen Maximalwert festlegen, stimmt das Diagramm wieder.

Zahlenformat der Größenachse anpassen

Per Voreinstellung übernimmt PowerPoint das Zahlenformat der Datentabelle. Um das im Diagramm angezeigte Zahlenformat ohne Eingriff in die Datentabelle zu ändern, gehen Sie so vor:

1. Klicken Sie mit der rechten Maustaste auf einen beliebigen Wert der Größenachse und wählen Sie aus dem Kontextmenü den Befehl *Achse formatieren.*
2. Im Aufgabenbereich *Achse formatieren/Achsenoptionen* wählen Sie im Listenfeld *Zahl* das gewünschte Format.

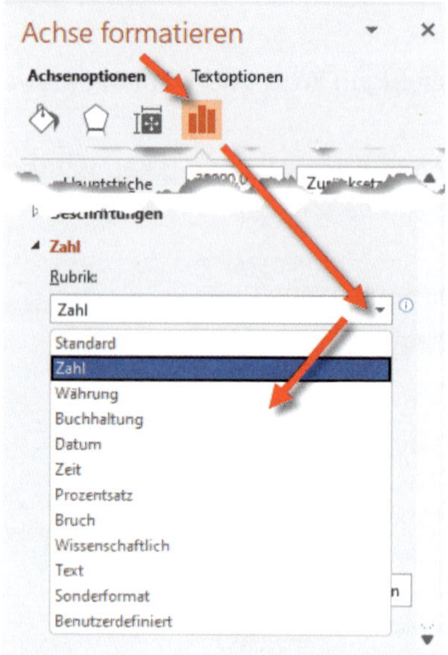

Verbindungslinien einblenden

Verbindungslinien gibt es nur bei gestapelten Säulen- oder Balkendiagrammen. Sie erleichtern es dem Auge des Betrachters, die Entwicklung der einzelnen Datenreihen zu verfolgen. Zum Ein- und Ausblenden wählen Sie auf der Registerkarte *Diagrammentwurf* den Befehl *Diagrammelement hinzufügen/Linien/Verbindungslinien*.

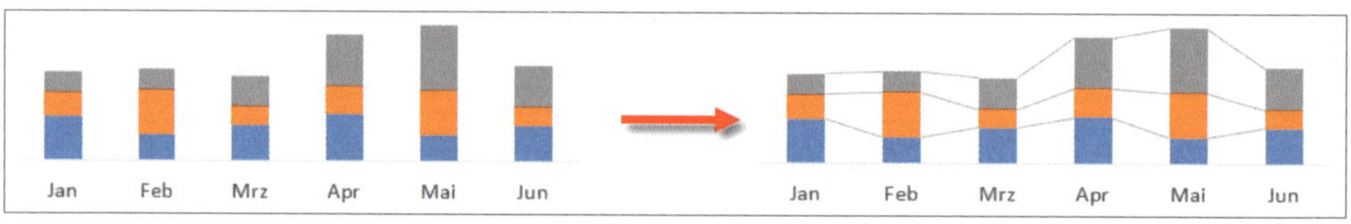

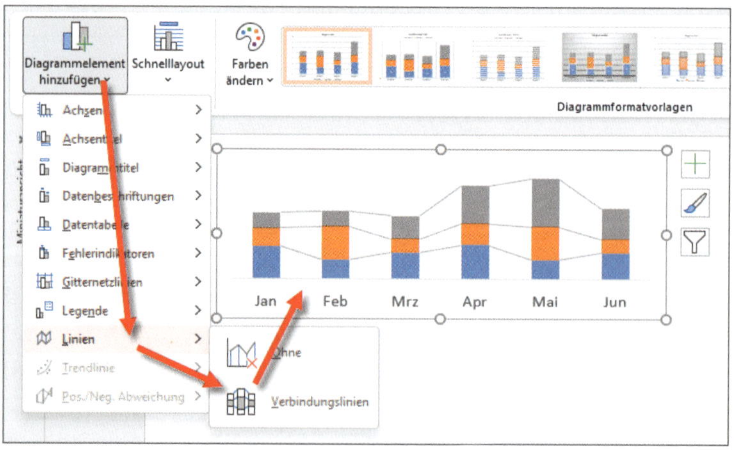

Überlappende Säulen

Per Voreinstellung stehen Säulen nebeneinander. Überlappende Säulen verstärken den Vergleichscharakter.

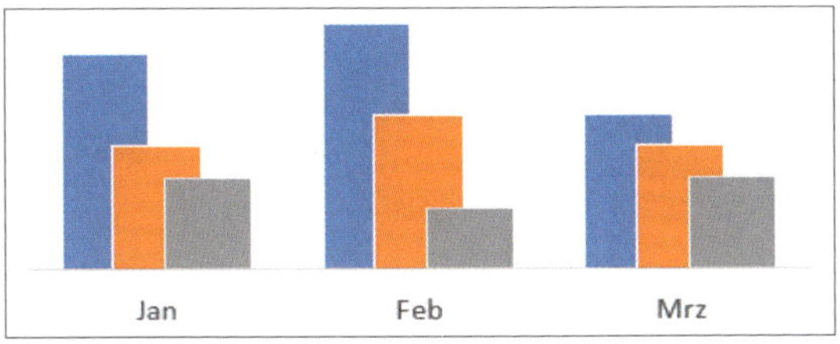

So geht's:

1. Klicken Sie mit der rechten Maustaste auf eine beliebige Säule und wählen Sie aus dem Kontextmenü den Befehl *Datenreihen formatieren*.
2. Im Aufgabenbereich *Datenreihen formatieren/Datenreihenoptionen* wählen Sie im Drehfeld *Reihenachsenüberlappung* den gewünschten Wert.

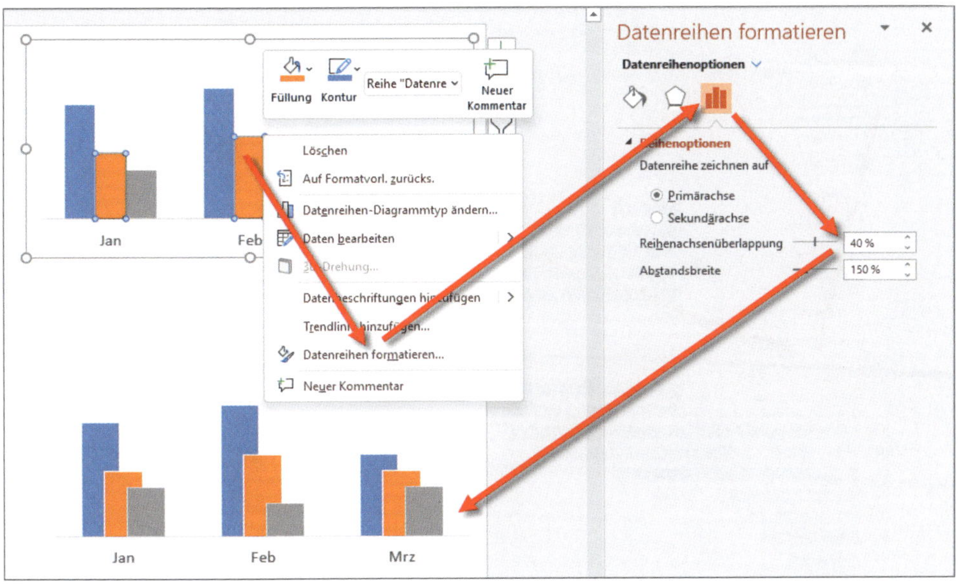

Kategorien in umgekehrter Reihenfolge anordnen

Balkendiagramme veranschaulichen eine Rangfolge. Dabei gilt die Grundregel: »Von oben nach unten werden die Balken immer kürzer«. Also erfassen Sie in der Datentabelle die Werte von oben nach unten absteigend, erstellen anschließend das Diagramm und ... haben ein Problem: PowerPoint dreht die Reihenfolge um.

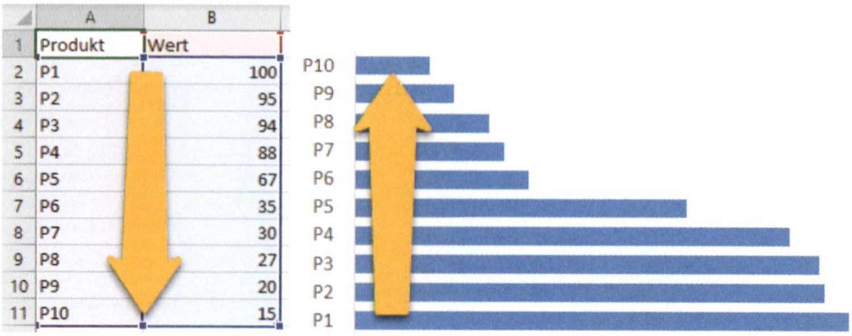

Was nun? Die Tabelle umsortieren oder gar die Werte neu erfassen? Nein, Sie ordnen im Diagramm die Kategorien in umgekehrter Reihenfolge an.

So geht's:

1. Klicken Sie einen beliebigen Eintrag der Rubrikenachse mit der rechten Maustaste an und wählen Sie aus dem Kontextmenü den Befehl *Achse formatieren*.
2. Wählen Sie im Aufgabenbereich *Achse formatieren* die Befehle *Achsenoptionen/Kategorien in umgekehrter Reihenfolge* sowie *Horizontale Achse schneidet/Bei größter Rubrik*.

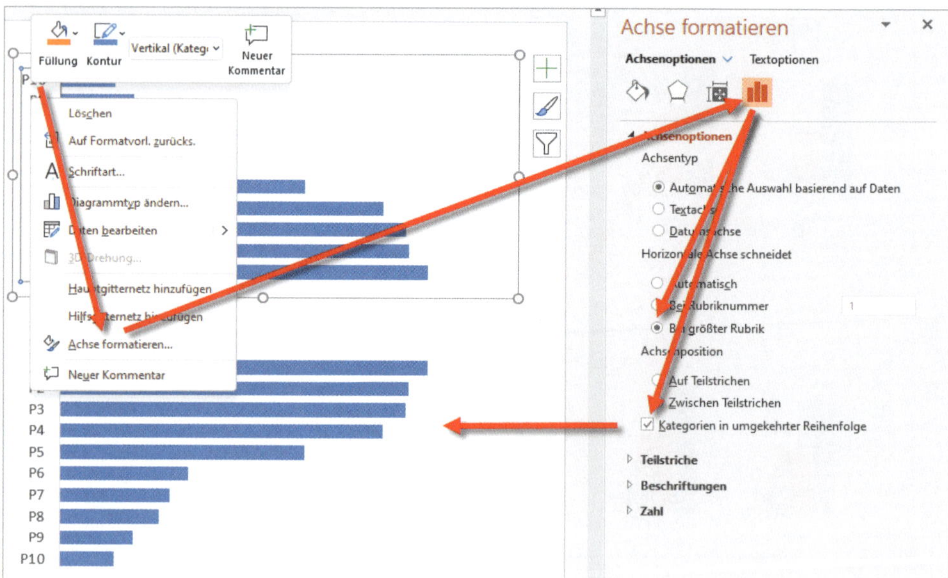

Tipps zu Animationen

In diesem Abschnitt erfahren Sie, welche Animationseffekte PowerPoint zur Verfügung stellt und wie Sie Effekte zuweisen, bearbeiten, kopieren und entfernen.

Folienübergänge zuweisen und entfernen

Per Voreinstellung erscheinen die Folien im Präsentationsmodus ohne Übergang. Mithilfe der Registerkarte *Übergänge* ändern Sie das.

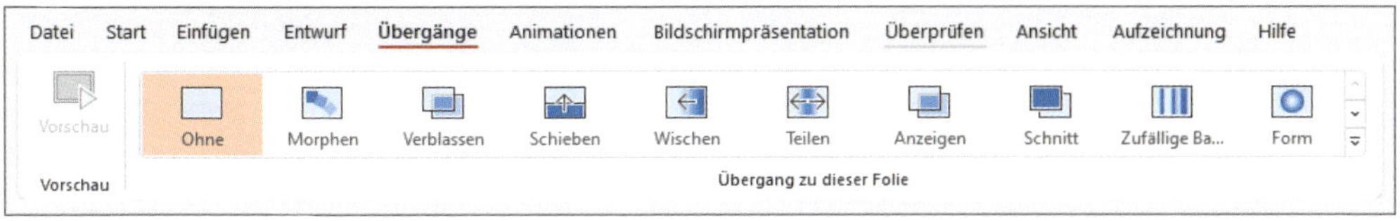

Zum Zuweisen klicken Sie den gewünschten Übergangseffekt an. Per Voreinstellung weist PowerPoint den Folienübergang nur der aktuellen Folie zu. Um mehreren Folien denselben Effekt zuzuweisen, markieren Sie zunächst die entsprechenden Folien, beispielsweise durch Anklicken mit gedrückter Strg-Taste, und wählen dann den gewünschten Übergangseffekt aus.

Sollen alle Folien denselben Effekt erhalten, weisen Sie ihn zunächst einer beliebigen Folie zu und wählen dann *Auf alle anwenden*.

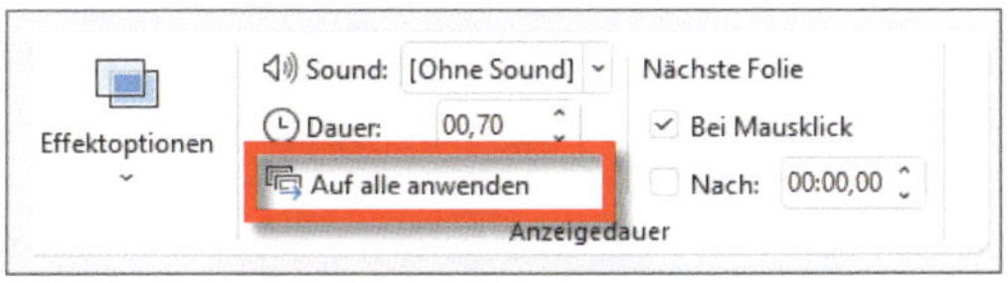

Wenn Sie wissen wollen, welche Folie welchen Übergangseffekt hat, klicken Sie die Minifolie an und werfen einen Blick auf die Registerkarte *Übergänge*: Der jeweils zugewiesene Übergangseffekt ist farblich hervorgehoben.

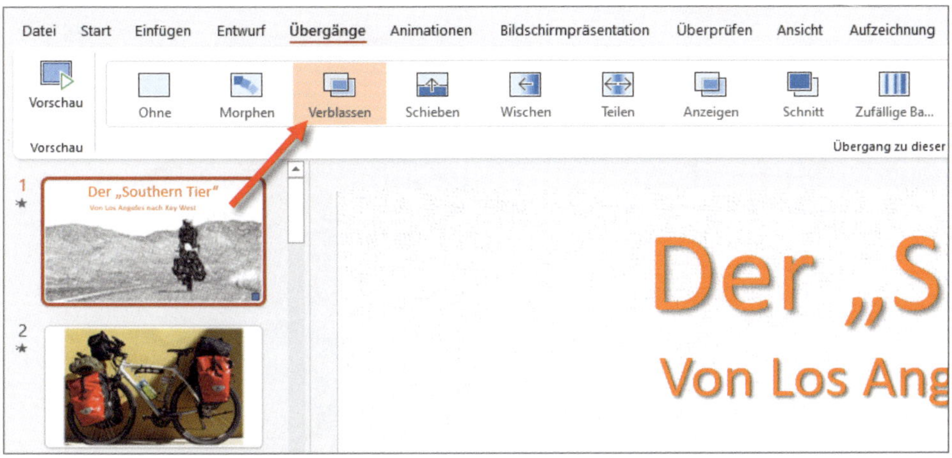

Um einen Folienübergang zu entfernen, markieren Sie die Folie(n) und wählen *Ohne*.

Für die meisten Übergangseffekte hat PowerPoint verschiedene Varianten im Angebot:

Morphen – mehr als nur ein Übergangseffekt

Morphen ist ein Übergangseffekt der ganz besonderen Art. Wie schon bei den 3D-Modellen sollten Sie sich am besten jetzt gleich die entsprechenden buchbegleitenden Lernvideos ansehen. Oder Sie starten auf YouTube eine Suche nach »PowerPoint Morph« und bestaunen die ausgeklügelten Kunstwerke findiger PowerPoint-Anwender. Die Mindestvoraussetzung für das *Morphen* sind zwei Folien mit mindestens ein und demselben Objekt. Ob Sie diese Objekte von einer auf die andere Folie kopieren oder die Folie einfach duplizieren, spielt keine Rolle. Hauptsache, es handelt sich um Kopien/Duplikate.

1. Verschieben und skalieren Sie die kopierten Objekte und weisen Sie der Folie den Übergangseffekt *Morphen* zu.

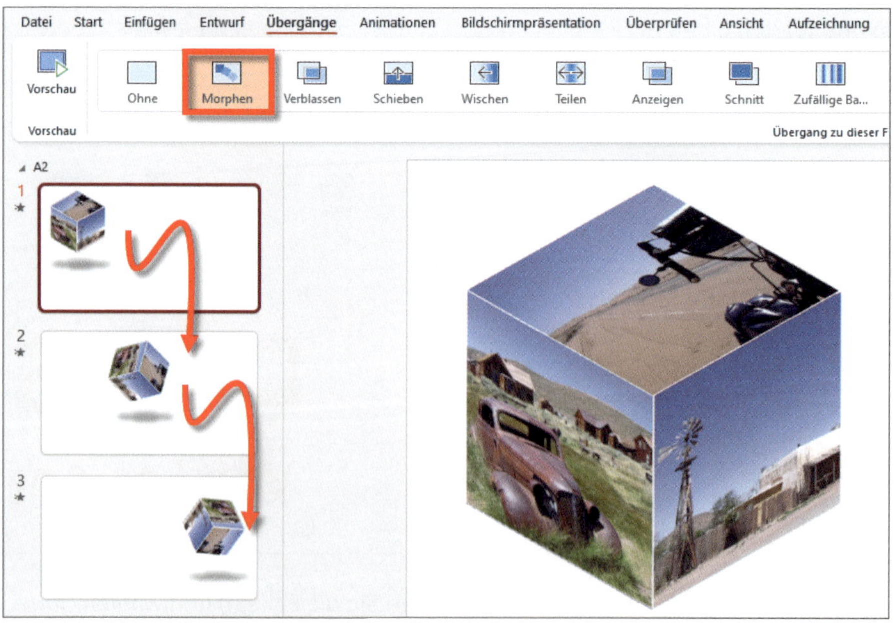

2. Ignorieren Sie die automatische Vorschau und testen Sie den Effekt im Präsentationsmodus. Nur in der Bildschirmpräsentation entfaltet *Morphen* seine ganze Wirkung. Wie Sie sehen werden, bewegen, vergrößern und/oder verkleinern sich die Objekte stufenlos und wie von Zauberhand.

Morphen advanced

Im Gegensatz zum einfachen Morphen, bei dem dasselbe Objekt beim Folienwechsel gemorpht wird, geht es nun um das Morphen unterschiedlicher Objekte. Im folgenden Beispiel verwandelt sich die kleine Himbeere zunächst in einen Apfel, der dann zu einer Aprikose und schließlich zu einer Melone wird.

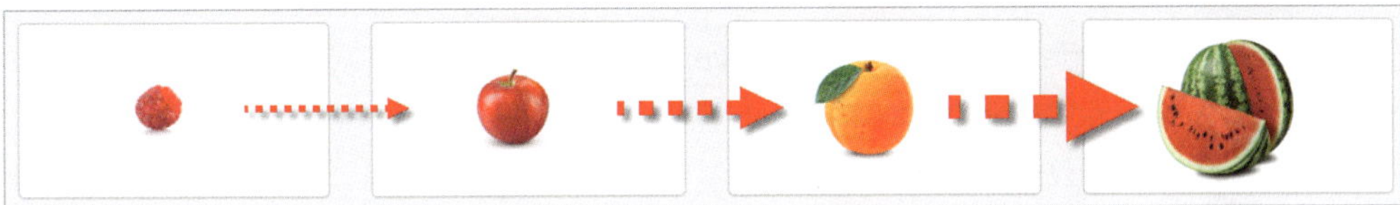

Um unterschiedliche Objekte zu morphen, benötigen Sie den Aufgabenbereich *Auswahl*, der alle Folienobjekte auflistet. Die Objektnamen vergibt PowerPoint automatisch – und genau hier setzt »Morphen advanced« an. Sie benötigen lediglich identische Objektnamen mit jeweils zwei vorangestellten Ausrufezeichen. So geht's:

1. Wählen Sie *Start/Anordnen/Auswahlbereich*.
2. Klicken Sie den Namen des zu morphenden Objekts an, warten Sie eine Sekunde und klicken Sie ihn erneut an, damit PowerPoint in den Editiermodus wechselt.
3. Vergeben Sie einen beliebigen Namen mit zwei vorangestellten Ausrufezeichen, z. B. *!!obst*, und drücken Sie die Taste [↵].
4. Wiederholen Sie Schritt 3 für alle zu morphenden Objekte auf den jeweiligen Folien.

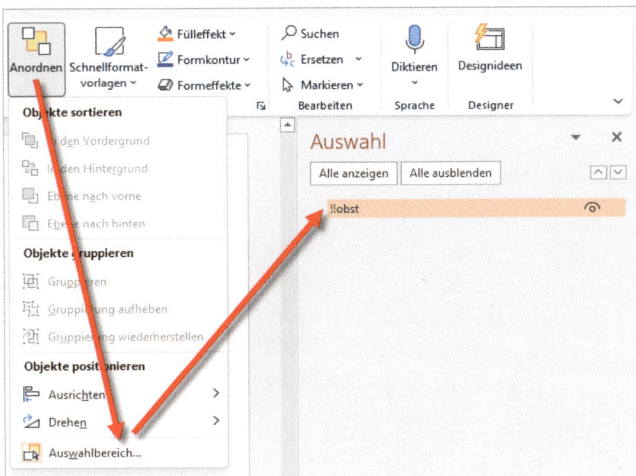

Animationseffekte

Auf der Registerkarte *Animationen* finden Sie alle Werkzeuge zum Erstellen, Ändern und Verwalten von Animationseffekten.

PowerPoint stellt vier Effekttypen zur Verfügung:

1. Eingangseffekte: Objekt erscheint
2. Hervorhebungseffekte (*Betont*): Objekt verändert sich
3. Ausgangseffekte: Objekt verschwindet
4. Animationspfade: Objekt bewegt sich

Die Hervorhebung (Betonung) von Objekten ist zwar gut gemeint, weil Veränderung auf der Leinwand die Aufmerksamkeit des Betrachters auf sich zieht. Aber meiner Meinung nach eignen sich die meisten Effekte mehr für die Gestaltung von Kindergeburtstagen und weniger für Business-Präsentationen.

Animationseffekt zuweisen

So unterschiedlich die Animationen auch sein mögen, zum Einfügen gehen Sie immer denselben Weg:

1. Klicken Sie das zu animierende Objekt an und wählen Sie auf der Registerkarte *Animationen* den Befehl *Animation hinzufügen*.
2. Wählen Sie den gewünschten Effekt.

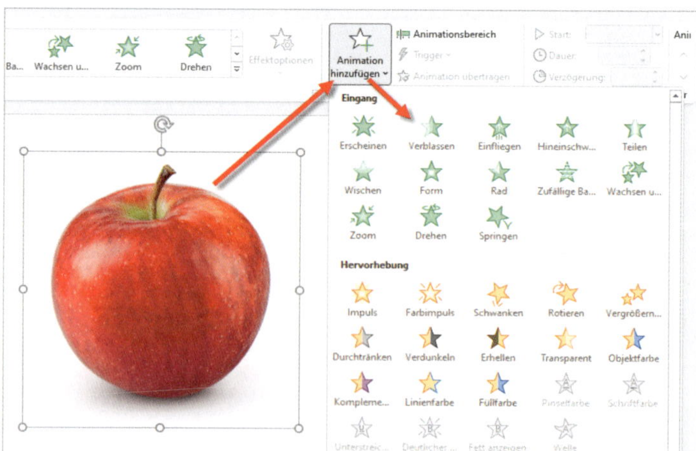

Spezialfall »Animationspfad«

Mit den Animationspfaden verhält es sich meiner Einschätzung nach ähnlich wie mit den Hervorhebungseffekten. Gut gemeint, aber für Business-Präsentationen nur selten bzw. in geringer Dosis hilfreich.

Von allen angebotenen Varianten kommen meiner Meinung nach nur *Linien, Bögen* und *Wendungen* infrage.

Achterbahnfahrten, Schleifchen und herzförmige Pfade sollten analog zu den Hervorhebungseffekten ebenfalls besser Kindergeburtstagen vorbehalten bleiben.

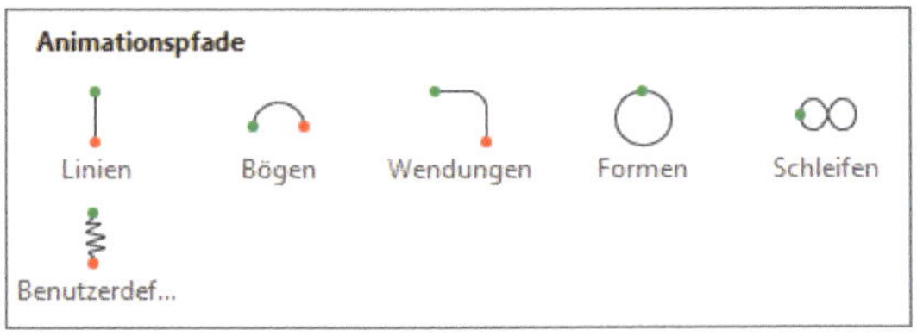

1. Ein grünes Dreieck markiert den Beginn, ein rotes das Ende des Animationspfads.

2. Zum Anpassen der Zielposition klicken Sie zunächst auf den Pfad; das grüne und rote Dreieck werden zum grünen und roten Punkt.

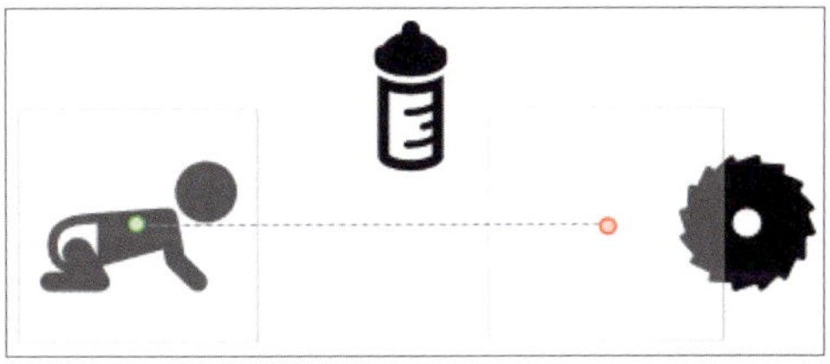

3. Ziehen Sie den roten Punkt mit gedrückter linker Maustaste an die gewünschte Zielposition.

Hinweis

PowerPoint zeigt Animationspfade nur auf der Registerkarte *Animationen* an.

Effekte kombinieren

Selbstverständlich können Sie einem einzigen Objekt mehrere Effekte zuweisen: Es erscheint aus dem Nichts, verändert anschließend seine Farbe, wandert danach an eine andere Position und verschwindet schließlich wieder von der Bildfläche.

Der Animationsbereich

Für das Feintuning von Animationen gibt es einen eigenen Aufgabenbereich. Zum Einblenden wählen Sie *Animationen/Animationsbereich*. Er listet alle Animationen der aktuellen Folie auf. Farbige Balken veranschaulichen Animationstyp, Beginn, Ende und die Dauer der einzelnen Effekte.

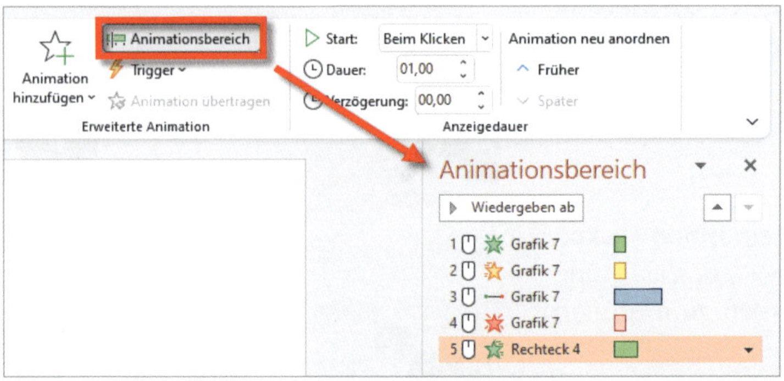

Per Voreinstellung ist der Animationsbereich allerdings zu schmal (linke Abbildung) und zeigt die Startartsymbole nicht an. Verbreitern Sie den Animationsbereich deshalb mit gedrückter linker Maustaste so weit, bis die Symbole erscheinen (Maus-Icons in der rechten Abbildung).

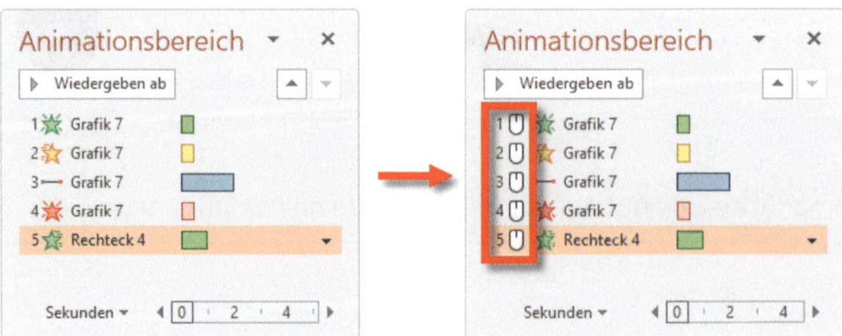

Aufzählung animieren

Klicken Sie in ein beliebiges Wort, wählen Sie *Animation hinzufügen* und weisen Sie der Aufzählung den gewünschten Effekt zu.

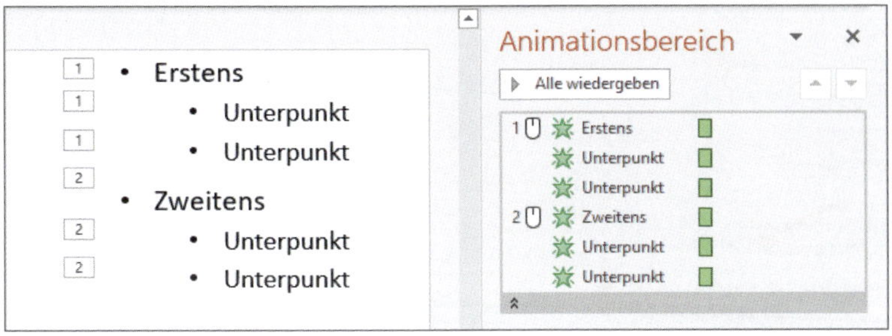

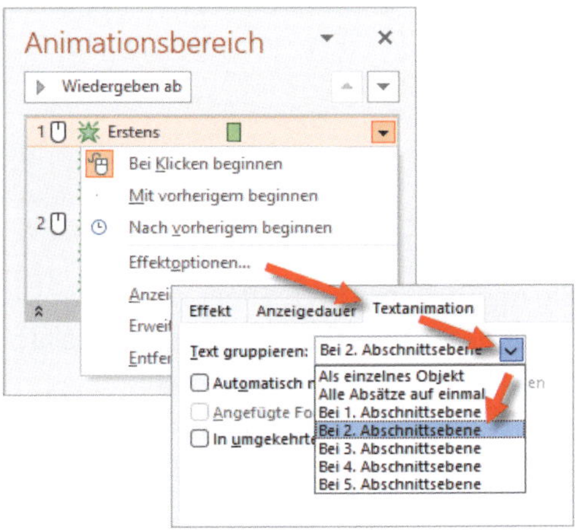

Per Voreinstellung animiert PowerPoint jeden Hauptpunkt samt allen Unterpunkten. An den Nummern links vom Folienobjekt erkennen Sie die Klickreihenfolge. Mit dem ersten Klick erscheinen alle Objekte, die mit der Nummer 1 gekennzeichnet sind, mit dem zweiten Klick alle Objekte, die mit der Nummer 2 gekennzeichnet sind usw. Wenn Sie Aufzählungs(unter)punkte einzeln animieren möchten, klicken Sie im Animationsbereich mit der rechten Maustaste auf den Effekt und wählen Sie aus dem Kontextmenü *Effektoptionen*. Im Dialogfenster *Effektoptionen* wechseln Sie zum Register *Textanimation* und wählen in der Liste *Text gruppieren* die gewünschte Ebene. Die Aufzählung des obigen Beispiels enthält nur die ersten beiden Ebenen, also passt hier die Auswahl *Bei 2. Abschnittsebene*.

Eine SmartArt-Grafik animieren

Per Voreinstellung animiert PowerPoint eine SmartArt-Grafik als Ganzes. So ändern Sie das:

1. Klicken Sie in die SmartArt-Grafik und weisen Sie den gewünschten Effekt zu. Lassen Sie sich nicht davon irritieren, wenn SmartArt-Grafiken im Animationsbereich als »Diagramme« gelistet werden. PowerPoint ist auch nur ein Mensch.
2. Klicken Sie mit der rechten Maustaste auf den Effekt, wählen Sie aus dem Kontextmenü den Befehl *Effektoptionen* und wechseln Sie im nächsten Dialogfeld zur Registerkarte *SmartArt-Animation*.

3. Wählen Sie die gewünschte Variante. Anzahl und Art der Varianten hängen von der jeweiligen SmartArt-Grafik ab.

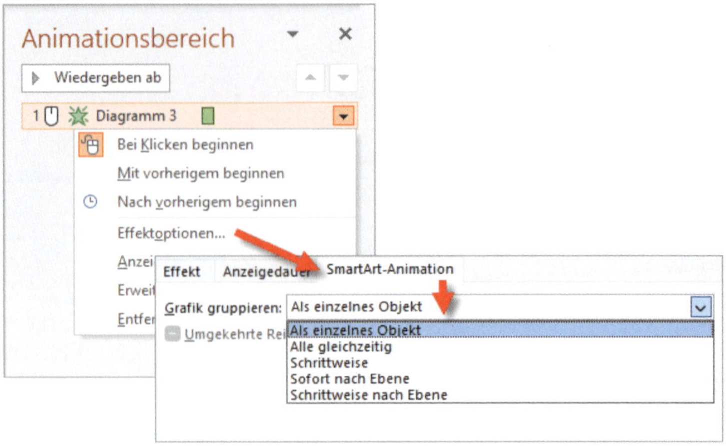

Ein Diagramm animieren

Per Voreinstellung animiert PowerPoint ein Diagramm als Ganzes. Das ändern Sie so:

1. Klicken Sie in das Diagramm und weisen Sie den gewünschten Effekt zu. Lassen Sie sich nicht davon irritieren, wenn Diagramme im Animationsbereich als »Inhaltsplatzhalter« gelistet werden. Sie wissen ja ... PowerPoint ist auch nur ein Mensch.
2. Klicken Sie mit der rechten Maustaste auf den Effekt, wählen Sie aus dem Kontextmenü den Befehl *Effektoptionen* und wechseln Sie im nächsten Dialogfeld zur Registerkarte *Diagrammanimation*.
3. Wählen Sie die gewünschte Variante. Anzahl und Art der Varianten hängen vom Diagrammtyp ab.

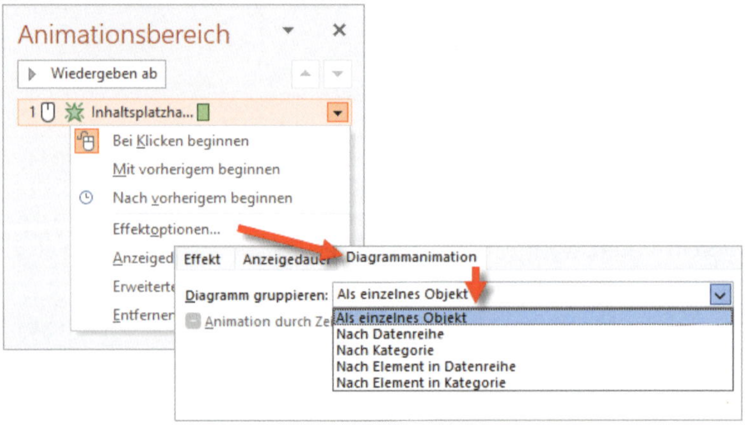

Animationsvorschau und Präsentationsmodus

Die *AutoVorschau* ist per Voreinstellung aktiviert. Sobald Sie einem Objekt einen Animationseffekt zuweisen, liefert PowerPoint eine Vorschau dieses Effekts. Um alle Effekte einer Folie auf Knopfdruck in der Vorschau abzuspielen, klicken Sie ganz links außen auf der Registerkarte *Animationen* auf das Symbol *Vorschau*. Zum Deaktivieren der *AutoVorschau* entfernen Sie das Häkchen. Denken Sie auch an den umgekehrten Fall: Sollte die erwartete *AutoVorschau* ausbleiben, prüfen Sie, ob das Häkchen gesetzt ist.

Die Vorschau liefert nur einen ersten Eindruck! Sie sollten Animationen immer auch im Präsentationsmodus – also unter Originalbedingungen – testen. Drücken Sie dazu [Strg]+[F5], um die aktuelle Folie im Präsentationsmodus zu zeigen, bzw. [F5], wenn PowerPoint mit Folie Nr. 1 beginnen soll. So navigieren Sie im Präsentationsmodus:

Aktion	Taste
einen Schritt vorwärts	[Bild ↓]
einen Schritt rückwärts	[Bild ↑]
zur ersten Folie	[Pos 1]
zur letzten Folie	[Ende]
Präsentationsmodus beenden	[Esc]

Effekte automatisch auslösen

Per Voreinstellung werden Animationen manuell gestartet: entweder per Mausklick oder über die Tastatur. Um den Auslösemechanismus zu automatisieren, klicken Sie das Objekt auf der Folie an und wählen auf der Registerkarte *Animationen* die gewünschte Startart aus.

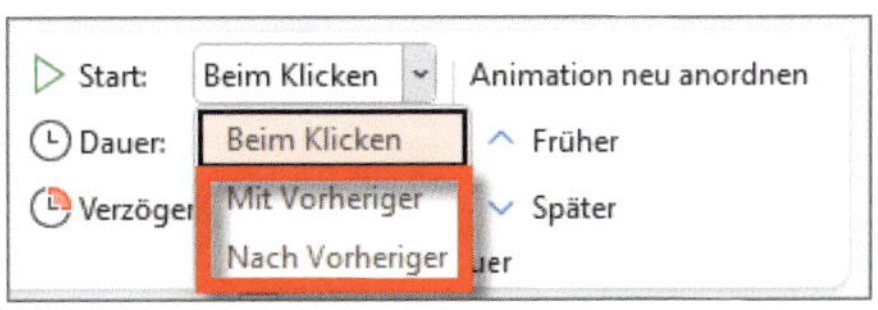

Mit Vorheriger bedeutet, dass der Animationseffekt automatisch und gleichzeitig mit dem vorangegangenen Effekt ausgelöst wird. *Nach Vorheriger* löst den Effekt ebenfalls automatisch, aber erst nach Abschluss des vorangegangenen Effekts aus. Um Animationseffekte gleichzeitig auszulösen (Abbildung links), wählen Sie die Startart *Mit Vorheriger*. Wenn Sie mit einem einzigen Klick einen Dominoeffekt auslösen möchten, wählen Sie *Nach Vorheriger* (Abbildung rechts). Wichtig! Den ersten Dominostein (oberster Effekt) belassen Sie auf manuell.

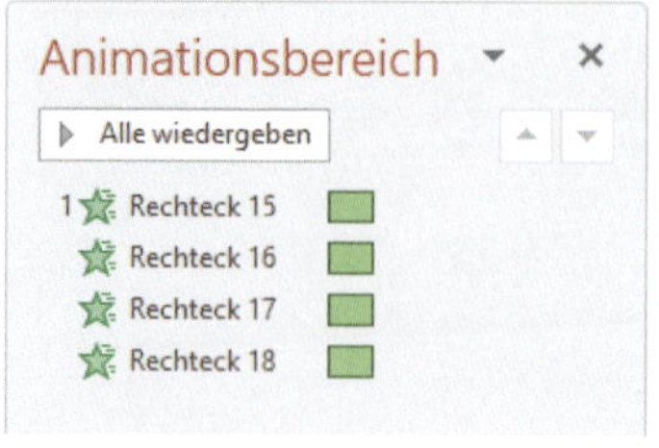

Trigger als Auslöser für Effekte verwenden

Triggern bedeutet Auslösen eines Effekts durch Klicken auf ein beliebiges Objekt: das Trigger-Objekt. Mithilfe von Triggern können Sie nicht nur die Reihenfolge von Effekten nach Belieben steuern. Sie entscheiden auch darüber, ob Effekte überhaupt zum Einsatz kommen oder einfach übersprungen werden. Im folgenden Beispiel soll nach einem Klick auf das entsprechende Textfeld das jeweils zugehörige Bild erscheinen.

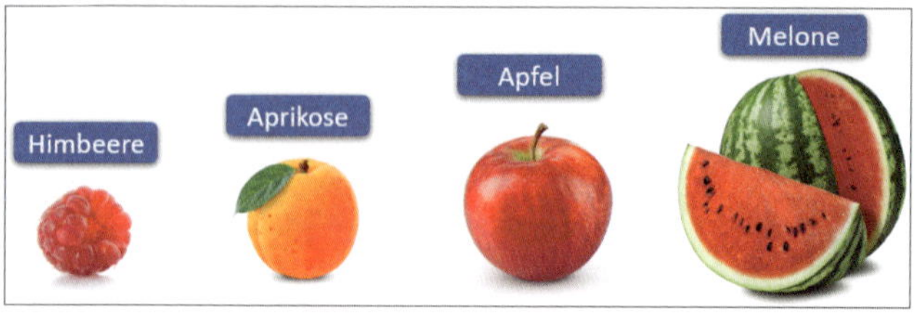

So geht's:

1. Weisen Sie dem ersten Bild (hier der Himbeere) den gewünschten Animationseffekt zu.
2. Öffnen Sie auf der Registerkarte *Animationen* die Liste *Trigger* und wählen Sie das gewünschte Trigger-Objekt (hier das Textfeld *Himbeere*).

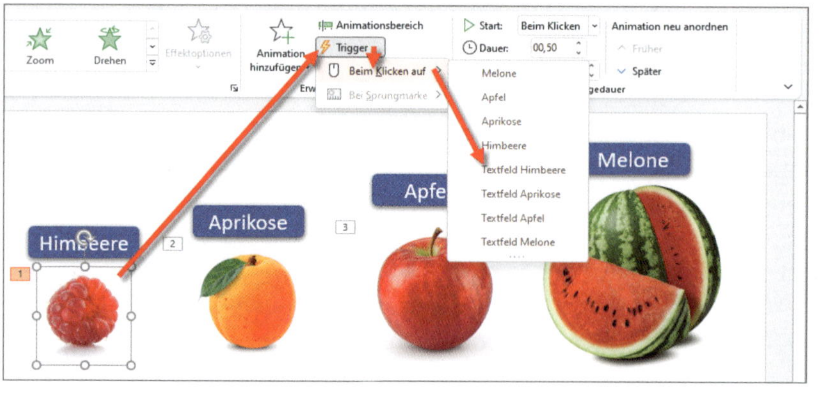

Achtung

Für dieses Beispiel habe ich die Bilder und Textfelder so präpariert, dass in der Liste *Trigger* sprechende Namen erscheinen, also *Bild Melone*, *Textfeld Melone*, *Bild Himbeere* etc. Im Normalfall verwendet PowerPoint interne Bezeichnungen für die Objekte und nummeriert diese einfach nur der Reihe nach durch.

Falls Sie also in der Liste *Trigger* nicht erkennen können, welche Bezeichnung zu welchem Objekt gehört, vergeben Sie für diese Objekte sprechende Namen. Dazu benötigen Sie den *Auswahlbereich*.

1. Wählen Sie auf der Registerkarte *Start* den Befehl *Anordnen/Auswahlbereich*.
2. Klicken Sie auf der Folie ein Objekt an, das anschließend auch im Auswahlbereich markiert und damit identifizierbar ist.
3. Nach einem Klick auf das im Auswahlbereich markierte Element wechselt PowerPoint in den Editiermodus und Sie können nun den gewünschten Namen eintippen.

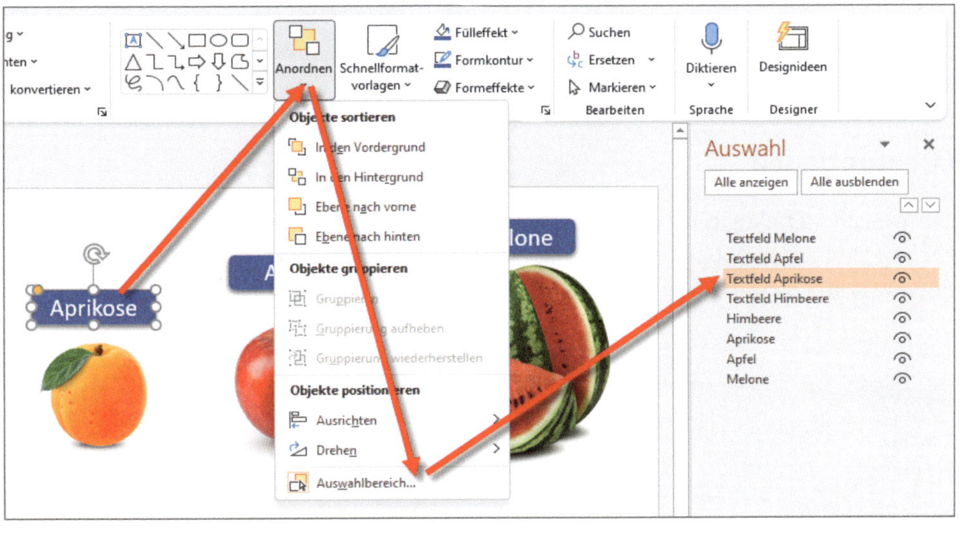

4. Abschließend drücken Sie die Taste [↵].
5. Analog vergeben Sie nun die übrigen benötigten sprechenden Namen.

Beim Duplizieren von Folien bzw. beim Kopieren von Objekten behalten die umbenannten Objekte ihre sprechenden Namen. Auch dann, wenn Sie Folien oder Folienobjekte in andere Präsentationen einfügen.

Geschwindigkeit von Effekten anpassen

Für die meisten Effekte gibt es unterschiedliche Geschwindigkeitsstufen. Zum Bremsen oder Beschleunigen dürfen Sie wählen: Entweder Sie verwenden das Drehfeld auf der Registerkarte *Animationen*, wo Sie die gewünschte Dauer wahlweise eintippen bzw. die Drehfeld-Pfeilchen anklicken. Oder Sie ziehen im Animationsbereich den farbigen Balken mit gedrückter linker Maustaste auf die gewünschte Länge. Zielen Sie exakt auf den Anfang bzw. das Ende des Balkens. Erst wenn der in der folgenden Abbildung sichtbare Doppelpfeil erscheint, haben Sie die Dauer auch wirklich im Visier. Während des Ziehens zeigt Ihnen PowerPoint in einem kleinen Fenster die jeweilige Zeit exakt an.

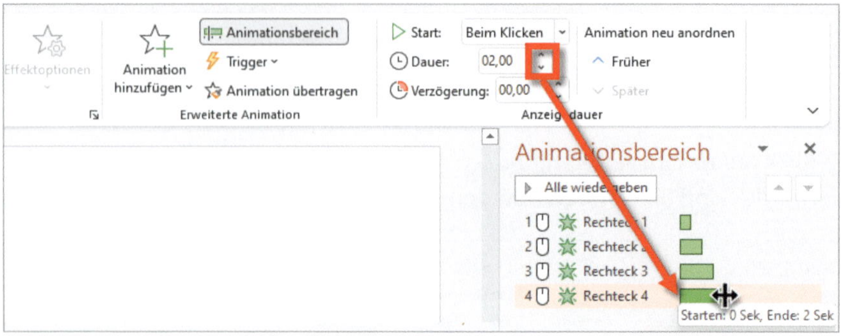

Effektoptionen

Die meisten Effekte gibt es in verschiedenen Geschmacksrichtungen. Zum Anpassen klicken Sie das Objekt auf der Folie an und wählen auf der Registerkarte *Animationen* die gewünschte Variante.

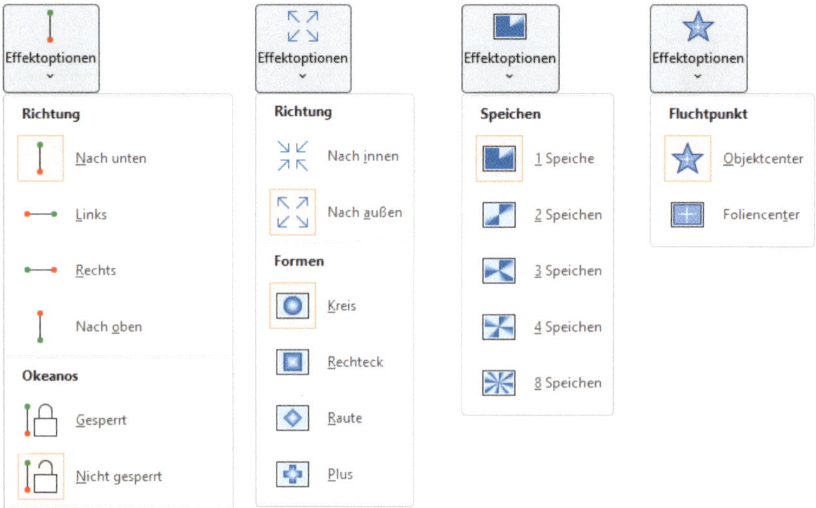

Hinweis

Bleibt das Symbol *Effektoptionen* deaktiviert (grau abgeblendet), haben Sie einen Effekt erwischt, für den es keine Varianten gibt.

Animationsreihenfolge ändern

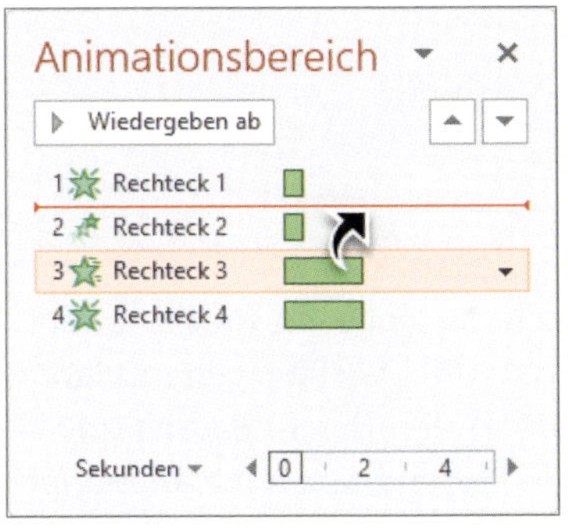

Die Animationsreihenfolge entspricht der Reihenfolge, in der Sie die Objekte animieren. Zum Ändern ziehen Sie den Effekt im Animationsbereich mit gedrückter linker Maustaste nach oben oder unten. Sobald die rote Linie (Einfügemarke) an der gewünschten Stelle ist, lassen Sie die Maustaste los.

Wenn Sie nicht sicher sind, welcher Effekt zu welchem Objekt gehört, klicken Sie das Objekt auf der Folie an. PowerPoint markiert nun automatisch den zugehörigen Effekt in der Animationsliste.

Animationseffekte löschen oder ändern

Zum Löschen eines Effekts klicken Sie ihn im Animationsbereich an und drücken [Entf]. Zum Ändern eines Effekts wählen Sie in der Befehlsgruppe *Animation* den gewünschten Animationseffekt aus. Dabei spielt es keine Rolle, welchen Effekttyp (*Eingang*, *Betont*, *Beenden* oder *Animationspfade*) Sie wählen – PowerPoint ersetzt den bisherigen durch den neuen Animationseffekt.

Animationseffekt kopieren

So übertragen Sie einen Animationseffekt von einem Objekt auf ein anderes:

1. Klicken Sie das Objekt an, dessen Animationseffekt Sie auf ein anderes Objekt übertragen möchten.
2. Wählen Sie *Animation übertragen* und klicken Sie das Zielobjekt an. Enthält das Quellobjekt mehrere Animationseffekte, werden **alle** Effekte übertragen.

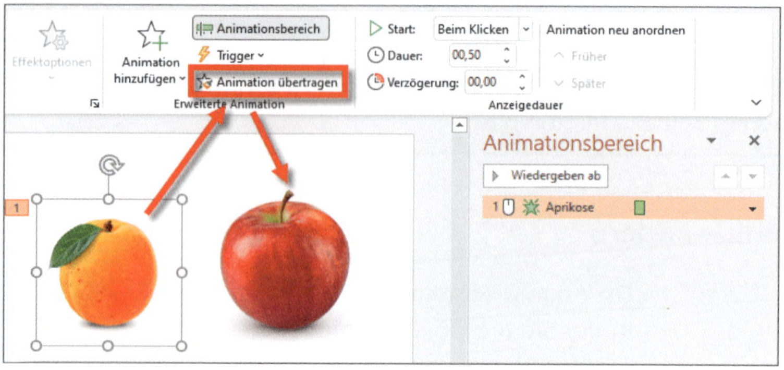

Animationseffekte vorübergehend abschalten

Animationseffekte machen das schnelle Blättern von Folie zu Folie im Präsentationsmodus zum Klickmarathon. Legen Sie bei Bedarf die Animationen vorübergehend lahm. Wählen Sie dazu auf der Registerkarte *Bildschirmpräsentation* den Befehl *Bildschirmpräsentation einrichten* und aktivieren Sie das Kontrollkästchen *Präsentation ohne Animation*. Denken Sie auch an den umgekehrten Fall, wenn Animationen unerklärlicherweise aus der Präsentation »verschwunden« sind. Werfen Sie einen kurzen Blick in dieses Dialogfeld; vielleicht ist ja das Häkchen gesetzt.

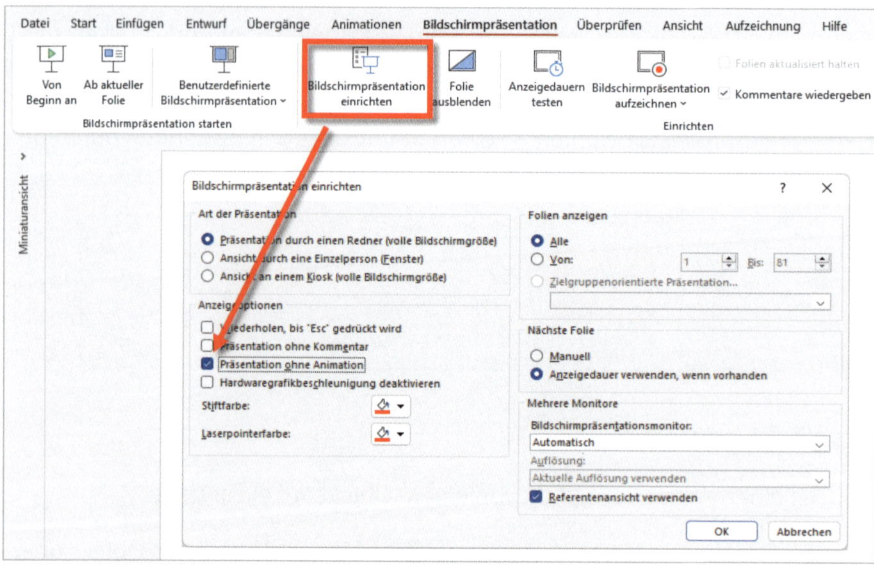

Präsentation automatisch ablaufen lassen

Während des Vortrags sollten Sie sich nur dann als Synchronsprecher zu einer automatisch ablaufenden Präsentation versuchen, wenn Sie auch beim Autofahren niemals einen

Gurt anlegen. Eine einzige Frage aus dem Publikum – und Sie geraten aus dem Takt. Automatisch ablaufende Präsentationen eignen sich dafür aber hervorragend fürs Internet, die Empfangshalle oder während Messen. So automatisieren Sie den Ablauf:

1. Wählen Sie auf der Registerkarte *Bildschirmpräsentation* den Befehl *Anzeigedauern testen*. PowerPoint wechselt in den Präsentationsmodus. Links oben erscheint das Dialogfeld *Wird aufgezeichnet*.
2. Klicken Sie sich in exakt der Geschwindigkeit durch die Präsentation, in der sie später ohne Ihr Zutun ablaufen soll (mit Esc können Sie die Aufzeichnung bei Bedarf vorzeitig abbrechen).
3. Nach dem letzten Klick erscheint ein Hinweisfenster mit der Gesamtdauer und der Frage, ob Sie mit dieser Zeit einverstanden sind oder nicht. Wenn alles passt, bestätigen Sie mit *Ja*. Wenn nicht, beginnen Sie wieder mit Schritt 1.

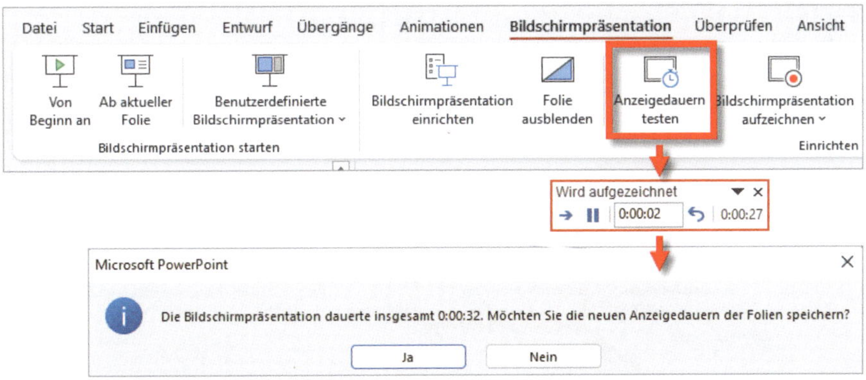

Sobald Sie diese Präsentation im Präsentationsmodus starten, läuft die Bildschirmpräsentation automatisch mit den gespeicherten Einblendzeiten von der ersten bis zur letzten Folie ab. Um die Einblendzeiten einzelner Folien zu prüfen bzw. anzupassen, ohne die komplette Präsentation erneut aufzuzeichnen, klicken Sie in der Ansicht *Foliensortierung* auf die Registerkarte *Übergänge* und ändern die Einblendzeiten von Hand wie gewünscht.

Autopilot oder Steuerknüppel? Mithilfe eines unscheinbaren Häkchens auf der Registerkarte *Bildschirmpräsentation* entscheiden Sie, ob der Autopilot übernimmt oder ob Sie trotz aufgezeichneter Anzeigedauer die Präsentation doch lieber von Hand steuern. Die aufgezeichneten Zeiten gehen nicht verloren, wenn Sie auf manuelle Steuerung umschalten. Das ist sehr praktisch für Präsentationen, die beispielsweise auf der Messe automatisch ablaufen sollen, beim Kunden jedoch live präsentiert werden. In diesem Fall entfernen Sie für die Live-Präsentationen vorübergehend das Häkchen.

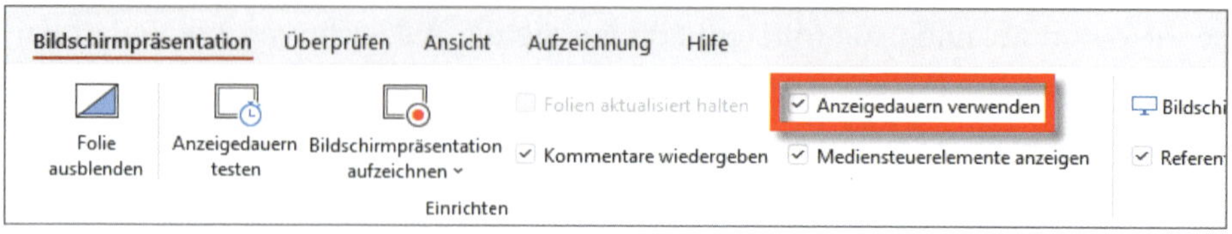

Präsentation als Endlosschleife ablaufen lassen

Wenn die Präsentation nach der letzten Folie wieder von vorne beginnen soll, wählen Sie auf der Registerkarte *Bildschirmpräsentation* den Befehl *Bildschirmpräsentation einrichten* und aktivieren das Kontrollkästchen *Wiederholen, bis "Esc" gedrückt wird*.

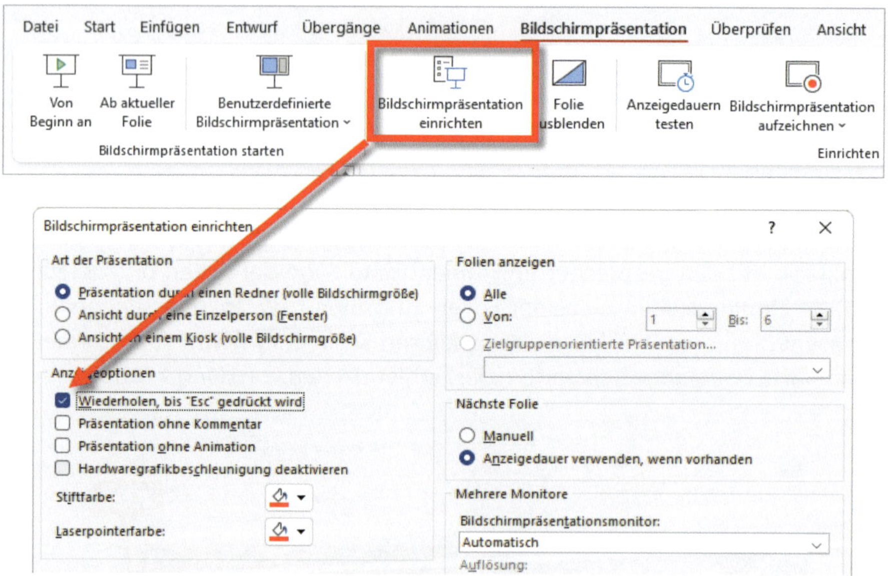

Solange das Kontrollkästchen aktiviert ist, wird PowerPoint nach der letzten Folie immer wieder mit der ersten Folie beginnen. Falls Sie automatische Einblendzeiten festgelegt haben, läuft sie ohne Ihr Zutun nach dem Start als Endlosschleife und dreht sich bis zum Sankt-Nimmerleins-Tag im Kreis. Es sei denn, jemand erbarmt sich und drückt [Esc] oder zieht den Stecker.

Kioskmodus als Navigationshilfe

Der Kioskmodus kommt vorzugsweise bei Messen und Veranstaltungen zum Einsatz, wo sich die Besucher zwar selbstständig durch die Folien klicken dürfen, ansonsten aber nichts mit der Präsentation anstellen sollen. Im Kioskmodus sind nur noch Klicks auf Hyperlinkobjekte und Trigger erlaubt. Woraus folgt: Ohne Hyperlinks oder Trigger ist der Kioskmodus so brauchbar wie eine Fernbedienung ohne Batterie. Um den Kioskmodus einzuschalten, klicken Sie auf der Registerkarte *Bildschirmpräsentation* auf *Bildschirmpräsentation einrichten* und wählen die Option *Ansicht an einem Kiosk*. PowerPoint aktiviert dabei ungefragt auch die Endlosschleife.

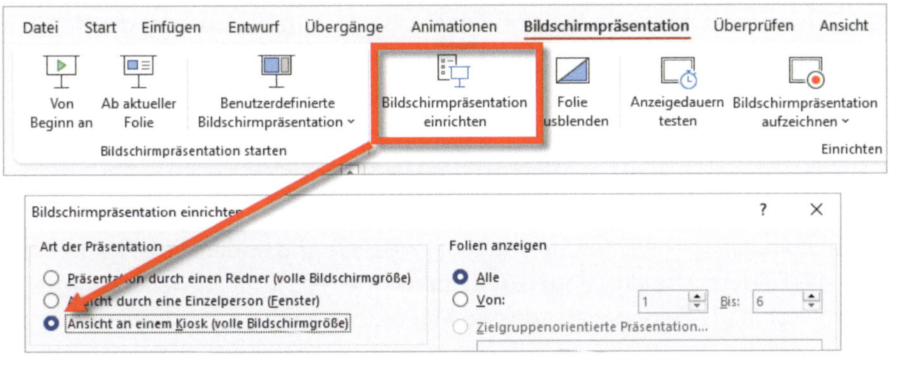

Nonlinear präsentieren mit Hyperlinks

Eine (lineare) Präsentation ohne Hyperlinks ist wie eine Bahnstrecke: Unterbrochen von kurzen Aufenthalten, geht es wie auf Schienen immer geradeaus vom Start über Folie 1, 2, 3 etc. bis zum Ziel.

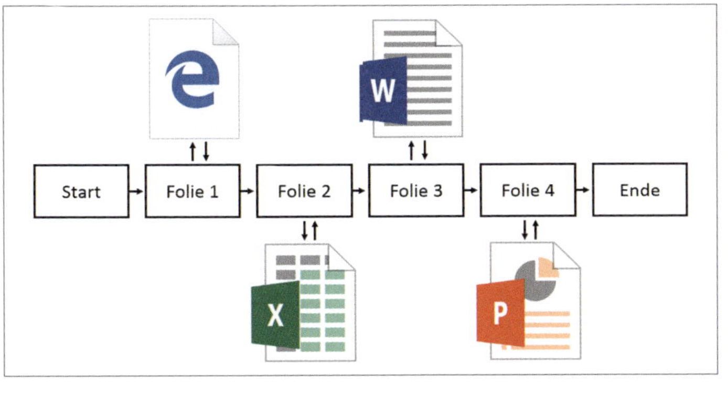

Hyperlinks ermöglichen Abzweigungen und damit nonlineares Präsentieren. Obwohl Sie mithilfe von Hyperlinks während der Präsentation zwischen verschiedenen Programmen,

Internetseiten und anderen Präsentationen hin- und herwechseln, bleibt das Gesamtkunstwerk aus Sicht Ihres Publikums doch eine einzige zusammenhängende Präsentation.

Bis auf die ärgerliche Ausnahme »Gruppierung« können Sie jedem Objekt einen Hyperlink zuweisen. Ein Klick auf das Objekt löst anschließend die von Ihnen festgelegte Aktion aus. Ein solches Objekt, dem ein Hyperlink zugewiesen werden soll bzw. zugewiesen wurde, nenne ich im Folgenden »Hyperlinkobjekt«.

Szenario 1: Hyperlinks ins Internet

Während der Präsentation mal eben zur Homepage des Unternehmens oder des Kunden wechseln?

So geht's:

1. Klicken Sie das Hyperlinkobjekt mit der rechten Maustaste an und wählen Sie aus dem Kontextmenü den Befehl *Link*.
2. Im Dialogfeld *Link einfügen* wählen Sie *Datei oder Webseite* und tippen die URL (Internetadresse) in das Feld *Adresse* ein. Längere Adressen kopieren Sie am besten mit Strg+C aus dem Browser in die Zwischenablage und fügen sie hier mit Strg+V ein.

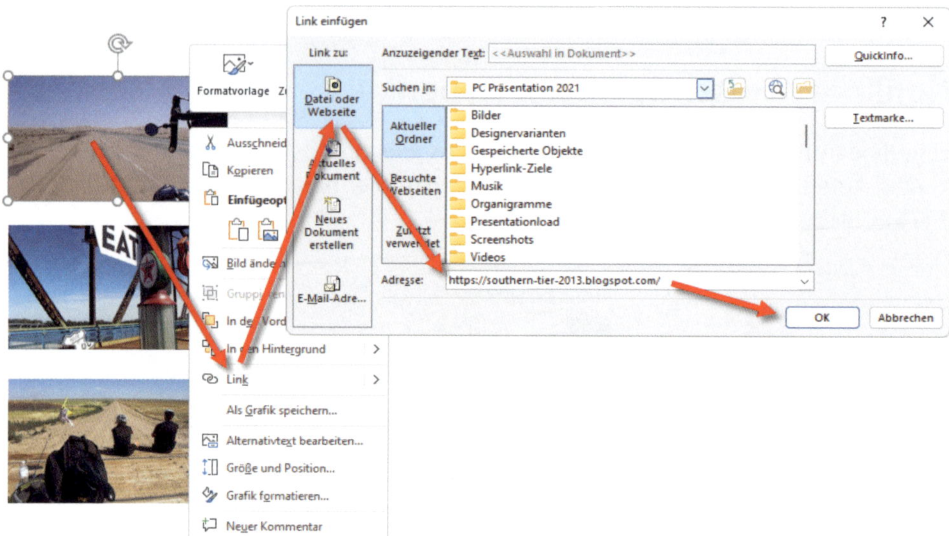

3. Testen Sie den Hyperlink. Im Präsentationsmodus brauchen Sie dazu nur auf das Hyperlinkobjekt zu klicken. In der Normalansicht müssen Sie während des Klicks die Taste Strg drücken.

Benutzerdefinierte QuickInfo

Sobald Sie im Präsentationsmodus auf ein Hyperlinkobjekt zeigen, verwandelt sich der Mauszeiger in eine kleine Hand mit einem Hinweisfenster, in dem das Hyperlinkziel als QuickInfo erscheint.

So erstellen Sie eine benutzerdefinierte QuickInfo:

1. Klicken Sie das Hyperlinkobjekt mit der rechten Maustaste an und wählen Sie aus dem Kontextmenü den Befehl *Hyperlink bearbeiten*.
2. Klicken Sie im Dialogfeld *Hyperlink bearbeiten* auf *QuickInfo* und tippen Sie den gewünschten Text ein.

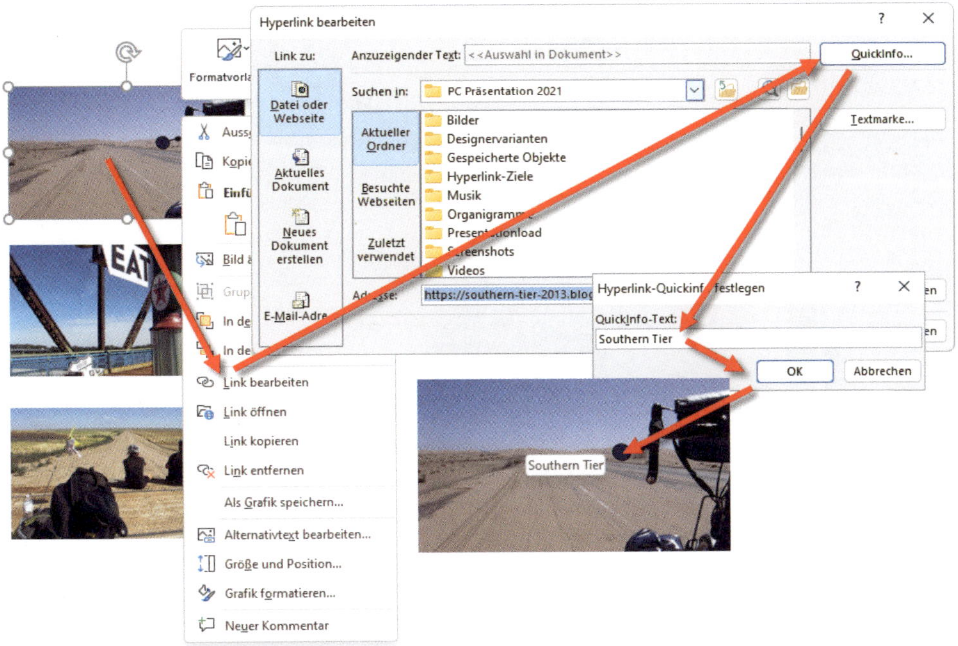

Szenario 2: Hyperlinks zu Excel

Diagramme veranschaulichen Kerninformationen, während das Kleingedruckte ins Handout gehört. Getreu diesem Motto folgend, haben Sie die Diagramme auf Ihren Folien auf Diät gesetzt. Aus Erfahrung wissen Sie aber, dass Ihr Publikum während der Präsentation gelegentlich wissen will, welche Zahlen denn nun im Detail hinter den bunten Säulen, Balken oder Kreissegmenten stecken. Sorgen Sie vor und erstellen Sie Hyperlinks zu den jeweiligen Excel-Arbeitsmappen. Wenn niemand nachfragt, ignorieren Sie die Hyperlinks stillschweigend, aber falls jemand Details wissen möchte, sind diese nur einen einzigen Klick entfernt.

So geht's:

1. Klicken Sie das Hyperlinkobjekt mit der rechen Maustaste an und wählen Sie aus dem Kontextmenü den Befehl *Link*. Falls Sie meiner Empfehlung folgen und das Diagramm selbst als Hyperlinkobjekt verwenden, versagt die rechte Maustaste leider: Der Befehl *Link* erscheint nicht im Kontextmenü. In diesem Fall klicken Sie zuerst in das Diagramm und wählen anschließend auf der Registerkarte *Einfügen* den Befehl *Link*.

2. Im Dialogfeld *Link einfügen* wählen Sie *Datei oder Webseite*, markieren die gewünschte Datei und klicken abschließend auf *OK*.

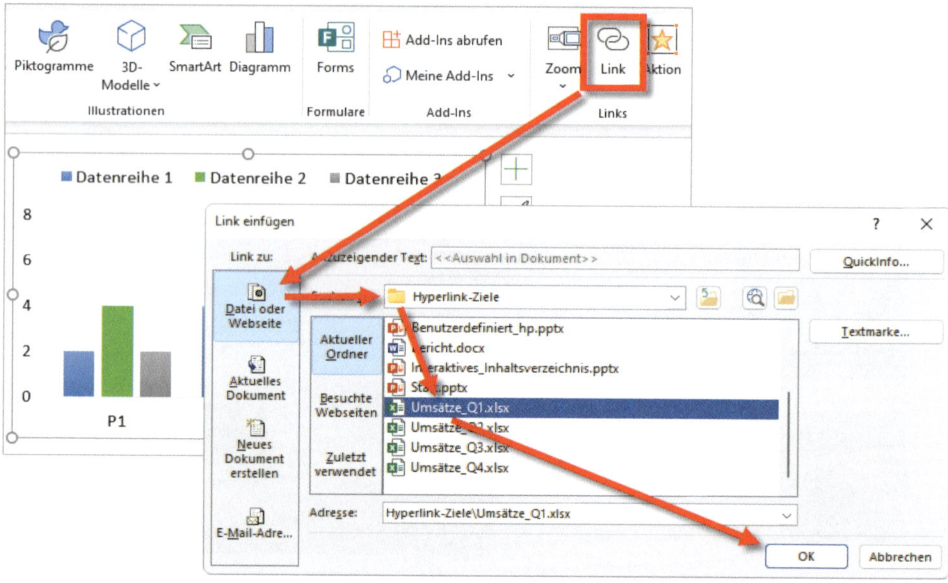

3. Wechseln Sie in den Präsentationsmodus und testen Sie den Hyperlink mit einem Klick mitten ins Diagramm.

Tipp

Das Minimieren des Excel-Programmfensters ist der sicherste Rückweg zur Präsentation.

Szenario 3: Hyperlinks in andere Präsentationen

Mit Hyperlinks in andere Präsentationen klettern Sie im Hinblick auf nonlineares Präsentieren noch eine Etage höher als nur mit Hyperlinks ins Internet oder zu Excel- bzw. Word-Dokumenten. Nehmen wir an, Sie wollen Ihrem Publikum verschiedene Themen, Produkte, Lösungen, Auswertungen etc. vorstellen, aber Sie möchten die Reihenfolge dieser Themen, Produkte etc. gern an den Wünschen Ihres Publikums orientieren. Dann erstellen Sie statt einer langen und linearen Gesamtpräsentation mehrere kurze Teilpräsentationen und eine »Dashboard-Präsentation«. Diese besteht aus einer einzigen Folie mit Hyperlinks zu den Teilpräsentationen, und diese Folie ist auch die einzige, die Sie brauchen, um dennoch alle Teilpräsentationen zu erreichen.

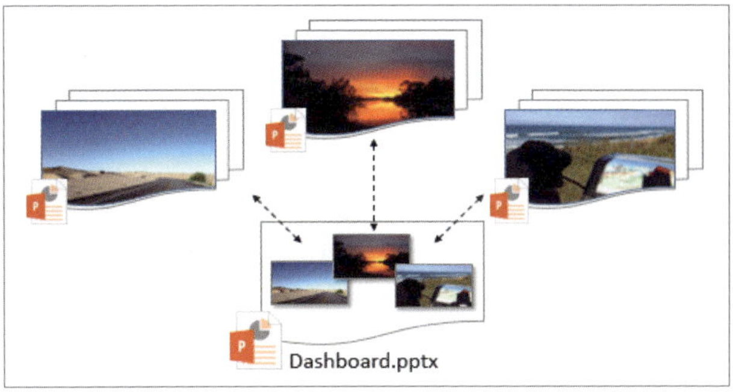

Keine Bange! Dieses Verfahren klingt aufwendiger und komplizierter, als es ist. Ihre Vorträge werden bei minimalem Zusatzaufwand wesentlich flexibler, interaktiver und zielgruppenorientierter. Ich empfehle Ihnen als *Dashboard.pptx* oder, falls Sie wie ich an einer Amerikanismen-Allergie leiden, eine schlichte *Start.pptx*, die aus einer einzigen Folie besteht und mittels Hyperlinks ein interaktives Inhaltsverzeichnis zu den einzelnen Teilen der Präsentation darstellt. In dieser *Dashboard-* oder *Start.pptx* erstellen Sie alle Hyperlinkobjekte. Ich verwende im folgenden Beispiel eine nur minimal abgewandelte Folie aus einem meiner Reisevorträge.

Hinter jedem Bild steckt eine eigene Präsentation. Ein Klick auf ein Bild startet die zugehörige Präsentation im Präsentationsmodus. Und so geht's: Weisen Sie den Bildern der Reihe nach die Hyperlinks zu den Zielpräsentationen zu.

Wechseln Sie in den Präsentationsmodus und testen Sie das Ergebnis. Ein Klick auf ein Bild öffnet die zugehörige Präsentation, und nach dem Ende der letzten Folie dieser Teilpräsentation kehrt PowerPoint automatisch wieder zur *Start.pptx* zurück. Die vorzeitige Rückkehr zur *Start.pptx* erreichen Sie mit der Taste Esc.

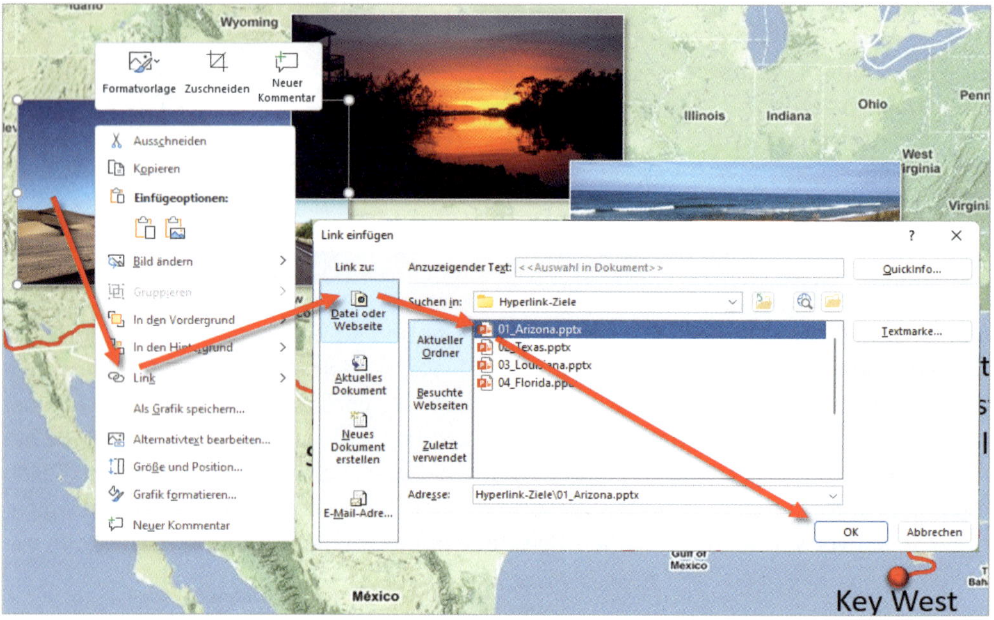

Es gibt zwei Stolpersteine: Der erste ist die Option *Datei/Optionen/Erweitert/Bildschirmpräsentation/Mit schwarzer Folie beenden*. Dieses Häkchen müssen Sie entfernen. Ansonsten verkündet nach der letzten Folie einer Teilpräsentation besagte schwarze Folie nach dem Ende einer **Teil**präsentation das Ende der **Gesamt**präsentation. Peinlich!

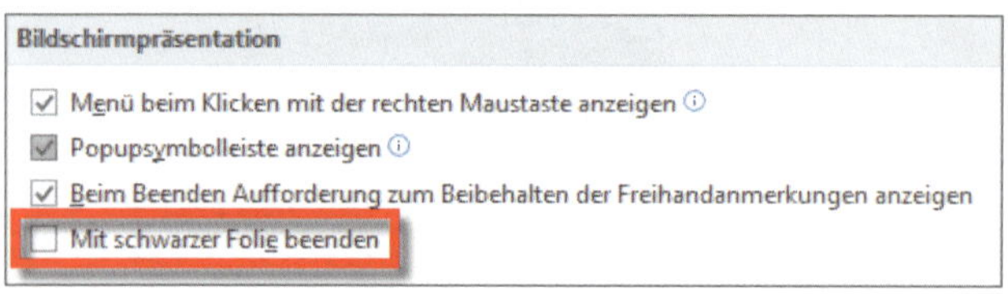

Der zweite Stolperstein ist eine geöffnete Zielpräsentation. Das würde eine reibungslose Rückkehr zur *Start.pptx* verhindern. Die eiserne Grundregel lautet: Nur die *Start.pptx* ist geöffnet, alle Zielpräsentationen bleiben geschlossen und werden ausschließlich durch Klick auf das entsprechende Hyperlinkobjekt während der Präsentation gestartet.

Szenario 4: Symbole zum Blättern – interaktive Schaltflächen

PowerPoint stellt in der Auswahlliste der Formen auch *Interaktive Schaltflächen* zur Verfügung, die bereits mit Hyperlinks vorbelegt sind. So geht's:

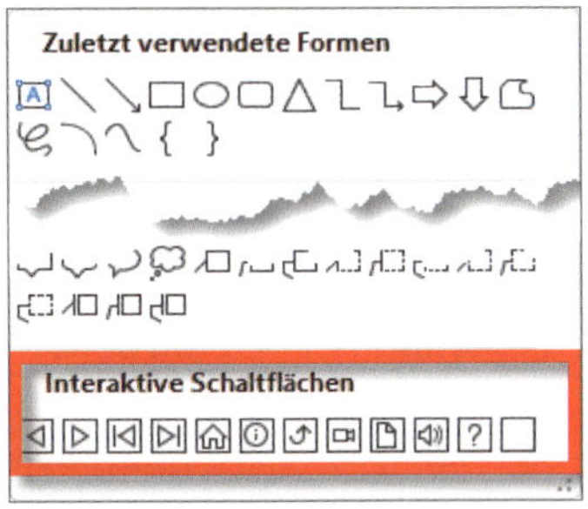

1. Fügen Sie die gewünschten Schaltflächen ein. Im Idealfall ist der Folienmaster der richtige Platz für interaktive Schaltflächen, die dann automatisch auf allen Folien der Präsentation erscheinen und – im Gegensatz zu sonstigen Objekten im Folienmaster – auch auf den einzelnen Folien anklickbar sind. Aber wenn, wie in meinem Beispiel, Masterobjekte von Folienobjekten (Foto) verdeckt werden, müssen Sie die Schaltflächen leider auf jeder Folie einzeln einfügen.
2. Formatieren, skalieren und positionieren Sie die *Interaktiven Schaltflächen* nach Belieben und testen Sie das Ergebnis im Präsentationsmodus.

Interaktive Schaltflächen sind häufig mit dem Kioskmodus kombiniert. Wie Sie im Abschnitt »Tipps zu Animationen« erfahren haben, funktionieren im Kioskmodus nur noch Klicks auf Hyperlinkobjekte, zu denen die interaktiven Schaltflächen glücklicherweise zählen. Um den Kioskmodus zu aktivieren, wählen Sie den Befehl *Bildschirmpräsentation/Bildschirmpräsentation einrichten/Ansicht an einem Kiosk (volle Bildschirmgröße)*.

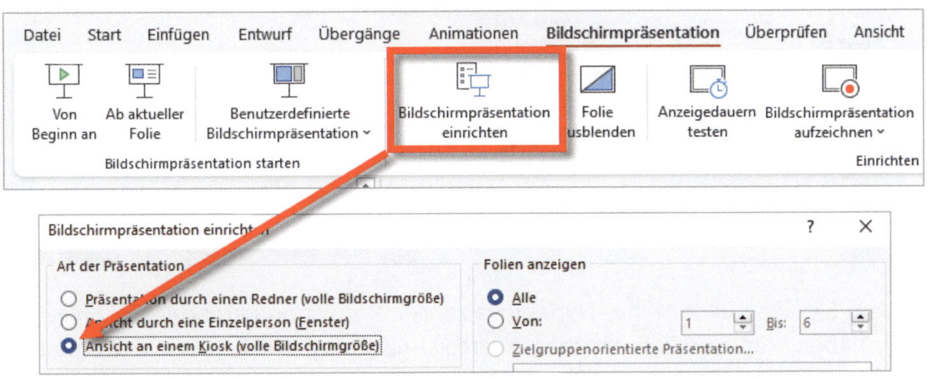

Szenario 5a: Interaktives Inhaltsverzeichnis von Hand basteln

In diesem Beispiel soll PowerPoint nach einem Klick auf eines der Bilder am linken Folienrand zur entsprechenden Folie innerhalb dieser Präsentation wechseln. Wie schon bei den interaktiven Schaltflächen ist der Folienmaster der ideale Platz für das interaktive Inhaltsverzeichnis. Aber wenn der Realfall dem Idealfall wieder einmal einen Streich spielt und wie im vorliegenden Fall ein foliengroßes Bild (oder sonstige Objekte auf der Folie) die im Folienmaster befindlichen Hyperlinkobjekte verdeckt, dann bleibt Ihnen nichts anderes übrig, als das interaktive Inhaltsverzeichnis auf die einzelnen Folien zu kleben.

So geht's:

1. Erstellen Sie das Inhaltsverzeichnis auf der ersten Folie (in diesem Beispiel Bilder am linken Folienrand).
2. Weisen Sie den Bildern der Reihe nach, wie hier gezeigt, die Hyperlinks zu den jeweiligen Folien zu.

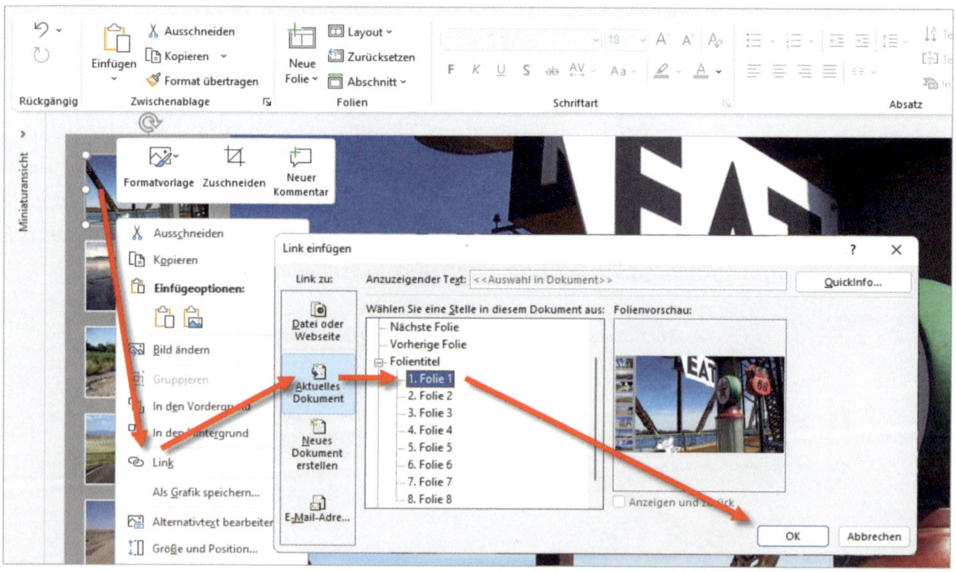

3. Nachdem Sie allen Bildern ihre Hyperlinks zu den korrespondierenden Folien zugewiesen haben, kopieren Sie das Inhaltsverzeichnis auf alle Folien der Präsentation.

(Sicherheitshalber noch einmal der Hinweis: Dieses lästige Verfahren entfällt, wenn Sie das Inhaltsverzeichnis im Folienmaster unterbringen können.)

4. Wechseln Sie in den Präsentationsmodus, und testen Sie das Ergebnis.

Szenario 5b: Interaktives Inhaltsverzeichnis per Zusammenfassungszoom

Der Zusammenfassungszoom kombiniert Hyperlinks mit Folienübergängen und erstellt das interaktive Inhaltsverzeichnis auf einer separaten Folie auf Knopfdruck. Das im vorherigen Beispiel gezeigte aufwendige Erzeugen von Hyperlinks entfällt.

So geht's:

1. Wählen Sie auf der Registerkarte *Einfügen* den Befehl *Zoom/Zusammenfassungszoom*.
2. Im Dialogfenster *Zusammenfassungszoom* klicken Sie der Reihe nach die Folien an, die im Inhaltsverzeichnis erscheinen sollen.
3. Abschließend klicken Sie auf *Einfügen* und PowerPoint erstellt eine neue Folie mit Thumbnails (Miniaturbildern der Folien) – fertig ist das interaktive Inhaltsverzeichnis. Diese Inhaltsverzeichnisfolie dürfen Sie natürlich nach Belieben formatieren, wenn Ihnen PowerPoints Vorschlag nicht zusagt.

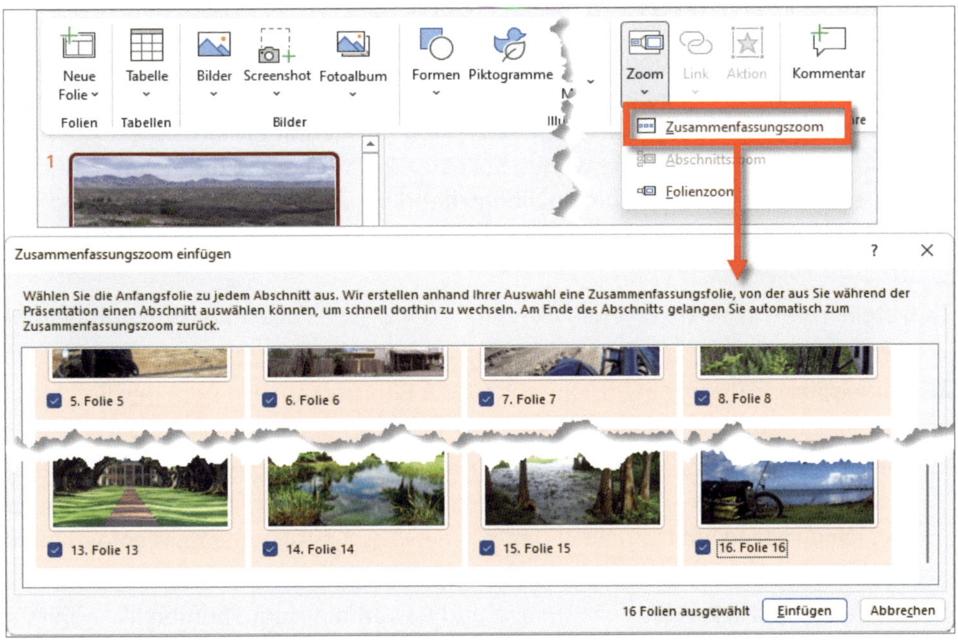

Wie üblich sollten Sie das Ergebnis sofort im Präsentationsmodus testen. Ein Klick auf eine Minifolie vergrößert diese auf maximale Größe. Nun ja, es sieht jedenfalls so aus. In

Wirklichkeit vergrößert PowerPoint die Folie nicht, sondern wechselt zu dieser Folie. Der nächste Klick zoomt, äh ... wechselt wieder zurück zur Übersichtsfolie.

Szenario 5c: Interaktives Inhaltsverzeichnis per Abschnittszoom

Der Abschnittszoom funktioniert analog zum Zusammenfassungszoom und eignet sich, wie der Name schon andeutet, für Präsentationen, die Abschnitte enthalten. Fehlen diese, ist der Befehl *Abschnittszoom* auch deaktiviert (ausgegraut.) Falls Sie mit Abschnitten noch nicht vertraut sein sollten, werfen Sie einen kurzen Blick in die »Tipps zur richtigen Strategie« oder sehen Sie sich die buchbegleitenden Lernvideos zu Abschnitten an.

So erstellen Sie einen Abschnittszoom:

1. Erstellen Sie – in einem eigenen Abschnitt – eine neue Folie für das zukünftige Inhaltsverzeichnis.
2. Wählen Sie von dieser neuen Folie aus auf der Registerkarte *Einfügen* den Befehl *Zoom/ Abschnittszoom*.
3. Das Dialogfenster *Abschnittszoom einfügen* zeigt die erste Folie eines jeden Abschnitts. Klicken Sie der Reihe nach diejenigen Folien/Abschnitte an, die im Inhaltsverzeichnis erscheinen sollen. Im Normalfall sind das alle Abschnitte außer demjenigen mit dem Inhaltsverzeichnis.
4. Abschließend klicken Sie auf *Einfügen* und PowerPoint fügt Thumbnails (Miniaturbilder der Folien) auf der Inhaltsverzeichnisfolie ein, die Sie nach Belieben positionieren, skalieren und beschriften.

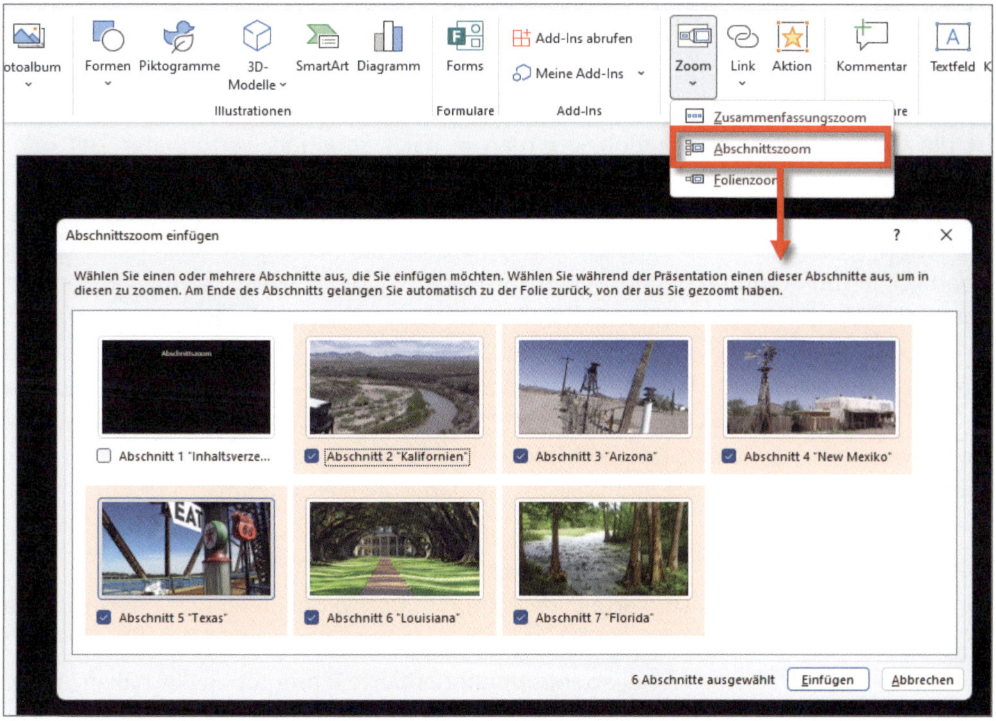

Testen Sie das Ergebnis im Präsentationsmodus. Wie Sie sehen werden, wechseln Sie per Klick auf ein Thumbnail zur ersten Folie des entsprechenden Abschnitts. Nach der letzten Folie eines Abschnitts wechselt PowerPoint automatisch zurück zur Inhaltsverzeichnisfolie.

»All in One«: die benutzerdefinierte Präsentation

Eine benutzerdefinierte Präsentation bezeichnet eine oder mehrere eigenständige Teilpräsentationen innerhalb einer umfangreicheren Gesamtpräsentation. Musterbeispiel ist die Unternehmenspräsentation, die man je nach Situation, verfügbarer Zeit oder Zielgruppe mal als kurze 5-Minuten-Version, als mittlere 20-Minuten-Version oder als 40-minütige Vollversion benötigt. Nicht selten begrüßen einen die Besucher mit den Worten: »Wir hatten zwar 40 Minuten eingeplant, aber können Sie uns auch einen kurzen Überblick in fünf Minuten geben?« Jetzt wird's knifflig, denn »Nein, da müssen Sie jetzt durch!« kommt selten gut an, und Folien überspringen sowie wildes Hin-und-Hergeblättere wirkt unprofessionell und hinterlässt mit Sicherheit nicht den Eindruck, den Sie gern hinterlassen wollen. Mithilfe benutzerdefinierter Präsentationen lösen Sie das Dilemma auf elegante Weise. Die wichtigsten Folien fassen Sie zur »5-Minuten-Version« zusammen, eine etwas umfangreichere Auswahl bildet die »20-Minuten-Version«, und wenn alles nach Plan läuft, beglücken Sie Ihr Publikum mit dem vollen Programm.

So geht's:

1. Wählen Sie auf der Registerkarte *Bildschirmpräsentation* den Befehl *Benutzerdefinierte Bildschirmpräsentation/Zielgruppenorientierte Präsentationen* und klicken Sie auf *Neu*.
2. Tippen Sie einen Namen für die zielgruppenorientierte Präsentation ein, haken Sie die zugehörigen Folien an und klicken Sie auf die Schaltfläche *Hinzufügen*. Die dem rechten Bereich hinzugefügten Folien bilden die zielgruppenorientierte Präsentation.

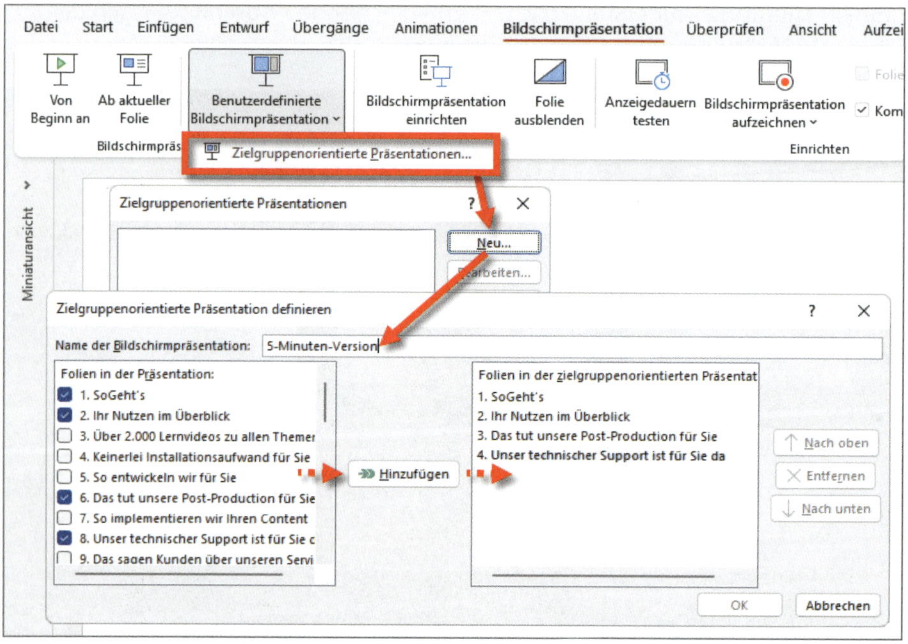

3. Mit einem Klick auf *OK* beenden Sie die Aktion. Analog erzeugen Sie nun die restlichen zielgruppenorientierten Präsentationen.
4. Zum Starten klicken Sie die gewünschte benutzerdefinierte Präsentation an.

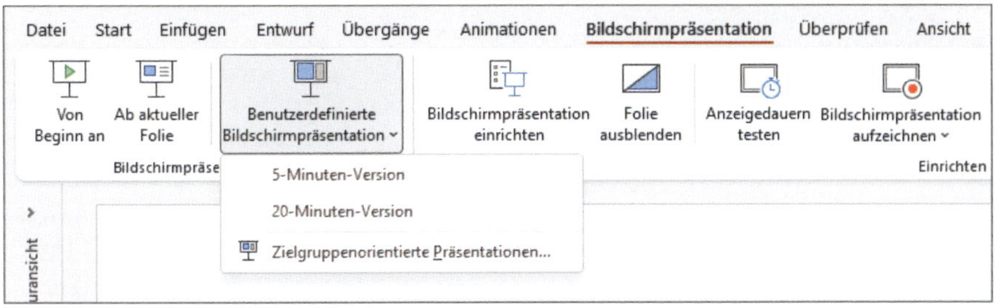

Hyperlinks – Risiken und Nebenwirkungen im Überblick

So bequem Hyperlinks auch sein mögen, sie bergen leider ein beachtliches Risikopotenzial:

- Internetadresse (URL) falsch eingetippt, nicht mehr gültig oder im Augenblick nicht erreichbar.
- Pfad oder Dateiname der Zieldatei nicht (mehr) korrekt.
- Erforderliche Netzwerkverbindung nicht (mehr) vorhanden.
- Fehlende Zugriffsberechtigung zum Ziellaufwerk oder Zielverzeichnis.
- Zieldatei hat Kennwortschutz.
- Zielprogramm öffnet nicht im Vollbildmodus.
- Endlosschleife in Zielpräsentation aktiviert.
- PowerPoint bricht Präsentationsmodus ab, weil Zielpräsentation geöffnet war.
- Eichhörnchensyndrom: Sie haben Hyperlinkobjekte zu gut versteckt und finden sie nicht mehr.
- Orientierungsprobleme – zu viele Hyperlinks erschweren den Überblick, und irgendwann wissen Sie nicht mehr, welche Aktionen welche Links auslösen.

Stolpersteine bei Hyperlinks in andere Präsentationen

Gleich und Gleich gesellt sich gern. PowerPoint und PowerPoint verstehen sich im Prinzip recht gut. Es sei denn, jemand hat (mindestens) eine dieser Fallen gelegt:

Stolperstein 1: Das Kontrollkästchen *Mit schwarzer Folie beenden* ist aktiviert (*Datei/Optionen/Erweitert*).

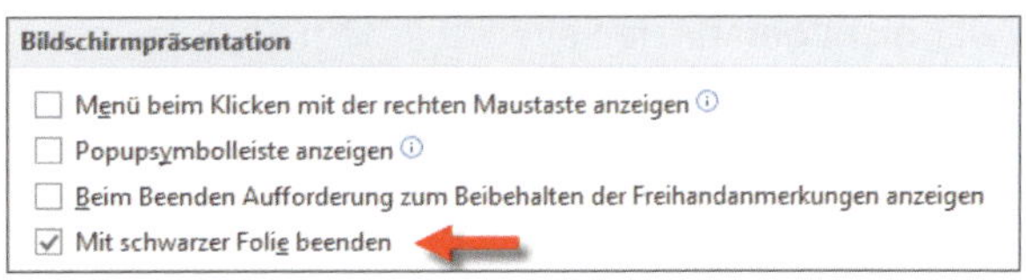

Diese Option verhindert den automatischen Rückweg von der Ziel- in die Startpräsentation. Sie ist computer- und nicht dateibezogen, gilt also für alle Präsentationen des jeweiligen Computers. Falls Sie Ihre Präsentationen auf verschiedenen Computern vorführen, müssen Sie diese Option auf jedem Computer erneut deaktivieren.

Stolperstein 2: Das Kontrollkästchen *Wiederholen, bis "Esc" gedrückt wird* (Endlosschleife) ist aktiviert (*Bildschirmpräsentation/Bildschirmpräsentation einrichten*).

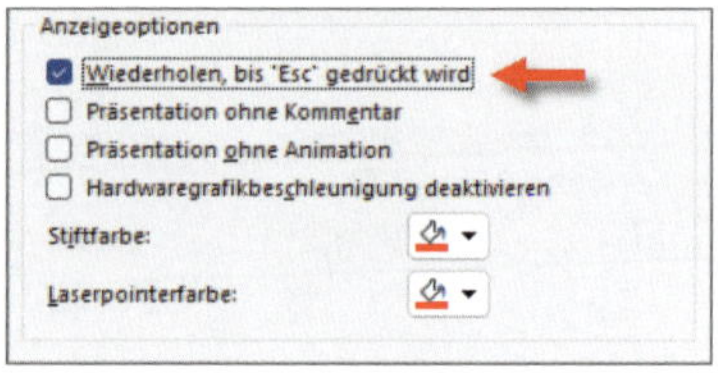

Diese Funktion verhindert ebenfalls den automatischen Rückweg von der Ziel- in die Startpräsentation. Sie aktiviert die Endlosschleife und sorgt dafür, dass PowerPoint nach dem letzten Klick in der Zielpräsentation wieder mit Folie Nr. 1 beginnt. Diese Einstellung ist datei- und nicht computerspezifisch. Es lohnt also vorab immer ein kurzer Blick in dieses Dialogfenster der Zielpräsentationen, die Sie per Hyperlink ansteuern möchten.

Stolpersteine bei Hyperlinks zu anderen Dateien

Fremde Dateien gehören zu fremden Programmen. Diese können abstürzen, Dateien nicht finden, Kennwörter anfordern, im Fenstermodus starten, die falsche Stelle im Dokument oder der Tabelle zeigen oder all die anderen lustigen Dinge tun, die in der täglichen Arbeit mit dem PC für so viel Freude sorgen.

Der Hinweg zu anderen Dateien ist also das erste Hindernis, aber auch der Rückweg kann für unangenehme Überraschungen sorgen. Zurückblättern zur Präsentation mit Alt+Tab? Je nach Anzahl aktiver Fenster blättern Sie vor den Augen des Publikums eine Weile im Kreis. Hm ... dann vielleicht besser das Fenster der anderen Datei schließen? Tja, das ist auch so eine Sache. Womöglich will das Programm auf einmal wissen, ob Sie Änderungen speichern möchten. Gemäß Murphy's Law klicken Sie dann reflexartig auf *Ja*, weil Sie denken: »Ja, bloß schnell weg!«, und schon öffnet sich der gierige Schlund des nächsten Dialogfelds.

Meine Empfehlung: Minimieren Sie einfach das Fenster der Zieldatei.

Stolpersteine bei Hyperlinks ins Internet

Testen Sie Hyperlinks ins Internet vor Beginn der Präsentation. Das hindert den Browser zwar nicht daran, die Seite bei jedem Klick auf das Hyperlinkobjekt erneut zu laden, aber das Wissen um eine funktionierende Internetverbindung und eine reagierende Webseite senkt Ihren Blutdruck. In Unternehmensnetzwerken sind bestimmte URLs manchmal gesperrt oder für den Zugang zum Internet ist eine Authentifizierung erforderlich. Erkundigen Sie sich rechtzeitig nach derartigen Zugangsbeschränkungen.

9. Multimedia

Audio 236

Video 242

Multimedia ist ein komplexes Gebiet. Technische Einschränkungen, Probleme, Risiken und Nebenwirkungen lauern an jeder Ecke. Außerdem sind die brandaktuellen Informationen von heute aufgrund der rasanten technischen Entwicklung schon morgen wieder Schnee von gestern. Auf den folgenden Seiten erfahren Sie kurz und knapp das Wichtigste.

Hinweis

Beachten Sie das Urheberrecht von Audio- und Videodateien! Bevor Sie sich als Mitarbeiter eines Unternehmens unnötigen Ärger einhandeln, sprechen Sie lieber mit Ihrer Rechtsabteilung.

Seit PowerPoint 2010 werden Audio- und Videodateien per Voreinstellung in die Präsentation eingebettet und nicht mehr nur verknüpft. Das Problem »Unbekannt verzogen« ist damit zwar aus der Welt, aber die Medaille hat eine Kehrseite: Dateigrößen wachsen schlagartig ins Unermessliche, wenn sich die Präsentationsdatei gewaltige Audio- und Videodateien einverleibt.

Audio

Audiodatei von Datenträger einfügen

Zum Einfügen einer Audiodatei von einem Datenträger klicken Sie im Register *Einfügen* auf *Audio/Audio auf meinem Computer*, suchen die gewünschte Audiodatei und klicken doppelt darauf:

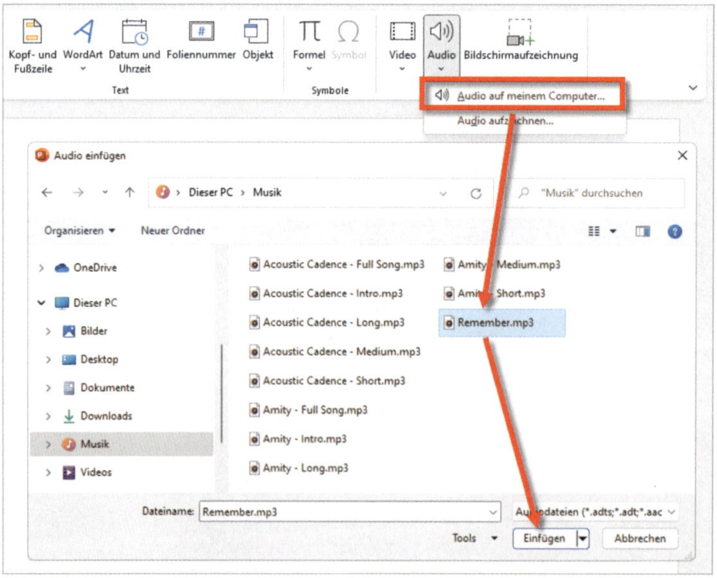

Auf der Folie erscheint ein Lautsprechersymbol samt Steuerungsleiste. Die Leiste verschwindet, wenn Sie neben den Lautsprecher klicken, und erscheint wieder, sobald Sie mit der Maus auf den Lautsprecher zeigen.

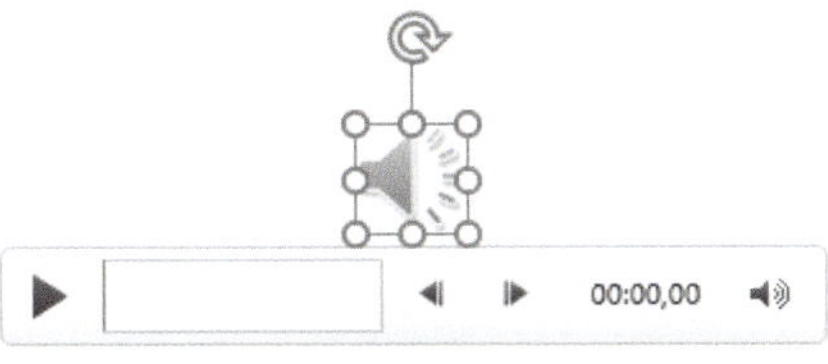

Um die Audiodatei zum Test abzuspielen, klicken Sie auf das Wiedergabesymbol ▶.

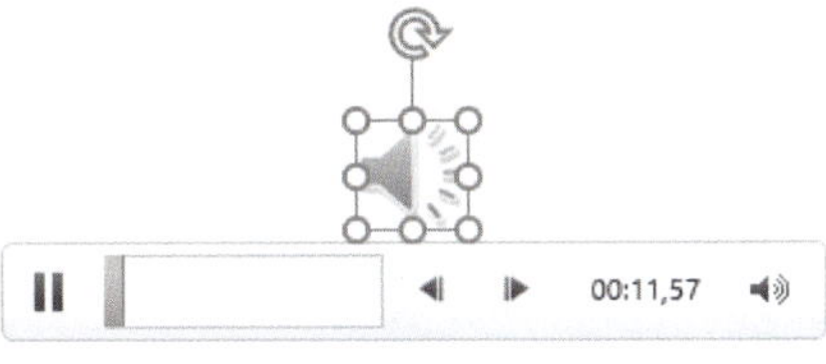

Während des Abspielens verwandelt sich das Wiedergabesymbol in das Pausensymbol.

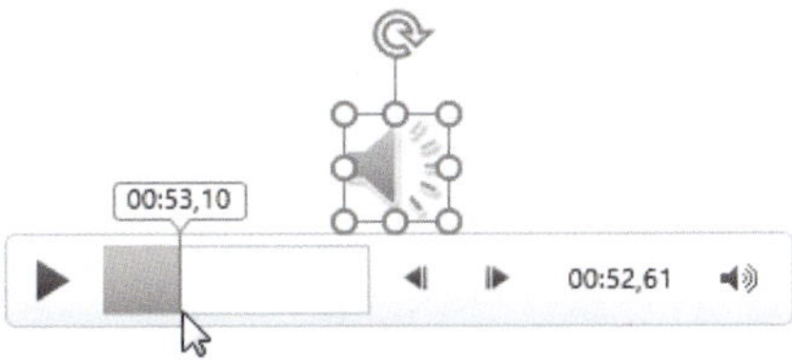

Wenn Sie in die Steuerungsleiste klicken, spielt PowerPoint die Audiodatei ab der Klickposition. Mithilfe der beiden Pfeilsymbole klicken Sie sich in Intervallen von 0,25 Sekunden vorwärts bzw. rückwärts durch die Audiodatei.

Das Lautsprechersymbol ist auch im Präsentationsmodus zu sehen. Die Steuerungsleiste erscheint, sobald Sie auf das Lautsprechersymbol zeigen.

Audiodatei als Verknüpfung einfügen

PowerPoint bettet Audiodateien ein. Anders formuliert: Die Präsentationsdatei verleibt sich die Audiodatei ein. Der Vorteil besteht darin, dass eingebettete – im Gegensatz zu verknüpften – Dateien als blinder Passagier immer mit an Bord sind. Der Nachteil dieser uneingeschränkten Verfügbarkeit ist eine rapide Gewichtszunahme der Präsentationsdatei.

Sie können die Präsentationsdatei auf Diät setzen, wenn Sie Audiodateien als verknüpftes Objekt einfügen. Gehen Sie dabei zunächst genauso vor wie beim Einbetten. Anstelle des Doppelklicks zum Einfügen/Einbetten klicken Sie sie jedoch nur einmal kurz an, um sie zu markieren. Dann klicken Sie auf den kleinen Pfeil neben der Schaltfläche *Einfügen* und wählen *Verknüpfung mit Datei*.

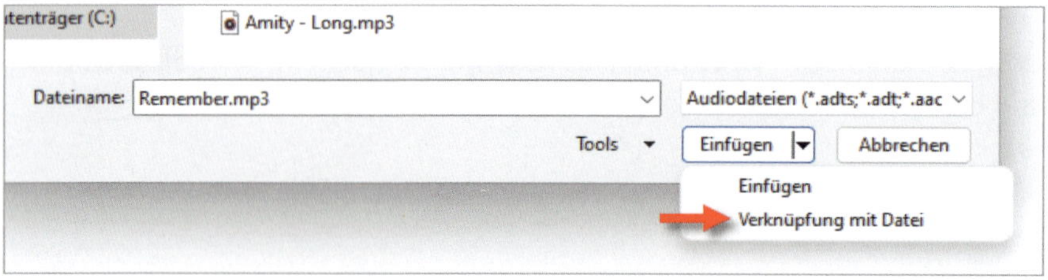

Unbekannt verzogen?

Verknüpfte Dateien werden im Gegensatz zu eingebetteten Dateien nicht in der Präsentation gespeichert. PowerPoint notiert sich lediglich die Adresse der verknüpften Datei. Zum Abspielen sucht PowerPoint die Datei an dieser Adresse. Wird es nicht fündig, herrscht Stille. Gehen Sie auf Nummer sicher und gründen Sie rechtzeitig eine Wohngemeinschaft: Kopieren Sie dazu die Audiodatei(en) **vor dem Verknüpfen** in denselben Ordner, in dem auch die Präsentationsdatei gespeichert ist.

Eingefügte Audiodateien erscheinen im Animationsbereich. Enthält die Folie bereits andere Animationseffekte, reiht sich die neu eingefügte Audiodatei brav am Ende ein.

Während der Bildschirmpräsentation können Sie nun entscheiden, ob Sie zum Abspielen der Audiodatei auf das Lautsprechersymbol klicken möchten oder ob Sie sich einfach der Reihe nach durch die Animationen klicken wollen, bis die Audiodatei an der Reihe ist. Falls Sie sich für die zweite Variante entscheiden, sollten Sie das nun nicht mehr nötige Audiosymbol während der Präsentation ausblenden.

Audiosymbol während der Präsentation ausblenden

Um das Lautsprechersymbol samt Steuerungsleiste im Präsentationsmodus zu verbergen, klicken Sie das Lautsprechersymbol auf der Folie an und aktivieren auf der Registerkarte *Wiedergabe* die Option *Bei Präsentation ausblenden*.

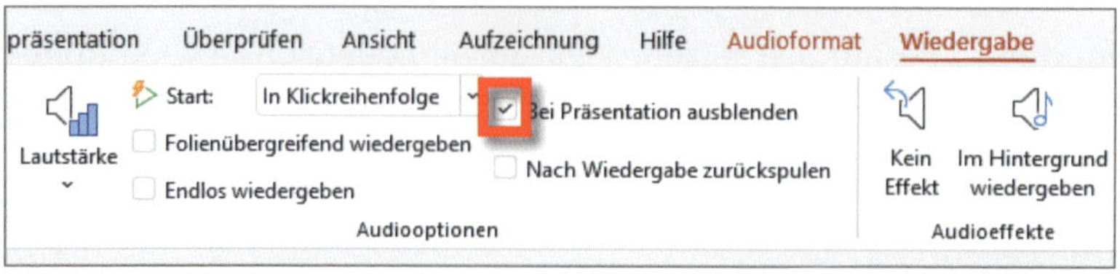

Audiodatei per Trigger-Objekt starten

So starten Sie eine Audiodatei durch Klicken auf ein Trigger-Objekt.

In diesem Beispiel soll der Klick auf den blauen Startbutton die Audiodatei abspielen.

1. Klicken Sie im Animationsbereich den Audioeffekt an.
2. Öffnen Sie auf der Registerkarte *Animationen* die Liste *Trigger* und wählen Sie das gewünschte Trigger-Objekt. In diesem Beispiel ist das der blaue Start-Button.
3. Zur Abrundung blenden Sie noch das Audiosymbol während der Präsentation aus.

Audiodatei ab bestimmtem Zeitpunkt abspielen

Wenn Sie eine Audiodatei nicht von Beginn an abspielen möchten, klicken Sie im Animationsbereich mit der rechten Maustaste auf den Effekt, wählen aus dem Kontextmenü den Befehl *Effektoptionen* und legen im Drehfeld *Ab Zeit* den gewünschten Startzeitpunkt im Format *mm:ss* fest.

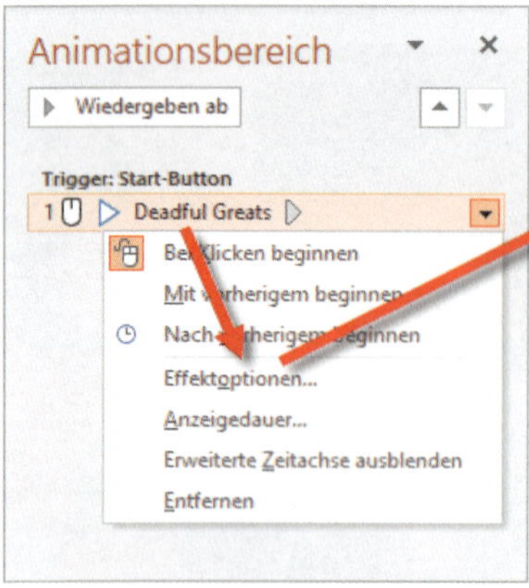

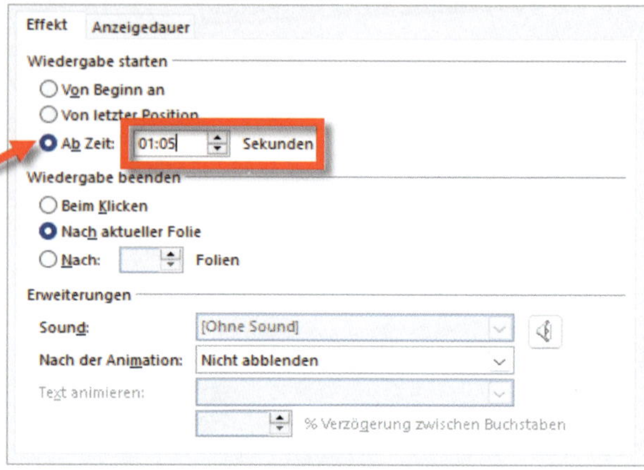

Audiodatei folienübergreifend für ausgewählte Folien abspielen

Per Voreinstellung würgt PowerPoint eine ablaufende Audiodatei beim Wechsel zur nächsten Folie gnadenlos ab.

Um eine Audiodatei für eine bestimmte Anzahl von Folien abzuspielen, klicken Sie im Animationsbereich mit der rechten Maustaste auf den Effekt, wählen aus dem Kontextmenü den Befehl *Effektoptionen* und legen die gewünschte Folienanzahl fest.

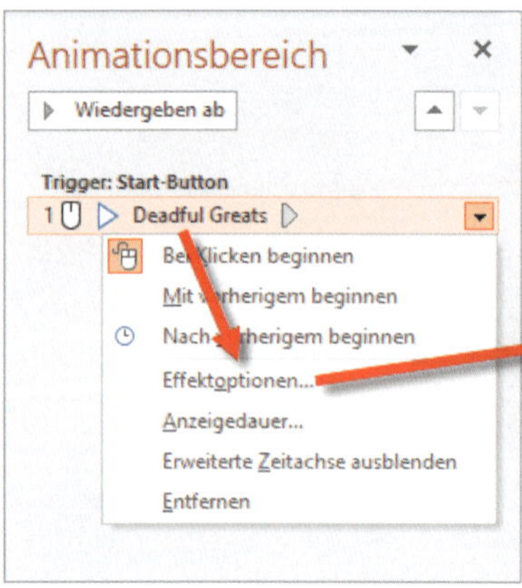

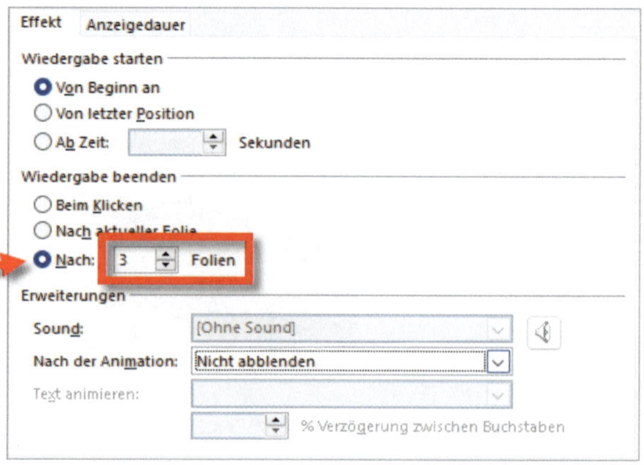

Audiodatei folienübergreifend für alle Folien abspielen

Klicken Sie dazu auf der Folie das Audiosymbol an und wählen Sie im Register *Wiedergabe* die Option *Folienübergreifend wiedergeben*. PowerPoint stellt daraufhin die Startart des Effekts auf *Automatisch* und aktiviert die Optionen *Folienübergreifend wiedergeben, Endlos wiedergeben* und *Bei Präsentation ausblenden*.

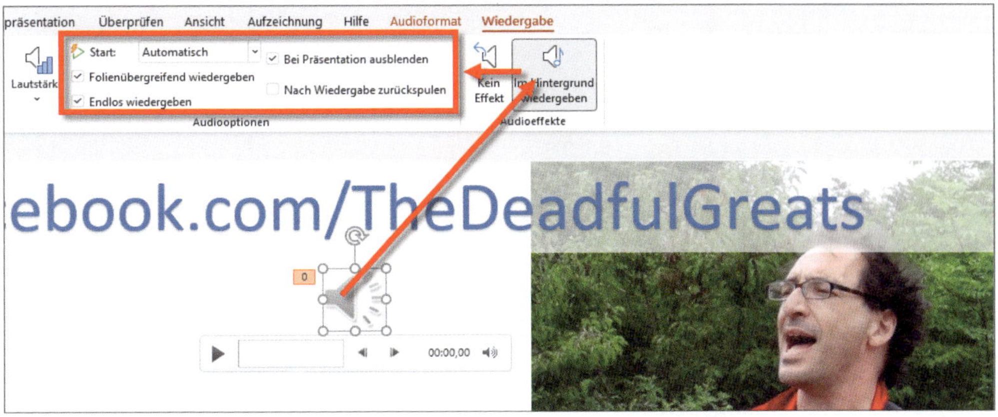

Audiodatei ein- und ausblenden (Fade-in/Fade-out)

Eine Einblenddauer von drei Sekunden bedeutet beispielsweise, dass erst drei Sekunden nach dem Start die normale Lautstärke erreicht ist. Eine Ausblenddauer von fünf Sekunden bedeutet, dass PowerPoint fünf Sekunden vor dem Ende der Audiodatei damit beginnt, die Lautstärke herunterzufahren. So geht's:

1. Klicken Sie das Lautsprechersymbol auf der Folie an.
2. Auf der Registerkarte *Wiedergabe* wählen Sie in der Befehlsgruppe *Bearbeiten* die gewünschte Dauer.

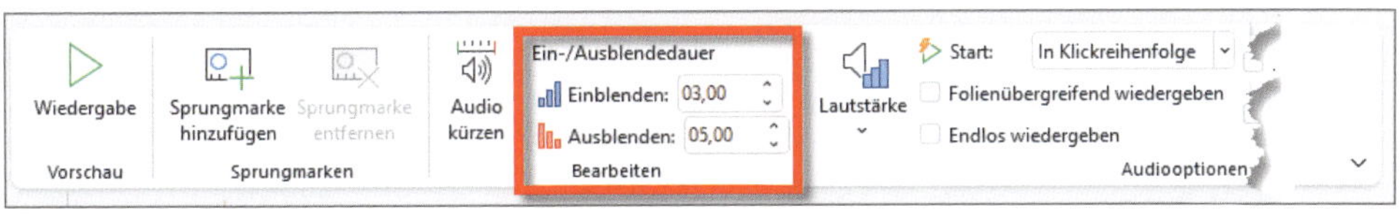

Audiodatei kürzen

Die Funktion ist höchst praktisch, wenn Sie nur einen Ausschnitt einer Audiodatei brauchen. So geht's:

1. Klicken Sie das Lautsprechersymbol auf der Folie an, um die Registerkarten *Audioformat* und *Wiedergabe* einzublenden.

2. Auf der Registerkarte *Wiedergabe* klicken Sie auf *Audio kürzen* und legen die gewünschte Start- und Endzeit fest. Ziehen Sie dazu die Schieberegler mit gedrückter linker Maustaste an die ungefähre Position. Die Feinjustierung nehmen Sie mithilfe der Drehfelder vor.

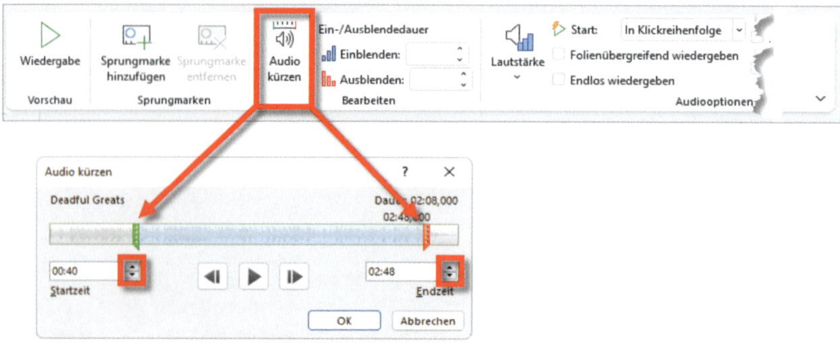

Video

Videodatei von Datenträger einfügen

So fügen Sie eine Videodatei von einem Datenträger in die aktuelle Folie ein:

1. Wählen Sie auf der Registerkarte *Einfügen* den Befehl *Video/Video auf meinem Computer.*
2. Klicken Sie die gewünschte Videodatei an und wählen Sie *Einfügen*.

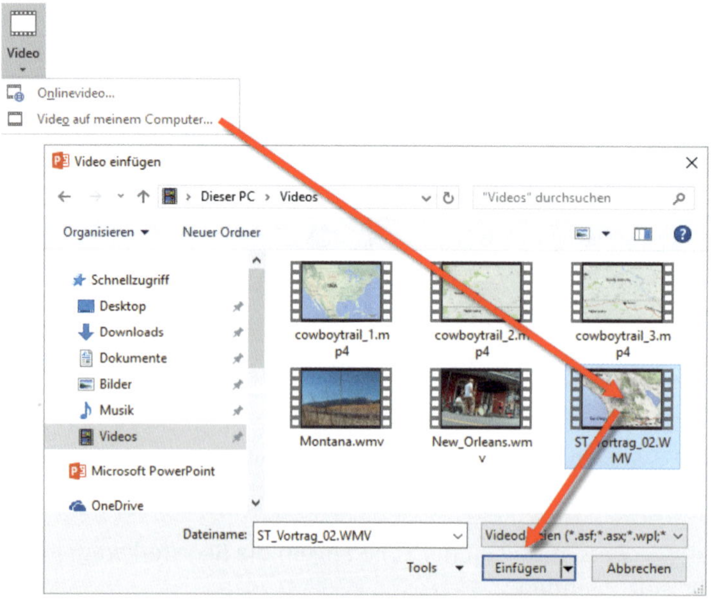

3. Positionieren und skalieren Sie das Video wie gewünscht.

Im Animationsbereich erscheinen zwei Einträge: Eingefügte Videos sind sowohl Teil der Klickreihenfolge als auch Trigger-Objekt.

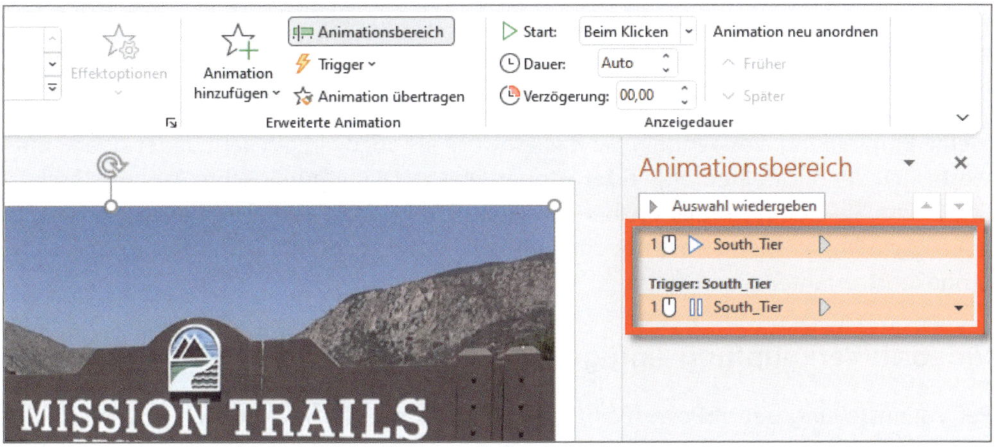

Im obigen Beispiel ist außer dem Video kein weiteres Objekt auf der Folie animiert.

Im folgenden Beispiel habe ich das Video eingefügt, nachdem ich bereits drei andere Objekte animiert hatte. Wie Sie sehen, reiht sich das Video brav als viertes Objekt in die Liste animierter Objekte ein. Es ist Teil der Klickreihenfolge. Zusätzlich erscheint das Video am Ende der Liste auch noch als Trigger-Objekt.

Zum Starten des Videos im Präsentationsmodus stehen Ihnen somit zwei Varianten zur Verfügung:

- Sie »triggern« das Abspielen durch einen Klick auf das Video.
- Sie klicken sich systematisch durch die Liste der animierten Objekte, bis das Video an der Reihe ist.

Variante 1 führt allerdings dann zu einem Problem, falls Sie das Video abspielen, bevor es eigentlich gemäß der Animationsliste an der Reihe ist, also zum Beispiel zwischen der zweiten und dritten animierten Grafik. Nach dem Ende des Videos setzt PowerPoint die Animationsreihenfolge zwar dort fort, wo Sie diese durch den vorzeitigen Start des Videos unterbrochen hatten, und blendet die dritte Grafik ein, aber – und das ist der Haken – wenn nach dieser Grafik gemäß Klickreihenfolge das Video an die Reihe kommt, spielt PowerPoint es ein zweites Mal ab.

Meine Empfehlung: Verwandeln Sie das »sowohl als auch« in ein »entweder oder«: **entweder** Teil der Klickreihenfolge **oder** Trigger-Objekt. Die unerwünschte Variante löschen Sie, indem Sie sie im Animationsbereich anklicken und die Taste [Entf] drücken. Wie Sie ein Trigger-Objekt später doch wieder zum Teil der Klickreihenfolge machen können und umgekehrt, erfahren Sie in Kürze.

Video als Verknüpfung einfügen

Per Voreinstellung bettet PowerPoint Videos ein. Anders formuliert: Sie werden von der Präsentationsdatei einverleibt. Der Vorteil besteht darin, dass eingebettete – im Gegensatz zu verknüpften – Dateien als blinder Passagier immer mit an Bord sind. Der Nachteil dieser ständigen Verfügbarkeit ist wie bei den Audiodateien die rapide Gewichtszunahme der Präsentationsdatei. Sie können eine Präsentationsdatei auf Diät setzen, wenn Sie Videodateien nicht einbetten, sondern als verknüpfte Objekte einfügen. Gehen Sie zunächst genauso vor wie beim Einbetten. Vor dem Einfügen klicken Sie jedoch auf den kleinen Pfeil neben der Schaltfläche *Einfügen* und wählen *Verknüpfung mit Datei.*

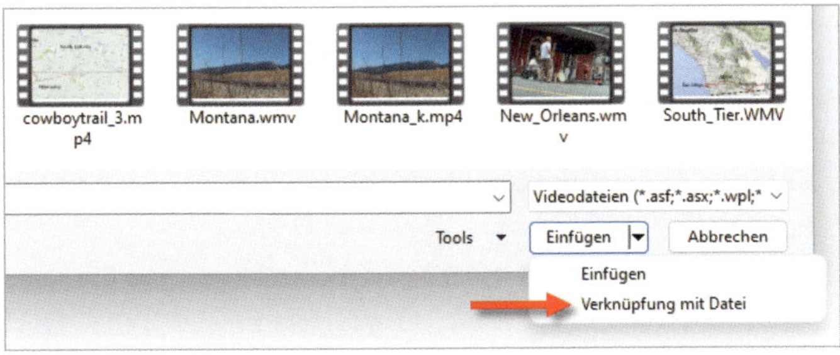

Unbekannt verzogen?

Verknüpfte Dateien werden im Gegensatz zu eingebetteten Dateien nicht in der Präsentation gespeichert. PowerPoint notiert sich lediglich die Adresse der verknüpften Datei. Zum Abspielen sucht PowerPoint die Datei an dieser Adresse. Wird es nicht fündig, bleibt es dunkel. Gehen Sie auf Nummer sicher und gründen Sie rechtzeitig eine Wohngemeinschaft: Kopieren Sie die Videodatei(en) **vor dem Verknüpfen** in denselben Ordner, in dem auch die Präsentationsdatei gespeichert ist.

Archiv-Video einfügen

Neben Archivbildern liefert PowerPoint auch eine Menge kurzer Archiv-Videos. So fügen Sie ein solches Video ein:

1. Wählen Sie auf der Registerkarte *Einfügen* den Befehl *Video/Archiv-Video*.
2. Für eine Vorschau zeigen Sie mit der Maus auf das Vorschaubild, zum Einfügen klicken Sie es an und wählen *Einfügen*.

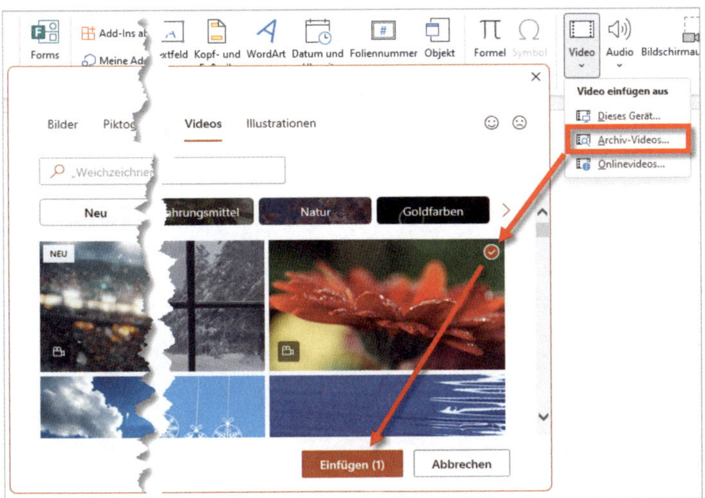

Onlinevideo (YouTube) einfügen

Wie der Begriff »Onlinevideo« vermuten lässt, müssen Sie zum Einfügen und Abspielen dieser Videos online sein. Analog zu den Onlinegrafiken gilt auch für Onlinevideos, dass Ihnen das Dialogfenster *Video einfügen* mehr Videoquellen anbietet, wenn Sie mit Ihrem Microsoft-Konto angemeldet sind.

So geht's:

1. Wählen Sie auf der Registerkarte *Einfügen* den Befehl *Video/Onlinevideos*.
2. Fügen Sie die Adresse des Videos (URL) in das leere Feld ein. Nach wenigen Sekunden erscheint das Vorschaubild des Videos.
3. Klicken Sie auf *Einfügen*.

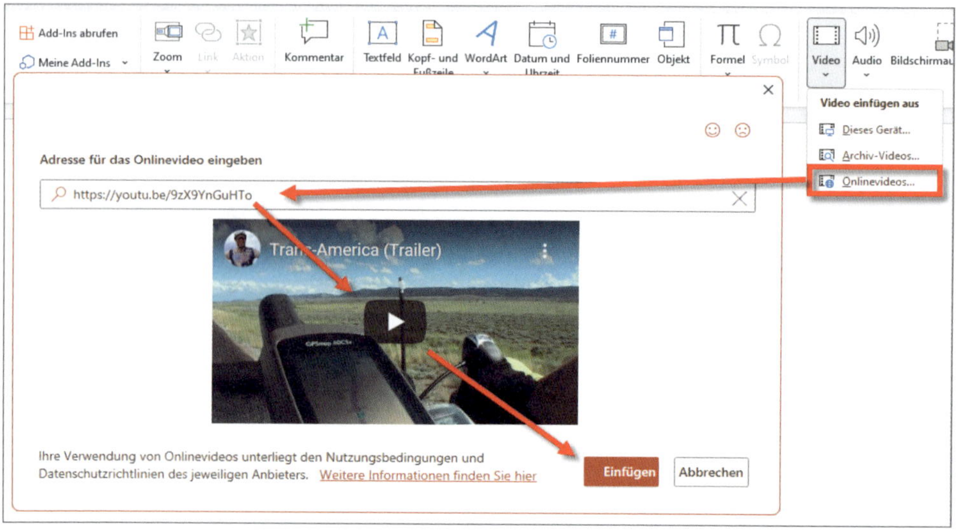

In der Normalansicht (linkes Bild) ist das Vorschaubild eines Onlinevideos leicht verzerrt und unscharf, aber im Präsentationsmodus (rechtes Bild) verwandelt es sich nach einigen Sekunden von der Raupe in einen Schmetterling und ist bereit zum Abspielen.

Das Vorschaubild ändern

Per Voreinstellung verwendet PowerPoint den ersten »Frame« (Einzelbild) des Videos als Vorschaubild. Um einen anderen Frame des Videos als Vorschaubild zu verwenden, spulen Sie das Video zunächst zur gewünschten Stelle. Im Register *Videoformat* wählen Sie anschließend *Vorschaubild/Aktuelles Bild*. Wenn Sie statt eines Videoframes eine Grafik als Vorschaubild einsetzen möchten, wählen Sie *Vorschaubild/Bild aus Datei*, suchen die gewünschte Grafik und doppelklicken darauf.

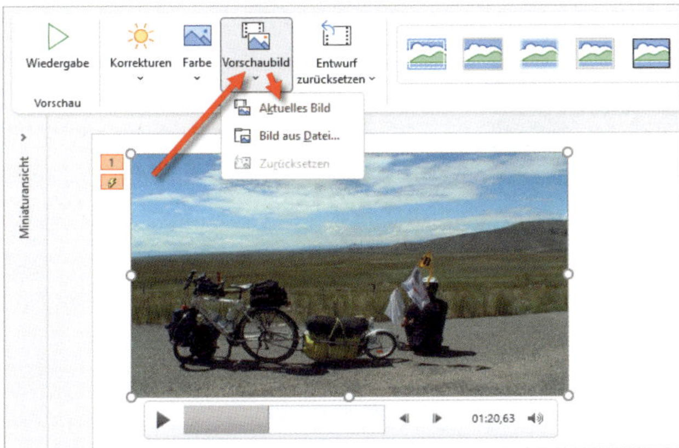

Video im Vollbildmodus abspielen

Um das Video während der Bildschirmpräsentation im Vollbildmodus abzuspielen, klicken Sie es auf der Folie an. Auf der Registerkarte *Wiedergabe* aktivieren Sie das Kontrollkästchen *Im Vollbildmodus wiedergeben*.

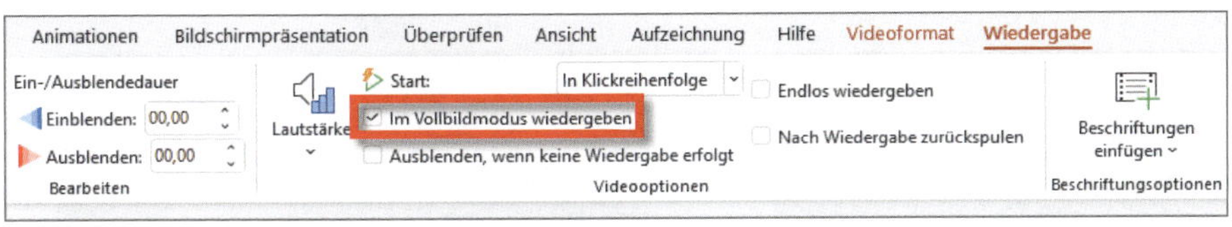

Trigger-Objekt zum Teil der Klickreihenfolge machen

Ziehen Sie im Animationsbereich das Video mit gedrückter linker Maustaste nach oben an die gewünschte Position innerhalb der Liste animierter Objekte.

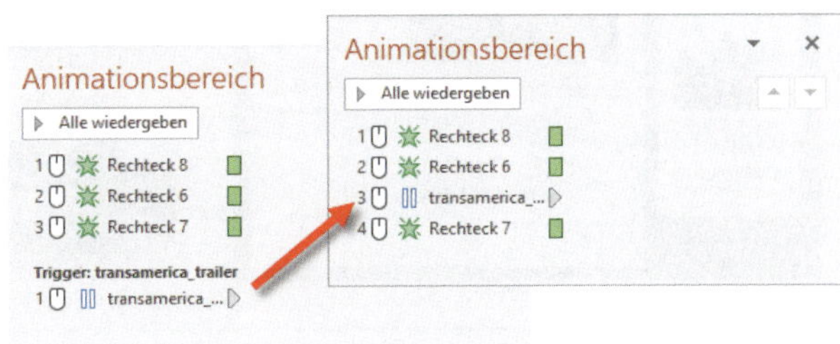

Video vom Teil der Klickreihenfolge zum Trigger-Objekt machen

Klicken Sie das Video auf der Folie an, öffnen Sie auf der Registerkarte *Animationen* die Liste *Trigger* und wählen Sie in dieser Liste das Video.

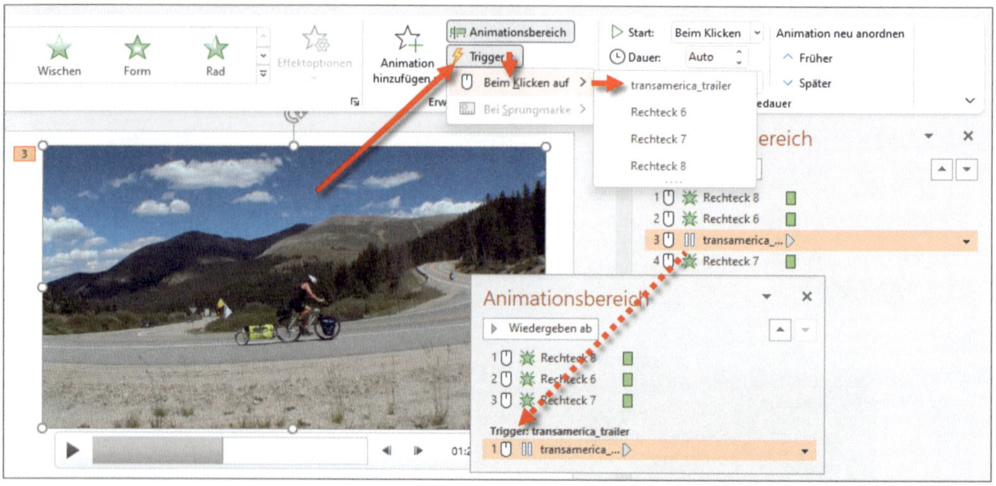

Video mit beliebigem Trigger-Objekt starten

Videos lassen sich wie jeder andere Animationseffekt auf Wunsch auch durch den Klick auf ein beliebiges Trigger-Objekt starten. Im folgenden Beispiel übernimmt der blaue Startbutton über dem Video diese Rolle.

Klicken Sie das Video auf der Folie an, öffnen Sie auf der Registerkarte *Animationen* die Liste *Trigger* und wählen Sie aus dieser Liste das gewünschte Objekt aus. Ab jetzt starten Sie das Video im Präsentationsmodus durch einen Klick auf das neue Trigger-Objekt (Startbutton in diesem Beispiel).

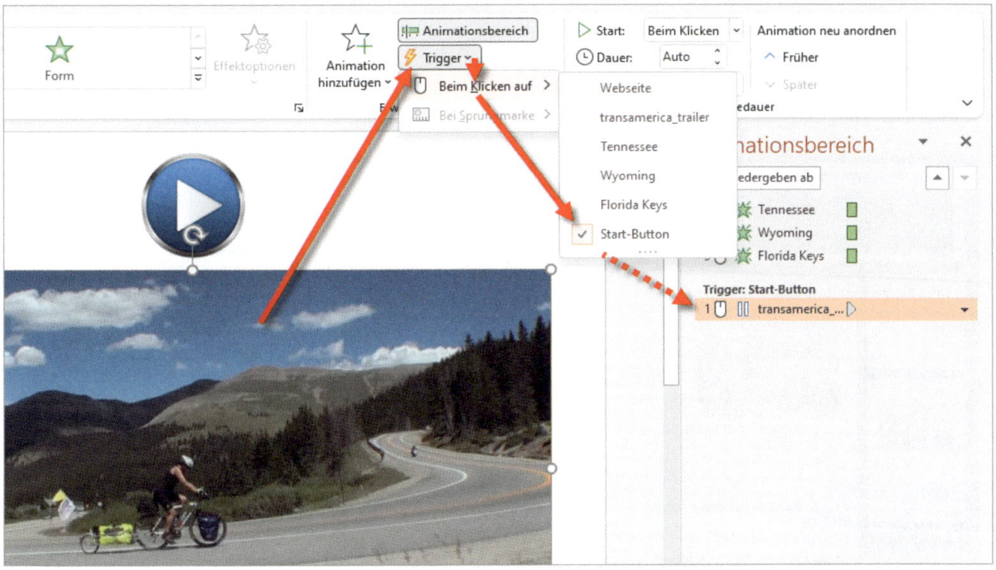

Video nur im Präsentationsmodus anzeigen

Per Voreinstellung ist das Vorschaubild des Videos auch dann im Präsentationsmodus sichtbar, wenn es **nicht** abgespielt wird. Wenn es nur während des Abspielens angezeigt werden soll, klicken Sie das Video auf der Folie an und aktivieren auf der Registerkarte *Wiedergabe* das Kontrollkästchen *Ausblenden, wenn keine Wiedergabe erfolgt*.

Hinweis

Die Logik gebietet es, dass das Video kein Trigger-Objekt sein darf. Denn dann müssten Sie das Video zum Starten im Präsentationsmodus anklicken, was aber aufgrund der Option *Ausblenden, wenn keine Wiedergabe erfolgt* nicht möglich ist. Sie hätten sich damit selbst ausgesperrt. Fazit: Wenn das Video nur im Präsentationsmodus zu sehen sein soll, muss es entweder Teil der Klickreihenfolge sein oder automatisch nach bzw. zeitgleich mit dem vorangegangenen Effekt starten.

Tipps zu Videogrößen

Mit Videogröße meine ich die Abmessungen des Videos auf der Folie und nicht die Dateigröße. Enthält eine Folie Text- bzw. Bildinformationen, die Sie im Vortrag durch verschiedene Videos ergänzen möchten, eignet sich eine Videogalerie mit kleinen Vorschaubildern der Videos. Zum Abspielen empfehle ich den Vollbildmodus.

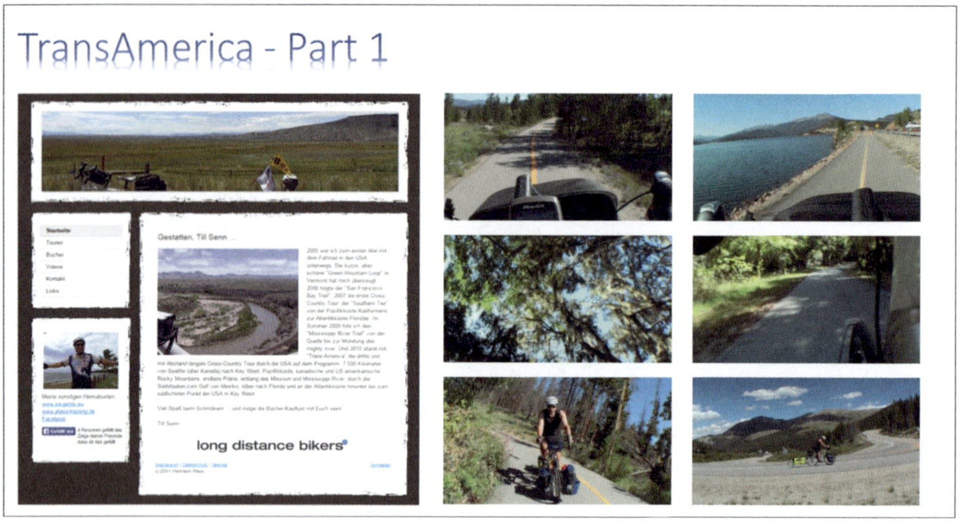

Enthält die Folie neben wenigen anderen Folienobjekten nur ein einziges Video, sollten Sie ihm schon auf der Folie möglichst viel Raum geben und den Präsentationsmodus in jedem Fall im Vollbildmodus abspielen.

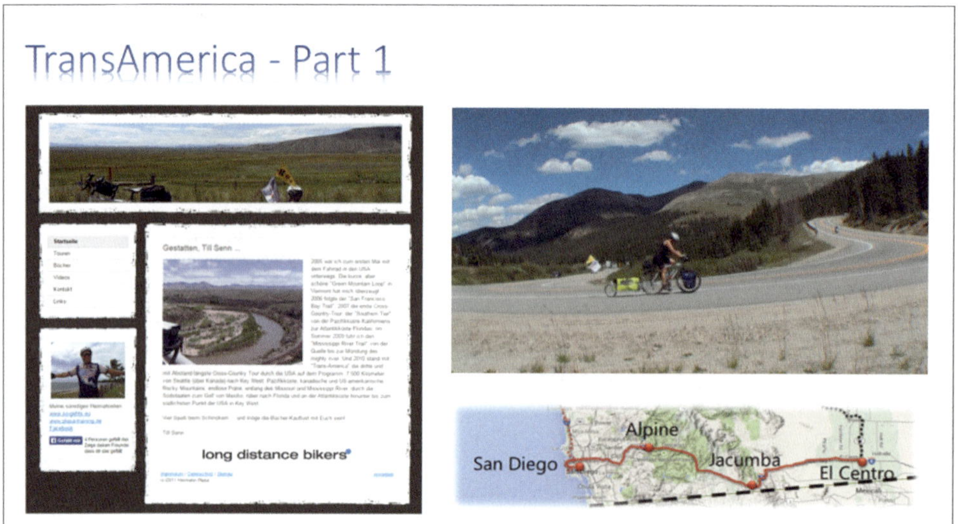

Ist das Video der einzige Inhalt der Folie, vergrößern Sie es bereits auf der Folie maximal und spielen es während der Präsentation im Vollbildmodus ab.

Wenn Sie ein Video als Teil, Ergänzung, Überraschungseffekt oder i-Tüpfelchen einer Folie einsetzen möchten, verkleinern Sie es auf Briefmarkengröße, ziehen es **neben** die Folie und spielen es dann im Vollbildmodus ab. Voraussetzung dafür ist natürlich wieder, dass das Video entweder Teil der Klickreihenfolge ist, manuell per Trigger-Objekt oder automatisch (*Mit Vorheriger* bzw. *Nach Vorheriger*) gestartet wird.

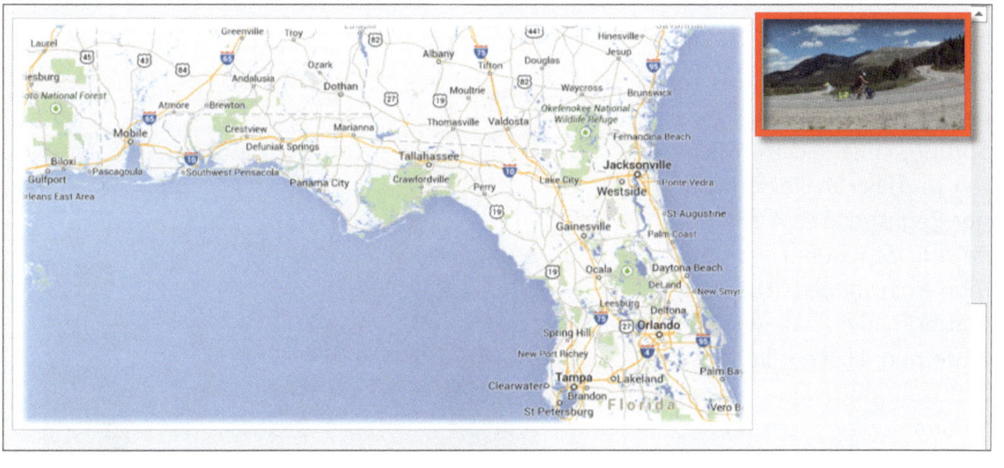

Video kürzen

Wenn Sie nur einen bestimmten Ausschnitt des Videos abspielen möchten, klicken Sie das Video auf der Folie an und wählen auf der Registerkarte *Wiedergabe* den Befehl *Video kürzen*. Mit dem grünen und roten Schieberegler peilen Sie die ungefähre Position an, für das Feintuning nutzen Sie die Drehfelder.

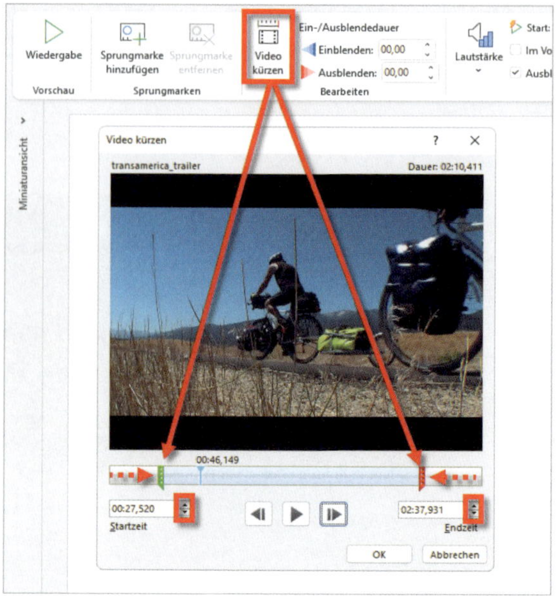

Sprungmarken hinzufügen

Mithilfe von Sprungmarken steuern Sie bestimmte Stellen des Videos per Mausklick an. Wenn Sie zum Beispiel mehrere kurze Ausschnitte eines längeren Videos zeigen möchten, fügen Sie zu Beginn dieser Ausschnitte jeweils eine Sprungmarke ein.

Während der Präsentation müssen Sie das Video nicht von Hand vorspulen, sondern Sie klicken einfach auf die nächste Sprungmarke bzw. verwenden die Tastenkombinationen Alt+Ende (nächste Sprungmarke) oder Alt+Pos 1 (vorherige Sprungmarke).

Spulen Sie das Video bis zu der Stelle, an der Sie eine Sprungmarke setzen möchten, und klicken Sie dann auf der Registerkarte *Wiedergabe* auf den Befehl *Sprungmarke hinzufügen*. (Um eine Sprungmarke wieder zu entfernen, klicken Sie diese zuerst an und wählen dann *Sprungmarke entfernen*.)

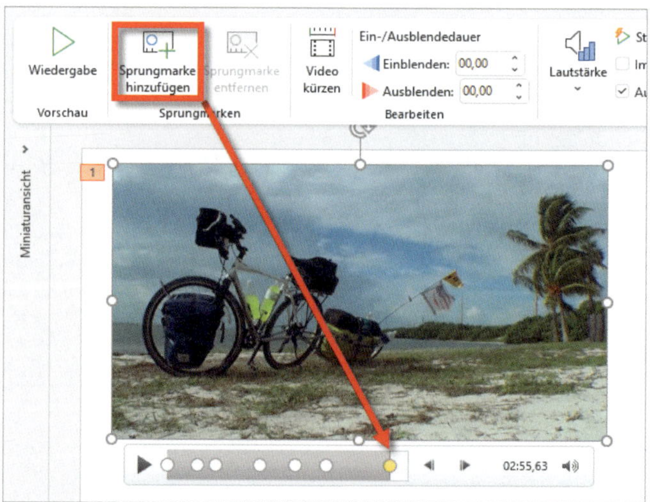

Video formatieren

Die Registerkarte *Videoformat* liefert viele Werkzeuge zum Formatieren von Videos, darunter auch die *Videoeffekte*. Bedenken Sie jedoch: Der Grat zwischen optischem Feintuning und sinnfreier Spielerei ist schmal.

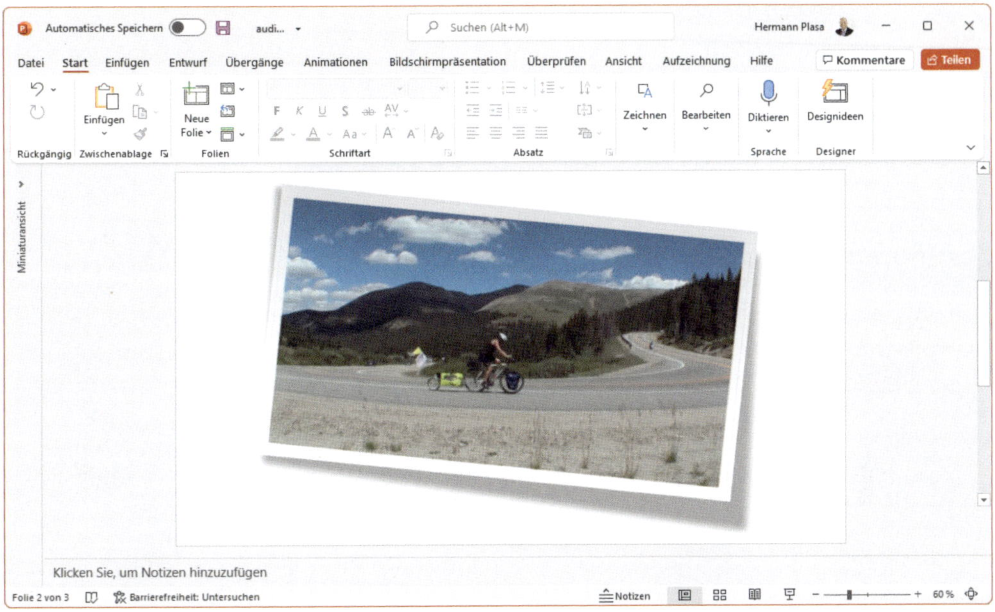

10. Der Folienmaster

Hierarchischer Aufbau: Der Ober sticht den Unter 257
Beispiel »Schriftgröße des Folientitels anpassen« 257
Beispiel »Aufzählungszeichen anpassen« 258
Beispiel »Logo einfügen« 259
Standards für Formen, Textfelder und Linien ändern 259
Benutzerdefinierte Folienlayouts erstellen 260
Fußzeile 263

Stellen Sie sich ein mehrstöckiges Haus mit vielen Zimmern vor. Es ist Winter, und die Zimmer sind kalt. Um das zu ändern, könnten Sie durch die Gänge und Etagen laufen und die Heizung in jedem Raum ein wenig höher stellen. Aber warum umständlich, wenn es auch einfach geht? Im Keller ist die Zentralheizung. Dort drehen Sie **einen** Regler auf, und schon wird es in **allen** Zimmern wärmer.

Für PowerPoint leitet sich aus dieser Heizungsweisheit folgende Faustregel ab: Aktionen, die sich auf alle Folien der Präsentation auswirken sollen, sind ein Fall für den Folienmaster. Sobald Sie im Folienmaster die Positionen oder Formate für Platzhalter ändern bzw. Objekte einfügen, austauschen oder neu positionieren, passen sich im selben Augenblick alle Folien an. »Alle« Folien ist streng genommen nicht ganz korrekt, und ich werde diese Behauptung im Folgenden noch präzisieren.

PowerPoint verfügt neben dem Folienmaster zwar auch noch über einen Notizen- und einen Handzettelmaster, aber der Folienmaster ist mit Abstand der wichtigste.

Jede Präsentation enthält (mindestens) einen Folienmaster. Er regelt im Sinne eines einheitlichen Gesamtlayouts der Präsentation unter anderem die Größe, Formate und Positionen von Text- und Objektplatzhaltern. Um zur Masteransicht zu wechseln, klicken Sie im Register *Ansicht* auf *Folienmaster*.

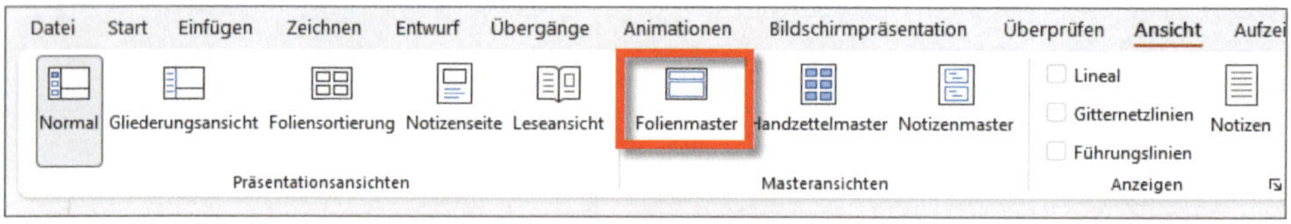

Tipp

⇧ + Klicken auf das Symbol *Normal* am unteren Rand des Programmfensters von PowerPoint bringt Sie direkt und ohne Umweg über das Register *Ansicht* zum Folienmaster.

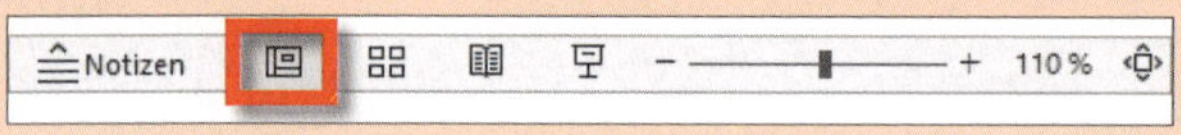

Dort erwartet Sie die Registerkarte *Folienmaster*. Ein Klick auf *Masteransicht schließen* bringt Sie zurück zur (zuletzt verwendeten) Arbeitsansicht.

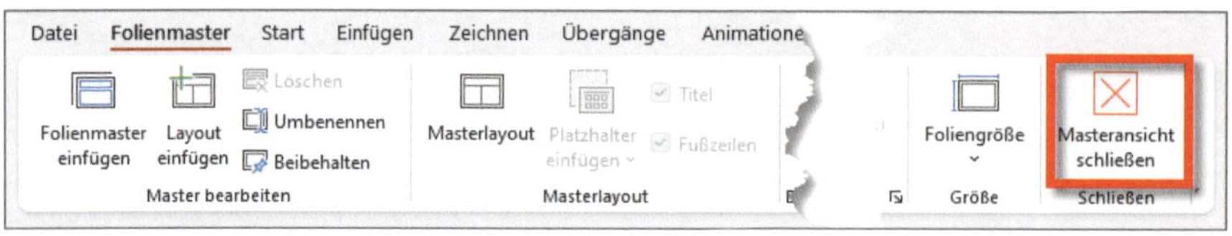

Hierarchischer Aufbau: Der Ober sticht den Unter

Stellen Sie sich die Hierarchie links im Navigationsbereich wie ein Regierungskabinett vor. Oben thront der Regierungschef (Folienmaster), unter ihm klammern sich die Minister (Layouts) an ihre Stühle. Anordnungen des Regierungschefs sind für alle Minister und damit für alle Folien der aktuellen Präsentation verbindlich. Sonderregelungen einzelner Minister sind möglich, gelten aber nur für die diesem Minister zugeordneten Folien.

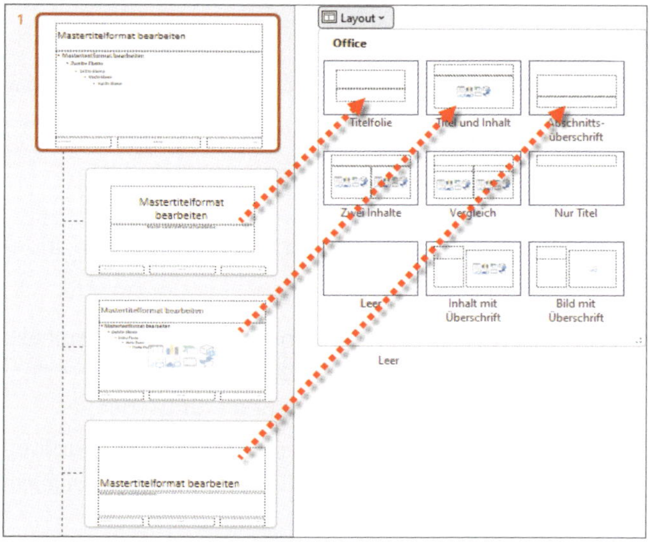

Beispiel »Schriftgröße des Folientitels anpassen«

Wie bereits erwähnt, sind im Folienmaster die Zeichen- und Absatzformate aller Text- und Objektplatzhalter festgelegt. Nehmen wir an, Sie möchten für alle Folien der aktuellen Präsentation die Schriftgröße des Folientitels ändern. So geht's:

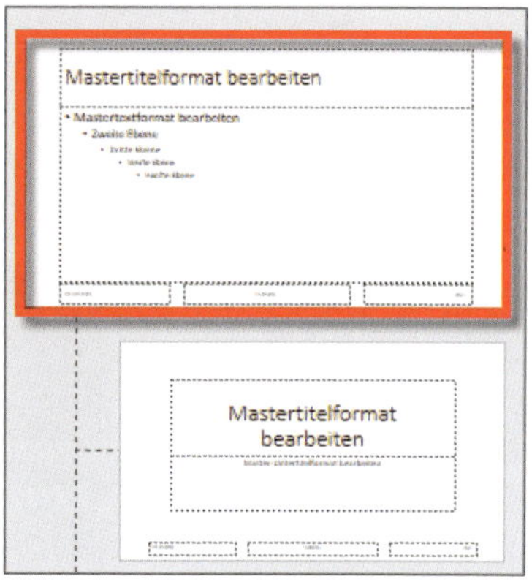

1. Wechseln Sie in die Masteransicht. Achtung! Hier lauert gleich der erste Stolperstein: PowerPoint bringt Sie nämlich nie direkt zum Regierungschef, also dem Folienmaster höchstpersönlich, sondern immer zum zuständigen Minister, also dem Layout, das der Folie zugewiesen wurde, von der aus Sie in die Masteransicht wechseln. Nur wenn Sie diesem Layout (und damit nur den mit diesem Layout verbundenen Folien) eine Extrawurst braten möchten, sind Sie an der richtigen Adresse. Falls aber – wie in diesem Beispiel

und in 99 % aller Praxisfälle – alle Folientitel aller Folienlayouts geändert werden sollen, müssen Sie ganz oben beim Regierungschef vorsprechen.

2. Ändern Sie das »Mastertitelformat« wie gewünscht, wechseln Sie zurück in die Normalansicht, und überprüfen Sie das Ergebnis: Alle Folientitel in dieser Präsentation weisen jetzt das neue Format auf.

> **Achtung**
> Falls einzelne Folientitel nicht mitspielen wollen, kann das verschiedene Gründe haben. Näheres dazu erfahren Sie in Kapitel 11.

Beispiel »Aufzählungszeichen anpassen«

Nehmen wir an, Sie möchten für die erste Gliederungsebene von Aufzählungen ein anderes Aufzählungszeichen. So geht's:

1. Wechseln Sie in den Folienmaster. Zum zweiten Mal Achtung! Die Änderung soll alle Aufzählungsplatzhalter aller Folien betreffen. Ignorieren Sie also den Minister, bei dem Sie gelandet sind, und sprechen Sie stattdessen erneut beim Regierungschef vor.
2. Klicken Sie im Platzhalter auf der Folie mit der rechten Maustaste in die zu ändernde Gliederungsebene, wählen Sie aus dem Kontextmenü den Befehl *Aufzählungszeichen* und anschließend das gewünschte Aufzählungszeichen.
3. Wechseln Sie zurück in die Normalansicht und überprüfen Sie das Ergebnis.

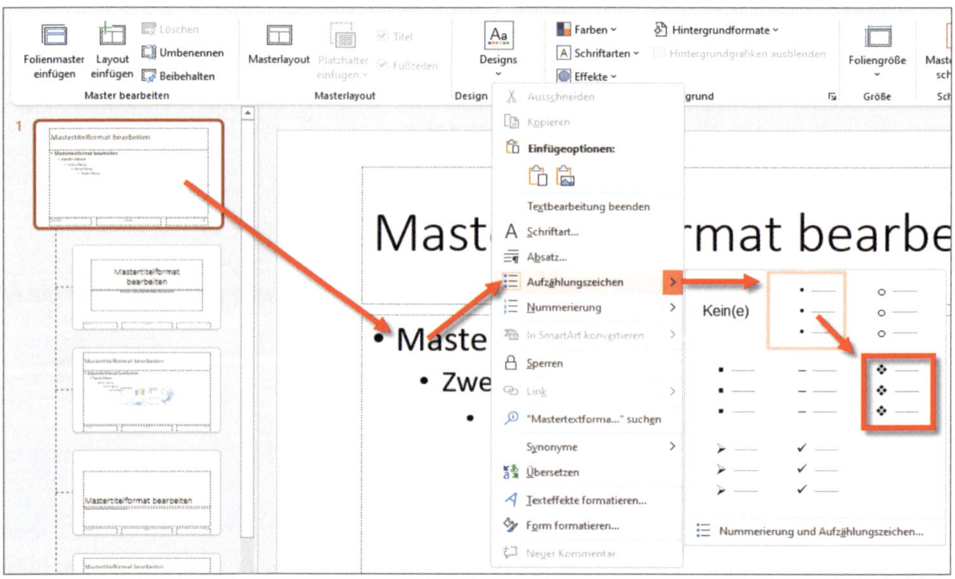

Beispiel »Logo einfügen«

Das Logo des Unternehmens soll auf jeder Folie an exakt derselben Position in exakt derselben Größe erscheinen. Also fügen Sie es im Folienmaster ein – fertig.

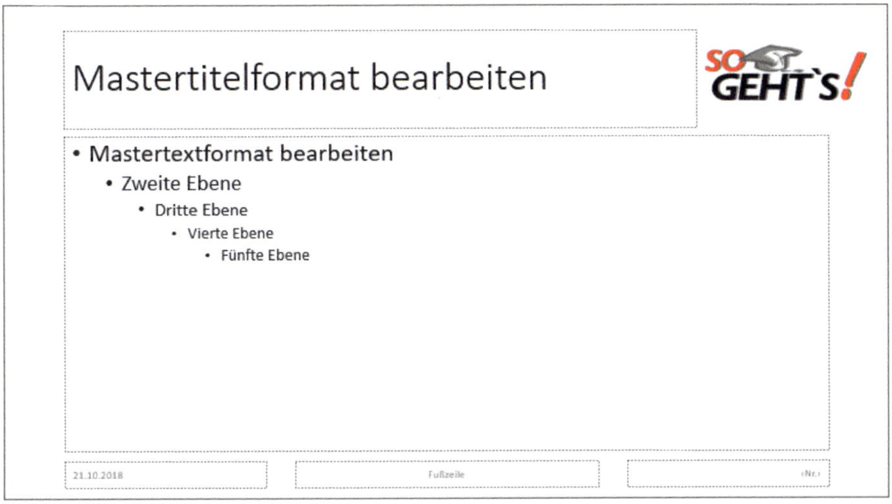

Vorsicht, Stolperstein!

Angenommen, Sie möchten das Logo später noch einmal anpassen. Objekte, die im Folienmaster stecken, befinden sich von der Normalansicht aus gesehen »hinter Glas«. Sie können diese Objekte deshalb nicht auf der Folie durch Anklicken markieren. Nun ist das nach all den bisherigen Informationen zum Masterkonzept nichts Neues mehr für Sie. Milde lächelnd wechseln Sie zum Folienmaster, klicken triumphierend auf das Objekt – und stutzen, klicken ein zweites Mal, stutzen erneut. Wieso können Sie das Objekt selbst in der Masteransicht nicht packen? Antwort: weil Sie erneut beim zuständigen Minister gelandet sind.

Standards für Formen, Textfelder und Linien ändern

Standards für Formen, Textfelder und Linien dürfen Sie in der Normalansicht ändern. Der Geltungsbereich ist auf die aktuelle Präsentation beschränkt und betrifft ausschließlich Objekte, die Sie anschließend erstellen. Bereits vorhandene Formen, Textfelder und Linien bleiben unverändert.

Das Prinzip ist für alle drei Objekte identisch: Prototyp von Hand erstellen und dann zum neuen Standard machen.

Standardform ändern

Formatieren Sie eine beliebige Form nach Ihren Wünschen. Klicken Sie dann mit der rechten Maustaste in die Form – die **Form**, nicht den eventuell vorhandenen Text in der Form! Aus dem Kontextmenü wählen Sie den Befehl *Als Standardform festlegen*.

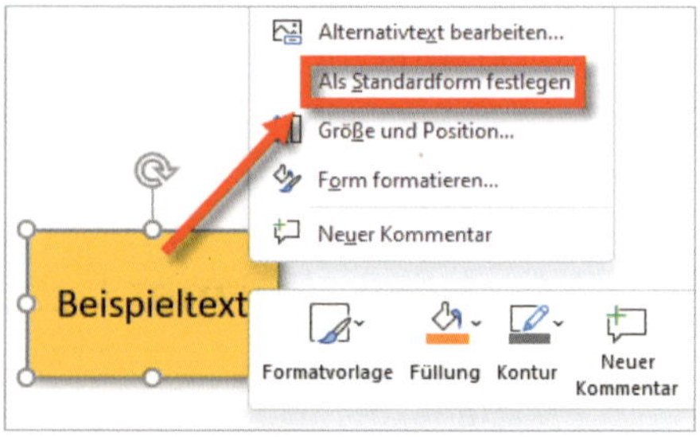

Standardtextfeld festlegen

Wie bei der Form erstellen und formatieren Sie zunächst einen Prototyp. Anschließend klicken Sie mit der rechten Maustaste auf den Rahmen des Textfeldes und wählen aus dem Kontextmenü den Befehl *Als Standardtextfeld festlegen*.

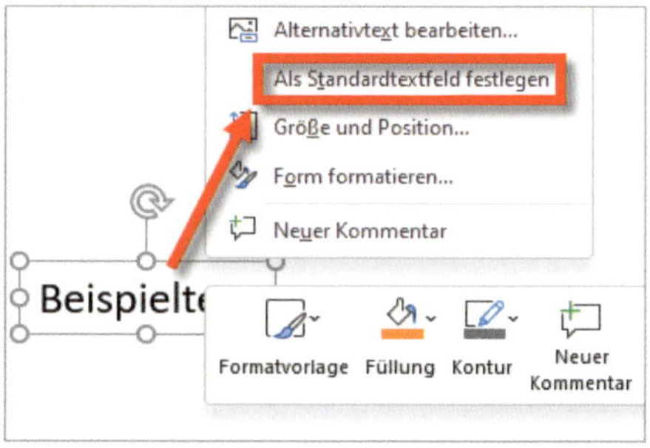

Falls Sie diesen Befehl im Kontextmenü vergeblich suchen, haben Sie nicht den Rahmen, sondern den Inhalt des Textfeldes mit dem Rechtsklick erwischt. In diesem Fall gehen Sie nicht über Los, sondern zurück an den Start und zielen erneut. Schützenhilfe liefert das Fadenkreuz am Mauszeiger. Sobald es erscheint, haben Sie den Rahmen im Visier.

Standardlinie festlegen

Das Prinzip kennen Sie mittlerweile: Prototyp erstellen, Rechtsklick und *Als Standardlinie festlegen*.

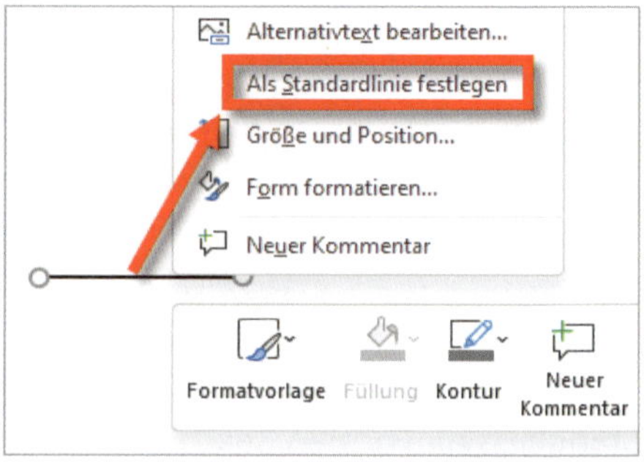

Benutzerdefinierte Folienlayouts erstellen

Bei Bedarf erschaffen Sie neue Minister, indem Sie die Grundausstattung an Folienlayouts um Eigenkreationen erweitern, beispielsweise um eine Bildergalerie.

So geht's:

1. Wechseln Sie in den Folienmaster, klicken Sie auf das Symbol *Layout einfügen*, und PowerPoint erzeugt am Ende der Liste ein neues Layout.
2. Geben Sie dem neuen Layout einen Namen. Klicken Sie es dazu mit der rechten Maustaste an, wählen Sie *Layout umbenennen*, tippen Sie den Namen ein und drücken Sie die Taste ⏎.

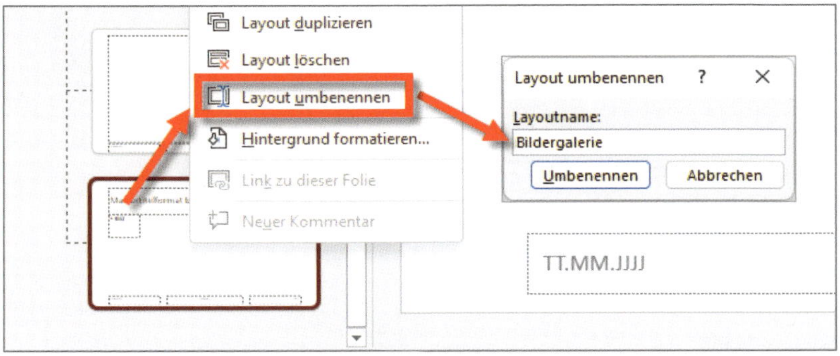

3. Fügen Sie die gewünschten Platzhalter in das neue Folienlayout ein.

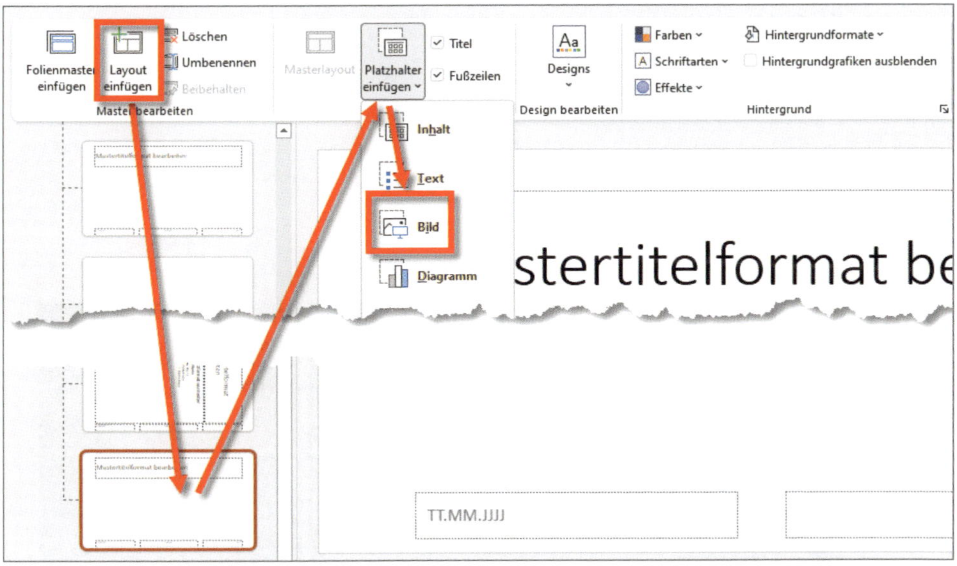

So könnte das Ergebnis in etwa aussehen:

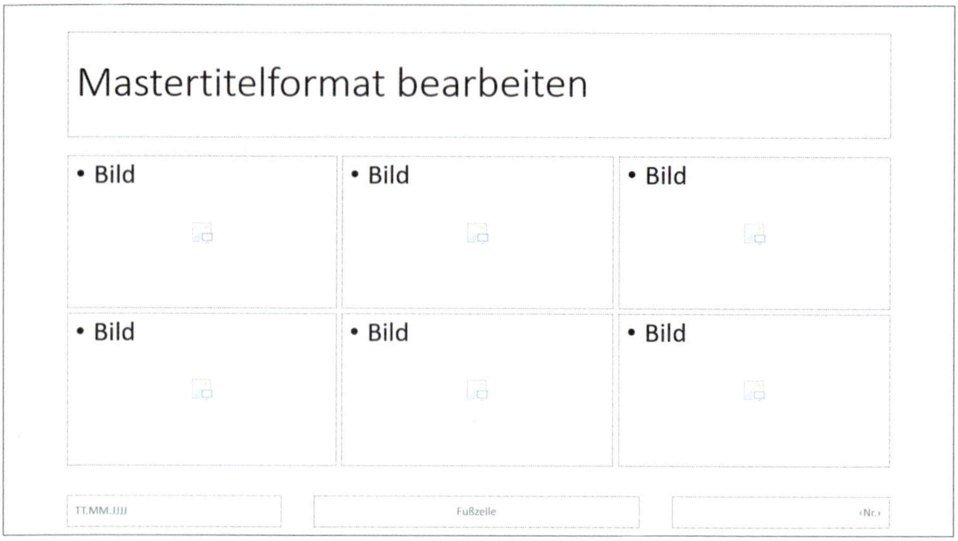

4. Markieren Sie alle Bildplatzhalter, verringern Sie die Schriftgröße des Platzhaltertextes auf 18 pt und wechseln Sie zurück zur Normalansicht, in der das neue Layout ab sofort am Ende der Auswahlliste verfügbar ist.

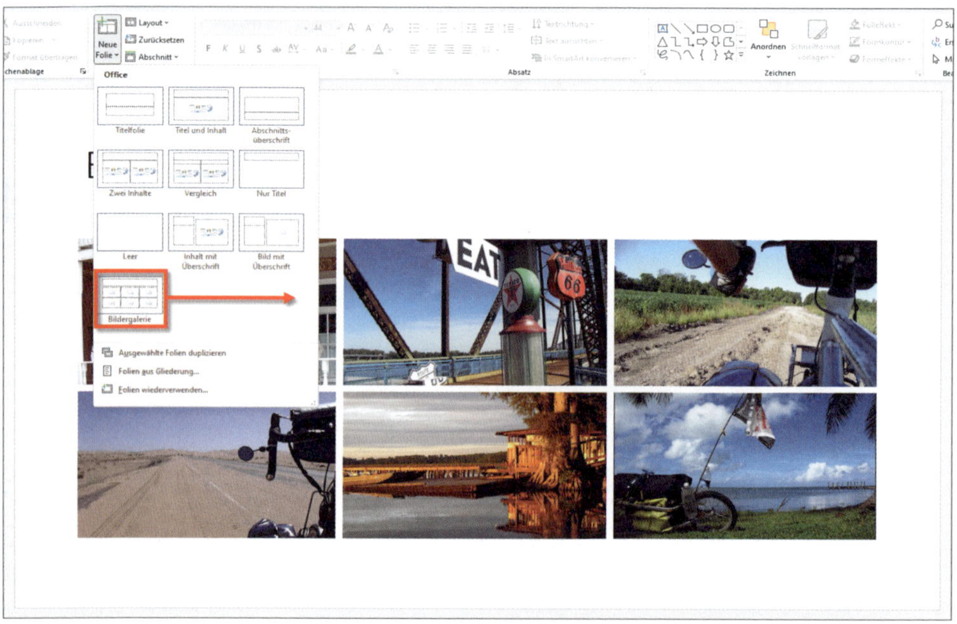

Fußzeile

Der Folienmaster enthält die drei Fußzeilenplatzhalter *Datum und Uhrzeit*, *Fußzeile* und *Foliennummer*.

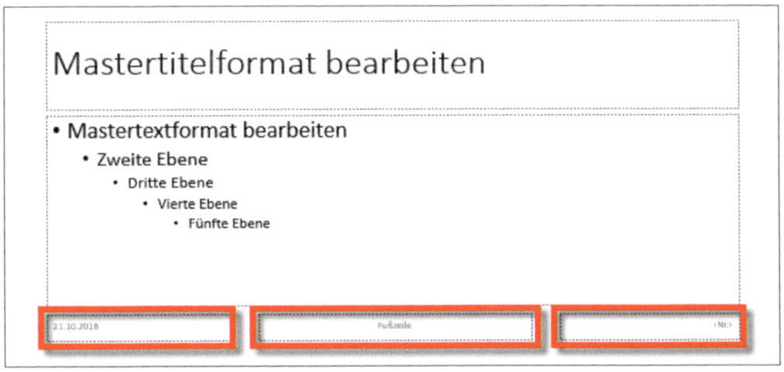

Falls Sie Unternehmensvorlagen einsetzen, können sich Anzahl, Position und Formate der Fußzeilenplatzhalter von den hier verwendeten Beispielfolien unterscheiden. Das Grundprinzip bleibt jedoch unverändert: Position und Formate werden im Folienmaster festgelegt, aber mit Inhalten betanken Sie die Platzhalter von der Normalansicht aus. Platzhalterinhalte in der Masteransicht eintippen wäre so, als würden Sie den Tank Ihres Autos zu Hause ausbauen, damit zur Tankstelle gehen, ihn dort auffüllen, wieder nach Hause gehen und den vollen Tank wieder einbauen. Das ist zwar möglich, aber nicht sinnvoll.

In der Normalansicht (bzw. jeder anderen Arbeitsansicht) klicken Sie stattdessen auf der Registerkarte *Einfügen* auf *Kopf- und Fußzeile*, um das gleichnamige Dialogfenster zu öffnen. Dort aktivieren Sie die Kontrollkästchen für die gewünschten Platzhalter und legen deren Inhalte fest.

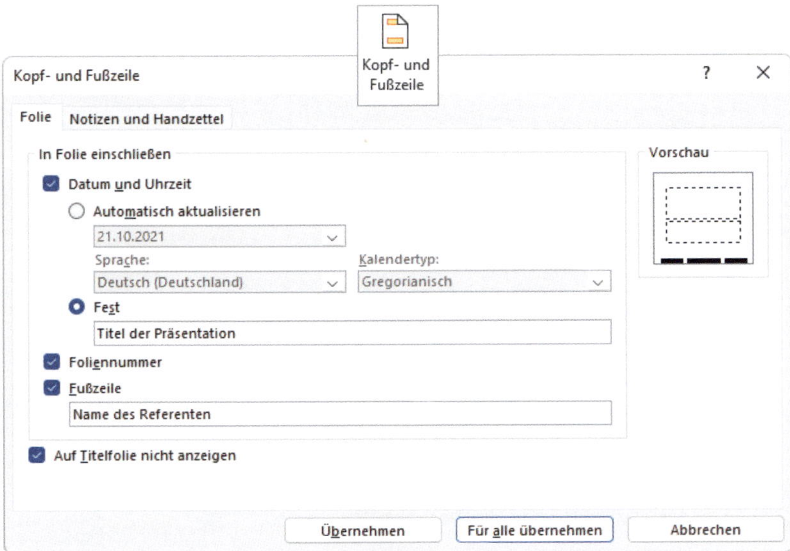

- Der Platzhalter *Datum und Uhrzeit* ist ein »Entweder-oder-Platzhalter«. *Entweder* aktualisiert PowerPoint das Datum laufend und automatisch, *oder* es zeigt dauerhaft ein eingetipptes Datum bzw. – wie in diesem Beispiel – Text an.

- Für die *Foliennummer* gibt es nur »Ein« oder »Aus«.
- In den Platzhalter *Fußzeile* tippen Sie beliebigen Text ein.
- Die Option *Auf Titelfolie nicht anzeigen* sorgt dafür, dass die Fußzeile auf all jenen Folien ausgeblendet wird, die mit dem Layout *Titelfolie* verbunden sind.
- Abschließend bestimmen Sie den Geltungsbereich der Fußzeile: Möchten Sie die Inhalte für alle oder nur für die aktuelle Folie übernehmen? Treffen Sie Ihre Entscheidung und wählen Sie je nachdem *Übernehmen* oder *Für alle übernehmen.*

Fußzeile auf einzelnen Folien entfernen

Löschen Sie die Fußzeilenplatzhalter auf diesen Folien.

Wechselnde Fußzeilen in einer Präsentation

Nehmen Sie auf den fraglichen Folien die Anpassungen im Dialogfeld *Kopf- und Fußzeile* wie oben beschrieben vor und wählen Sie abschließend *Übernehmen* statt *Für alle übernehmen.*

11. Zerschossene Folien und verbogene Präsentationen reparieren

Typische Fehlerquellen 266
Verbogene Folie reparieren 267
Das Multimaster-Problem lösen 269
Fußzeilen reparieren 270
Tipps, Tricks und hilfreiche Werkzeuge 271
Drei goldene Regeln für das Erstellen neuer Folien 276

Das Zusammenführen von Folien aus unterschiedlichen Präsentationen ist eine niemals versiegende Quelle an unerwünschten Phänomenen, unangenehmen Überraschungen und zerschossenen Folien bzw. verbogenen Präsentationen.

Als Trainer habe ich mittlerweile einen eigenen Workshop dazu entwickelt, in dem ich erfahrenen PowerPoint-Anwendern eine erprobte und sehr effiziente Methode vorstelle, mit der man zerschossene Folien und verbogene Präsentationen systematisch anhand einer Checkliste analysieren und reparieren kann.

Diese Reparaturarbeiten sind bei stark verbogenen Präsentationen allerdings selbst für sehr erfahrene PowerPoint-Anwender aufwendig. In diesem Kapitel stelle ich Ihnen das Wichtigste zu diesem Thema vor, weise aber nochmals darauf hin, dass sich dieses textlastige und bildarme Kapitel an sehr erfahrene PowerPoint-Anwender richtet.

Typische Fehlerquellen

Die besten Fehler sind jene, die gar nicht erst begangen werden. Ich repariere seit nunmehr 20 Jahren PowerPoint-Folien und -Präsentationen. Hier eine Zusammenfassung der – nach meiner Erfahrung – typischen Fehlerquellen.

Fehlerquellen beim Erstellen und Anpassen von Folien:

- Präsentation (PPTX) statt Vorlage (POTX) verwenden.
- Leeres Folienlayout verwenden und fehlende Titel- bzw. Textplatzhalter durch Textfelder ersetzen.
- Text- und Objektplatzhalter löschen und/oder durch Formen und/oder Textfelder ersetzen.
- Titel-, Text- und Objektplatzhalter absichtlich oder versehentlich verschieben.
- Zeichen- und Absatzformate in Titel- und Textplatzhaltern auf einzelnen Folien ändern.
- Standards für Formen, Textfelder und Linien ändern.

Fehlerquellen beim Folientransfer:

- Befehl *Ursprüngliche Formatierung beibehalten* nach Einfügen wählen (Multimaster-Problem).
- Unterschiedliche Fußzeilenplatzhalter/-formate in Quell- und Zielpräsentation.
- Layouts mit gleichem Namen, aber unterschiedlichen Formaten in Quell- und Zielpräsentation.
- In Quellpräsentation Platzhalter gelöscht und/oder durch Formen und/oder Textfelder ersetzt.

- In Quellpräsentation Zeichen- und Absatzformate in Titel- und Textplatzhaltern umformatiert.
- In Quellpräsentation Standardfüllfarbe von Formen geändert.
- In Quellpräsentation Zeichenformate in Textfeldern geändert.

Verbogene Folie reparieren

Mit »reparieren« meine ich »Wiederherstellen der Masterformate«. In der Praxis passiert es immer wieder, dass man Text- oder Objektplatzhalter versehentlich verschiebt oder im Eifer des Gefechts Formatänderungen vornimmt, die später das einheitliche Erscheinungsbild der Folien empfindlich stören. Für die Reparatur spielt es keine Rolle, ob die Folie innerhalb der aktuellen Präsentation verbogen wurde oder ob sie schon verbogen in die aktuelle Präsentation eingefügt wurde. Verbogen ist verbogen, und die Reparaturmethode ist in beiden Fällen die gleiche.

Nur Position reparieren

In diesem Beispiel sind die rechten Platzhalter ein wenig nach oben verrutscht. Zur Reparatur klicken Sie im Register *Start* auf *Layout* und weisen damit der Folie das aktuell bereits zugewiesene Layout erneut zu. Das mag seltsam anmuten, führt aber zum gewünschten Ergebnis.

Alle Platzhalter, also auch verrutschte Titel- und Fußzeilenplatzhalter, rücken mit dieser Methode wieder an die vorgesehene Position.

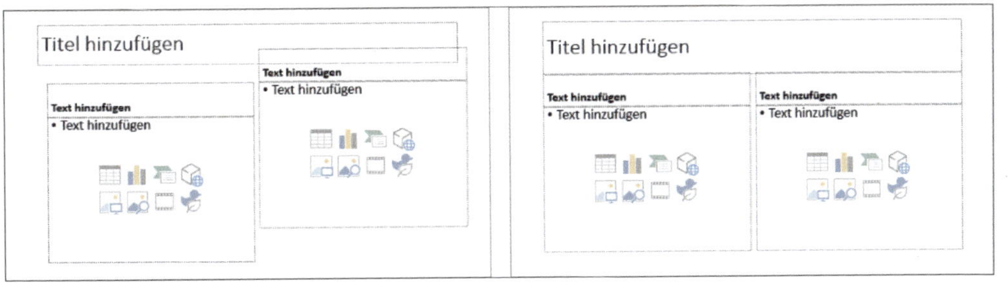

Nur Zeichenformate reparieren

Falls Sie nur die Zeichenformate in Platzhaltern reparieren möchten, klicken Sie auf den Rahmen des Platzhalters (oder markieren seinen Inhalt) und drücken Strg+Leer.

Position und Formate reparieren

Um beides in einem einzigen Arbeitsgang zu reparieren, klicken Sie im Register *Start* auf *Zurücksetzen*.

Zurücksetzen – Möglichkeiten und Grenzen eines Vollwaschgangs

Beim Einfügen von Folien weist PowerPoint den Neuankömmlingen konsequent die Masterformate der neuen Heimat zu. Aber »Bundesrecht bricht Landesrecht«. Was soll das jetzt wieder bedeuten? Nun, PowerPoint unterscheidet zwischen indirekten Masterformaten und den vom Anwender erzeugten direkten Formaten.

Diese direkten Formatierungen des Anwenders überwiegen die indirekten Formatvorgaben des Folienmasters: »Anwenderformat bricht Masterformat«. Wenn der Kollege zum Beispiel einen Folientitel in einer anderen Farbe oder Schriftgröße formatiert, überschreibt er mit diesen direkten Formaten die indirekten Masterformate – und schon haben Sie den Salat, wenn Sie eine solche Folie später in Ihre Präsentation einfügen. Denn Masterformate werden beim Einfügen von Folien aus anderen Präsentationen nur auf diejenigen Elemente angewendet, denen kein Anwender jemals irgendwelche direkten Formatierungen zugewiesen hat.

Der Befehl *Zurücksetzen* setzt alle jemals von irgendwelchen Anwendern vorgenommenen Formatierungen an Platzhaltern wieder auf die im Folienmaster hinterlegten Einstellungen zurück und positioniert alle Platzhalter an den im Folienmaster hinterlegten Stellen.

Zurücksetzen ist eine Art Vollwaschgang, bei dem alle Schmutzreste individueller Formatierungen entfernt und die Mastervorgaben wiederhergestellt werden. Außerdem rücken verrutschte Platzhalter wieder an die korrekte Position. Daraus folgt im Umkehrschluss: Wenn es zu einem Folienobjekt keinen korrespondierenden Platzhalter im Folienmaster gibt, gehen Reparaturversuche mittels *Zurücksetzen* ins Leere. Wo niemals etwas war, kann auch nichts zurückgesetzt werden. Ein Musterbeispiel dafür ist das Folienlayout *Leer*: keine Platzhalter, keine Reparatur. Auch Formen, Textfelder und Linien sind nicht im Folienmaster hinterlegt, und Sie müssen diese Objekte einzeln von Hand reparieren.

Das Multimaster-Problem lösen

Im Normalfall gilt für den Folienmaster das »Highlander-Prinzip«: ES KANN NUR EINEN GEBEN! Aber ein scheinbar harmloser Klick durchbricht dieses Prinzip und sorgt in der Folge oft für großen Ärger. Plötzlich tummeln sich mehrere Folienmaster in einer Präsentation, und für den Anwender beginnt das Heulen und Zähneknirschen. Mein persönlicher Rekordhalter ist eine Unternehmenspräsentation, die ich als Auftragsarbeit analysieren und reparieren sollte. In der Masteransicht tummelten sich sage und schreibe 34 Folienmaster. Bedenken Sie, dass ein Folienmaster aus dem Regierungschef samt seinem Gefolge an Ministern besteht. Eine Präsentation mit 34 Folienmastern ist ein Deutscher Bundestag mit 34 Regierungskabinetten.

Wie entsteht ein derartiges Chaos? Durch die übliche gefährliche Mischung aus gutem Willen, solidem Halbwissen und der Hoffnung, dass es niemand merkt. Die Option *Ursprüngliche Formatierung beibehalten* nach dem Einfügen einer Folie aus einer anderen Präsentation klingt doch harmlos, oder? Die Formatierung beibehalten, das möchte man doch, nicht wahr? Nein! Möchte man nicht bzw. nur in ganz speziellen Ausnahmefällen. Ein Beispiel für eine solche Ausnahme: Verschiedene, unterschiedlich gestaltete Präsentationen (mit unterschiedlichem CI) sollen zwar in einer Gesamtpräsentation zusammengefasst werden, dabei aber ihr jeweiliges CI beibehalten. Das im Normalfall gewünschte einheitliche Erscheinungsbild aller Folien wäre in diesem Fall unerwünscht.

Im Folgenden gehe ich davon aus, dass **ein** Master die Lösung und **Multimaster** das Problem ist. Der Befehl *Ursprüngliche Formatierung beibehalten* steckt in den *Einfügeoptionen*, die nach einem Klick auf das SmartTag erscheinen. Der anschließende Blick in den Folienmaster enthüllt die grausame Wahrheit: Anstelle eines einzigen Regierungskabinetts drängeln sich jetzt schon zwei in der Masteransicht.

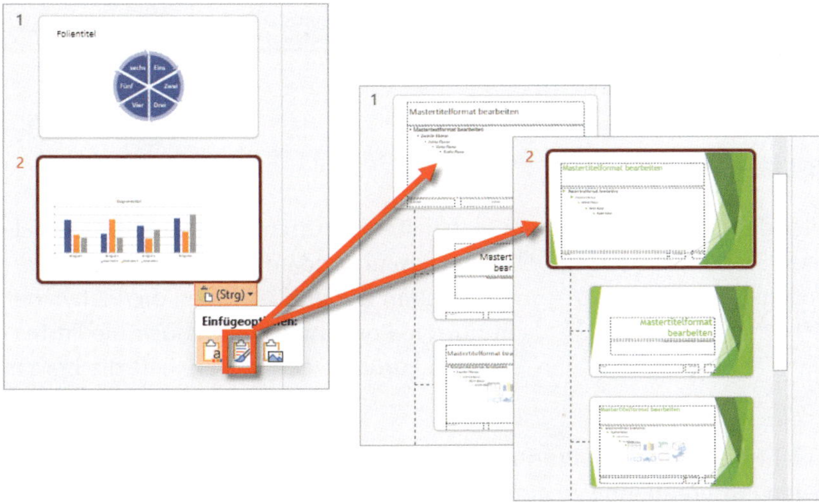

Und exakt auf diese Weise ist besagte Rekordhalterpräsentation mit 34 Folienmastern entstanden: 33 Folien eingefügt und 33-mal auf *Ursprüngliche Formatierung beibehalten* geklickt – und schon haben wir 34 Regierungskabinette in einer Präsentation und damit Brüsseler Verhältnisse in PowerPoint.

Nun gilt es, dieses Master- und Layout-Chaos zu entwirren und das Highlander-Prinzip wiederherzustellen. Das dafür erforderliche Verfahren ist zwar etwas zeitaufwendig, aber nicht kompliziert. In der Auswahlliste *Layout* finden Sie die Folienlayouts **aller** Folienmaster in einer entsprechend langen Liste. Sie müssen nun Folie für Folie prüfen und den Problemfolien das passende Layout des gewünschten Folienmasters zuweisen. Auch wenn die Versuchung groß ist, mehrere Folien mit demselben (falschen) Folienlayout zu markieren und ihnen gemeinsam in einem Arbeitsgang das entsprechende Folienlayout des korrekten Folienmasters zuzuweisen, rate ich Ihnen dazu, sich Folie für Folie voranzutasten. Nur so springen Ihnen die Auswirkungen auf jeder einzelnen Folie sofort ins Auge, und Sie wissen, welche Nachbesserungen noch nötig sind.

Sobald kein Layout eines unerwünschten Folienmasters mehr einer Folie zugewiesen ist – sobald also der letzte Minister eines unerwünschten Kabinetts arbeitslos geworden ist, – löst sich der entsprechende Folienmaster in Luft auf. Im Gegensatz zu echten Ministern kleben die Folienlayouts nicht an ihren Stühlen, und selbst der Regierungschef verschwindet stillschweigend, sobald man ihm den letzten Minister genommen hat.

> **Tipp**
>
> Wie Sie gelernt haben, setzt das Zuweisen eines Folienlayouts alle vorhandenen Text- und Objektplatzhalter an die im Folienmaster vorgesehenen Positionen, lässt aber die Finger von Zeichenformaten. Hier müssen Sie nach bewährter Methode mit Strg+Leer von Hand nachbessern. Und dass Sie Formen, Textfelder und Linien immer von Hand reparieren müssen, wissen Sie mittlerweile auch.

Fußzeilen reparieren

Falls Ihnen im Eifer des Gefechts einmal ein Platzhalter verrutscht, drücken Sie den Rettungsknopf: Weisen Sie der Folie das aktuell zugewiesene (und im Dialogfeld farblich hervorgehobene) Folienlayout erneut zu – und im selben Augenblick sitzen die Platzhalter wieder an der richtigen Stelle. Falls Sie nicht nur die Position, sondern auch die Formatierungen der Platzhalter wieder auf den Standard zurücksetzen wollen, hilft die bereits erwähnte Funktion *Zurücksetzen*.

Wenn das Kind nicht bereits in den Brunnen gefallen ist und Sie erst damit beginnen, Folien aus mehreren Präsentationen zu einer einzigen Präsentation zusammenzuführen, empfehle ich Ihnen, vor dem Einfügen sowohl in Quell- als auch Zielpräsentation(en) die Fußzeile abzuschalten, also alle Häkchen für alle Platzhalter zu entfernen. Sobald Sie alle Folien eingefügt haben und sichergestellt ist, dass es nur einen einzigen Folienmaster gibt, aktivieren Sie die Fußzeilenplatzhalter.

Tipps, Tricks und hilfreiche Werkzeuge

Verrutschte Platzhalter systematisch ermitteln und reparieren

Die falsche Position eines Platzhalters erkennen Sie am besten im Zeitraffer. Wechseln Sie in den Präsentationsmodus und klicken Sie sich im Viertel-Sekunden-Takt durch die Folien. Und zwar in mehreren Schleifen, bei denen Sie jeweils alle Folien durchklicken, dabei aber nur **einen** Platzhaltertyp unter die Lupe nehmen. Weil Animationen diese Zeitraffermethode aushebeln würden, schalten Sie alle Animationen vorübergehend ab. Wählen Sie dazu im Register *Animationen* den Befehl *Bildschirmpräsentation/Bildschirmpräsentation einrichten/Präsentation ohne Animation*. Folienübergänge können Sie leider nicht vorübergehend lahmlegen. Im Zweifelsfall empfehle ich Ihnen, die Folienübergänge zu entfernen und anschließend wieder neu zuzuweisen.

Ob Sie sich im Schnelldurchlauf die Problemfolien notieren und später reparieren oder ob Sie bei jedem entdeckten Fehler den Präsentationsmodus beenden und das Problem sofort beheben, ist eine Frage des persönlichen Arbeitsstils und damit Ihre Entscheidung. Entscheidend ist lediglich, dass Sie systematisch vorgehen.

Analyse:

- **Titelplatzhalter-Check** (Schnelldurchlauf > Position, Schrift- und Absatzformate)
- **Folien-Check** (Schnelldurchlauf > jegliche Auffälligkeiten/Unregelmäßigkeiten)

Werkzeuge zur Reparatur:

- **Position:** Aktuelles Folienlayout erneut zuweisen
- **Formate:** Markieren und Strg+Leer
- **Position und Formate:** Zurücksetzen

Verrutschte Folienobjekte korrekt positionieren

Viele Unternehmen positionieren unterhalb des Titelplatzhalters ein Textfeld für einen Untertitel, nicht wissend oder ignorierend, dass der Folienmaster genau für solche Zwecke Platzhalter bereithält. Diese verhängnisvolle Affäre zwischen Titelplatzhaltern im Folienmaster und Textfeldern auf Folien ist, wie ein geschätzter Kollege von mir sagen würde, »nicht waidmännisch«. Warum? Weil die gezeigten Methoden zur Reparatur von Platzhaltern bei Textfeldern versagen.

Aber die Welt ist, wie sie ist, und so manches als Untertitel verkleidete Textfeld verrutscht. Wie rücken Sie diese nun schnell und zuverlässig wieder an die richtige Position?

So geht's:

1. Ermitteln Sie zuerst die korrekte Position anhand eines nicht verrutschten Textfeldes, indem Sie es mit der rechten Maustaste anklicken und den Befehl *Form formatieren/ Größe und Eigenschaften/Position* wählen.
2. Im Aufgabenbereich *Form formatieren/Formoptionen/Größe und Eigenschaften* notieren oder merken Sie sich die Werte für *Horizontale Position* und *Vertikale Position.*
3. Markieren Sie nun der Reihe nach alle verrutschten Objekte und weisen Sie ihnen die notierten oder gemerkten Werte zu.

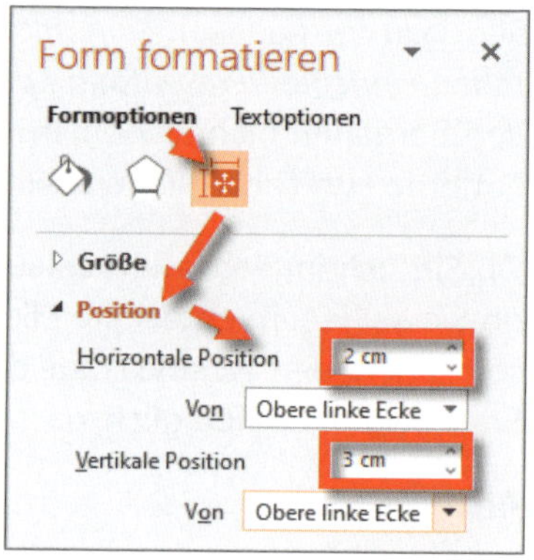

Unerwünschte Schriftarten ersetzen

Babylon lässt grüßen. Laut dem Alten Testament hat grassierende Sprachverwirrung dem ehrgeizigen Turmbauprojekt ein jähes Ende bereitet. Das moderne Äquivalent zum Sprachenwirrwarr in Babylon ist das Schriftenwirrwarr in Präsentationen. Die Funktion, die Sie jetzt kennenlernen, ersetzt unerwünschte Schriftarten in Sekundenschnelle. So geht's:

1. Klicken Sie auf der Registerkarte *Start* auf den kleinen Pfeil rechts von *Ersetzen* und wählen Sie *Schriftarten ersetzen.*
2. Die Liste *Ersetzen* enthält alle Schriftarten, die sich in der aktuellen Präsentation tummeln. Wählen Sie hier die (erste) zu ersetzende Schriftart.
3. In der Liste *Durch* wählen Sie die gewünschte Schriftart. Das müssen Sie nur ein einziges Mal tun.
4. Klicken Sie auf *Ersetzen.*

5. Wiederholen Sie die Schritte 2 und 4 so oft, bis alle unerwünschten Schriftarten ersetzt sind.

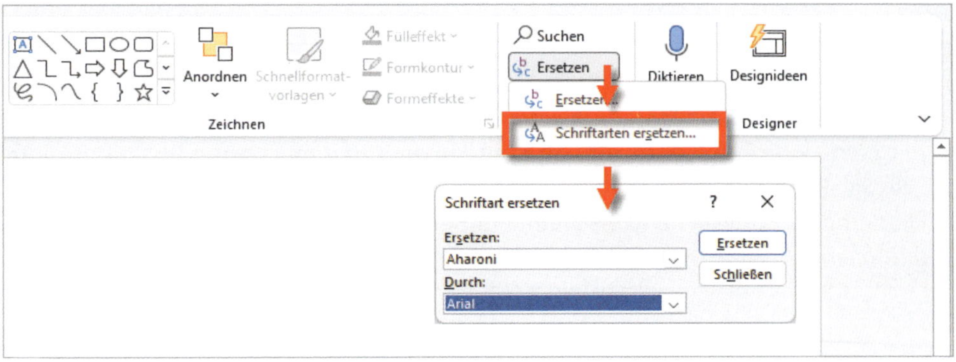

Abstände zwischen Text und Objektrand reparieren

Wenn das Allheilmittel »Ausrichten« versagt, sind oftmals unterschiedliche Abstände zwischen Objektrand und dem darin enthaltenen Text für diese Unregelmäßigkeiten verantwortlich. Obwohl die Formen im folgenden Beispiel exakt linksbündig ausgerichtet sind, stehen die jeweiligen Anfangsbuchstaben nicht exakt untereinander, sondern rücken von Zeile zu Zeile immer weiter nach rechts ein. Das Problem sind unterschiedliche Abstände zwischen dem linken Objektrand und dem Beginn des Textes innerhalb des Objekts.

Um dieses Problem zu lösen, weisen Sie den Objekten (Textfelder oder Formen) **denselben** Abstand zwischen dem linken Rand und dem ersten Buchstaben zu. Klicken Sie dazu das zu reparierende Objekt mit der rechten Maustaste an, wählen Sie *Form formatieren/Formoptionen/Größe und Eigenschaften/Textfeld* und geben Sie den gewünschten Wert ein.

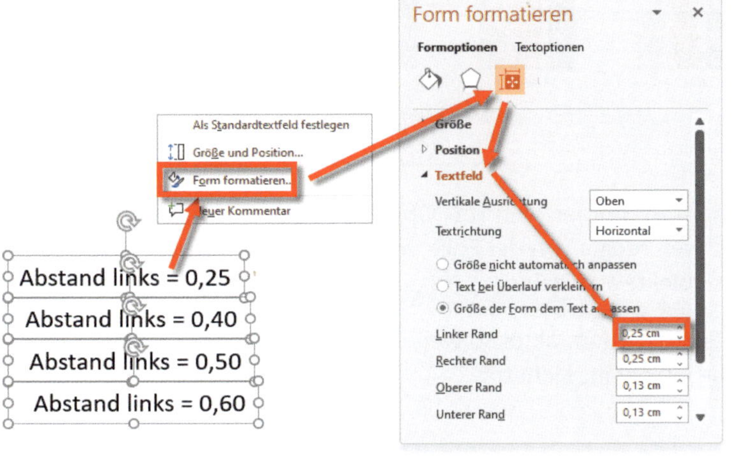

Falls Sie mehrere Objekte in einem einzigen Arbeitsgang markieren und dann mit der rechten Maustaste eines der markierten Objekte anklicken, lautet der Befehl aus dem Kontextmenü *Objekt formatieren* statt *Form formatieren*. Lassen Sie sich davon nicht irritieren.

Vorsicht, Stolperstein!

Wenn Sie mehrere **Textfelder** in einem Arbeitsgang reparieren möchten, müssen Sie mit der rechten Maustaste auf den **Rahmen** eines der markierten Textfelder klicken. Falls Sie nämlich **in** ein Textfeld klicken, ist plötzlich nur noch dieses eine Textfeld markiert, und im Kontextmenü erscheint der Befehl *Form formatieren* anstelle von *Objekt formatieren*.

Folie nach rechts oder links verschoben

Normalerweise erscheinen die Folien genau in der Mitte des Arbeitsbereichs. In der folgenden Abbildung klebt die Folie jedoch am linken Rand, während rechts ein (viel zu) breiter, leerer, grauer Bereich ist.

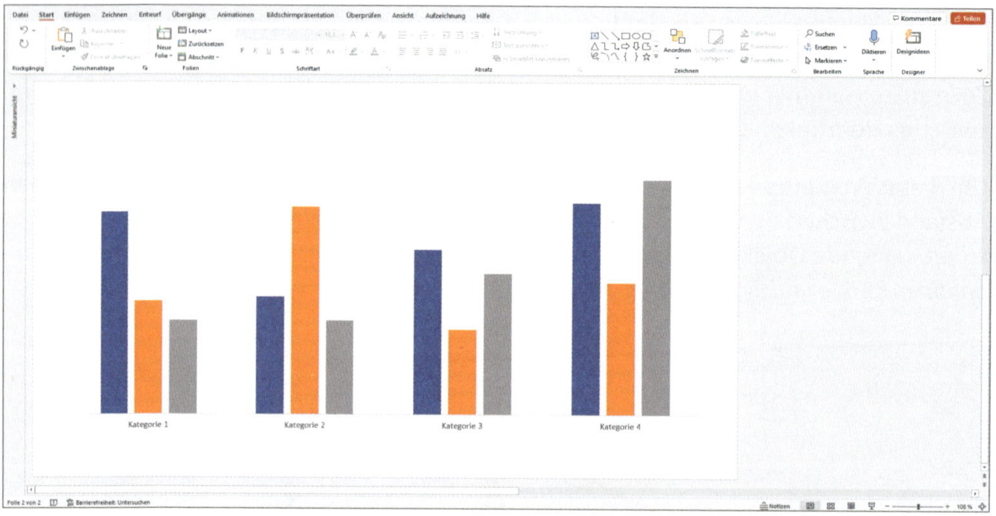

Für dieses Phänomen sind (fast) immer »verirrte« Objekte verantwortlich, die sich in diesem Fall gaaaaaaaaaaanz weit rechts von der Folie versteckt haben. Im vergeblichen Bemühen PowerPoints, alle Objekte anzuzeigen, wird die Folie an den linken Rand gedrückt.

Die Lösung: Verkleinern Sie den Zoomfaktor so weit – im Extremfall bis auf das Minimum von 10 % –, bis das scheue Objekt ins Licht tritt.

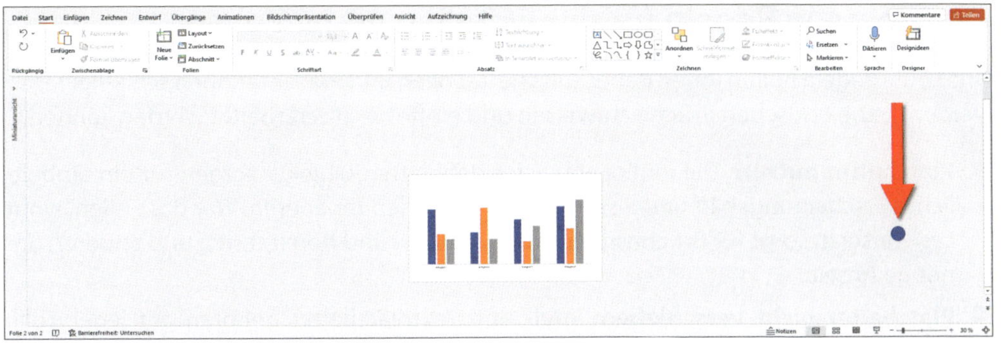

Dann löschen Sie das Objekt bzw. ziehen es auf die Folie und stellen wieder einen vernünftigen Zoomfaktor ein.

Checkliste »Reparaturanleitung«

Zum Abschluss des Reparaturkurses lege ich Ihnen diese Checkliste ans Herz, mit deren Hilfe Sie systematisch und effizient zerschossene Folien und verbogene Präsentationen analysieren und reparieren.

1. Präsentation sicherheitshalber kopieren und Kopie reparieren.
2. Auf Multimaster prüfen und ggf. zu Singlemaster umwandeln.
3. Unerwünschte Schriftarten ersetzen.
4. Animationseffekte vorübergehend abschalten (Folienübergänge ggf. entfernen).
5. Folientitel prüfen/reparieren (Position und Formate im Schnelldurchlauf).
6. Sonstige Text- und Objektplatzhalter prüfen/reparieren.
7. Formen auf Standards prüfen/reparieren.
8. Linien auf Standards prüfen/reparieren.
9. Textfelder auf Standards prüfen/reparieren.
10. Bild- und Formeneffekte auf CI-Konformität prüfen/reparieren.
11. Fußzeilen prüfen/reparieren.
12. Animationseffekte wieder einschalten und Folienübergänge ggf. erneut zuweisen.

Drei goldene Regeln für das Erstellen neuer Folien

Drei Grundregeln helfen Ihnen dabei, dass neue Folien und Präsentationen schneller fertig werden, keine optischen Brüche aufweisen und einfacher überarbeitet werden können.

- **Platzhalter nutzen:** Die im Folienmaster definierten Objekte sorgen für ein einheitliches Erscheinungsbild und lassen sich automatisch reparieren. Wer das Folienlayout *Leer* einsetzt, sorgt für Brüche im Erscheinungsbild und bereitet sich und anderen unnötige Arbeit.
- **Platzhalter nicht verschieben:** Titel- und Textplatzhalter gehören auf jeder Folie exakt an dieselbe Position. Sie bilden neben der Fußzeile und grafischen Elementen wie dem Unternehmenslogo das Rückgrat eines gleichmäßigen Erscheinungsbildes.
- **Direkte Formate zum Schluss:** Direkte Formate hebeln zwar die Masterformate aus, sind aber nicht immer zu vermeiden. Nach dem Motto »erst die Regel, dann die Ausnahmen« sollten diese Abweichungen von den Vorgaben des Masters den Abschluss Ihrer Arbeiten bilden. Schränken Sie die Macht des Folienmasters und seiner automatischen Formatier- und Reparaturmöglichkeiten erst dann ein, wenn Sie an Ausnahmen von den im Master definierten Regeln nicht mehr vorbeikommen. Und selbst dann sollten Sie sich an dieses Motto halten: »So viele Abweichungen, wie unbedingt nötig, so wenige wie möglich!«

12. Das Wichtigste zu Präsentationsvorlagen

Präsentationsvorlage verwenden 279
Präsentationsvorlage erstellen 279
Präsentationsvorlage bearbeiten 281
Präsentationsvorlage als Design speichern 282
Präsentationsvorlage als Standardvorlage speichern 283

Alle Präsentationen (**.pptx* bzw. **.pptm*) basieren auf einer Vorlage. PowerPoint-Vorlagen haben die Dateinamenerweiterung **.potm* oder **.potx*. Das »T« steht jeweils für **T**emplate, auf Deutsch »Vorlage«. Das »M« bedeutet »mit **M**akro«, »X« dagegen »ohne Makro« (Eselsbrücke: nix Makro). Windows blendet Dateinamenerweiterungen per Voreinstellung aus. So ändern Sie das:

1. Öffnen Sie ein Explorer-Fenster, zum Beispiel mit der Tastenkombination [Win]+[E].
2. Aktivieren Sie auf der Registerkarte *Anzeigen* das Kontrollkästchen *Dateinamenerweiterungen*.

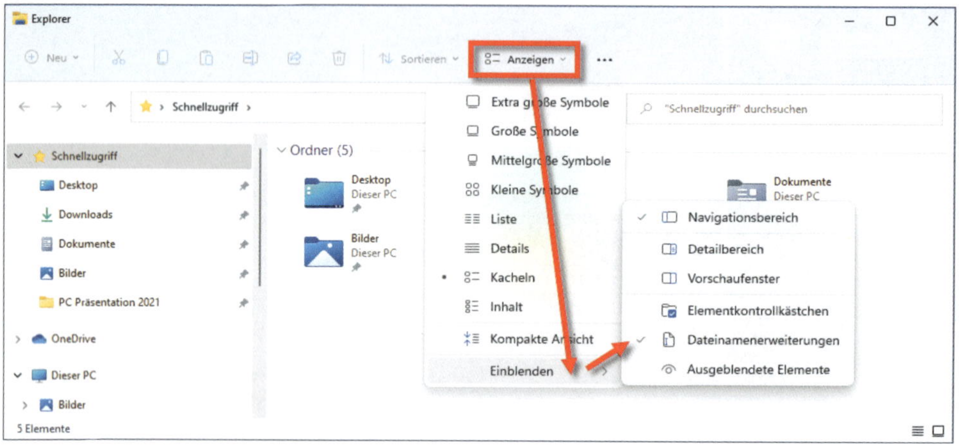

Beim Erstellen einer neuen Präsentation erzeugt PowerPoint immer eine **Kopie** der jeweils gewählten Vorlage. Solange Sie keine spezielle Vorlage wählen, verwendet PowerPoint die Standardvorlage *Leere Präsentation*.

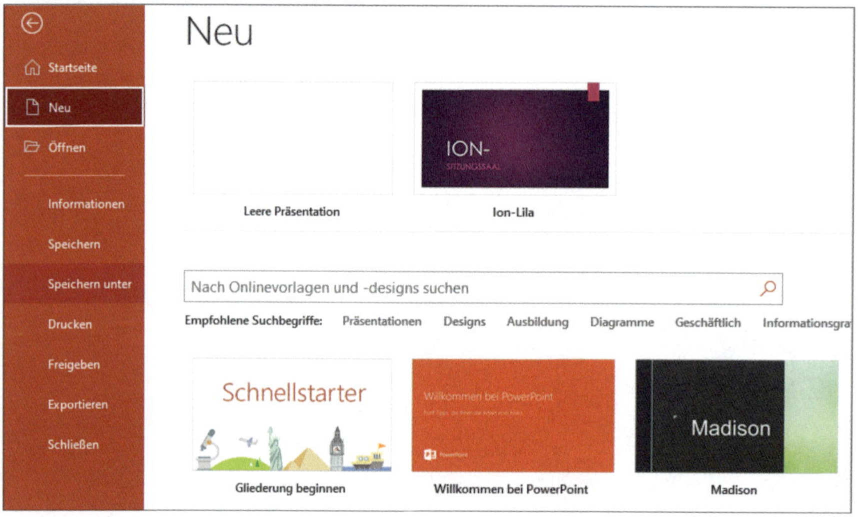

Der Weg zu den Vorlagen führt über das Register *Datei/Neu*. Neben der erwähnten Standardvorlage *Leere Präsentation* stellt Microsoft jede Menge bunter Varianten zur Auswahl.

Präsentationsvorlage verwenden

1. Nach dem Klick auf eine Vorlage wählen Sie die gewünschte Farbskala. Für eine Vorschau der Farben klicken Sie auf eines der kleinen Vorschaubilder rechts.
2. Für eine Vorschau der einzelnen Folienlayouts klicken Sie unterhalb der großen Folie auf die beiden kleinen Pfeilchen neben *Weitere Bilder*.
3. Zum Zuweisen der Vorlage klicken Sie auf das Symbol *Erstellen*.

Präsentationsvorlage erstellen

Der sicherste Weg zu einer benutzerdefinierten Präsentationsvorlage führt über eine Präsentation, die Sie zunächst nach Wunsch gestalten und anschließend als Vorlage speichern.

So geht's:

1. Erstellen Sie eine Präsentation, die in allen Belangen der gewünschten Vorlage entspricht: Masterformate und -objekte, Hintergrund, Foliengröße und -ausrichtung, Standards für Formen, Textfelder und Linien.

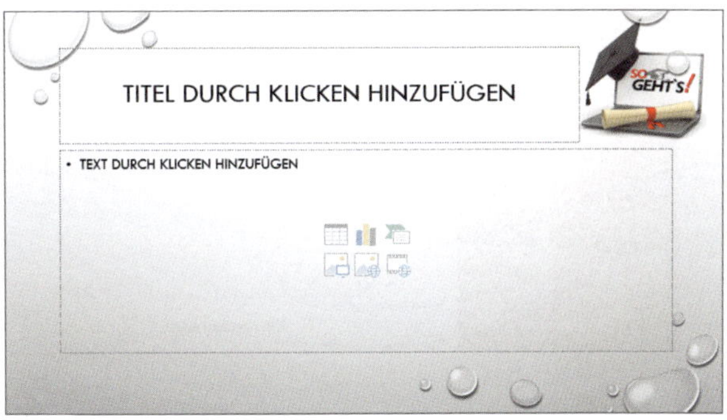

2. Drücken Sie F12, um das Dialogfenster *Speichern unter* zu öffnen, benennen Sie die neue Vorlage, und wählen Sie als Dateityp anstelle der Vorgabe *PowerPoint-Präsentation* die Variante *PowerPoint-Vorlage*. PowerPoint speichert die neue Vorlage automatisch im voreingestellten Vorlagenordner ab.

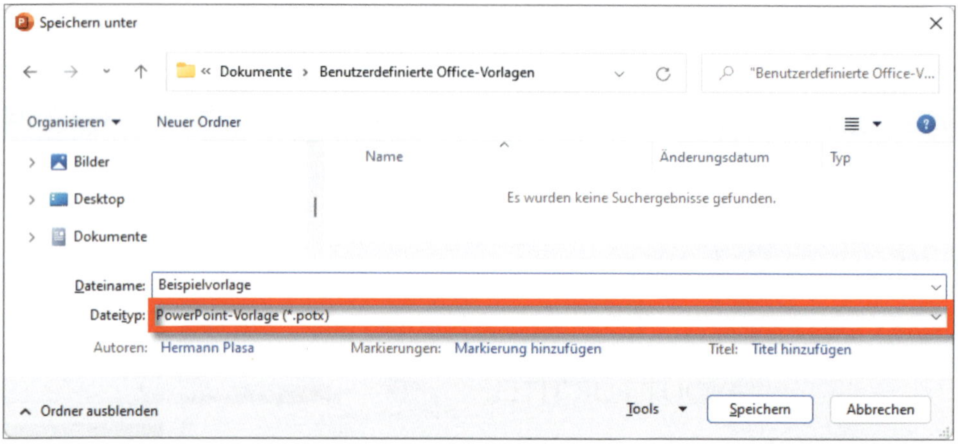

3. Um eine neue Präsentation auf Basis einer benutzerdefinierten Vorlage zu erstellen, wählen Sie *Datei/Neu/Persönlich* und klicken die gewünschte Vorlage an. Die folgende Abbildung zeigt den Normalfall für Privatpersonen. In Ihrem Unternehmen kann das ganz anders aussehen.

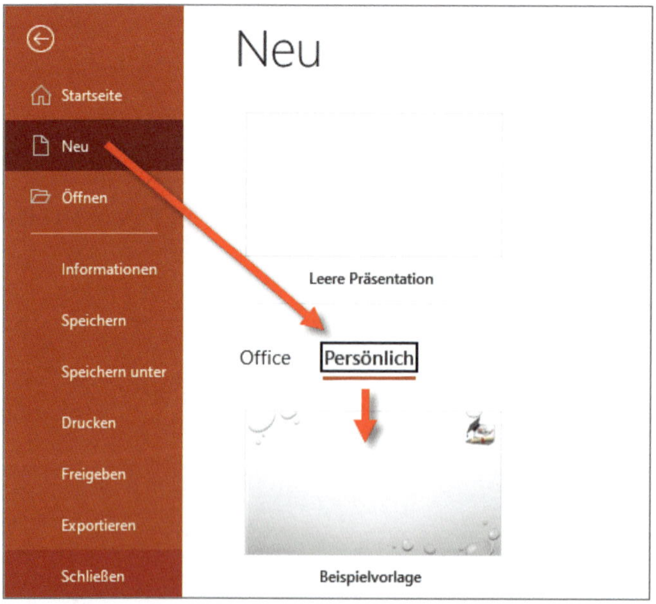

Präsentationsvorlage bearbeiten

Vielleicht denken Sie jetzt: »Also bitte! Ich weiß doch, wie ich eine Datei öffne, ändere und wieder speichere!« Das bezweifle ich nicht im Mindesten, aber »Öffnen von Vorlagen« ist leichter gesagt als getan. Zunächst einmal müssen Sie wissen, wo diese im Labyrinth der Ordnerstruktur Ihres Computers gespeichert sind. Sobald Sie diese Hürde genommen haben, kommt das nächste Hindernis, denn der Doppelklick auf die Datei im Windows-Explorer wird die Vorlage nicht öffnen, sondern eine Kopie davon in Form eines neuen Dokuments erzeugen.

Wo also stecken die Präsentationsvorlagen? Für die Antwort auf diese Frage drücken Sie die Taste F12, um das Dialogfenster *Speichern unter* zu öffnen, und wählen anschließend den Dateityp *PowerPoint-Vorlage*. Weil Windows aber den tatsächlichen Pfad zunächst mit schönen Worten verschleiert, klicken Sie in der Adresszeile **hinter** das letzte Wort. Der Schleier lüftet sich, und Windows gibt den tatsächlichen Pfad zum Vorlagenordner preis. (Bitte beachten Sie, dass dieser Pfad je nach Konfiguration Ihres Computers anders aussehen kann.)

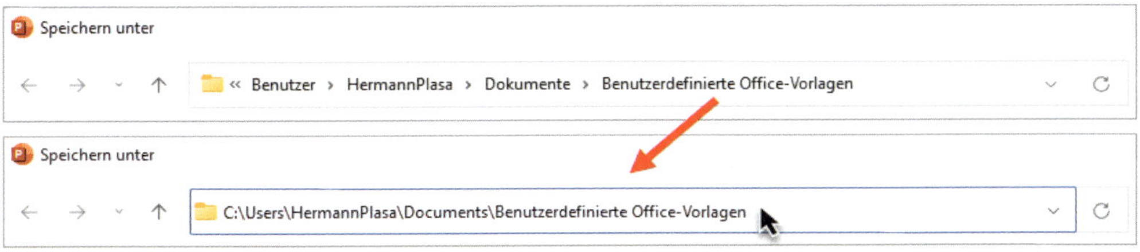

Im Lichte der Erkenntnis des korrekten Pfads öffnen Sie mit Win+E ein neues Explorer-Fenster, arbeiten sich am Pfad entlang bis zum Vorlagenordner durch und klicken schließlich die Vorlagendatei mit der **rechten** Maustaste an, um das Kontextmenü zu öffnen. Dort wählen Sie den Befehl *Weitere Optionen anzeigen*.

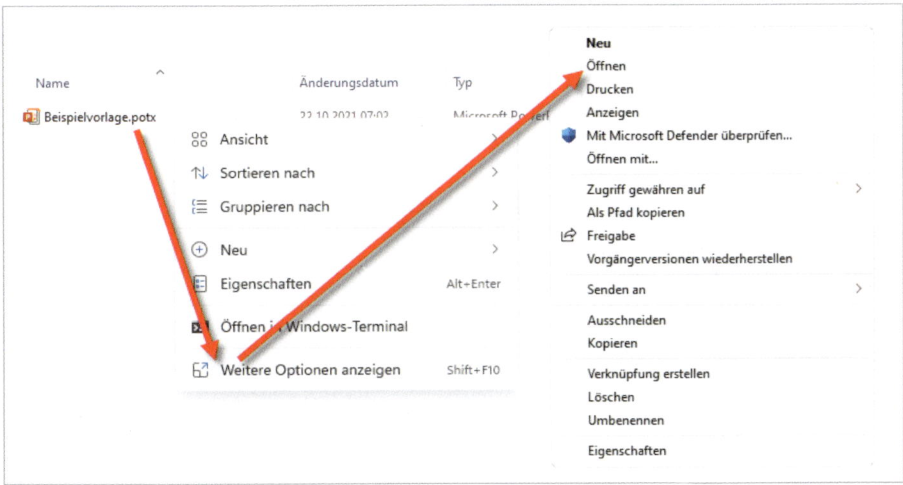

Der **fett** formatierte Befehl im Kontextmenü ist grundsätzlich der Standardbefehl, also derjenige, der durch einen Doppelklick auf die Datei ausgelöst wird. Bei gewöhnlichen Office-Dateien ist das der Befehl *Öffnen*, aber bei Vorlagen ist es der Befehl *Neu*. Der Doppelklick auf eine Vorlagendatei würde also eine neue Datei auf Basis dieser Vorlage erzeugen. Zum Öffnen wählen Sie deshalb den Befehl *Öffnen*.

Präsentationsvorlage als Design speichern

Die Hohepriester und Gurus der PowerPoint-Gemeinde werden mich für die folgende stark vereinfachte Darstellung der Designs auf ewig verdammen, aber ich bin der Meinung, dass man gelegentlich auch nach dem Titanic-Prinzip vorgehen darf, bei dem die Spitze des Informationseisbergs ausreicht, ohne dass man als Anwender gleich untergeht. Wer 100 % von 10 % verstanden hat, ist besser dran als jener, der 0 % von 100 % verstanden hat.

Wie Sie gelernt haben, basiert jede Präsentation auf einer Präsentationsvorlage. Was machen Sie aber, wenn Sie keine neue, sondern eine Reihe bereits vorhandener Präsentationen mit der schönen neuen Vorlage tapezieren möchten? Dann speichern Sie die Präsentationsvorlage (**.potx*) bzw. eine auf Basis der Vorlage erstellte und geöffnete Präsentation (**.pptx*) als *Design* und weisen es den gewünschten Präsentationen zu. Der englische Begriff für Design lautet Theme, was die Dateinamenerweiterung **.thmx* für Designs erklärt. So geht's:

1. Erzeugen Sie auf Basis der gewünschten Vorlage eine neue Präsentation. In Designs werden zwar keine Folien bzw. deren Inhalte gespeichert, aber ob die Präsentation Folien enthält oder nicht, spielt für das Ergebnis keine Rolle.
2. Öffnen Sie im Register *Entwurf* die Auswahlliste der Designs, wählen Sie *Aktuelles Design speichern*, vergeben Sie einen Namen und klicken Sie abschließend auf *Speichern*.

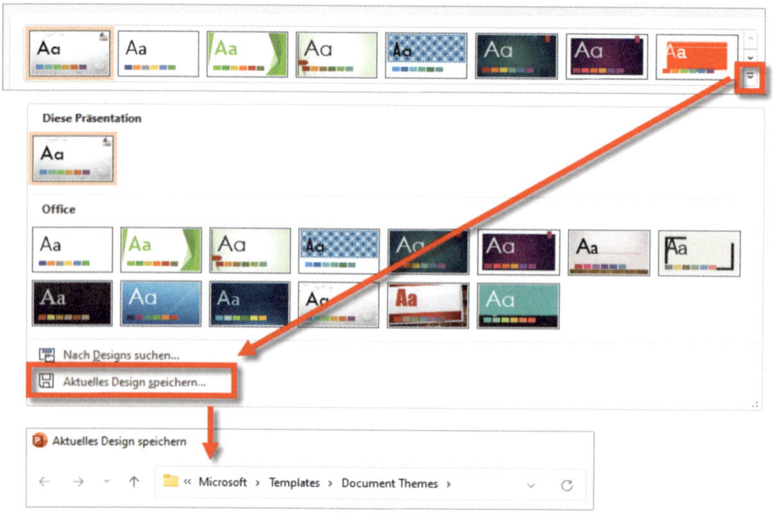

Wie bei Präsentationsvorlagen wählt PowerPoint auch für Designs den Speicherort automatisch.

3. Ab sofort steht das neue Design in der Auswahlliste *Designs* zur Verfügung. Um es einer geöffneten Präsentation zuzuweisen, genügt ein einfacher Klick darauf – und einen Augenblick später sind alle Folien neu tapeziert.

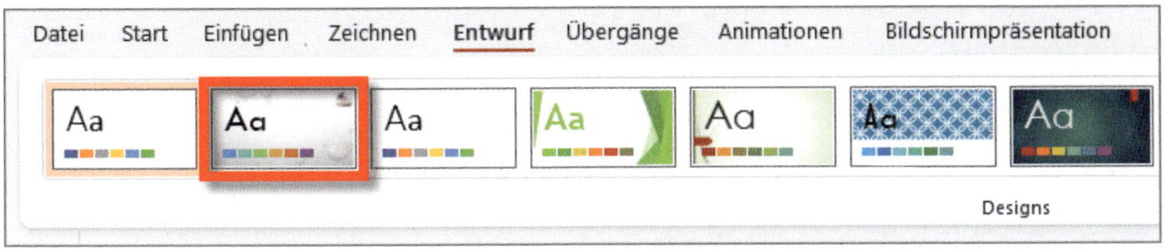

Überprüfen Sie nach dem Zuweisen eines Designs für eine bisher in einem anderen Design gespeicherte Präsentation immer sofort das Ergebnis. Klicken Sie sich dazu langsam und mit Adleraugen durch die Folien.

Erfahrungsgemäß müssen Sie vor allem bei Formen, Textfeldern und Linien sowie frei positionierten Objekten häufig nachbessern. Denken Sie an die Reparaturen, die Sie im Zusammenhang mit dem Folienmaster, zerschossenen Folien und verbogenen Präsentationen kennengelernt haben, bzw. sehen Sie sich das entsprechende Kapitel noch einmal aufmerksam an. Die dort beschriebenen Werkzeuge und Vorgehensweisen erleichtern Ihnen die nach einem Designwechsel anfallenden Nachbesserungen erheblich.

Präsentationsvorlage als Standardvorlage speichern

PowerPoints Standardvorlage ist die bekannte *Leere Präsentation*. Um eine benutzerdefinierte Vorlage als neue Standardvorlage zu verwenden, speichern Sie die gewünschte Vorlage unter dem Namen *Blank.potx* in dem Standardordner für die Benutzervorlagen.

So geht's:

1. Den Standardordner für die Benutzervorlagen aller Office-Programme ermitteln Sie grundsätzlich in Word. Dort wählen Sie *Datei/Optionen/Erweitert* und blättern nach unten, bis die Schaltfläche *Dateispeicherorte* auftaucht.
2. Klicken Sie auf *Dateispeicherorte*, wählen Sie *Benutzervorlagen/Ändern*, um das Dialogfenster *Speicherort ändern* zu öffnen.
3. Klicken Sie in der Adresszeile des Dialogfensters *Speicherort ändern* hinter das letzte Wort, um den tatsächlichen Pfad zum Standardordner zu enthüllen, den Sie sich merken oder notieren.

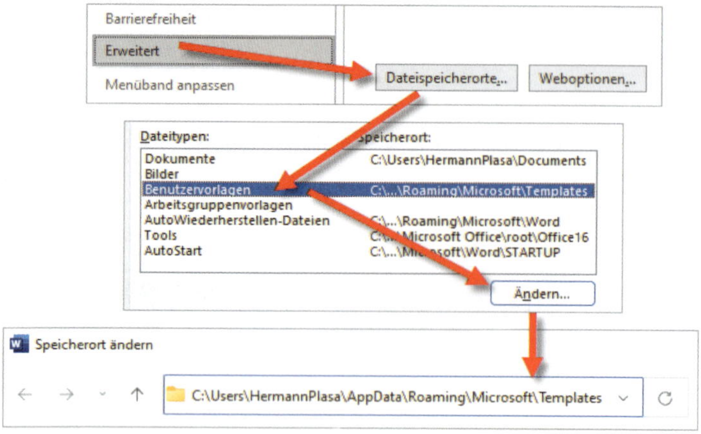

4. Speichern bzw. kopieren Sie die gewünschte Vorlage unter dem Namen *Blank.potx* in diesen Ordner.

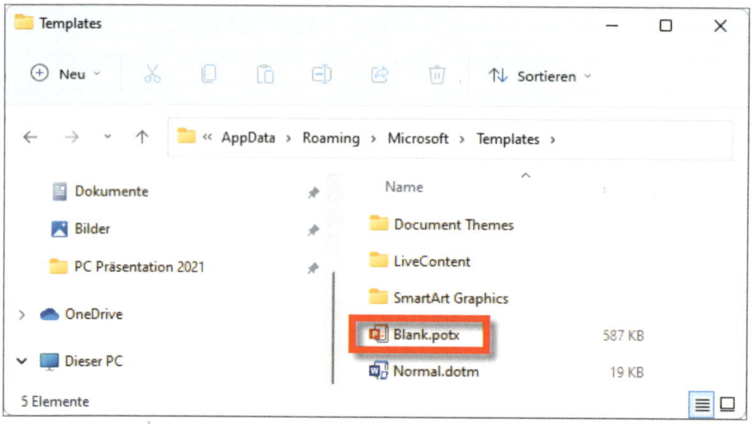

5. Schließen Sie PowerPoint und starten Sie es gleich wieder. Voilà!

Wenn Sie die Datei *Blank.potx* löschen, verwendet PowerPoint wieder die *Leere Präsentation* als Standardvorlage.

A

Abschnitte 156
Animation
- Animationsbereich 210
- Animationspfad 209
- Aufzählung animieren 211
- automatisch auslösen 213
- Daumenkino 103
- Diagramm animieren 212
- didaktischer Einsatz 102
- Effekt ändern 217
- Effekte kombinieren 210
- Effekte vorübergehend abschalten 218
- Effekt kopieren 217
- Effekt löschen 217
- Effektreihenfolge ändern 217
- Effektvarianten 216
- Eingangseffekt 208
- empfehlenswerte Effekte 101
- Folienübergang 205
- Geschwindigkeit ändern 216
- keine Spielereien 24
- SmartArt animieren 211
- Spot-Technik 105
- Trigger 214
- Vorschau 213

Archiv-Video einfügen 245
Audio
- ab Zeitpunkt abspielen 240
- als Verknüpfung einfügen 237
- antriggern 239
- ein-/ausblenden (Fade-in/Fade-out) 241
- einfügen 236
- folienübergreifend als Endlosschleife 241
- kürzen 241
- über mehrere Folien abspielen 240

Audiosymbol ausblenden 238
Ausblenden von Objekten 147
Ausrichten von Objekten 140

B

Beamer 110
Benutzerdefinierte Präsentation 232
Bildbereich freistellen 178
Bildeffekte 180
Bilder
- 3D-Modelle 161
- als Folienhintergrund 164
- als Füllung für Formen 165
- Archivbilder 159
- Bildform ändern 166
- komprimieren 173
- Mediengalerie 159
- Onlinegrafiken einfügen 160
- transparente 167
- vergrößern und verkleinern 182
- von Datenträger einfügen 158
- zuschneiden 181

Bilderwürfel 185
Bildformatvorlagen 180
Bild-Organigramm 187
Bildschirmpräsentation
- analoge Zeigehilfe 104
- die Referentenansicht 107
- digitale Zeigehilfe (Spot-Technik) 105
- Kontakt zum Publikum 100
- Steuerung über die Tastatur 108

C

Checkliste Reparaturanleitung 275

D

Design 282
Diagramme 76
- Balkendiagramm 80
- Datenpunkt anpassen 198
- Datenquelle öffnen und bearbeiten 197
- Datenreihe anpassen 198
- Diagrammtyp ändern 197
- Elemente bearbeiten 197

Elemente hinzufügen/entfernen ____ 198
erstellen ____ 195
Formatvorlagen ____ 197
Hauptintervall ändern ____ 200
Kreisdiagramm ____ 79
Liniendiagramm ____ 82
Maximalwert ändern ____ 200
passender Diagrammtyp ____ 78
Punkt- bzw. Korrelationsdiagramm ____ 84
Reihenfolge der Kategorien umdrehen ____ 203
Säulendiagramm ____ 81
überlappende Säulen ____ 203
Verbindungslinien ____ 202
Verteilungsdiagramm ____ 83
Zahlenformat ____ 201
Zahlen und ihre Botschaft ____ 76
Zahlenvergleich ____ 77
Drehen ____ 145
Duplizieren ____ 139

E

Einfügen von Folien ____ 144
Einzüge bei Aufzählung anpassen ____ 129
Export von Folien nach Word ____ 42

F

Farbpipette ____ 137
Folien
als Grafik speichern ____ 175
einfügen ____ 144
Folienformat 16/9 ____ 126
Folienhintergrund ____ 164
Folieninhalte ____ 40
Folienmaster ____ 256
benutzerdefinierte Folienlayouts ____ 260
Formate anpassen ____ 257, 258
Fußzeile ____ 263
Objekte einfügen ____ 259
Folientitel ____ 23
Folientitel, sprechender Titel ____ 24
Formatieren ____ 131
Formen
kombinieren ____ 168
skalieren ____ 146
skizzierte ____ 166
umwandeln ____ 133
vergrößern/verkleinern ____ 136
Fotoalbum
ändern ____ 173
erstellen ____ 172
Freistellen ____ 178
Führungslinien ____ 148
Fußzeile ____ 263
reparieren ____ 270
unterschiedliche ____ 264

G

GIF ____ 170
Grafik
3D-Modelle ____ 161
ändern ____ 181
Bullaugeneffekt ____ 182
Gruppieren ____ 140, 152

H

Handout ____ 16, 41, 43
Hintergrund ____ 138, 153
Hintergrundbild ____ 164
Hintergrundformate ____ 164
Hyperlinks ____ 221
in andere Präsentationen ____ 225
ins Internet ____ 222
interaktive Schaltflächen ____ 227
interaktives Inhaltsverzeichnis ____ 228
QuickInfo ____ 223
Risiken und Nebenwirkungen ____ 233
zu Excel ____ 223

I

Informieren ____ 29

K

Kioskmodus 221
Kippen 145
Kommunikation 32
Kopieren 139
Kreis 137

L

Laserpointer 104
Linien 137
  Verbindungslinien 142

M

Markieren von Objekten 129
Master
  Folienmaster 256
  Multimaster-Problem lösen 269
Multimedia 236
Musterfolien 155

N

Nutzen 34
Nutzenkatalog 38

O

Objektmodus 131
Organigramm 187

P

Pipette 137
Pixelgrafik 160
Platzhalter verrutscht 271
Positionieren (Maus) 135
Positionieren (Tastatur) 134
PowerPoint-Designer 169
Präsentation
  automatischer Ablauf 218
  Endlosschleife 220
Präsentationsmodus 213
Präsentationsvorlage
  als Design speichern 282
  als Standardvorlage speichern 283
  bearbeiten 281
  erstellen 279
  Überblick 278
  verwenden 279
Präsentationsziel 29
Präsentationsziel formulieren 30

Q

Quadrat 137

R

Rahmenbedingungen
  Akustik 118
  Belüftung 119
  Licht/Verdunkelung 119
  Sitzordnung 118
Referentenansicht 107
Regieanweisungen 44, 45

S

Schrift ersetzen 272
SmartArt-Grafik 177
Sprechernotizen 44
Standardform 260
Standardlinie 260
Standardtextfeld 260
Strategietipp
  Gruppieren als Wundermittel 152
  in Rechtecken denken 151
  Musterfolien/Kataloge 155
  vom Vordergrund zum Hintergrund 153
Sünden der PC-Präsentation 21
  Animation als Spielerei 24
  beschreibende statt sprechende Folientitel 23
  Folien als Handout verwenden 16

  Illustration statt Visualisierung ____ 26
  mangelnde Führung ____ 23
  überflüssige Folien ____ 21
  unlesbare Information ____ 25
  zu viel Information als Text ____ 20
  zu viel Information insgesamt ____ 17
  zu viel Information pro Folie ____ 18
SVG-Piktogramme ____ 160

T

Tabellen
  Farben und Rahmenlinien ____ 194
  skalieren ____ 193
  Spaltenbreite reparieren ____ 194
  Tabulator in Tabellen ____ 195
  Zeilenhöhe reparieren ____ 194
  Zeilen/Spalten einfügen ____ 191
  Zeilen/Spalten löschen ____ 191
  Zellen markieren ____ 190
  Zellinhalte ausrichten ____ 192
Tabellenformatoptionen ____ 192
Tabellenformatvorlagen ____ 192
Tastenkombinationen ____ 149
Textfelder ____ 130
Textumbruch in Form ____ 133
Tipps & Tricks ____ 126
Trennen ____ 140
Trigger ____ 214

U

Überzeugen ____ 29
Unsichtbare Objekte aufspüren ____ 143

V

Vektorgrafik ____ 160
Verdeckte Objekte ____ 143
Verschieben von Objekten ____ 139
Verteilen (gleiche Zwischenräume) ____ 141
Video
  als Verknüpfung einfügen ____ 244
  einfügen ____ 242
  formatieren ____ 253
  kürzen ____ 252
  nur im Präsentationsmodus zeigen ____ 249
  Onlinevideo (YouTube) einfügen ____ 246
  Sprungmarken ____ 252
  Teil der Klickreihenfolge ____ 247
  Trigger ____ 248
  Vollbildmodus ____ 247
  Vorschaubild ändern ____ 247
Visualisieren ____ 26, 48
  Agenda ____ 56
  Hierarchie ____ 68
  Listen ____ 58
  mithilfe von Tabellen ____ 71
  Prozess ____ 62
  Zeit ____ 70
  Zyklus ____ 66
Vorbereitung einer Präsentation ____ 28
Vordergrund ____ 138, 153
Vorlage
  als Design speichern ____ 282
  anpassen ____ 281
  erstellen ____ 279
Vortragstechnik
  anschaulich erzählen ____ 88
  der didaktische Dreisatz ____ 89
  die Lucy-Strategie ____ 92
  Glaubwürdigkeit (Authentizität) ____ 88
  Sendepause nach Folienwechsel ____ 89
  Verständlichkeit ____ 95
  Zusatzhinweise geben ____ 95

W

Word, Import von Folien ____ 42

Z

Zeigestab ____ 104
Zoom
  Abschnittszoom ____ 230
  Zusammenfassungszoom ____ 229